PROCÉDURE PÉNALE

mémentosdalloz

série droit privé

PROCÉDURE PÉNALE

Jean Larguier

Professeur agrégé des Facultés de droit

Philippe Conte

Professeur à l'Université Panthéon-Assas (Paris II)

Directeur de l'Institut de criminologie de Paris

22e édition – 2010

DALLOZ

DALLOZ

31-35 rue Froidevaux, 75685 Paris cedex 14

ISBN 978-2-247-08441-8

SOMMAIRE

INTRODUCTION

Section 1 › OBJET DE LA PROCÉDURE PÉNALE

§ 1 - Rôle de la procédure pénale

La procédure pénale est la mise en œuvre concrète du droit pénal, par la recherche des auteurs d'infractions et leur jugement. Elle constitue le trait d'union entre l'infraction et la peine, le procès pénal s'intercalant entre l'infraction commise et la peine infligée, en cas de condamnation. Il peut aussi y avoir acquittement, ou, dans certains cas, déclaration de culpabilité avec dispense de peine (le procès peut aussi s'achever dès l'instruction, en cas de décision de non-lieu). La procédure pénale régit également l'exécution des peines, après la condamnation.
Après infraction, il peut aussi y avoir, notamment :

• pour certaines infractions, *composition pénale*, dont l'exécution éteint l'action publique ;

• pour certaines infractions, paiement d'une *amende forfaitaire*, qui éteint l'action publique (la procédure, ici administrative, ne devenant pénale qu'après non-paiement et rejet de réclamation).

• *classement sans suite* par le parquet, v. cette question.
Ainsi s'explique l'importance de la procédure pénale, à deux points de vue :

• *Quant au rôle du procès* : la procédure pénale est *étroitement liée au droit pénal*, plus que la procédure civile ne l'est au droit civil ; tout contrat, par exemple, ne fait pas naître un procès ; au contraire, le *droit pénal « en action »* suppose l'intervention de la procédure pénale.

• *Même sans procès* : la procédure pénale est un moyen de *protection du citoyen* :
– contre les malfaiteurs : ex. elle joue un rôle de prévention par intimidation : il y aurait moins d'infractions si ceux désirant en commettre avaient la certitude d'être punis après les avoir commises ;
– contre les abus du pouvoir : ses règles mettent en jeu la **liberté individuelle**. Dans un pays donné, les règles de procédure pénale et leur application traduisent le souci réel que l'on a de protéger cette liberté ; depuis la L. 15 juin 2000, le Code de procédure pénale contient un article préliminaire proclamant des principes généraux (certains déjà consacrés par la Constitution), avec, dès les premiers mots du Code

– « La procédure pénale doit être équitable et contradictoire » –, une formulation qui engage à signaler au lecteur non averti que le terme « équitable » est inspiré de la *Convention européenne des droits de l'homme*, qui énonce le « droit à un procès équitable » (art. 6), et que le mot « contradictoire » est pris ici dans le sens procédural que l'on verra plus loin.

§ 2 - Contenu de la procédure pénale

Il faut déterminer :

- l'organisation et le rôle des autorités chargées de la répression ;
- les règles concernant le déroulement des poursuites pénales.

Mais les **difficultés d'application** sont grandes. Il faut en effet (solution idéale) :

- **protéger la société** en punissant tous les coupables ;
- mais aussi **protéger la liberté individuelle** en ne punissant que les coupables.

Or, ces données sont assez largement *contradictoires* :

– la punition de tous les *coupables* est un puissant élément de *protection sociale* (cf. Montesquieu : « La cause de tous les relâchements vient de l'impunité des crimes, non de la modération des peines ») : dans ce sens, les règles de procédure seront *rigoureuses* ;

– mais des règles rigoureuses risquent d'atteindre des *innocents* (cf. le mot du professeur Émile Garçon : « Je préfère voir dix coupables en liberté plutôt que de savoir un innocent puni » ; toutefois, ne pas s'en faire une excuse pour se dispenser trop vite de rechercher la vérité). La sauvegarde de la *liberté individuelle* conduit à l'adoption de règles de procédure libérales : la criminalité en profite, d'où parfois la nécessité de réformes (ex. L. 9 mars 2004 pour la criminalité et la délinquance organisées).

L'histoire de la procédure pénale est une oscillation constante entre ces deux préoccupations.

Section 2 › HISTOIRE DE LA PROCÉDURE PÉNALE

La procédure pénale est souvent, à l'origine, de type *accusatoire* ; elle devient parfois *inquisitoriale*, pour aboutir en général à un système mixte, s'efforçant de concilier les deux précédents.

§ 1 - Procédure accusatoire (favorable à l'accusé)

C'est le système qui fut historiquement le premier (Rome, France féodale). On le rencontre aujourd'hui encore, mais souvent atténué : notamment dans les pays anglo-saxons – à noter que des erreurs sont souvent commises sur le sens de l'*habeas corpus*.

A. Description

Le procès pénal ressemble à un *procès civil* : à l'origine, d'ailleurs, les infractions pénales sont des délits privés :

- le *juge* est un *particulier*, accepté par les parties, pouvant être récusé ;
- la *victime* déclenche la procédure (système « accusatoire ») ; le juge ne peut se saisir d'office ;
- la procédure est *contradictoire, publique et orale ;* la preuve est régie par le principe de l'*intime conviction* du juge.

B. Valeur

- *Avantages* : le système offre des *garanties à l'accusé* (discussion libre et à égalité avec l'accusateur).
- *Inconvénients* : il risque de *sacrifier les intérêts de la répression* :

– faute d'accusation (par crainte, inertie, intérêt), beaucoup de crimes resteront impunis ;
– *les pouvoirs d'investigation du juge sont souvent insuffisants.*

§ 2 - Procédure inquisitoriale (favorable à la répression)

On la trouve dans le droit romain de l'empire, et surtout dans la procédure ecclésiastique devant les tribunaux de l'Inquisition (d'où le nom) ; de même dans les ordonnances royales (grande ordonnance criminelle de 1670).

A. Description

- Le juge est un *fonctionnaire public* permanent, imposé aux parties.
- Le *juge déclenche* le procès pénal (il peut se saisir lui-même : « *En France, tout juge est procureur général* »). Il en résulte la formation d'un corps de magistrats spéciaux, les avocats et procureurs du roi, origine du *ministère public* (v. l'action publique).
- La procédure est *secrète* (pas de publicité), *écrite* (on statue sur pièces, sans défense orale), et *non contradictoire.*
- Le juge joue un *rôle actif* dans la recherche des preuves.

B. Valeur

- *Avantage* : le système permet une répression énergique et rapide.
- *Inconvénients* :

– le système sacrifie les intérêts de la défense ;
– il fait courir le risque d'erreur judiciaire ;
– il peut conduire à l'emploi de moyens condamnables (ex. la « question ») ;
– il risque d'entraver le cours de la justice, du fait du monopole de l'accusation détenu par le magistrat.

§ 3 - Procédure française (système mixte)

Il faut rappeler l'évolution entre le Code d'instruction criminelle et le Code de procédure pénale, puis faire état du Code de procédure pénale et des lois postérieures, enfin faire leur place aux traités internationaux.

A. Du Code d'instruction criminelle au Code de procédure pénale

La procédure pénale a longtemps été régie par le *Code d'instruction criminelle de 1808* (qui fut beaucoup imité à l'étranger) ; ce Code :

• avait adopté certaines règles du *système accusatoire* (ex. : procédure de jugement, publique, orale, contradictoire, système de l'intime conviction) ;

• avait adopté certaines règles du *système inquisitoire* (procédure d'instruction, rôle du ministère public dans le déclenchement des poursuites, rôle du juge d'instruction dans la recherche des preuves) ;

• avait combiné parfois les *deux systèmes* : ex. la cour d'assises, composée de magistrats professionnels et de simples particuliers (jurés).

Après 1808 :

Une *première tendance* a conduit à l'**augmentation des garanties de la défense** (L. 8 déc. 1897, L. 1933) ; puis s'est manifestée une *réaction dans un sens plus rigoureux*.

B. Le Code de procédure pénale et les textes postérieurs

1. Le Code de procédure pénale

Le Code actuel est le **Code de procédure pénale (1958)**, qui s'est efforcé de synthétiser les différents courants. Un article préliminaire a été ajouté à ce Code, et contient plusieurs principes (ex. présomption d'innocence), dans un énoncé d'une utilité et d'une exactitude inégales (ex. « l'équilibre des droits des parties » n'est pas toujours possible, ni d'ailleurs toujours souhaitable).

Il existe aussi un *Code de l'organisation judiciaire* (1978, refondu par ordonnance en 2006), qui rassemble des règles concernant toutes les juridictions de l'ordre judiciaire, et renvoie souvent, pour les juridictions pénales, au Code de procédure pénale.

La procédure pénale relevant du domaine de la *loi*, le *Code de procédure civile*, promulgué par *décret*, et les décrets en matière de procédure civile, ne peuvent pas être appliqués par une juridiction pénale, sauf s'il s'agit d'une disposition qui « n'est que l'expression d'une règle fondamentale », ou sauf dérogation légale (art. 10, al. 2, C. pr. pén., pour certaines mesures sur les intérêts civils). De ce que la procédure pénale relève du domaine de la loi, la chambre criminelle déduit que la méconnaissance de dispositions réglementaires (du Code de procédure pénale, du Code de l'organisation judiciaire, etc.) ne peut être sanctionnée d'une nullité.

Les **« principes généraux du droit »**, ou *« de la procédure pénale »*, un *« principe général »*, une *« règle fondamentale »*, fondent parfois les solutions jurisprudentielles en matière de procédure pénale (comme en droit pénal général, ex. au sujet de la responsabilité pénale des mineurs) : ainsi en matière d'appel contre les ordonnances du juge d'instruction, de recevabilité de certains pourvois en cassation, du droit à la parole en dernier pour la personne poursuivie ou son avocat, de l'appel du ministère public en matière de détention provisoire, du contrôle des commissions rogatoires internationales pour des actes à l'étranger, de la loyauté de la preuve. Mais désormais, l'art. préliminaire du Code de procédure pénale et l'art. 6 de la Convention de sauvegarde des droits de l'homme et des libertés fondamentales peuvent souvent permettre aux juges de consacrer de telles solutions sans faire appel à ces principes.

2. Les textes postérieurs

De très nombreuses lois ont modifié les règles de la procédure pénale. Il peut s'agir de lois ayant la procédure pénale pour objet principal, ou ayant trait à d'autres sujets, mais contenant des réformes particulières de procédure pénale. La tendance générale est à l'accroissement des droits des personnes suspectes ou poursuivies, même si parfois sont adoptées des règles plus fermes, en raison notamment du développement de la délinquance. Entre **1989 et 1999** ont été votées quarante lois importantes…

En **2000**, plusieurs Codes et lois ont fait l'objet d'une codification (partie législative) : ils comportent, à côté d'autres règles, des dispositions pénales, certaines de procédure pénale, en principe non modifiées par la codification (« à droit constant ») ; ex. : Ord. 15 juin 2000 (Code de la santé publique), Ord. 15 juin 2000 (Code rural), Ord. 18 sept. 2000 (Code de commerce), Ord. 18 sept. 2000 (Code de l'environnement), Ord. 22 sept. 2000 (Code de la route), Ord. 14 déc. 2000 (Code monétaire et financier).

En 2000 : L. 15 juin 2000, avec notamment l'institution d'un juge des libertés et de la détention provisoire distinct du juge d'instruction, l'intervention de l'avocat dès le début de la garde à vue, l'institution d'un appel en matière criminelle ; L. 10 juill. sur les fautes pénales non intentionnelles, et les poursuites contre les personnes morales ; L. 30 déc., modifiant plusieurs règles de procédure pénale.

En 2003 : L. organique 26 févr. sur la juridiction de proximité ; L. 18 mars pour la sécurité intérieure ; L. const. 25 mars sur le mandat d'arrêt européen.

En **2004** : importante L. **9 mars**, notamment sur la criminalité et la délinquance organisées (ex. trafic de stupéfiants, terrorisme).

En **2005** : L. 12 déc. relative au traitement de la récidive.

En **2006** : L. 23 janv. relative à la lutte contre le terrorisme ; Ord. 1er juin de refonte du Code de justice militaire.

En **2007** : L. constitutionnelle 23 févr. réformant la responsabilité pénale du président de la République et la compétence de la Haute cour ; 3 L. 5 mars, l'une sur l'équilibre de la procédure pénale, l'autre sur la prévention de la délinquance, la dernière sur la procédure applicable aux incapables majeurs ; L. 10 août sur la récidive.

En **2008** : L. 25 févr. instaurant la rétention de sûreté et la déclaration d'irresponsabilité pénale pour trouble mental ; L. 1er juill. instaurant de nouveaux droits pour les victimes et améliorant l'exécution des peines.

En **2009** : L. 12 mai d'allègement des procédures ; L. 3 août sur la gendarmerie nationale ; L. 28 oct. sur la protection pénale de la propriété littéraire et artistique sur l'internet ; L. pénitentiaire 24 nov. ; L. org. 10 déc. sur la question prioritaire de constitutionnalité.

En **2010** : L. 4 janv. sur le secret des sources des journalistes ; L. 10 mars sur la récidive.

Le **conflit de lois dans le temps** et **dans l'espace** en matière de procédure pénale, les effets en France du jugement répressif étranger, les investigations pénales hors frontières, la coopération internationale, l'**extradition**, sont étudiés dans le Mémento de *Droit pénal général.*

C. Les traités internationaux

Il faut aussi tenir compte des *traités internationaux*, qui ont une *autorité supérieure à celle de la loi* : notamment, les règles de droit interne doivent être conformes à celles de la **Convention de sauvegarde des droits de l'homme et des libertés fondamentales**, dite le plus souvent Convention européenne des droits de l'homme (elle sera citée dans ce livre Conv. EDH), art. 5 et 6.

La **Cour européenne des droits de l'homme** (elle sera citée CEDH), qui siège à Strasbourg, peut être saisie par tout État signataire de la Convention, et par tout citoyen s'estimant victime d'une violation des droits garantis par celle-ci, après épuisement des voies de recours internes – sauf si elles sont inutiles, en étant notamment vouées à l'échec. Son fonctionnement a été réformé, en raison de son engorgement (**protocole n° 14** : publication par décr. 28 juin 2010).

1. Contenu de la Conv. EDH

La Conv. EDH pose plusieurs principes qui, parce qu'ils seront illustrés le moment venu dans les pages suivantes, peuvent être ici seulement énumérés.

a) Ainsi selon l'art. 6, § 1, consacrant **le droit à un procès équitable** :

• La cause doit être entendue par un tribunal **indépendant et impartial**. L'indépendance s'apprécie par rapport au pouvoir exécutif, mais aussi aux parties ; elle dépend du mode de désignation des magistrats, de la protection qui leur est accordée contre les pressions, etc. (CEDH, 28 juin 1984, *Campbell et Fell*). « Subjective », l'impartialité suppose l'absence de préjugé du magistrat (elle est présumée : CEDH, 24 mai 1989, *Hauschildt*) ; « objective », elle est celle qui ne donne pas de prise légitime aux soupçons des justiciables, s'agissant de la composition des juridictions, de l'organisation du procès, etc. (CEDH, 1er oct. 1982, *Piersack*). Dans le cas où un même juge a connu à plusieurs reprises de la même affaire, la règle d'impartialité est d'un maniement délicat : elle s'apprécie au cas par cas, en fonction de la nature et de l'objet des décisions qu'il a précédemment prises (CEDH, 24 août 1993, *Nortier*).

En application de la règle, qui s'impose aussi aux juridictions d'instruction, la Cour de cassation a ainsi pu juger qu'elle :

– n'empêche pas des magistrats ayant jugé dans une affaire pénale de faire partie de la juridiction pénale jugeant la même personne pour d'autres affaires ;

– n'empêche pas des magistrats de la chambre criminelle de connaître de deux pourvois dans la même affaire, en raison du rôle spécifique de la Cour de cassation ;

– ne s'oppose pas à ce que le juge des enfants juge au tribunal pour enfants après avoir instruit l'affaire, bien que pour les majeurs le principe soit la séparation de la poursuite et de l'instruction.

– peut valoir pour d'autres que des magistrats : la partialité d'un enquêteur peut être cause de nullité.

• L'accusé (au sens de la Conv. EDH, plus large que dans le Code de procédure pénale : il s'agit de toute notification officielle, par une autorité compétente, du reproche d'avoir commis une infraction pénale) doit disposer du temps et des facilités nécessaires pour préparer sa défense.

• Il a le droit de se défendre elle-même ou d'avoir l'assistance d'un défenseur, de son choix ou désigné d'office au besoin gratuitement.

• Il peut interroger ou faire interroger les témoins à charge et obtenir la convocation et l'interrogation des témoins à décharge dans les mêmes conditions que les témoins à charge.

• Tout accusé est **présumé innocent** jusqu'à ce que sa culpabilité ait été légalement établie.

• La cause doit être entendue « équitablement, publiquement » (avec des limites). Du caractère équitable de la procédure, la CEDH déduit le principe – invoqué aussi par la chambre criminelle –, dit de *« l'égalité des armes »* (on peut regretter cette formulation conflictuelle). Mais ce principe n'impose pas systématiquement des droits identiques entre les parties (ainsi, pour la CEDH, s'agissant de l'accès au dossier d'instruction refusé à une partie civile sans avocat). Pour la procédure devant la Cour de cassation, v. cette question. Instrument du procès équitable, la publicité des débats participe au contrôle du public sur la justice (CEDH, 20 mai 1998, *Gautrin*), mais elle n'a pas de caractère absolu et peut donc connaître des limites, selon les prévisions traditionnelles de la procédure pénale française : ainsi du huis clos pour protéger la vie privée (CEDH, 26 sept. 1995, *Diennet*).

• La cause doit être entendue dans un délai raisonnable (délai que la CEDH elle-même ne peut pas toujours respecter). La notion de délai raisonnable a été consacrée par le C. pr. pén., non seulement à titre général (ex. dans l'instruction), mais aussi par la fixation de délais d'achèvement des procédures (v. l'enquête préliminaire, l'instruction, le jugement). Mais selon la jurisprudence, le défaut de respect du délai raisonnable est sans incidence sur la validité de la procédure.

b) L'art. 3 de la Conv. EDH **interdit les tortures et les traitements inhumains ou dégradants**. Plusieurs pays de l'UE ont été régulièrement condamnés par la CEDH (ex. l'Angleterre, la France – CEDH, 28 juill. 1999, *Selmouni* : blessures présentées par une personne placée en garde à vue –, l'Italie, etc.).

c) L'art. 5 de la Conv. EDH consacre le **droit à la liberté et à la sûreté**. Une privation de liberté ne peut donc intervenir que dans les cas, *limitatifs*, visés au § 1, notamment :

• détention régulière après condamnation par un tribunal compétent ;

• arrestation ou détention régulières pour insoumission à une ordonnance rendue par un tribunal ;

• arrestation ou détention en vue d'être conduit devant l'autorité judiciaire compétente, lorsqu'il y a des raisons plausibles de soupçonner que la personne a commis une infraction ou des motifs raisonnables de croire à la nécessité de l'empêcher de commettre une infraction ou de s'enfuir après son accomplissement ; l'intéressé doit être aussitôt traduit devant un juge ou un magistrat habilité à exercer des fonctions judiciaires et a le droit d'être jugé dans un délai raisonnable ou libéré pendant la procédure (art. 5, § 3) ;

• détention régulière d'un mineur, afin de le traduire devant l'autorité compétente.

En outre, la personne arrêtée doit être informée, dans le plus court délai et une langue qu'elle comprend, des raisons de son arrestation et de toute accusation portée contre elle (art. 5, § 2).

Elle a le droit d'introduire un recours devant un tribunal, pour qu'il statue à bref délai sur la légalité de sa détention et ordonne sa mise en liberté si elle est illégale (art. 5, § 4).

Les termes de détention ou d'arrestation doivent être pris dans leur acception européenne, si bien que l'art. 5 s'applique, par ex., non seulement à la détention provisoire mais aussi à la garde à vue. De même le mot « recours » ne doit pas être pris dans son sens technique précis de « voie de recours ».

2. Effets de la Conv. EDH

La Conv. EDH produit des effets techniques mais aussi politiques.

a) Effets techniques

Partie intégrante du droit positif français, en tant que traité international ratifié par l'État français, la Conv. EDH a un effet de *suppléance* et de *concurrence* au regard du droit d'origine interne.

• Les principes posés par la Conv. EDH et spécialement, en procédure pénale, par ses art. 5 et 6, permettent à la jurisprudence de combler les éventuelles lacunes du Code de procédure pénale, en introduisant une règle nouvelle directement fondée sur l'un de ces principes (par ex., pour instaurer l'assistance d'un interprète lorsqu'elle n'est pas prévue), ou en complétant une règle existante (par ex. l'interdiction de s'autoaccuser, corrélative aux droits de la défense). Ces lacunes sont vouées cependant à être temporaires : le plus souvent, le législateur intervient pour les combler. C'est ainsi, notamment, que l'art. préliminaire du Code de procédure pénale, introduit en 2000, paraphrase certains principes posés par l'art. 6, Conv. EDH.

• Traité supérieur à la loi ou au décret en vertu de la hiérarchie des normes, la Conv. EDH l'emporte sur ces textes lorsqu'ils sont incompatibles avec les principes qu'elle pose. En conséquence, le juge français en retire le pouvoir de refuser de faire application, par ex., d'un article du Code de procédure pénale. Ici encore, le législateur intervient souvent pour abroger ces dispositions contraires à la convention, ou pour les réécrire afin de supprimer leur contrariété. En outre, en cas de condamnation de la France par la CEDH, une voie de recours spécifique a été introduite, permettant le réexamen de l'affaire par nos juridictions (v. les voies de recours).

b) Effets politiques

• D'inspiration anglo-saxonnes, par l'appel notamment à des principes « mous » (qu'est-ce qu'une procédure « équitable », un délai « raisonnable » ?), la Convention a conféré à la jurisprudence, de la CEDH tout d'abord, de la Cour de cassation ensuite, un rôle créateur qui est au rebours de notre tradition juridique, surtout lorsque ces juges (élus par personne) en retirent le pouvoir de refuser l'application d'une loi, au nom d'une appréciation de légalité, mais aussi de simple opportunité (ainsi lorsque la solution voulue par la loi est écartée au motif qu'elle n'est pas « nécessaire »). Admise sous bénéfice d'inventaire, la loi en est dévalorisée : ainsi la France a été condamnée au motif qu'une décision avait fait preuve d'un « formalisme excessif » dans l'application d'un article du Code de procédure pénale… La Cour européenne profite de ses pouvoirs pour instaurer un ordre public pénal européen en dehors de tout contrôle des Peuples auxquels elle l'impose.

• Plus profondément encore, la Convention européenne correspond à un modèle accusatoire de la procédure pénale, puisque l'objet assigné au procès pénal est moins de découvrir la vérité, que de respecter un rituel judiciaire, résumé par le principe de « l'égalité des armes ». Le Code de procédure pénale (de même que le projet de futur Code), conformément à la philosophie inquisitoire, assigne au procès pénal l'objectif de découverte de la vérité – dans le respect des droits de la défense. Ces deux modèles sont en porte-à-faux.

La *Cour de justice de l'Union européenne* (ci-après CJUE), qui siège à Luxembourg, peut être saisie par un État, par un organe communautaire ou par un particulier, ex. entreprise. L'influence de sa jurisprudence sur la procédure pénale reste limitée pour l'instant (pour un ex., v. p. 90).
Pour la *Cour pénale internationale*, v. Mémento de *Droit pénal général*.

D. Le projet de réforme de la procédure pénale

En mars 2010, un projet de nouveau Code de procédure pénale a été soumis à consultation. La réforme annoncée consacrerait une **révolution** de notre système procédural.
Au-delà de changements terminologiques à l'utilité discutable (l'action publique deviendrait « l'action pénale »), la principale caractéristique du projet est d'hypertrophier le rôle et donc les pouvoirs du parquet, dont, par ailleurs, la subordination hiérarchique à l'égard du pouvoir exécutif serait intégralement maintenue. Plus spécialement, il dirigerait *l'enquête judiciaire pénale*, regroupant les actuelles enquêtes, préliminaires ou de flagrance, et l'actuelle instruction, appelée à disparaître (comme les juges d'instruction eux-mêmes) : l'enquête serait donc conduite par une partie !
La nouvelle enquête revêtirait deux figures, selon qu'au cours de son déroulement, l'action pénale serait, ou non, mise en mouvement. Dans la première hypothèse, seraient parties la personne mise en cause ou la partie civile. La personne mise en cause pourrait avoir la qualité de partie pénale (sur le modèle du mis en examen) ou celle de partie assistée (sur le modèle du témoin assisté), avec, dans les deux cas, des droits identiques. La partie civile perdrait la possibilité de provoquer le déclenchement automatique de l'action publique : le procureur pourrait s'y opposer, sous le contrôle d'un nouveau juge, le juge de l'enquête et des libertés (JEL). Ce magistrat, juge du siège, aurait en effet pour mission d'arbitrer les conflits entre le parquet et les parties privées (refus d'une demande d'acte, d'une expertise, par ex.) et de se prononcer sur le placement de la partie pénale sous contrôle judiciaire ou sous assignation à résidence, ou encore en détention provisoire (dont la prolongation serait décidée par le tribunal de l'enquête et des libertés : TEL).

Première partie
LA JURIDICTION PÉNALE

Par principe, la justice pénale est rendue par des magistrats professionnels qui, en formation collégiale, statuent sur les litiges civils aussi bien que pénaux ; mais il peut leur être adjoints des non-professionnels.
Ces magistrats composent les juridictions pénales de droit commun comme les juridictions d'exception, les juridictions d'instruction comme les juridictions de jugement ou de l'application des peines, au premier degré comme en appel.
Les juridictions pénales sont soumises à des règles de compétence, qu'il s'agisse de celles qui leur sont communes, ou de celles propres à chacune d'entre elles. Leur application peut engendrer des conflits, résolus par le Code de procédure pénale.

Titre 1

L'ORGANISATION JUDICIAIRE PÉNALE

Appartenant à l'ordre *judiciaire* des juridictions, les juridictions pénales obéissent à des *principes généraux* d'organisation. Elles sont réparties, classiquement, en juridictions d'*instruction* et de *jugement*.

Chapitre 1 › LES PRINCIPES GÉNÉRAUX DE L'ORGANISATION JUDICIAIRE PÉNALE

> **› L'essentiel**
>
> *La composition des juridictions pénales obéit à trois règles : celle du caractère professionnel du juge pénal, celle de l'unité de la justice civile et pénale (ce sont les mêmes juridictions qui rendent les deux justices) et celle de la collégialité (désormais réduite à une proclamation de principe, souvent reniée – budget de la justice oblige –).*
>
> *Les classifications des juridictions pénales les répartissent, classiquement, entre l'instruction et le jugement ; mais d'une part, les juridictions d'instruction sont menacées de disparition avec le projet de réforme de la procédure pénale (pour être remplacées par des juridictions comme le juge de l'enquête et des libertés ou la chambre de l'enquête et des libertés), d'autre part la judiciarisation de l'exécution des peines a donné naissance à des juridictions de l'application des peines, qui seront évoquées avec les juridictions de jugement.*

Section 1 › LA COMPOSITION DES JURIDICTIONS PÉNALES

Les principes sont le caractère professionnel du juge, l'unité de la justice pénale et civile, et le collège de juges (principe en fort déclin).

§ 1 - Caractère professionnel du juge pénal

Principe : un **juge professionnel** est considéré comme une garantie de liberté individuelle (v. le statut du magistrat étudié dans le Mémento de *Droit judiciaire privé – Procédure civile*). Pour la responsabilité de l'État du fait du fonctionnement défectueux de la justice, v. art. L. 141-1, COJ.

Parfois, une juridiction comporte :

- un élément *populaire* (ex. le jury en cour d'assises) ;
- un élément *mixte*, par la présence de personnes non magistrats de carrière, mais compétentes à certains titres. Ex. : *juges de proximité* (ex. avocats, huissiers, notaires) ; *assesseurs du tribunal pour enfants* ; représentants d'associations à la chambre de l'application des peines de la cour d'appel (art. 712-13, al. 2, C. pr. pén.). Il ne faut pas les confondre avec les *assistants de justice*, préparant des dossiers pour les magistrats (L. 8 févr ; 1995 ; décr. 7 juin 1996, mod. 2004, 2008) ; de même, certains fonctionnaires et certains professionnels peuvent exercer les fonctions d'*assistant spécialisé*, par ex. en matière financière (ex. enquêteurs de l'Autorité des marchés financiers, impôts, concurrence, douanes, art. 706 et R. 50 *bis* et s., D. 47-4, D. 47-6, C. pr. pén.) : ils participent aux procédures, en assistant les magistrats, mais sans pouvoir recevoir délégation de signature, sauf pour certaines réquisitions (en matière sanitaire, art. 706-2, II). L'État peut faire appel à des *agents de justice* pour des missions auprès des magistrats (agents contractuels, pour 5 ans non renouvelables) :

L. 23 juin 1999, décr. et arr. 27 oct. 1999. On observera que l'extension du rôle de ce genre de personnel va de pair avec le souhait, chez certains, de la disparition du juge d'instruction…
V. aussi (en dehors des magistrats du ministère public) les parlementaires, avec des juges, à la Cour de justice de la République (mais c'est une juridiction qui intervient plus rarement).
Il faut aussi souligner le rôle de non-professionnels de la justice (médiateurs, délégués du procureur de la République : art. R. 15-33-30 et s., C. pr. pén.), dans le règlement des affaires de petite délinquance par des *procédures dites alternatives aux poursuites* (procédure de l'art. 41-1, procédure de composition pénale).

§ 2 - Unité de la justice pénale et civile

Principe :

• Les juges sont recrutés par le même concours professionnel.

• Au cours de leur carrière, les *mêmes magistrats* peuvent remplir, en matière *pénale* ou *civile*, les fonctions de *juge* (magistrature assise) ou de membre du *ministère public* (magistrature debout, v. l'action publique) ; dans les petits tribunaux, les mêmes magistrats tiennent, selon les jours, des audiences civiles ou pénales.

Atténuations :

• À la Cour de cassation, il y a une chambre criminelle, distincte des chambres civiles, sans roulement des magistrats entre ces chambres.

• Il existe certaines *spécialisations*, ex. juge d'instruction, juge des libertés et de la détention, juge des enfants.

• À la cour d'assises, le jury ne juge pas l'action civile.

On *critique* parfois cette unité de la justice pénale et de la justice civile, surtout aujourd'hui (en raison de l'évolution du procès pénal, où l'on tient compte de données par exemple psychologiques). Cependant, les magistrats répressifs doivent souvent envisager des problèmes de droit civil (ex. action civile, autorité du criminel sur le civil). Certains des partisans de la suppression du juge d'instruction souhaitent souvent transférer ses pouvoirs à un ministère public indépendant du pouvoir politique, dont les membres effectueraient leur carrière exclusivement dans ce corps (le projet de réforme de la procédure pénale maintient au contraire la subordination hiérarchique du parquet à l'égard du garde des Sceaux).

§ 3 - Collégialité des juges

• Le problème de *principe* est à peu près semblable à celui qui se pose en procédure civile (v. la question dans le Mémento de *Droit judiciaire privé – Procédure civile*) : mais certains inconvénients du *juge unique* seraient plus à craindre en matière pénale, si des juges venaient à vouloir traduire dans leurs décisions leurs tendances de pensée.

• En France, la règle est la **collégialité.**

Mais il existe des **exceptions nombreuses et importantes**, au point qu'il y a plus de juges uniques que de juges en collège.

Il en est ainsi, au stade du **jugement**, avec, par ex., le *juge des enfants*, le *juge du tribunal de police*, le *juge de proximité*, le *tribunal correctionnel statuant à juge unique* dans nombreux cas (au pénal et au civil), le président de ce tribunal ; le président de la chambre des appels correctionnels dans certaines hypothèses statue seul.
Au stade de **l'instruction**, phase préalable pour certaines affaires, est un juge unique, pour la conduite de l'instruction, le *juge d'instruction* ; mais c'est un autre juge, le *juge des libertés et de la détention*, à qui est confiée le plus souvent la décision de placement en détention provisoire sur proposition du juge d'instruction. En outre, au 1er janvier 2011, au sein des *pôles de l'instruction* créés depuis le 1er mars 2008 (art. D. 15-4-4), il est prévu que l'instruction devienne collégiale, en étant confiée à un *collège* de trois juges (art. 83) ; en cette attente, la *cosaisine* permet d'adjoindre au juge d'instruction d'un pôle un ou plusieurs juges d'instruction adjoints, en raison de la complexité ou de la gravité de l'affaire (art. 52-1, 83-1).
Après condamnation, lors de l'exécution de la peine, intervient souvent le *juge de l'application des peines*. Le président de la chambre d'application des peines de la cour d'appel lui-même statue parfois seul.

Section 2 › LES CLASSIFICATIONS DES JURIDICTIONS PÉNALES

On distingue les juridictions pénales selon trois principes.

§ 1 - Distinction des juridictions de droit commun et des juridictions d'exception

A. Juridictions de droit commun

Principe : elles sont *compétentes* sauf texte contraire.

Exemples : tribunal correctionnel, chambre des appels correctionnels, cour d'assises.

B. Juridictions d'exception

Principe : elles sont compétentes dans les seuls cas où un texte leur attribue la connaissance du procès pour des infractions ou des personnes déterminées.

Exemples : Cour de justice de la République. Plus importantes sont les juridictions d'exception que l'on préfère souvent dire aujourd'hui « **spécialisées** », ex. juridictions pour mineurs.

§ 2 - Distinction des juridictions de première instance et des juridictions d'appel

Cette distinction découle du **principe du double degré de juridiction**, garantie contre les erreurs possibles des juges du premier degré.

A. Contraventions

Tribunal de police, juge de proximité ; l'appel, quand il est possible, se fait devant le président de la chambre des appels correctionnels.

B. Délits

Tribunal correctionnel ; l'appel se fait devant la chambre des appels correctionnels.

C. Crimes

Longtemps, il n'y a pas eu d'appel contre l'arrêt de la cour d'assises : on ne voulait pas qu'une juridiction populaire pût voir son verdict infirmé par des juges professionnels (souveraineté populaire) ; contre la solution, on invoquait l'exemple de pays étrangers, en négligeant le fait que dans ces pays existent souvent des filtres pouvant rendre ce recours inopérant ; et en France, la procédure en matière criminelle comportait alors un double degré d'instruction obligatoire (juge d'instruction, puis chambre d'accusation). Aujourd'hui *l'appel est possible contre les décisions de la cour d'assises*, devant une autre cour d'assises, donc *juridiction de même degré*, mais comportant alors, outre les magistrats, 12 jurés au lieu de 9 (appel dit *tournant* ou circulaire).

Après condamnation, lors de l'exécution de la peine, un appel est prévu contre les décisions du juge de l'application des peines et du tribunal de l'application des peines : l'appel est porté devant la chambre de l'application des peines de la cour d'appel ou devant le président de cette chambre.

§ 3 - Distinction des juridictions d'instruction et des juridictions de jugement

L'existence de juridictions d'instruction est un trait caractéristique de la procédure pénale française (v. l'instruction) : dans certains pays, il n'y a pas de juge d'instruction (on évoque de nouveau sa disparition de notre système procédural dans le projet de réforme de la procédure pénale, alors qu'à l'étranger il arrive qu'on nous l'envie).

A. Juridictions d'instruction

Principe : elles décident s'il y a lieu de saisir la juridiction de jugement (notion de *charges*).

Exemple : juge d'instruction, chambre de l'instruction (anciennement, chambre d'accusation).

B. Juridictions de jugement

Principe : elles prononcent la sentence au fond (notion de *preuve*).

Exemples : tribunal de police, juridiction de proximité, tribunal correctionnel, chambre des appels correctionnels, cour d'assises.

Chapitre 2 › LES DIFFÉRENTES JURIDICTIONS PÉNALES ET LEUR RÔLE

> L'essentiel

*Des juridictions pénales remplissent des fonctions d'*instruction*, pour mettre les affaires complexes en état d'être jugées par d'autres juridictions, remplissant une fonction de* jugement *en proclamant l'innocence ou la culpabilité et, dans ce dernier cas, en prononçant en principe une sanction, peine ou mesure de sûreté (on y rangera les juridictions de* l'application des peines*).*

Section 1 › LES JURIDICTIONS D'INSTRUCTION

Principes :

1. Elles examinent les *affaires graves ou complexes*, pour découvrir l'auteur de l'infraction, réunir les preuves, et décider s'il faut ou non saisir la juridiction de jugement.

2. Elles *interviennent* :

• **obligatoirement** en matière *criminelle* ;

• **facultativement** en matière *correctionnelle*, avec un seul degré (mais la chambre de l'instruction peut intervenir par exemple en cas d'appel) ; l'instruction est cependant parfois obligatoire, par ex. en principe pour les mineurs ;

• en matière de *contravention* : en principe, l'instruction n'a lieu que sur réquisitions du procureur de la République, la partie civile n'ayant pas, ici, le pouvoir de saisir le juge d'instruction ; l'instruction est cependant *obligatoire* en cas de contravention de 5e classe commise par un mineur.

En dehors du juge d'instruction et de la chambre de l'instruction, d'*autres juridictions d'instruction* existent sur des plans divers, par ex. en ce qui concerne les mineurs : outre les juges d'instruction ordinaires, dont certains plus spécialement chargés des affaires de mineurs, les juges des enfants disposent de certains pouvoirs d'instruction.

§ 1 - Le juge d'instruction et le juge des libertés et de la détention

A. Le juge d'instruction

• C'est un juge du tribunal correctionnel, *magistrat du siège*, chargé par *décret* de l'instruction. Il peut être *révoqué* en tant que juge d'instruction, mais il demeure *inamovible en tant que magistrat.*

• C'est, pour la conduite de l'instruction, un *juge unique* (pour la détention provisoire, v. B) ; il est assisté d'un greffier.

Cependant, dans les affaires *graves ou complexes*, on l'a vu, la **cosaisine** permet d'adjoindre un ou plusieurs juges d'instruction au juge d'instruction chargé de l'information (art. 83-1) ; mais c'est le juge chargé de l'information qui coordonne le déroulement de celle-ci et qui a seul qualité pour effectuer certains actes (saisine du juge des libertés et de la détention, décision de mise en liberté d'office, avis de fin d'information, ordonnance de règlement ; un juge adjoint peut donc procéder à l'interrogatoire de première comparution : Crim., 19 août 2009, *Bull. crim.* n° 144).

B. Le juge des libertés et de la détention

La plupart des décisions de placement en *détention provisoire* (et de prolongation de cette détention), sont prises par le *juge des libertés et de la détention*, distinct du juge d'instruction, et qui est un magistrat du siège, ayant rang de président, premier vice-président ou vice-président, désigné par le président du TGI (on le désignera dans la suite de l'ouvrage par les lettres JLD). Quand il statue à l'issue d'un débat contradictoire, il est assisté d'un greffier (art. 137-1, C. pr. pén.). Le JLD peut aussi décider du contrôle judiciaire ou de l'assignation à résidence avec surveillance électronique s'il est saisi. Il a également plusieurs autres pouvoirs.

Le *projet de réforme de la procédure pénale* prévoit de remplacer le juge des libertés et de la détention par le juge de l'enquête et des libertés et le tribunal de l'enquête et des libertés, aux compétences plus larges, le juge d'instruction étant supprimé.

§ 2 - La chambre de l'instruction

A. Composition

C'est une *section de la cour d'appel* comprenant 3 conseillers dont un président, un représentant du ministère public, un greffier. Il en existe au moins une par cour d'appel, avec un président qui lui est exclusivement attaché, sauf dérogation.

B. Rôle

- Elle est *juge des appels* formés contre les ordonnances juridictionnelles du juge d'instruction et du juge des libertés et de la détention.

- Elle peut intervenir à d'autres titres dans l'instruction (ex. requête en nullité, v. l'instruction).

- En dehors de l'instruction, la chambre de l'instruction intervient à de nombreux titres dans l'administration de la justice pénale (par ex. en matière d'extradition, de réhabilitation, de règlement de juges).

Le *projet de réforme de la procédure pénale* prévoit de remplacer la chambre de l'instruction par la chambre de l'enquête et des libertés, aux compétences comparables.

Section 2 › LES JURIDICTIONS DE JUGEMENT

Principe : elles statuent au fond, en prononçant la sentence.
On distingue les juridictions de droit commun et les juridictions d'exception.

§ 1 - Les juridictions de droit commun

Principe : elles correspondent à la classification des infractions : contraventions : tribunal de police, juridiction de proximité ; délits : tribunal correctionnel ; sur appel, chambre des appels correctionnels ; crimes : cour d'assises. On ajoutera les juridictions de l'application des peines et la Cour de cassation.

A. Tribunal de police et juridiction de proximité

1. Tribunal de police

a) Composition

• **Juge du tribunal d'instance** (*juge unique*).

• **Représentant du ministère public** :
– *pour les contraventions de 5e classe* : c'est le *procureur de la République* du tribunal de grande instance ;
– *pour les autres contraventions de la compétence du tribunal de police* : le procureur de la République peut remplir cette fonction, mais le représentant du ministère public est en principe un *commissaire de police* (art. 45).
En cas d'empêchement de celui-ci, le procureur général désigne, pour un an, un remplaçant, parmi certains fonctionnaires de police, ex. un autre commissaire : v. art. 46 et s., C. pr. pén. En cas de nécessité absolue, le juge appelle *le maire ou un adjoint* pour exercer ces fonctions.
Pour les infractions forestières, les fonctions du ministère public sont remplies en principe par un ingénieur des eaux et forêts.

• **Greffier**.

b) Répartition

Il y a au moins un tribunal d'instance par arrondissement. Ce tribunal peut tenir des audiences dans des villes autres que celle où il siège : ce sont les *audiences foraines*.

2. La juridiction de proximité

Pour les contraventions des 4 premières classes (hormis celles relevant de la compétence exceptionnelle du tribunal de police : art. 521), est compétent le juge de proximité, avec un représentant du ministère public (comme devant le tribunal de police) et un greffier – le secrétariat-greffe du tribunal d'instance – (art. 523-1). Il peut tenir des audiences foraines. En l'absence de juge de proximité au sein de la juridiction, le juge d'instance exerce de plein droit les fonctions de juge de proximité (art. L. 232-2, COJ).

B. Tribunal correctionnel

1. Composition

• **3 juges** (dont un président) ; des juges supplémentaires peuvent être désignés en cas de longs débats. Mais dans beaucoup de cas le tribunal correctionnel siège *à juge unique* : v. l'audience correctionnelle ;

• un **représentant du ministère public** (procureur de la République, procureur adjoint ou substitut) ;

• un **greffier**.

2. Répartition

Il y a au moins un tribunal correctionnel par département : c'est le tribunal de grande instance, siégeant alors non au civil mais au correctionnel (s'il y a plusieurs chambres, l'une d'elles est spécialisée au pénal ; s'il n'y en a qu'une, celle-ci siège à certains jours au pénal). Le TGI peut comprendre des *chambres détachées* (COJ, art. R. 212-18). Des *audiences foraines* peuvent êtres tenues.

Au sein du ressort de chaque cour d'appel, un ou plusieurs tribunaux de grande instance ont des *formations spécialisées* pour l'enquête, la poursuite et, s'il s'agit de délits, pour le jugement, pour diverses infractions *en matière économique et financière*, dans les affaires apparaissant d'une grande complexité : ex. trafic de stupéfiants (pour la compétence de la cour d'assises, v. art. 706-27), escroquerie, abus de confiance, atteinte à un système informatique, blanchiment, concussion, fausse monnaie, fraude fiscale, délits prévus par le Code de commerce (ex. sociétés), le Code monétaire et financier, le Code de la construction et de l'habitation, le Code de la propriété intellectuelle, le Code des douanes, le Code de l'urbanisme, le Code de la consommation, et *infractions connexes* (art. 704 à 705-2, C. pr. pén.). Les parties ne sont pas admises à contester cette compétence et elles ne peuvent pas se constituer directement devant ces juridictions spécialisées ; et seul le ministère public peut prendre l'initiative de la procédure de dessaisissement de la juridiction de droit commun, non un juge d'instruction. De même, dans le ressort de chaque cour d'appel, un tribunal de grande instance est compétent pour l'instruction et, s'il s'agit d'un délit, le jugement des *infractions militaires* et des délits de droit commun commis par les militaires dans l'exécution du service et pour certains délits contre les *intérêts fondamentaux de la Nation* ; une cour d'assises est semblablement compétente pour le jugement des crimes correspondants (art. 697, 702).

Des tribunaux spécialisés ont compétence dans le ressort d'une ou *plusieurs* cours d'appel pour l'enquête, la poursuite, l'instruction et le jugement des crimes et délits de délinquance organisée et leurs infractions connexes, dans les affaires complexes (art. 706-75 : juridictions interrégionales), sauf pour le terrorisme (Paris : art. 706-17). Il en va de même s'agissant de tribunaux de grande instance pour les infractions en matière sanitaire (art. 706-2) et les infractions en matière de pollution marine (art. 706-107).

C. Chambre des appels correctionnels

C'est une **chambre de la cour d'appel** si celle-ci en comprend plusieurs ou la cour d'appel siégeant au pénal s'il n'y a qu'une chambre.

Elle comprend :

• un président et deux conseillers (elle ne peut statuer avec deux magistrats seulement) ;

• un représentant du ministère public (procureur général, avocat général ou substitut du procureur général) ;

• un greffier.

D. Cour d'assises

La cour d'assises est une juridiction départementale, qui a des *caractères très particuliers* :

• c'est une juridiction *non permanente* (sessions tous les 3 mois en principe, plus fréquentes s'il est nécessaire) ;

• c'est une juridiction composée de deux éléments distincts, la *cour* et le *jury*. Pour certains crimes, toutefois, pour les accusés majeurs et les accusés mineurs âgés au moins de 16 ans (ex. en matière de trafic de stupéfiants et infractions connexes, et pour le terrorisme), la cour d'assises comprend un président et 6 assesseurs en premier ressort, 8 en appel, *sans jury* (art. 698-6, 702, 706-25 et 706-27, C. pr. pén.) ; cette formation particulière est jugée par la Cour de cassation compatible avec les exigences de la Conv. EDH.

1. La cour

C'est l'élément professionnel de la cour d'assises, qui comprend :
• *3 juges* (désignés par le premier président de la cour d'appel : un président, président de chambre ou conseiller à la cour d'appel, et deux assesseurs, conseillers à la cour d'appel ou président ou juges du tribunal de grande instance du lieu où se tiennent les assises) ;

• *un représentant du ministère public* (membre du parquet général ou du parquet du tribunal de grande instance) ;

• *un greffier* (qui doit assister à toute l'audience).

2. Le jury

C'est l'élément populaire de la cour d'assises. Il faut décrire l'organisation du jury, et apprécier la valeur de cette institution.

a) Organisation
• **Nombre des jurés** : il a varié ;
– *Cour d'assises statuant en premier ressort* :
Jadis, les jurés délibéraient sans les magistrats : la règle a changé, ainsi que le nombre des jurés.
Aujourd'hui il y a **9 jurés**, et pour toute décision défavorable à l'accusé il faut une majorité de 8 voix au moins contre 4, comprenant donc au moins 5 jurés, c'est-à-dire la majorité du jury (v. la procédure en cour d'assises) ;
– *Cour d'assises statuant en appel* : il y a **12** jurés (il faut pour toute décision défavorable à l'accusé une majorité de 10 voix au moins, donc au moins 7 jurés, c'est-à-dire la majorité du jury).

• **Conditions d'aptitude** : il faut être de *nationalité française*, avoir *23 ans* au moins dans l'année suivant l'établissement de la liste préparatoire, savoir *lire et écrire en français*, avoir la *jouissance des droits politiques, civils et de famille*, la *capacité* (sont exclus par exemple les majeurs en tutelle ou en curatelle, ou placés dans un établissement pour personnes atteintes de troubles mentaux).

• **Absence de déchéance :** exemples de déchéances : B.1 du casier judiciaire mentionnant une condamnation pour crime ou pour délit à une peine égale ou supérieure à 6 mois d'emprisonnement ; condamnation pénale à la privation des droits de l'art. 131-26, 3°, C. pén. ; personne sous mandat de dépôt ou d'arrêt, ou accusée (cette défiance est une limite à la présomption d'innocence) ; destitution (officier ministériel), révocation (fonctionnaire), condamnation pour n'avoir pas déféré à la convocation comme juré. V. art. 256.

• **Absence d'incompatibilité :**
– absolue : ex. magistrats, ministres, parlementaires, préfets, fonctionnaires des services de police, de la gendarmerie ou de l'administration pénitentiaire ;
– relative (à examiner avant le jugement de chaque affaire), ex. : auteur d'actes de police judiciaire dans l'affaire, témoin, expert, partie civile, conjoint, parent de l'accusé ou de son conseil.

• **Dispenses** (sur demande) :
– personnes de plus de 70 ans, ou celles n'ayant pas leur résidence principale dans le département siège de la cour ;
– motif grave.

• **Exclusions** :
– ceux qui ont été jurés depuis moins de 5 ans ;
– ceux qui, pour motif grave (qui ne peut être une objection morale d'ordre laïque ou religieux), ne paraissent pas en mesure d'être juré.

• Des **indemnités** sont prévues s'il y a lieu (indemnité de session, de séjour, frais de voyage).

• **Désignation :**
Les jurés sont **tirés au sort** (v. la procédure en cour d'assises) sur la liste de session, elle-même établie par tirage au sort sur la liste annuelle.
– *Liste annuelle* (art. 260 et s.) :
Un *tirage au sort* public est effectué, par le maire, *à partir de la liste électorale,* du triple du nombre fixé par arrêté préfectoral pour la circonscription ; notification aux personnes tirées au sort : *liste préparatoire communale* de la liste annuelle.
La liste annuelle est dressée par une commission au siège de la cour d'assises ou du tribunal de grande instance siège de la cour d'assises ; elle comprend des magistrats, le bâtonnier, des conseillers généraux. La commission exclut les personnes se trouvant dans un cas d'inaptitude, d'incapacité, d'incompatibilité, d'exclusion, examine les cas de dispense ; elle tire au sort la *liste annuelle* pour les jurés titulaires et la liste spéciale des jurés suppléants.
La liste annuelle est déposée au greffe de la juridiction siège de la cour d'assises.
– *Liste de session* (art. 266) :
30 jours au moins avant l'ouverture des assises, le premier président de la cour d'appel ou le président du tribunal siège de la cour d'assises tire au sort, en audience publique, sur la liste annuelle, 40 noms de jurés titulaires et, sur la liste spéciale, 12 noms de jurés suppléants. 15 jours au moins avant l'ouverture de la session, chacun des jurés est convoqué (ne pas déférer à la convocation sans motif légitime peut être puni d'une amende de 3 750 €). Ensuite, lors de la procédure en cour d'assises, le *jury de jugement* sera formé, par tirage au sort sur la liste de session (v. la procédure en cour d'assises).

b) Valeur du jury

• *Arguments en faveur du jury :*
– *indépendance* (les magistrats sont nommés par le gouvernement : malgré les garanties légales, l'opinion publique pourrait suspecter l'indépendance des magistrats, au moins dans certaines affaires) ;
– *zèle* des jurés dans l'exercice de leurs fonctions ;
– *contacts des jurés avec l'opinion* : sensibilité, absence de routine, prise en considération des mobiles (ce qui a aidé à l'évolution du droit pénal) ;

– *contrôle indirect* sur l'administration de la justice, par le souci qu'apportent les juridictions à préparer minutieusement l'affaire pour éviter que les lacunes n'apparaissent à l'audience ;
– moyen de faire comprendre au public la difficulté de la fonction de justice.

• *Arguments contre le jury* :
– faute d'habitude, les jurés, même de bonne volonté, ne peuvent pas toujours *suivre les débats* de la cour d'assises, parfois longs, complexes, nécessitant la faculté de pouvoir synthétiser (tâche difficile pour les témoignages) ;
– les jurés sont *parfois trop indulgents ;* conséquence : pour éviter la cour d'assises, les juges transforment des crimes en délits ; c'est la correctionnalisation judiciaire (v. cette question) : d'où la notion de cour d'assises « juridiction de gala », réservée aux affaires sensationnelles ;
– les jurés sont *parfois trop sévères*, au point que les magistrats doivent tempérer cette sévérité ;
– surtout : les jurés sont *inconstants* :
1) pour des *crimes différents* : sévérité pour certaines infractions (ex. incendie intentionnel), indulgence pour d'autres (ex. crimes passionnels) ;

2) pour *un même crime* : *suggestibilité* extrême du jury, qui subit l'influence :
a) de la *presse* (journaux, radio, télévision), avant même le procès ;

b) de sa *propre situation* : le juré se décide parfois pour des raisons très subjectives (cf. le film *Justice est faite*) ;

c) de ses *propres décisions* : on a constaté que, pendant une session, la sévérité d'un verdict était souvent suivie, le lendemain, d'une sentence plus indulgente du jury, même composé autrement, et vice versa : la solution d'un procès dépendrait alors de l'ordre qui lui serait donné à l'intérieur de la session ;

d) de l'*éloquence* (prestige de la parole) : d'où les efforts des avocats, notamment (effets d'audience, coups de théâtre, etc.).

E. Les juridictions de l'application des peines

Après condamnation, elles fixent les modalités de l'exécution des peines privatives de liberté ou de certaines peines restrictives de liberté.

1. Juridictions du premier degré

a) Le juge de l'application des peines
C'est un magistrat du siège, désigné par décret (JAP) ; il est assisté d'un greffier (art. 712-2).

b) Le tribunal de l'application des peines
Un président et deux assesseurs désignés par le premier président parmi les JAP du ressort de la cour d'appel, un représentant du ministère public, le procureur de la République du TGI du ressort (TAP). Art. 712-3.

2. Juridictions du second degré

Chambre de l'application des peines de la cour d'appel ou président de cette chambre selon le cas (art. 712-1, 712-11 et s.).
V. Mémento de *Criminologie et science pénitentiaire*.

F. La Cour de cassation

L'organisation générale de la Cour de cassation est étudiée dans le Mémento de *Droit judiciaire privé – Procédure civile*.

C'est la juridiction, placée au sommet de la hiérarchie judiciaire, qui a pour rôle d'assurer, une **interprétation exacte et uniforme de la loi** par le contrôle qu'elle exerce sur les décisions rendues en dernier ressort. Elle peut connaître des pourvois formés contre les décisions des juridictions répressives de droit commun et d'exception. Elle ne juge que le **droit** (sauf exception, par exemple en cas de pourvoi en révision, v. cette question).

Les juridictions pénales, sauf le juge d'instruction et la cour d'assises, peuvent avant de statuer, comme les autres juridictions judiciaires, solliciter *l'avis de la Cour de cassation* sur une question de droit nouvelle présentant une difficulté sérieuse, sauf si dans l'affaire une personne est en détention provisoire, sous assignation à résidence avec surveillance électronique ou sous contrôle judiciaire (art. 706-64 à 70, C. pr. pén.) ; cet avis ne lie pas la juridiction qui l'a demandé (art. L. 441-3, COJ).

Sur le rôle de la Cour de cassation en matière de question prioritaire de constitutionnalité, v. cette question.

Composition : au point de vue pénal, une **chambre criminelle** (distincte des chambres civiles), comprenant un président, des conseillers, des conseillers référendaires, des avocats généraux et un greffier.

La **procédure** est étudiée à propos du pourvoi en cassation (v. cette question). Le ministère des avocats à la Cour de cassation est en principe facultatif en matière pénale (sauf pour la partie civile).

§ 2 - Les juridictions d'exception

On étudiera en premier lieu les juridictions pour mineurs, qui sont juridiquement des juridictions d'exception, mais qui sont surtout des juridictions spécialisées, puis on verra les juridictions compétentes pour les infractions en matière militaire ou contre les intérêts fondamentaux de la nation, la Cour de justice de la République, enfin d'autres juridictions d'exception.

A. Les juridictions pour mineurs

Ces juridictions sont apparues dans une loi de 1912 ; elles ont surtout été développées par l'**ordonnance du 2 février 1945**, modifiée depuis à de multiples reprises par des lois ou ordonnances.

Le principe a consisté dans la **spécialisation** des juges et des juridictions, pour les crimes, les délits, et les contraventions de 5e classe (il n'y a pas de juridiction spéciale pour les contraventions des 4 premières classes : selon la contravention, le mineur comparaîtra devant la juridiction de proximité ou, plus rarement, le tribunal de police).

1. Le juge des enfants

C'est un magistrat du tribunal de grande instance.

- Il exerce des fonctions de *juge d'instruction*.

• Il exerce des fonctions de *juridiction de jugement* : il peut statuer lui-même en prenant des mesures éducatives ; il peut statuer même dans les affaires qu'il a instruites (pour la justification de cette solution, v. la compétence des juridictions pour mineurs) ; mais il ne peut prononcer de condamnation pénale. Pour son rôle dans l'application des mesures, v. aussi cette compétence.

2. Le tribunal pour enfants

a) Composition

– un président (le juge des enfants) et 2 assesseurs nommés pour 4 ans, choisis parmi les personnes de plus de 30 ans s'intéressant à l'enfance (les assesseurs sont de simples particuliers, mais ils ont voix délibérative, comme des juges professionnels).
– un représentant du ministère public.
– un greffier.

b) Répartition

Le tribunal pour enfants fonctionne au siège du tribunal de grande instance.

3. La cour d'appel

Spécialisation correspondante (mais moins précise).
Pour les *appels* contre les *décisions du juge des enfants*, du *tribunal de police* et du *tribunal pour enfants*, l'affaire vient devant une *chambre spéciale* de la cour d'appel (ou audience spéciale, si la cour n'a qu'une chambre). Cette chambre est composée de 3 conseillers, dont l'un, président ou rapporteur, est un conseiller délégué à la protection de l'enfance. Le ministère public est représenté par un magistrat du parquet spécialisé.

4. La cour d'assises des mineurs

La cour d'assises des mineurs est compétente pour les *crimes commis par des mineurs de 16 à 18 ans*, pour lesquels on a voulu éviter le cadre ordinaire de la cour d'assises (c'est le tribunal pour enfants qui est compétent pour les mineurs de 16 ans).

• Président : un conseiller à la cour d'appel ; 2 assesseurs (magistrats professionnels, en principe juge des enfants).

• Jury ordinaire. Pour la cour d'assises sans jury, en matière de *terrorisme*, deux des assesseurs sont des juges des enfants.

• Ministère Public.

• Greffier.

B. Les juridictions compétentes en matière d'infractions militaires ou d'infractions contre les intérêts fondamentaux de la nation

Art. 697 et s. C. pr. pén., et Code de justice militaire (CJM).
Les règles ont été modifiées par une L. 10 nov. 1999, pour un *rapprochement avec le droit commun*, selon une évolution déjà amorcée par la L. 21 juill. 1982.

1. En temps de paix

a) Pour les infractions commises sur le territoire de la République

• Pour les **délits militaires**, ou les **délits de droit commun par des militaires dans l'exécution du service,** sont compétents *certains tribunaux correctionnels* (un par ressort de cour d'appel), bref des juridictions de droit commun, mais *spécialisées* en matière militaire (art. 697, 697-1 ; pour la gendarmerie, v. art. 697-1, al. 3).

• Pour les **crimes militaires**, est compétente la *cour d'assises composée de 7 juges* (un président, 6 assesseurs quand elle statue en premier ressort, ou 8 quand elle statue en appel), **sans jury** (art. 698-6 et 698-7, C. pr. pén., avec des exceptions pour la gendarmerie, art. 697-1, al. 3). Cette juridiction est également compétente :
– pour les crimes de *droit commun* commis par des *militaires* dans l'exécution du service, mais seulement s'il existe un *risque de divulgation d'un secret de la défense nationale* (si ce n'est pas le cas, la cour d'assises ordinaire est compétente) : art. 698-7 ;
– pour certains crimes et délits contre les intérêts fondamentaux de la nation (ex. espionnage) : art. 702, C. pr. pén.
La compétence est donc attribuée aux *juridictions de droit commun* pour les **crimes et les délits commis hors service**, et pour les **contraventions**.

b) Pour les infractions commises hors du territoire de la République
Est compétent le **tribunal aux armées de Paris** (l'appel, selon le droit commun, étant porté devant la cour de Paris), pour les contraventions, les délits et les crimes (CJM, art. L. 111-3). Ce tribunal est composé de magistrats du siège, du corps judiciaire, et du procureur de la République. Pour les crimes, il comprend en principe un président et 6 assesseurs, 8 en cas d'appel, ainsi qu'un jury sauf s'il existe un risque de divulgation d'un secret de la défense (CJM, art. L. 221-4). Peuvent être établis des tribunaux prévôtaux (art. L. 1 et L. 421-1, CJM).

c) En cas d'état de siège ou d'état d'urgence
Peuvent être établis des *tribunaux territoriaux des forces armées* (art. 700, C. pr. pén.).

2. En temps de guerre

Sont compétents les *tribunaux territoriaux des forces armées* (juges judiciaires et militaires) ; peuvent être établis des *tribunaux militaires aux armées* (juges militaires), même hors du territoire (CJM, art. L. 112-1, L. 112-27 ; v. aussi le Haut tribunal des forces armées, ex. pour les officiers généraux : art. L. 112-3, CJM). Lors d'un état de siège décrété en cas de péril imminent résultant d'une guerre, les juridictions militaires peuvent être saisies d'un certain nombre de crimes et délits, même de droit commun, énumérés par le Code de la défense (art. L. 2121-3 et s., C. défense).

C. La Cour de justice de la République

Art. 68-1 et 68-2 de la Constitution. Cette juridiction a été créée par la loi constitutionnelle du 27 juill. 1993 (loi organique 23 nov. 1993).
Elle comprend *15 juges* : *3 magistrats* du siège à la Cour de cassation, dont l'un préside la Cour de Justice de la République, et *12 parlementaires* élus par l'Assemblée nationale et le Sénat au sein de ces assemblées, en nombre égal.

1. Compétence

La Cour est compétente pour les crimes et délits commis par les membres du gouvernement dans l'exercice de leurs fonctions.

Ces actes sont ceux qui ont un **rapport direct avec la conduite des affaires de l'État,** à l'exclusion des comportements concernant la vie privée ou les mandats électifs locaux, qui, eux, relèvent des juridictions de droit commun : ainsi la compétence de la Cour a été retenue, dans l'affaire dite du sang contaminé, pour l'homicide par imprudence imputé à un ministre, comme elle l'a été pour la diffamation commise par un ministre en exercice. Ce rapport direct n'a pas été retenu en revanche pour des infractions même concomitantes de l'exercice des fonctions (ainsi, pour un ministre, complice et receleur en matière d'abus de biens sociaux).

2. Saisine

La Cour peut être saisie :

a) Par toute personne se prétendant lésée par un crime ou un délit commis par un membre du gouvernement dans l'exercice de ses fonctions. La plainte est portée auprès de la **commission des requêtes**, composée de magistrats (mais la constitution de partie civile n'est pas recevable devant la Cour de justice de la République, v. ci-dessous).

La commission apprécie la suite à donner aux plaintes, sans recours. Elle ordonne le classement de la procédure, ou sa transmission au procureur général près la Cour de cassation aux fins de saisine de la Cour de justice de la République ; si elle ordonne cette transmission, elle doit qualifier les faits.

b) Par le procureur général près la Cour de cassation, d'office, sur avis conforme de la commission des requêtes.

La **commission d'instruction** (3 magistrats de la Cour de cassation) informe en vertu d'un réquisitoire du procureur général près la Cour de cassation, pris contre personne dénommée. Elle peut requalifier les faits.

Elle décide d'un non-lieu, ou ordonne le renvoi devant la Cour de justice de la République. Ses arrêts peuvent faire l'objet d'un pourvoi en cassation devant l'assemblée plénière de la Cour de cassation : en cas d'annulation, il y a renvoi devant la commission autrement composée. L'arrêt de la commission statuant sur la régularité des actes de l'information qu'elle a conduite n'est pas contraire à la Conv. EDH, dès lors qu'elle se prononce sous le contrôle de l'assemblée plénière de la Cour de cassation (Ass. plén., 6 juin 2003, *Bull. ass. plén.* n° 2).

Devant la **Cour de justice de la République** s'appliquent aux débats les règles jouant en matière correctionnelle (en cas de déclaration de culpabilité, v., pour la délibération sur la peine, art. 32, L. 23 nov. 1993). Mais *aucune constitution de partie civile n'est recevable devant cette Cour* : la plainte est portée auprès de la commission des requêtes, mais l'action en réparation des dommages ne peut être portée que devant les juridictions de droit commun (Ass. plén., 12 juill. 2000, *Bull. ass. plén.* n° 6, précisant que la décision sur l'action publique n'est pas opposable aux victimes) ; la règle n'est pas contraire au principe du droit à un tribunal posé par la Conv. EDH (Ass. plén., 21 juin 1999, *Bull. ass. plén.* n° 6) ; il en résulte que la prescription est suspendue pour les parties poursuivantes qui ont expressément manifesté leur volonté d'agir (Ass. plén., 23 déc. 1999, *Bull. ass. plén.* n° 9).

Les arrêts de cette Cour peuvent faire l'objet d'un pourvoi en cassation devant l'assemblée plénière de la Cour de cassation : en cas d'annulation, il y a renvoi devant la Cour autrement composée.

E. Autres juridictions d'exception

1. Tribunaux maritimes commerciaux

Police des navires et de la navigation marchande. Leur composition a été jugée non conforme à la constitution par le Conseil constitutionnel, si bien qu'ils siègent, désormais, dans la composition des juridictions pénales de droit commun : Cons. const., 2 juill. 2010, 2010-10 QPC.

2. Juridictions ordinaires statuant exceptionnellement en matière pénale

Tels les *tribunaux administratifs* (ainsi de certaines contraventions de grande voirie).

POUR ALLER PLUS LOIN

EXEMPLES DE SUJETS D'EXAMEN DONNÉS :

Dissertations :

- Les juridictions d'exception en procédure pénale
- Le tribunal impartial

Titre 2

LA COMPÉTENCE PÉNALE

La compétence est *l'aptitude légale d'une juridiction à connaître d'un procès.* Comme toutes les juridictions, les juridictions pénales sont soumises à des règles qui déterminent leur compétence, d'un point de vue personnel (qui ?), territorial (où ?) et matérielle (quoi ?).

On exposera les règles générales, communes à toutes les juridictions, puis spéciales, juridiction par juridiction.

Chapitre 1 › LES RÈGLES GÉNÉRALES DE COMPÉTENCE

> **› L'essentiel**
> *On commencera par examiner les règles qui régissent la compétence normale et affirment son caractère d'ordre public. Puis on recensera les dérogations qu'y apportent certaines règles de compétence exceptionnelle. On terminera avec les règles qui, en sanctionnant les conflits de compétence, permettent de les surmonter.*

Section 1 › LA COMPÉTENCE NORMALE

§ 1 - Détermination de la compétence pénale

La compétence doit se déterminer sur *trois plans* :

- *ratione materiæ* (compétence d'attribution) ;
- *ratione personæ* (**compétence personnelle**) ;
- *ratione loci* (compétence territoriale).

A. La compétence d'attribution

Elle est déterminée par la **nature de l'infraction** ; pour les juridictions de droit commun :

- *contravention* : **tribunal de police**, ou **juridiction de proximité** selon le cas ;
- *délit* : **tribunal correctionnel** ;
- *crime* : **cour d'assises.**

Dans un cas, toutefois, la compétence se détermine non par l'infraction, mais par *la mesure que l'on envisage de prononcer* : juge des enfants ou tribunal pour enfants, v. la compétence de ces juridictions.

B. La compétence personnelle

Elle est déterminée d'après la **qualité de la personne** (ex. : mineurs, ministres). Cette qualité doit s'apprécier au *jour où l'infraction est commise*.

C. La compétence territoriale

On doit distinguer les personnes physiques et les personnes morales. Pour la compétence du juge pénal français pour les **infractions commises à l'étranger**, v. Mémento de *Droit pénal général,* Les conflits de lois pénales dans l'espace.

1. Personnes physiques

a) Contravention ; est en principe compétent le tribunal (art. 522, 522-1) :
– *du lieu de commission de la contravention* ;

– *du lieu de constatation de la contravention ;*
– *du lieu de résidence du prévenu.*
Pour d'autres règles de compétence dans certains cas, v. chap. 2.

b) Délit ; est en principe compétent le tribunal (art. 382) :
– *du lieu de commission ;*
– *du lieu de résidence du prévenu ;*
– *du lieu d'arrestation ;*
– ou *du lieu de détention.*
Il n'y a pas de préférence entre ces tribunaux. La **prévention** (premier tribunal saisi) réglera l'attribution de compétence, sauf règlement de juges pour une meilleure administration de la justice.
Il existe des règles exceptionnelles pour certains délits, on le verra plus loin.

c) Crime
Mêmes règles que celles de la compétence territoriale pour les délits ; mais ici la décision de mise en accusation est attributive de compétence.

Remarque : pour la compétence des juridictions de l'application des peines, v. *infra*.

2. Personnes morales

La juridiction compétente est celle du *lieu de l'infraction*, ou du lieu du *siège* de la personne morale, sans préjudice de règles spéciales, par exemple pour les infractions économiques et financières, ou pour les actes de terrorisme (art. 706-42).
Si une *personne physique* est poursuivie en même temps (dirigeants ou tiers), la juridiction compétente pour la personne physique l'est également pour la personne morale.

§ 2 - Caractère juridique de la compétence pénale

A. Principe

Les règles de compétence sont **d'ordre public** en matière pénale, quelle que soit la nature de la compétence envisagée (c'est une différence avec la procédure civile, qui connaît à ce sujet des règles d'ordre public, mais aussi de nombreuses règles d'intérêt privé).
Il en résulte que :
- Les parties ne peuvent en principe, même d'accord, déroger aux règles de compétence.
- L'exception d'incompétence peut en principe être soulevée à tout moment du procès, même pour la première fois devant la cour d'appel ou la Cour de cassation.
- Le juge doit se déclarer incompétent d'office (sauf pour la règle *electa una via*, v. l'action civile).

B. Atténuation : la correctionnalisation judiciaire

C'est une pratique fréquente des parquets et des juges d'instruction (mais qui suppose *l'accord implicite des parties et du tribunal*). Elle consiste à transformer un crime en délit, ce qui entraîne la compétence du tribunal correctionnel (on peut aussi « contraventionnaliser » des délits, voire des crimes, avec alors compétence du tribunal de police).

1. Comment ?

• En passant sous silence une *circonstance aggravante* qui transformait le délit en crime (ex. un vol qualifié devient un vol simple).

• En modifiant la *qualification* : ex. une tentative de meurtre (crime) devient un délit de violences intentionnelles. On ne confondra pas cette situation avec celle du *changement de qualification* après l'acquittement : v. la chose jugée.

2. Pourquoi ?

• Crainte de l'*indulgence du jury* : on substitue la *certitude de la répression* à sa sévérité (c'est souvent le motif qui conduit le législateur à transformer un crime en délit : c'est la correctionnalisation *légale*) ; d'ailleurs la peine prononcée peut parfois être plus élevée en correctionnelle que devant la juridiction criminelle.

• Souci d'*économie* (la procédure d'assises est coûteuse).

• Souci de *simplification* (la procédure d'assises comporte de nombreuses formalités) et de *rapidité*.

• Souci d'adaptation (on corrige la loi sans avoir à la modifier).

3. Critique

• Le premier argument invoqué valait surtout à l'époque où le jury délibérait seul. Il a perdu de sa valeur aujourd'hui. Même avant, d'ailleurs, la comparution en cour d'assises pouvait parfois avoir un effet plus intimidant que la condamnation correctionnelle.

• Les arguments d'économie et de simplification conduisent à minimiser à l'excès le rôle de la juridiction criminelle. Il faut supprimer les complications inutiles, mais respecter les complications nécessaires.

• La correctionnalisation risque de devenir *systématique*, affaiblissant en définitive la répression ; étant au surplus de fréquence différente selon les ressorts, elle rend la répression inégale.

4. Solutions

• En principe, la correctionnalisation judiciaire est une pratique *illégale*, puisque les règles de compétence sont d'ordre public. En conséquence, le tribunal correctionnel saisi d'un crime (ou, en cas de « contraventionnalisation », le tribunal de police saisi d'un délit) doit *se déclarer incompétent* et renvoyer le ministère public à se mieux pourvoir (art. 469, 540), sans pouvoir statuer au fond, en condamnant ou en relaxant. Cependant, dans les faits, lorsque la correctionnalisation s'opère avec l'accord implicite du ministère public, des parties et de la juridiction, cette incompétence n'est pas soulevée.

• Exceptionnellement, le *législateur a ratifié cette pratique* : lorsqu'un tribunal correctionnel est saisi par renvoi d'une juridiction d'instruction, alors que la victime, constituée partie civile, était assistée d'un avocat au cours de l'instruction, il ne peut relever son incompétence, sauf s'il résulte des débats que les faits qualifiés de délit non intentionnel constituent un crime en raison de leur caractère intentionnel (art. 469, al. 4). On ne confondra pas cette solution avec la *correctionnalisation légale*, lorsqu'une loi vient correctionnaliser un ancien crime.

Section 2 › LA COMPÉTENCE EXCEPTIONNELLE

1. Il y a des **cas particuliers** concernant :

• certaines **juridictions**. Ainsi la cour d'assises a *plénitude de juridiction* (art. 231, C. pr. pén.), ce qui signifie que, saisie de faits qualifiés crime dans la décision de mise en accusation, elle demeure compétente, en premier ressort comme en appel, si ces faits se révèlent constituer seulement un délit ou une contravention (v. chap. 2).

• certaines **infractions** (mais alors uniquement pour la *compétence territoriale*), ex. :
– pour *l'abandon de famille* (art. 382, al. 2, C. pr. pén.) ;
– pour certaines *infractions financières* (art. 704 et 705, C. pr. pén.) ; v., pour la *corruption active dans les organismes européens*, en plus de la compétence normale, la compétence du tribunal de Paris, art. 706-1, C. pr. pén.
– pour certaines infractions en matière de *chèque* (art. L. 163-2, L. 163-6, C. mon. fin.) ;
– pour le *terrorisme*, art. 706-17 et s. : en plus de la compétence normale, sont compétents le tribunal correctionnel et la cour d'assises de Paris ; les audiences peuvent se tenir dans tout autre lieu du ressort de la cour, pour des motifs de sécurité (art. 706-17-1). L'instruction des actes de terrorisme peut être confiée à un magistrat du TGI de Paris affecté aux formations spécialisées en matière économique et financière (art. 706-17, al. 4).
Ces dérogations aux règles habituelles de la compétence territoriales sont à distinguer de la simple extension du ressort territorial : ainsi dans les affaires complexes, pour la criminalité et la délinquance organisées et infractions connexes, la compétence du TGI et de la cour d'assises est étendue au ressort d'une ou plusieurs cours d'appel (art. 706-75 et s.) ; il en est de même, pour le TGI seulement, pour certaines infractions en matière sanitaire (ex. affaire dite du sang contaminé), art. 706-2, I ou en matière de pollution des eaux maritimes par rejets des navires (art. 706-107 à 111).
– Si les faits mettent en cause, comme auteur ou victime, un magistrat, un avocat, un officier public ou ministériel, une personne dépositaire de l'autorité publique ou chargée d'une mission de service public (gendarme, policier, douanier, agent de l'administration pénitentiaire, etc.) qui est habituellement en relation avec les magistrats ou fonctionnaires de la juridiction, le procureur général peut d'office ou sur proposition du procureur de la République et à la demande de l'intéressé, transmettre la procédure au TGI le plus proche du ressort de la cour d'appel (« dépaysement ») ; cette décision est sans recours. Art. 43.

2. Plus généralement : il existe trois sortes de **dérogations** aux règles normales :

• la jonction de procédures ;

• le renvoi d'une juridiction à une autre ;

• la règle « Le juge de l'action est juge de l'exception ».

§ 1 - Jonction de procédures

Principe : la jonction rend compétente, pour une affaire déterminée, la juridiction normalement incompétente pour celle-ci, mais qui a compétence pour une autre affaire liée à la première. Il faut déterminer les cas de jonction de procédures, et préciser les conséquences de cette jonction.

A. Cas

1. Connexité

C'est un lien entre les infractions, tenant au temps, au lieu, ou à l'unité de pensée criminelle (art. 203, C. pr. pén.).
Exemples :

- plusieurs infractions distinctes, commises *en même temps par plusieurs personnes réunies ;* plusieurs excès de vitesse par un conducteur pendant un même parcours.

- plusieurs infractions distinctes, commises par des personnes différentes, en temps et lieux différents, mais après *accord conclu à l'avance,* ou procédant d'une conception unique, ou déterminées par la même cause ou tendant au même but, ou encore relevant du même mode opératoire.

- *recel de choses,* connexe à l'infraction d'origine qui le précède, comme le vol, l'abus de biens sociaux, etc.

Ces cas ne sont pas limitatifs pour la jurisprudence.
La connexité survit à l'extinction de l'action publique concernant l'une des infractions, par ex. après relaxe ou prescription.

2. Indivisibilité

Il s'agit de faits unis, selon la chambre criminelle, « par des rapports si étroits que l'existence des uns ne se comprendrait pas sans l'existence des autres ».
Exemples : deux délits dont l'un est la circonstance aggravante de l'autre, ou délit commis par plusieurs agents, ou délit commis en vue de la commission d'un autre (ex. faux commis en vue d'une escroquerie).

B. Conséquences

Dans les deux cas, il y a **prorogation de compétence**.

1. Détermination de la compétence

- entre deux juridictions de droit commun de degré différent : la plus haute sera compétente ;

- entre deux juridictions de droit commun de même degré : la compétence sera déterminée par les circonstances de fait ;

- entre une juridiction de droit commun et une juridiction d'exception : est en principe compétente la juridiction de droit commun (sauf pour les mineurs).

2. Caractère de la prorogation

- elle est *obligatoire* en cas d'indivisibilité ;
- elle est *facultative* en cas de connexité.

Il faut noter que la connexité entraîne d'autres conséquences, comme la solidarité entre les coauteurs et complices pour le paiement des amendes, à certaines conditions (v. Mémento de *Droit pénal général).*

§ 2 - Renvoi d'une juridiction à une autre

Le renvoi consiste à saisir une juridiction autre que celle *territorialement* compétente (on parle souvent de « *délocalisation* »). Les cas de renvoi sont définis par les art. 662 et s., C. pr. pén. : il y en a 6 (après rejet d'une demande de renvoi dans les cas 1 à 5, une autre demande peut être formée en raison de faits survenus ensuite : art. 667). Le renvoi est ordonné par la *chambre criminelle* de la Cour de cassation (sauf dans le cas F).

On ne confondra pas cette hypothèse avec celle où un tribunal, après avoir relevé son incompétence *matérielle*, a le pouvoir de renvoyer l'affaire à la juridiction compétente (ainsi du tribunal de police au profit de la juridiction de proximité, ou inversement : art. 522-2, C. pr. pén.).

A. Suspicion légitime

Art. 662. Elle vise **la juridiction, et diffère donc de la récusation** : la récusation (art. 668 et s., C. pr. pén.) vise *un ou plusieurs juges, mais considérés individuellement.* 9 cas sont énumérés à l'art. 668 (ex. : parenté d'un juge ou de son conjoint, ou de son partenaire lié par un pacs, avec une partie), mais la jurisprudence en crée de nouveaux, par application de la notion de tribunal impartial, sur le fondement de l'art. 6, § 1, Conv. EDH ; toutefois, en raison de la spécificité de son rôle, la chambre criminelle peut être identiquement composée à l'occasion des différents pourvois formés dans une même affaire. Mais l'art. 6, § 1 ne peut être invoqué par celui qui a omis de récuser le magistrat en cause en temps utile.

La *suspicion légitime* suppose des éléments permettant de *douter de l'impartialité* de la juridiction, avec, là encore, une influence de la notion de tribunal impartial de la Conv. EDH pour cerner les causes de suspicion légitime. Ces éléments peuvent être *subjectifs* (ex. : juge d'instruction déclarant publiquement de celui qui était poursuivi : « Je ne peux pas le voir, celui-là »), ou même seulement *objectifs* (ex. prise en charge par une partie civile des frais de déplacement du juge d'instruction, juge d'instruction ayant d'abord opposé un refus d'informer injustifié à la partie civile).

La requête en suspicion légitime est présentée soit par le procureur général près la Cour de cassation, soit par le ministère public près la juridiction saisie, **soit par les parties**. Les débats ont lieu en chambre du conseil, selon la jurisprudence. Mais, malgré l'absence d'une telle requête, la jurisprudence estime que la partialité de la juridiction doit être sanctionnée sur le fondement du droit à un tribunal impartial de l'art. 6, § 1, Conv. EDH. En cas de dessaisissement, la validité des actes de procédure antérieurement effectués par la juridiction dessaisie n'est pas remise en cause.

B. Sûreté publique

Art. 665. Ce renvoi suppose un risque sérieux pour l'ordre public, des menaces à l'encontre des magistrats, etc. ; il ne peut être ordonné que sur requête du procureur général près la Cour de cassation.

C. Bonne administration de la justice

Art. 665. Dans l'intérêt d'une bonne administration de la justice, le renvoi peut être ordonné sur requête du procureur général près la Cour de cassation, ou du procureur général près la cour d'appel du ressort de la juridiction, d'initiative ou sur demande des parties. Ainsi d'une affaire qui suscite une émotion légitime dans la région ; mais le simple éloignement géographique d'une partie ne suffit pas à justifier un renvoi.

D. La juridiction ne peut être légalement composée

Art. 665-1 (ex. : nombre insuffisant de magistrats). Ce renvoi est ordonné sur requête du procureur général près la Cour de cassation, ou du ministère public près la juridiction saisie.

E. Le cours de la justice se trouve autrement interrompu

Art. 665-1 (requête comme ci-dessus). Ainsi d'un renvoi décidé pour permettre la rectification matérielle d'une décision après suppression de la juridiction qui l'avait rendue.

F. Si la juridiction compétente ne peut être composée en raison d'incompatibilités

Art. 667-1 (hypothèse particulière du cas D). Le *Premier président de la cour d'appel peut ordonner le renvoi* devant une juridiction limitrophe du ressort ; la requête est présentée par le *procureur de la République de la juridiction saisie*. La liste des juridictions de renvoi pour chaque juridiction du ressort est établie chaque année, sans possibilité de modification en cours d'année.

§ 3 - Le juge de l'action est juge de l'exception

Art. 384 et s., C. pr. pén.

A. Principe

Le tribunal répressif compétent pour juger une infraction l'est aussi pour statuer sur les moyens de défense, même s'il est incompétent pour connaître de ceux-ci présentés directement. Ainsi, en matière d'abus de confiance, en cas de discussion de droit civil sur le contrat, le juge pénal est compétent.

Les raisons de cette règle sont les suivantes :

- Justice meilleure (on retrouve les mêmes raisons en procédure civile) : la règle permet au juge de mieux apprécier tous les éléments du procès.
- Justice plus rapide, puisqu'une seule juridiction est saisie : on lutte ainsi contre les manœuvres dilatoires.
- D'ailleurs, pour les questions de droit civil, la règle se justifie par l'unité de la justice pénale et civile (mêmes magistrats, on l'a vu).

B. Exceptions

Certains problèmes échappent au juge pénal, qui devra *surseoir à statuer et renvoyer les parties devant la juridiction compétente* ; il rendra son jugement après solution

donnée par cette juridiction : il s'agit des **exceptions préjudicielles au jugement** (art. 386, C. pr. pén.).
Ces exceptions préjudicielles au jugement ne doivent pas être confondues avec les *questions préjudicielles à l'action* (v. l'action publique) : l'exception préjudicielle au jugement n'empêche pas le déclenchement des poursuites, comme le fait la question préjudicielle à l'action ; elle fait seulement *obstacle au jugement*, en imposant au juge pénal un sursis à statuer.

1. Régime

Hormis le cas particulier de l'exception prioritaire de constitutionnalité, soumise à des règles particulières (v. 2, a), l'exception doit :

- être invoquée avant toute défense au fond, par dépôt de conclusions visées par le greffier avant l'audience ;
- être vraisemblable (ex. fondée sur un titre) ;
- être de nature à faire disparaître l'infraction.

Le tribunal pénal fixe un **délai** dans lequel la partie qui a soulevé l'exception doit saisir les juges ou l'autorité compétents :

- *si la partie n'agit pas* : le tribunal passe outre (sans se prononcer sur l'exception) ;
- *si la partie agit* : la juridiction compétente statue sur l'exception ; si elle la déclare fondée, **cette décision s'impose au juge répressif** (il y a ici *autorité de la chose jugée à l'égard du tribunal répressif*), qui ne peut donc statuer tant que la juridiction compétente ne s'est pas prononcée.

2. Cas

a) Droit constitutionnel

À la suite d'une réforme constitutionnelle de 2008 (L. 23 juill.), a été instaurée *la question prioritaire de constitutionnalité* (Const., art. 61-1 ; ord. 7 nov. 1958, mod. L. org. 10 déc. 2009 ; C. pr. pén., art. R. 49-21 et s.). Lorsqu'il est soutenu devant une juridiction pénale, d'instruction ou de jugement (y compris pour la première fois devant la Cour de cassation, et à la seule exception de la cour d'assises, sauf saisie en appel) qu'un texte porte atteinte aux droits et libertés garantis par la Constitution, celle-ci doit sous 8 jours transmettre la question à la Cour de cassation et, en principe, surseoir à statuer jusqu'à la réception de la décision de la Cour de cassation ou, s'il a été saisi, du Conseil constitutionnel. La Cour de cassation, si l'exception paraît sérieuse, saisit le Conseil constitutionnel dans un délai de 3 mois ; sa décision est communiquée à la juridiction qui lui a transmis la question et aux parties. Le Conseil constitutionnel statue dans les 3 mois de sa saisine ; sa décision est transmise à la Cour de cassation, ainsi que le cas échéant à la juridiction qui a transmis la question, tenue de la respecter.
Doutant de la compatibilité de cette procédure avec le droit de l'Union européenne, la Cour de cassation a saisi la CJUE d'une question préjudicielle en interprétation – v. *infra* e) – (Cass., 16 avr. 2010) ; la CJUE a conclu à une incompatibilité si le caractère prioritaire de cette procédure a pour conséquence d'empêcher toutes les juridictions nationales autres que le Conseil constitutionnel d'écarter une loi incompatible avec le droit de l'Union ou de saisir la Cour de justice d'une question préjudicielle sur ce problème de compatibilité, et ce avant la transmission d'une question

de constitutionnalité au Conseil constitutionnel ou après sa décision (CJUE, 22 juin 2010, *Melki et Abdeli* ; rappr. affirmant qu'il n'en est pas ainsi, CE, 14 mai 2010).

b) Droit civil

• *Propriété et droits réels immobiliers* (art. 384). Les raisons de l'exception préjudicielle tiennent ici au caractère technique de ces questions (mais le juge pénal n'est-il pas aussi juge civil ?) et à la prise en considération de l'immeuble (*res mobilis, res vilis*).

L'exception doit être fondée sur le droit de la personne poursuivie, et non sur le défaut de droit du plaignant (ex. « Je suis propriétaire » : il y a exception préjudicielle ; mais il n'y a pas exception si l'on dit seulement : « vous n'êtes pas propriétaire »).

• *Filiation*, quand une infraction y porte atteinte : art. 319, C. civ.

• *Nullité de mariage* en cas de poursuite pour *bigamie* (seulement pour la nullité absolue du premier mariage) – et uniquement dans ce cas : il n'y a pas à surseoir à statuer, par ex., en cas de poursuites pour l'obtention frauduleuse d'un certificat de mariage, la nullité de celui-ci étant discutée ;

• *Nationalité* : exception préjudicielle pour toutes les juridictions autres que la juridiction civile de droit commun, sauf pour la cour d'assises avec jury (C. civ., art. 29).

• Autres cas : ex. contrefaçon de brevet d'invention, appellations d'origine, assurance.

c) Droit pénal

Au cours des débats, une question est soulevée, qui relève d'une juridiction pénale autre que celle qui est saisie. Ainsi, en cas de poursuite devant tribunal correctionnel pour *dénonciation calomnieuse* de crime, la preuve à fournir (de la fausseté du crime) devra être faite par la juridiction criminelle avant le jugement sur la dénonciation calomnieuse.

Il en va différemment devant la cour d'assises, qui, elle, a *plénitude de juridiction.*

d) Droit administratif

Il s'agit ici de respecter le principe de la séparation des pouvoirs.

Par ex., en cas de détournement de deniers publics par un comptable public, une procédure administrative préalable au jugement pénal est nécessaire pour constater le déficit.

Mais on rappelle que **le juge répressif peut apprécier la légalité des actes administratifs réglementaires ou individuels, lorsque, de cet examen, dépend la solution du procès pénal :** art. 111-5 C. pén. (v. Mémento de *Droit pénal général*) : ainsi en cas de poursuites pour refus de restitution du permis de conduire, à la suite d'un arrêté préfectoral de suspension dudit permis, si le contrevenant soulève l'illégalité de cet arrêté. **Le juge pénal ne condamne pas si l'acte est illégal** ; selon la jurisprudence, il peut soulever *d'office* l'illégalité.

Ce pouvoir ne concerne que les actes administratifs réglementaires ou individuels : il ne s'étend pas aux contrats administratifs (mais le juge pénal peut, pour caractériser les éléments de l'infraction, se prononcer sur la validité du contrat).

Le juge pénal *ne peut pas apprécier l'opportunité de l'acte, ni annuler* l'acte irrégulier. Il n'a pas le pouvoir d'apprécier la *constitutionnalité* d'une loi (sur la question prioritaire de constitutionnalité, v. a).

Après avoir longtemps jugé que *l'interprétation des traités internationaux* était réservée au ministre des Affaires étrangères, la Cour de cassation a opéré un revirement de jurisprudence, la solution antérieure portant atteinte à la notion de tribunal indépendant puisque la réponse du ministre s'imposait aux juges (CEDH, 24 nov. 1994, *Beaumartin*). Pour les **traités de l'Union européenne**, l'interprétation appartient à la CJUE ; une demande d'interprétation n'a pas à être formulée avant toute défense au fond.

Section 3 › LA SANCTION DES RÈGLES DE COMPÉTENCE

Sont nulles de *nullité absolue* des décisions rendues par une juridiction incompétente. Pour éviter cela :

- les juridictions répressives ont le devoir de se déclarer incompétentes (mais pour la correctionnalisation judiciaire, v. *supra*) ;
- et la loi prévoit le règlement des **conflits de compétence**, conflits de juridictions au sein de l'ordre judiciaire (*conflits de juridictions*), et entre l'ordre judiciaire et l'ordre administratif (*conflits d'attribution*).

§ 1 - Conflits de juridictions

Il y a *conflit positif*, quand les juridictions veulent connaître de l'affaire, *conflit négatif*, quand elles ne veulent pas en connaître (et il n'y a pas de conflit en l'absence de décision des tribunaux saisis).

Une autre juridiction procède alors au **règlement de juges** (art. 657 et s.) :

- *à l'intérieur d'un même ressort* : le conflit *positif* entre deux juges d'instruction, deux tribunaux de police, deux juridictions de proximité, ou deux tribunaux correctionnels est réglé par la chambre de l'instruction ; pour les juges d'instruction, v. aussi art. 663 (texte dont la mise en œuvre est réservé au ministère public : Crim., 31 mars 2009, *Bull. crim.* n° 49, excluant l'initiative d'un juge d'instruction).
- *tous les autres conflits, même dans un même ressort, s'il y a conflit négatif*, sont réglés par la Cour de cassation, car elle est la seule juridiction commune. La juridiction qui se déclare compétente ne peut donc renvoyer elle-même l'affaire à celle qu'elle estime compétente.

§ 2 - Conflits d'attribution

Il s'agit ici de respecter la *séparation des pouvoirs* : une juridiction judiciaire ne peut par exemple, en principe, statuer sur une exception préjudicielle administrative dont dépend la solution du procès.

A. Principe

- Le préfet, par un *déclinatoire de compétence*, demande à la juridiction répressive de se dessaisir ; si le déclinatoire est rejeté :
- le préfet prend un *arrêté de conflit,* saisissant le **Tribunal des conflits**, qui statue sur la compétence (il est composé du garde des Sceaux, président, et de magistrats

appartenant à chacun des ordres : 3 conseillers d'État, 3 conseillers à la Cour de cassation, et 2 membres élus par les 7 autres).

B. Exceptions

Elles peuvent tenir aux juridictions, et à l'objet du procès.

1. Quant aux juridictions

Le conflit *ne peut être élevé* devant le *tribunal de police*, ni devant la *cour d'assises* représentant la volonté populaire souveraine : la cour doit se déclarer elle-même incompétente, à défaut de quoi son arrêt ferait l'objet d'un pourvoi en cassation. Le conflit peut être élevé devant le tribunal correctionnel, mais sous réserve des exceptions tenant à l'objet du procès.

2. Quant à l'objet du procès : art. 136, C. pr. pén.

– Il n'y a pas de procédure de conflit en cas d'atteinte à la *liberté individuelle*, par ex. en raison d'un mandat d'arrêt irrégulier (compétence exclusive des juridictions judiciaires).
– Pour *l'action civile* : il n'y a pas de procédure de conflit pour une action fondée sur des faits constituant une atteinte à la *liberté individuelle* ou à l'inviolabilité du domicile, ou en cas de *dommages causés par un véhicule* (compétence exclusive des tribunaux judiciaires, v. l'action civile).

Chapitre 2 › LA COMPÉTENCE DES DIFFÉRENTES JURIDICTIONS PÉNALES

> **› L'essentiel**
> *Les différentes juridictions pénales obéissent à des règles de compétence qui, en déterminant leur compétence personnelle, territoriale et matérielle, permettent, en présence d'une infraction donnée, de savoir quel juge saisir.*
> *Ces règles seront exposées à propos du tribunal de police et de la juridiction de proximité, du tribunal correctionnel, de la chambre des appels correctionnels, de la cour d'assises, des juridictions d'instruction, des juridictions pour mineurs et des juridictions de l'application des peines.*

Section 1 › LE TRIBUNAL DE POLICE ET LA JURIDICTION DE PROXIMITÉ

§ 1 - Compétence personnelle

Compétence pour toutes personnes, sauf pour les mineurs en cas de contravention de 5e classe.

§ 2 - Compétence territoriale

Est compétente la juridiction du lieu où la contravention a été *commise* ou *constatée*, ou de la *résidence* du prévenu ; en cas de contravention aux règles de chargement ou d'équipement de *véhicule*, aux conditions de travail dans les transports routiers, ou à la coordination des transports, est également compétent, sans exclusion de la compétence ci-dessus, le tribunal du siège de l'entreprise détentrice du véhicule (art. 522, C. pr. pén.).
Pour le cas de la connexité, étendant la compétence, v. cette question.

§ 3 - Compétence d'attribution

A. Le tribunal de police

Principe : le tribunal de police est compétent pour les **contraventions de la 5e classe** (art. 521, C. pr. pén.).
En matière de contravention, le tribunal statue sur l'*action publique* et sur l'*action civile*, quel que soit le taux des dommages-intérêts demandés.

Exception : certaines contraventions des **4 premières classes** peuvent être de la compétence du tribunal de police, sur *précision d'un décret en Conseil d'État* (art. 521, C. pr. pén.) : il s'agit des contraventions de 1re et 4e classe d'injure et de diffamation non publiques (art. R. 41-11).

B. La juridiction de proximité

Principe : elle est compétente pour les contraventions des **4 premières classes**, hormis celles réservées à la compétence du tribunal de police, v. *supra* A (art. 521, C. pr. pén.), y compris pour les mineurs (art. 21, Ord. 1945).

La juridiction de proximité peut valider les *compositions pénales* pour les contraventions de sa compétence, voire pour toutes les contraventions sur délégation du président du TGI (art. 41-3), statuer sur les suspensions et fractionnements de peine dans certains cas (art. 708).

Si la juridiction de proximité constate que les faits relèvent de la compétence du tribunal de police, elle renvoie l'affaire à ce tribunal (de même en sens inverse) ; ce renvoi peut se faire à une audience se tenant le même jour (art. 522-2).

Exception : pour certaines contraventions (ex. circulation routière), le contrevenant peut se libérer en versant le montant d'une **amende forfaitaire** à l'agent verbalisateur ou par timbre, ou dans d'autres cas par *une indemnité forfaitaire*, v. ces questions.

Il ne faut pas confondre l'*amende* ou l'*indemnité forfaitaires* et l'*ordonnance pénale* pour les contraventions ou l'*ordonnance pénale* pour certains délits (v. ces procédures). En effet, l'amende ou l'indemnité forfaitaires payées dispensent de l'instance en justice, et *excluent la condamnation* (il n'y a donc pas récidive en cas de nouvelle contravention) ; les ordonnances ne dispensent que de la comparution.

Le tribunal de police ou la juridiction de proximité, selon leur compétence, *homologue* dans certains cas la transaction sur l'action publique conclue entre le maire et certains contrevenants (art. 44-1, C. pr. pén.).

Section 2 › LE TRIBUNAL CORRECTIONNEL

§ 1 - Compétence personnelle

Art. 383. Ce tribunal est compétent pour toute personne (sauf dérogation, ex. mineurs). La compétence à l'égard d'un prévenu s'étend à ses éventuels coauteurs ou complices.

§ 2 - Compétence territoriale

Art. 382. Elle se règle par *prévention* (premier tribunal saisi). Est en principe compétent, on l'a vu, le tribunal :

• *du lieu du délit* (pour les délits d'omission : du lieu où l'obligation aurait dû être exécutée) ;

• *du lieu de résidence du prévenu* (au moment des poursuites ; en cas de pluralité de résidences, l'une ou l'autre) ;

• *du lieu d'arrestation* (au sens large : ce lieu peut être celui où la personne interpellée a été déférée selon la procédure de convocation ou de comparution immédiate, v. la procédure de jugement) ;

• *du lieu de détention*, même si la détention est effectuée pour d'autres causes (il s'agit notamment d'éviter les transfèrements coûteux et les risques d'évasion).

Parfois existent des dérogations ou des possibilités supplémentaires :

• *abandon de famille* : est également compétent, en dehors du tribunal de droit commun, le tribunal du domicile ou de la résidence de la personne qui doit recevoir la pension ou autre prestation (C. pr. pén., art. 382, al. 3).

• pour *certaines infractions financières* (art. 704 et 705, C. pr. pén.) : en plus de la compétence normale, dans chaque ressort de cour d'appel sont compétents certains tribunaux correctionnels.

• pour certaines infractions en matière de *chèque* : en plus de la compétence normale, est compétent le tribunal du lieu où le chèque est payable (art. L. 163-2, L. 163-7, C. mon. fin.).

• pour le *terrorisme* (art. 706-17 et s.) : en plus de la compétence normale, est compétent, pour les délits, le tribunal correctionnel de Paris.

• pour la *corruption* active de personnes relevant de certains États étrangers ou de certaines organisations internationales (art. 706-1) : en plus de la compétence normale, est compétent le tribunal correctionnel de Paris.

Pour le ressort territorial en matière d'infractions en matière sanitaire ou de pollution des eaux maritimes, v. les règles générales de compétence.

§ 3 - Compétence d'attribution

Art. 381. Le tribunal correctionnel est compétent pour les délits (emprisonnement, ou amende égale ou supérieure à 3 750 €).

Si une **contravention** est portée, sous la qualification de délit, devant le tribunal correctionnel, celui-ci peut statuer (art. 466).

Section 3 › LA CHAMBRE DES APPELS CORRECTIONNELS

C'est une juridiction de *deuxième instance* seulement, compétente pour les appels formés contre les jugements des *tribunaux correctionnels*, ainsi que pour *l'action civile en cas d'appel limité au civil contre l'arrêt de la cour d'assises* en l'absence d'appel sur l'action publique, art. 380-5 (v. l'appel). Le *premier président* de la chambre connaît des appels en matière de *contraventions*. La chambre de l'application des peines de la cour d'appel connaît des appels formés contre certaines des décisions du JAP et du TAP ; le président de cette chambre connaît de l'appel contre d'autres décisions (v. art. 712-11 et s.).

Section 4 › LA COUR D'ASSISES

§ 1 - La cour d'assises statuant au premier degré

A. Principe

La cour d'assises est compétente pour les **crimes** : elle a un monopole, sauf à réserver la compétence des juridictions d'exception (ex. tribunaux pour enfants, pour les mineurs de 16 ans ; pour certains crimes, est compétente, on l'a vu, la cour d'assises sans jury : ex. art. 698-6).

B. Extension

Qui peut le plus peut le moins : la cour d'assises a **plénitude de juridiction**, c'est-à-dire qu'elle a compétence éventuelle pour toute infraction, même non criminelle, comme pour tout accusé (sauf les mineurs), qu'elle statue en premier ressort ou en appel (art. 231, C. pr. pén.). Pour la compétence territoriale en matière de terrorisme, en plus de la compétence normale, est prévue celle de la cour d'assises de Paris.

• Fondement :
– la procédure d'assises est *complexe et coûteuse* : mieux vaut éviter une autre instance.
– la juridiction criminelle est l'expression de la *justice populaire* : elle est à ce titre considérée comme une garantie, dont l'accusé ne saurait se plaindre.

• Cas :
– après les débats, le prétendu crime se révèle être un simple délit (à la suite, par ex., de l'élimination des circonstances aggravantes).
– il y a eu renvoi par erreur devant la cour d'assises, alors qu'il s'agit d'un délit (voire d'une contravention : mais cette erreur est rare, d'autant plus qu'il s'agit ici d'une *criminalisation*, contraire à l'habitude, inverse, de correctionnalisation).

§ 2 - La cour d'assises statuant en appel

V. l'appel contre les décisions de la cour d'assises. La question prioritaire de constitutionnalité qui ne peut être soulevée devant une cour d'assises, peut toutefois l'être en appel (Ord. 7 nov. 1958, art. 23-1).

Section 5 › LES JURIDICTIONS D'INSTRUCTION

§ 1 - Le juge d'instruction

Le rôle du juge d'instruction est de réunir et d'examiner les preuves, afin de prendre une décision sur le renvoi devant la juridiction de jugement (ou, s'il y a crime, sur la transmission au procureur général) ; pour la possibilité de désigner plusieurs juges d'instruction dans certaines affaires, v. l'instruction. Pour les pouvoirs du JLD, v. l'instruction. On l'a déjà signalé, au 1er janvier 2011, l'instruction sera confiée à un *collège de l'instruction* (art. 83), si, entre temps, les juges d'instruction n'ont pas été supprimés.

§ 2 - La chambre de l'instruction

• Comme juridiction de l'instruction :
– elle statue sur les *appels contre les ordonnances juridictionnelles du juge d'instruction et du JLD*, v. l'instruction ;
– elle a un droit de *révision de l'instruction* (pour la compléter, réparer des erreurs ou omissions) ;

– la procédure devant cette juridiction est contradictoire ; elle est restée longtemps secrète : aujourd'hui, elle peut être publique dans de nombreux cas, v. l'instruction ;
– la chambre de l'instruction se réunit une fois par semaine au moins.

• Pour permettre à cette juridiction de jouer son rôle fondamental, le **président** de la chambre de l'instruction lui est exclusivement attaché, sauf dérogation (il s'assure du bon fonctionnement des cabinets d'instruction du ressort de la cour d'appel ; il visite les maisons d'arrêt, pour vérifier la situation des personnes mises en examen détenues ; il peut saisir la chambre de l'instruction pour qu'il soit statué sur le maintien de la personne mise en examen en détention provisoire). Art. 219 à 223, C. pr. pén.

• En dehors de l'instruction, la chambre de l'instruction a des attributions diverses ; ex. :
– elle exerce un pouvoir général de *contrôle* (ex. suspension) sur les officiers de police judiciaire, agents de police judiciaire, APJ adjoints et fonctionnaires et agents chargés de certaines fonctions de police judiciaire ;
– elle est compétente en matière de *réhabilitation*, d'*extradition*, de *règlement de juges*.
On a déjà indiqué que *le projet de réforme de la procédure pénale* envisage sa disparition et son remplacement par une chambre de l'enquête et des libertés.

Section 6 › LES JURIDICTIONS POUR MINEURS

• Avant poursuites, *pour les mineurs* (moins de 18 ans), le procureur de la République peut, avec *l'accord préalable* du mineur et des titulaires de l'autorité parentale, proposer **une mesure ou une activité d'aide ou de réparation** à l'égard de la victime (avec l'accord de celle-ci), ou dans l'intérêt d'une collectivité (Ord. 1945, art. 12-1) ; *mais le procès pénal peut continuer.*
Cette procédure présente des *avantages*, comme la médiation et la composition pénale (art. 41-1 à 41-3, C. pr. pén., v. ces mesures) d'ailleurs applicables aussi au mineur (Ord. 2 févr. 1945, art. 7-1, 7-2), lorsque le procédé réussit : le procureur peut décider d'un classement sans suite, le dommage étant réparé ; cela décharge les tribunaux, et la victime reçoit plus vite réparation, sans devoir recourir à une procédure lourde et parfois lente.
Il faudra étudier, à plus long terme, l'effet dissuasif de cette procédure sur les auteurs d'infractions, et – mais cela sera plus difficile – sur le public en général : comme pour la médiation, la perspective de devoir, au pire, réparer le dommage causé par l'infraction, peut n'être pas un frein suffisant (v. aussi à ce sujet la médiation et la composition pénale).

• Même en cas de poursuites, des mesures semblables peuvent être proposées ensuite par la juridiction d'instruction ou de jugement (si la mesure est prononcée par jugement, la juridiction recueille les observations préalables du mineur ou des titulaires de l'autorité parentale).
Pour les mineurs, interviennent selon le cas, des juridictions déjà étudiées, mais surtout des juridictions spécialisées, dont il faut déterminer la compétence.

• *L'âge du mineur* s'apprécie au jour de l'infraction : le mineur comparaîtra donc devant une juridiction pour mineurs même si lors de sa comparution il est devenu majeur, même pour une procédure de révision de la condamnation (mais pour *la publicité de l'audience*, v. cette question).

§ 1 - Compétence personnelle

A. Instruction

1. Juge des enfants

Il ne peut informer que pour des affaires concernant des mineurs, même si des majeurs sont mis en examen dans la même affaire ; il ne peut informer pour crime.

2. Juge d'instruction et chambre de l'instruction

Ils peuvent informer pour des affaires concernant des mineurs.

B. Jugement

1. Tribunal de police

Il est compétent, pour les mineurs, pour certaines contraventions (v. ci-dessous la compétence d'attribution).

2. Juridiction de proximité

Elle est compétente, pour les mineurs, pour certaines contraventions (v. ci-dessous la compétence d'attribution).

3. Juge des enfants

Statuant comme juge du fond, il est compétent pour les mineurs.

4. Tribunal pour enfants

Il est compétent pour les mineurs.

5. Chambre spéciale de la cour d'appel

Elle est compétente pour les mineurs. Le majeur ne peut comparaître devant aucune de ces trois dernières juridictions. De même, la personne mineure au moment des faits ne peut être déférée devant le tribunal correctionnel, même si elle a usurpé l'identité d'un majeur.

6. Cour d'assises des mineurs

Elle est compétente :
– pour les accusés de 16 à 18 ans ; elle ne peut juger les mineurs de 16 ans, même si ceux-ci sont impliqués avec des accusés de 16 à 18 ans ou des majeurs : la disjonction des procédures (l'une pour le mineur, l'autre pour le majeur) est alors obligatoire ;
– pour les majeurs accusés du même crime que les mineurs de 16 à 18 ans, la cour d'assises des majeurs étant incompétente pour les mineurs : il se produit une

attraction de la juridiction pour adultes à la juridiction pour mineurs (mais la chambre de l'instruction n'a pas l'obligation de joindre) ; cela est remarquable en ce que les majeurs se trouvent soumis à la procédure concernant les mineurs, ex. pour le défaut de publicité (et la Cour de cassation maintient la solution même dans le cas où, après disjonction par la cour d'assises, les accusés mineurs sont absents). Mais si après cassation d'un arrêt de cour d'assises des mineurs le seul accusé restant en cause est un majeur au moment des faits, il y a renvoi devant la cour d'assises de droit commun.

C. Application des peines

La compétence est dévolue, selon les cas, non pas aux juridictions de l'application des peines compétentes à l'égard des majeurs mais aux juridictions pour mineurs, *juge des enfants, tribunal pour enfants* et *chambre spéciale des mineurs* de la cour d'appel (art. 20-9, Ord. 1945).

§ 2 - Compétence territoriale

Principe : la juridiction compétente est celle du lieu de l'infraction, de la résidence du mineur ou de ses parents ou tuteur, ou du lieu où le mineur a été trouvé, ou placé (Ord. 2 févr. 1945, art. 3).

§ 3 - Compétence d'attribution

A. Juridictions d'instruction

Outre le rôle habituel du *juge d'instruction* (Ord. 2 févr. 1945, art. 9) et de la *chambre de l'instruction,* il faut relever, en plus, la compétence du *juge des enfants* pour les délits et les contraventions de 5e classe commis par les mineurs.

B. Juridictions de jugement

1. Tribunal de police

Il juge les contraventions des 4 premières classes (et l'action civile) pour lesquelles il est exceptionnellement compétent : v. plus haut la compétence d'attribution du tribunal de police.

2. Juridiction de proximité

Elle juge les contraventions des 4 premières classes (et l'action civile).

3. Juge des enfants

Délits et contraventions de 5e classe (et l'action civile) ; il prononce un jugement (art. 8, 20-1, Ord. 1945).
Il y a là une dérogation au principe de séparation de l'instruction et du jugement, mais qui se justifie : le juge connaît bien le mineur ; la règle avait cependant été contestée, sur le fondement de la Conv. EDH ; mais, en accord avec la jurisprudence de la Cour européenne des droits de l'homme, la chambre criminelle a décidé « qu'un même magistrat spécialisé, prenant en compte l'âge du prévenu

et l'intérêt de sa rééducation », pouvait intervenir à différents stades de la procédure.

Le juge des enfants (Ord. 2 févr. 1945, art. 8) :

– peut, avant de se prononcer au fond, ordonner la liberté surveillée à titre provisoire ; ensuite, rendre une *ordonnance* de non-lieu, ou de renvoi devant le tribunal pour enfants ou le juge d'instruction ;

– peut faire droit aux réquisitions du procureur de la République, si les investigations de l'art. 8 ont déjà été accomplies et sont suffisantes, requérant la *comparution du mineur à délai rapproché* devant le tribunal pour enfants, en observant les formalités de l'art. 8-2, Ord. 1945 ;

– peut, s'il est saisi d'une *convocation à comparaître* selon l'art. 8-1, Ord. 1945, en cas de charges suffisantes, statuer, en chambre du conseil, sur la prévention et sur **l'action civile**.

Il peut alors, si les investigations sont suffisantes, prononcer dispense de mesure, admonestation, remise de l'enfant, mesure ou activité d'aide ou de réparation selon l'art. 12-1. Pour la mesure de protection judiciaire ou le placement en établissement, il peut renvoyer à une prochaine audience, qui devra avoir lieu dans les 6 mois. Si les investigations ne sont pas suffisantes, il peut renvoyer à une prochaine audience (même délai). Dans les deux cas de renvoi, il peut, *à titre provisoire*, ordonner placement en établissement, liberté surveillée préjudicielle ou mesure ou activité d'aide ou de réparation.

– peut, par *jugement*, relaxer, ou dispenser de mesure, ou décider de l'une des **mesures éducatives** prévues par la loi, comme le tribunal pour enfants : ex. admonestation, remise à certaines personnes, mise sous protection judiciaire, placement en établissement d'éducation, mesure d'activité de jour (art. 8, Ord. 1945) ; mais **il ne peut pas prononcer de peine** ;

– peut prescrire la liberté surveillée, jusqu'à la majorité au plus ;

– peut statuer, à la demande du tribunal de police, sur la liberté surveillée l'égard des mineurs déclarés coupables de contravention (art. 21, al. 3, Ord. 1945) ;

– peut statuer sur le placement du mineur sous contrôle judiciaire ou en détention provisoire en cas de procédure de présentation immédiate devant la juridiction pour mineurs (art. 14-2, Ord. 1945) ;

– intervient pour l'*enfance en danger moral* (art. 375 et s., C. civ.).

4. Tribunal pour enfants

Il est compétent pour :

– les délits et les contraventions de 5e classe : sur renvoi du mineur de 18 ans (par ordonnance du juge des enfants ou du juge d'instruction, ou par arrêt de la chambre de l'instruction, si la poursuite, criminelle à l'origine, est devenue correctionnelle ou contraventionnelle) ou, pour les mineurs de 16 à 18 ans, voire de 13 à 16 ans, sur saisine par la procédure de présentation immédiate devant la juridiction pour mineurs (art. 5, 14-2, Ord. 1945) ;

– les crimes commis par des mineurs de 16 ans (il siège sans jury) ;

– l'action civile ;

– les demandes en modification des mesures de garde ou de placement dans les cas graves ;

– les demandes de suppression de fiche du casier judiciaire (art. 770, C. pr. pén.).

5. Chambre spéciale de la cour d'appel

– Elle est compétente pour l'appel des décisions du tribunal de police, du juge des enfants et du tribunal pour enfants. Mais elle ne juge pas les requêtes en suppression de la fiche du casier 3 ans après la décision (il y a ici un seul degré de juridiction : art. 770, al. 2, C. pr. pén.).
– Elle statue comme juridiction d'appel sur les ordonnances du juge des enfants ou du juge d'instruction relatives à la garde ou au placement provisoire.

6. Cour d'assises des mineurs

Elle est compétente pour les crimes, pour les accusés de 16 à 18 ans, et pour l'action civile en résultant (art. 20, Ord. 1945).

C. Juridictions de l'application des peines

Le *juge des enfants* exerce les fonctions du juge de l'application des peines (jusqu'à ce que le condamné ait atteint 21 ans, sauf dessaisissement en faveur du JAP à 18 ans), le *tribunal pour enfants* celles du tribunal de l'application des peines et la *chambre spéciale des mineurs* de la cour d'appel celles de la chambre de l'application des peines (art. 20-9, Ord. 1945).

Section 7 › LES JURIDICTIONS DE L'APPLICATION DES PEINES

§ 1 - Le juge de l'application des peines (JAP)

Est en principe territorialement compétent le JAP de la juridiction dans le ressort de laquelle est situé l'établissement pénitentiaire ou, si le condamné est libre, sa résidence habituelle ou dans le ressort de la juridiction qui a statué en première instance (art. 712-10). Ce magistrat est chargé de fixer les principales modalités de l'exécution des peines privatives de liberté ou de certaines peines restrictives de liberté (art. 712-1) ; il se prononce par des ordonnances (par ex. réduction de peine, permission de sortir : art. 712-5 ; *adde* art. 712-8) ou par des jugements (par ex. placement à l'extérieur, libération conditionnelle, etc. : art. 712-6).

§ 2 - Le tribunal de l'application des peines (TAP)

Est territorialement compétent, le TAP de la cour d'appel dans le ressort de laquelle le condamné réside habituellement, est écroué ou exécute sa peine (art. 712-10). Le TAP prend les mesures concernant le relèvement de la période de sûreté, la libération conditionnelle ou la suspension de peine qui ne relèvent pas de la compétence du JAP (art. 712-7).

§ 3 - La chambre de l'application des peines

Cette chambre de la cour d'appel connaît des appels contre les décisions du JAP ou du TAP (art. 712-13), à l'exception des ordonnances du JAP qui relèvent de la compétence de son président (art. 712-12).
Pour certaines *juridictions d'exception* (notamment en matière militaire, et pour la Cour de justice de la République), v. ces juridictions.

Seconde partie

LE PROCÈS PÉNAL

Lorsqu'une infraction est commise, il faut la constater officiellement : c'est le rôle de la police judiciaire. Ensuite seront déclenchées en principe l'action publique, et le cas échéant l'action civile. Il faut dans certains cas procéder à une instruction préparatoire. Si la procédure continue, ou si l'instruction n'est pas nécessaire, se déroule ensuite la procédure de jugement. Et les problèmes de preuve se posent tout au long du cheminement du procès pénal.

Titre 1

LA POLICE JUDICIAIRE

Selon l'art. 14, C. pr. pén., la police judiciaire est l'autorité ayant pour rôle de constater l'infraction, d'en rassembler les preuves et d'en rechercher les auteurs. Elle est tenue à ce titre de recevoir les plaintes déposées par les victimes d'infractions, et de les transmettre le cas échéant au service territorialement compétent (art. 15-3, C. pr. pén.). Apparaissant comme étant ainsi à la fois un *organe* et une *fonction*, la police judiciaire est donc une notion dont la complexité se reflète dans son organisation.

Chapitre 1 > NOTION ET ORGANISATION DE LA POLICE JUDICIAIRE

> L'essentiel
>
> *La police judiciaire est d'abord une fonction : contrairement à la police administrative, orientée vers la prévention des troubles à l'ordre public, elle tend à la répression des infractions.*
>
> *Cette fonction est ensuite remplie par des organes qui appartiennent à la police judiciaire, essentiellement la police nationale et la gendarmerie nationale, composées d'officiers de police judiciaire, d'agents de police judiciaire et d'agents de police judiciaires adjoints ; mais les agents de certaines administrations sont aussi chargés de fonctions de police judiciaire.*

Section 1 > LA NOTION DE POLICE JUDICIAIRE

Le rôle de la police judiciaire commence où finit celui de la police administrative, et finit, sauf commission rogatoire, où commence celui de l'instruction.

§ 1 - Police judiciaire et police administrative

Il faut **distinguer la police judiciaire** de la **police administrative** (*rôle préventif* de surveillance pour empêcher la commission d'infraction). La distinction des deux fonctions est délicate : on ne saurait, notamment, se fier à la qualité de celui qui agit pour déterminer la nature d'une opération (de police administrative ou de police judiciaire) car ce sont souvent les mêmes agents qui ont le pouvoir de remplir les deux fonctions ; de même on ne peut raisonner sur la nature de l'acte pris en lui-même, car on peut toujours craindre qu'il soit détourné de son but : on verra que les *contrôles d'identité* relèvent, selon le cas, de la police judiciaire ou de la police administrative. La jurisprudence considère qu'il faut donc prendre en considération le *but* poursuivi par l'agent au moment de son acte ; en vertu de ce critère *subjectif,* une opération qui tend à la constatation d'une infraction éventuellement à venir est un acte de police judiciaire (même si l'on se situe donc avant sa commission) : ainsi de policiers embusqués près d'une frontière où on leur a indiqué un prochain trafic de stupéfiants.

§ 2 - Police judiciaire et instruction

Il faut distinguer également la **police judiciaire** de **l'instruction** : la première intervient au stade des enquêtes policières, avant toute saisine d'une juridiction, la seconde est une phase proprement judiciaire. Mais après ouverture de l'information, la police judiciaire exécute les délégations des juridictions d'instruction (*commissions rogatoires*).

La police judiciaire est exercée *sous la direction du procureur de la République,* placée *sous la surveillance du procureur général* ; elle est soumise au *contrôle de la chambre de l'instruction*, en ce qui concerne les officiers de police judiciaire, les agents de police judiciaire, les agents adjoints, et aussi les fonctionnaires chargés de certaines fonctions de police judiciaire. (art. 224 et s., C. pr. pén. ; sur les enquêtes administratives concernant le comportement d'un OPJ ou d'un APJ dans une mission de police judiciaire, v. art. 15-2, C. pr. pén.).

Le rôle de la police judiciaire s'est accru de façon très sensible par l'effet de réformes successives qui, en augmentant considérablement ses pouvoirs – et ceux du ministère public qui la dirige, la surveille et la contrôle –, permettent de faire désormais l'économie d'une instruction lorsqu'elle n'est pas obligatoire ou, dans le cas contraire, de ne recourir à un juge d'instruction qu'une fois le dossier de l'affaire constitué : il en résulte un **déplacement du point d'équilibre de la procédure pénale** (plus d'enquêtes policières, moins d'instructions), solution inquiétante voire **dangereuse pour les libertés individuelles**, puisque les garanties offertes à un suspect sont minimes au regard de celles reconnues à une personne mise en examen. *Le projet de réforme de la procédure pénale* accentue jusqu'à la caricature cette évolution.

Section 2 › L'ORGANISATION DE LA POLICE JUDICIAIRE

La police judiciaire se compose principalement des membres de la *police nationale* et de la *gendarmerie nationale*, qui ont la qualité d'officiers de police judiciaire, d'agents de police judiciaire ou d'agents de police judiciaire adjoints. La gendarmerie, corps de militaires, a longtemps été placée sous la tutelle du ministre de la défense ; mais une réforme du 3 août 2009, tout en maintenant sa qualité de force armée chargée de veiller à l'exécution des lois, l'a placée sous l'autorité du *ministre de l'intérieur* pour l'exercice de ses fonctions judiciaires (C. défense, art. L. 3211-3). En outre, certains fonctionnaires et agents d'administrations diverses appartiennent à la police judiciaire (art. 15).

§ 1 - Les officiers de police judiciaire (OPJ)

A. Énumération

Selon l'art. 16, ont la qualité d'OPJ :

– les maires et leurs adjoints ;

– les officiers et gradés de la gendarmerie, et certains gendarmes, après avis conforme d'une commission ;

– les inspecteurs généraux, sous-directeurs de police active, contrôleurs généraux, commissaires de police et officiers de police ;

– certains fonctionnaires du corps d'encadrement et d'application de la police nationale, après avis conforme d'une commission ;

– les personnes exerçant des fonctions de directeur ou de sous-directeur de la police judiciaire relevant du ministre de l'Intérieur, et de directeur ou sous-directeur de la gendarmerie au ministère des armées ;

– dans leur circonscription, les fonctionnaires des corps de commandement et d'encadrement de la police nationale autres que ceux visés ci-dessus, pour les infractions au Code de la route et les homicides et atteintes à l'intégrité par imprudence à l'occasion d'accidents de la circulation, après avis conforme d'une commission (art. L. 130-1 et s., C. route).

Remarque : sans avoir la qualité d'OPJ, le procureur de la République et le juge d'instruction en ont les pouvoirs.

B. Pouvoirs

• Les OPJ (leurs pouvoirs dans les enquêtes sont étudiés dans le chap. 2) :
– reçoivent plaintes et dénonciations ;
– procèdent aux **enquêtes préliminaires**, avec les actes qu'elles comportent ;
– peuvent requérir le concours de la force publique ;
– en cas de **crimes et délits flagrants**, ont des pouvoirs renforcés ;
– rédigent des **procès-verbaux** ;
– peuvent recevoir des **commissions rogatoires** (v. l'instruction) ;
– peuvent décider de la **garde à vue**, sauf les OPJ visés à l'art. L. 130-1, C. route) ;
– peuvent dans certains cas faire procéder à des examens par ex. biologiques ;
– peuvent dans certains cas procéder à des écoutes ;
– peuvent procéder à des **contrôles d'identité** (v. cette question) ;
– peuvent rechercher certaines personnes en fuite ;
– peuvent décider l'inscription au fichier national automatisé des empreintes génétiques de certains suspects (art. 706-54).
Les OPJ visés à l'art. L. 130-1, C. route ne peuvent pas procéder à des visites de véhicules.

• Ces pouvoirs doivent s'exercer dans les **limites territoriales** des fonctions (pour la compétence territoriale des services ou unités, v. art. 15-1, R. 15-18 et s.). Mais ils comportent des **extensions**, par le *droit de suite* (art. 18, et art. D. 12, C. pr. pén.) :
– en cas de *crime ou délit flagrant*, ces pouvoirs sont étendus aux ressorts limitrophes (art. 18, al. 3) ;
– ces pouvoirs s'exercent sur tout le territoire national, sur commission rogatoire du juge d'instruction ou réquisitions du procureur de la République pendant l'enquête préliminaire ou de flagrance (art. 18, al. 4). L'OPJ est alors tenu d'être assistés d'un OPJ territorialement compétent, *si le magistrat le décide* ; il peut se faire assister par des OPJ placés sous son autorité. L'OPJ, depuis sa circonscription, peut recueillir des renseignements, par téléphone ou autre moyen de communication (ex. fax, courriel) en dehors de sa circonscription. Auditions, interrogatoires, confrontations, prolongation de garde à vue peuvent être effectués en plusieurs points du territoire reliés par télécommunications (vidéoconférence, avec possibilité d'enregistrement audiovisuel ou sonore ; art. 706-71, R. 53-33 et s.).
– selon la jurisprudence, les OPJ affectés à l'office national pour la répression du banditisme ont une compétence nationale.
– Les OPJ et APJ exerçant habituellement leur mission dans des véhicules de transport public de voyageurs ou dans leurs lieux d'accès sont compétents dans toute la zone de défense de leur service (art. 18, al. 7, R. 15-28 et s., C. pr. pén.).
– pour certains agents des douanes, v. § 3, B.
– pour la *criminalité et la délinquance organisées et la surveillance*, v. plus loin.
– les OPJ, sur réquisitions du procureur de la République (ou sur commission rogatoire expresse du juge d'instruction), et *avec l'accord des autorités étrangères*, peuvent procéder à des *auditions sur le territoire d'un État étranger* (art. 18, al. 5) ; mais leur compétence ne va pas au-delà : ex. ils ne peuvent, même de bonne foi, procéder à une arrestation en Suisse, *sauf traité international*, ex. convention de Schengen.

§ 2 - Les agents de police judiciaire et les agents de police judiciaire adjoints

A. Énumération (art. 20 et 21)

1. Agents de police judiciaire (APJ) : art. 20

– gendarmes non OPJ ;
– les fonctionnaires titulaires du corps d'encadrement et d'application de la police nationale non OPJ ;
– certains gardiens de la paix ;
– certains fonctionnaires de la police nationale et militaires de la gendarmerie à la retraite, appelés au titre de la réserve (art. 20-1).

2. Agents de police judiciaire adjoints (APJA) : art. 21

– fonctionnaires des services actifs de la police nationale ne remplissant pas les conditions de l'art. 20 ;
– volontaires servant comme militaires dans la gendarmerie ;
– adjoints de sécurité de la police nationale ;
– agents de surveillance de Paris ;
– militaires servant au titre de la réserve de la gendarmerie nationale autres que ceux de l'art. 20-1 ;
– agents de police municipale (art. 21 et 21-2 ; v. CGCT, art. L. 2212-1 et s. ; pour le port d'arme, v. art. L. 412-51, C. communes ; Code déontologie, 1er août 2003) ;
– gardes champêtres dans certaines contraventions réprimées par le Code pénal.

B. Mission

• Ils secondent les OPJ.

• Ils constatent les infractions ; mais seuls les APJ (art. 20) peuvent rédiger des *procès-verbaux*. Certains *APJA* (art. 21) rédigent des *rapports*, non des procès-verbaux (sauf pour certaines contraventions en matière de circulation : v. art. L. 130-4, 11°, R. 130-2, C. route ; pour les contraventions aux arrêtés de police du maire : v. art. 78-6, C. pr. pén. ; ou pour les infractions à la police de la conservation du domaine public routier : v. art. L. 116-2, C. voirie routière) ; ils doivent rendre compte à leurs chefs des infractions dont ils ont connaissance et recueillir des renseignements en vue d'en découvrir les auteurs. Les *agents de police municipale* constatent les contraventions aux arrêtés de police du maire, et font part aux OPJ des crimes, délits et contraventions dont ils ont connaissance (rapports et procès-verbaux au maire et au procureur de la République, par l'intermédiaire des OPJ) : art. 21-2. Les APJA ont des pouvoirs également en matière de contrôle d'alcoolémie (art. L. 234-4, al. 2, C. route).

• Les APJ (de l'art. 20) peuvent :
– sous le contrôle des OPJ, effectuer des *enquêtes préliminaires*, d'office ou sur instructions ;
– constater les infractions flagrantes, et en dresser procès-verbal ;
– en cas de crime ou délit flagrant, dans la limite des ordres reçus, entendre toute personne pouvant fournir des renseignements sur les faits ; recevoir par procès-verbal les déclarations de personnes pouvant fournir des indices sur les auteurs et complices de ces infractions. La Cour de cassation a jugé qu'ils peuvent donc présenter à des témoins des personnes suspectes (« parade d'identification »).

Les APJ (art. 20) et les APJA de l'art. 21-1 peuvent, sur l'ordre et sous la responsabilité des OPJ, procéder à des **contrôles d'identité** (v. cette question). **Mais ni les APJ, ni les APJA ne peuvent décider d'un placement en garde à vue** (art. 20, dern. al.).

§ 3 - Fonctionnaires et agents chargés de certaines fonctions de police judiciaire

A. Ingénieurs en service à l'Office national des forêts (ONF) et agents assermentés de l'Office, gardes champêtres

Ils sont compétents pour les délits et contraventions portant atteinte aux propriétés forestières et rurales (art. 22 et s., C. pr. pén. V. aussi pour les contraventions au Code de la route, notamment, C. route, art. R. 130-1 et R. 130-3 ; pour les infractions en matière forestière, de chasse, etc., art. L. 122-7, C. for. ; pour les infractions en matière d'environnement, art. L. 216-3, 8°, C. envir.).

B. Fonctionnaires et agents des administrations et services publics

Art. 28 et s. Ainsi des agents du fisc, des agents des douanes, des inspecteurs du travail, des agents des services d'instruction de l'Autorité de la concurrence (C. com., art. L. 450-1 : les fonctionnaires habilités peuvent agir sur l'ensemble du territoire national), de la consommation et de la répression des fraudes (C. consom., art. L. 141-1), des services de l'environnement, etc.
Des **agents des douanes** (de catégorie A et B), désignés par les ministres de la Justice et du Budget après avis conforme d'une commission, peuvent effectuer des *enquêtes judiciaires* sur réquisition du procureur de la République ou *commission rogatoire* du juge d'instruction, sur habilitation personnelle, pour la recherche et la constatation, *sur tout le territoire national,* des infractions du C. douanes, des infractions en matière de contributions indirectes, d'escroquerie sur la TVA, de vols de biens culturels, d'infractions relatives à la protection des intérêts financiers de l'UE, de trafic d'armes, de blanchiment, d'infractions à la loi sur les jeux d'argent et de hasard en ligne, etc., et des infractions connexes. Art. 28-1, R. 15-33-1, C. pr. pén. Officieusement, ces agents sont appelés officiers de douane judiciaire.
Ils n'ont pas compétence en matière de trafic de stupéfiants et infractions connexes ; mais pour ces infractions le procureur de la République peut constituer des *unités temporaires d'OPJ et d'agents des douanes* compétents *sur tout le territoire national* (art. 28-1, II).
Lorsque les agents des douanes font des enquêtes judiciaires (préliminaires ou de flagrance) ou agissent sur commission rogatoire d'un juge d'instruction, ils peuvent notamment convoquer des personnes, décider des perquisitions, la **garde à vue** (avec, en matière de stupéfiants et de criminalité organisée, les règles particulières à cette matière) : art. 28-1, VI. Mais ils ne peuvent proposer des transactions à l'amiable comme cela est possible notamment en matière douanière.
Semblablement des **agents des services fiscaux** (de catégorie A et B), désignés par les ministres de la Justice et du Budget après avis conforme d'une commission, peuvent être habilités à effectuer des *enquêtes judiciaires* sur réquisitions du procureur de la République ou *commission rogatoire* du juge d'instruction sur habilitation

personnelle, pour la recherche et la constatation, *sur tout le territoire national*, des infractions prévues par les art. 1741 et 1743, CGI (art. 28-2).

C. Gardes particuliers assermentés

Art. 29, 29-1. Ils sont compétents pour les délits et contraventions, constatés par procès-verbaux, qui portent atteinte aux propriétés gardées. Pour les gardes-chasse et gardes-pêche particuliers, art. L. 428-21, L. 437-13, C. envir.
Les agents des concessionnaires d'autoroutes agréés par le préfet et assermentés peuvent constater par procès-verbal les infractions concernant les péages (art. R. 130-8, C. route).

Les **préfets** n'ont plus de pouvoirs de police judiciaire. Mais en cas d'urgence, si l'atteinte au bon ordre et à la tranquillité et à la sécurité l'exige, ils peuvent requérir toute personne nécessaire et prescrire toute mesure utile (art. L. 2215-1, 4°, CGCT). Et *au titre de la prévention*, à partir de la déclaration d'une *manifestation sur la voie publique*, ou en cas de manifestation non déclarée, si les circonstances font craindre des troubles graves à l'ordre public, les préfets peuvent *interdire*, pendant les 24 heures qui précèdent la manifestation, et jusqu'à sa dispersion, le port et le transport, sans motif légitime, d'*objets pouvant servir d'armes* selon l'art. 132-75, C. pén. Cette interdiction se limite aux *lieux de la manifestation*, aux *lieux avoisinants* et à leur *accès*, selon les circonstances (art. 2 *bis*, décr. 23 oct. 1935). Pour la *prévention d'actes de terrorisme*, le préfet peut prescrire la mise en place de systèmes de *vidéo-surveillance* à certaines personnes (exploitants de transports collectifs, d'aéroports, etc. : art. 10-1, L. 21 janv. 1995).

Chapitre 2 › LES OPÉRATIONS DE POLICE JUDICIAIRE

> **› L'essentiel**
>
> *La police judiciaire mène des* enquêtes de police, *sous la conduite du ministère public, qui lui confèrent, souvent, des pouvoirs de coercition étendus, à ce titre* **dangereux pour les libertés individuelles**. *Il faut donc instaurer des limites à ces prérogatives, tout comme en matière de* contrôles d'identité. *Néanmoins, l'évolution législative s'est faite dans le sens d'un accroissement continu de ces pouvoirs, au détriment de l'instruction qui offre pourtant de meilleures garanties pour la personne mise en cause.*
>
> *Dans ces différentes circonstances, la police judiciaire, conformément à sa mission (art. 14), vise à rassembler les preuves des infractions et à procéder à des constatations.*

Section 1 › RASSEMBLEMENT DES PREUVES

La police judiciaire a des *pouvoirs limités*, car il s'agit là d'*actes d'instruction* (ex. perquisition), en principe réservés aux juridictions d'instruction. Mais ses pouvoirs sont consacrés par la loi en cas :

– d'**enquête préliminaire** (art. 75 à 78, C. pr. pén.) : sous-sect. 1 ;
– d'**enquête de flagrance** (art. 53 à 74-1) : sous-sect. 2 ;
– de délégation par **commission rogatoire**, *pendant l'instruction* (v. l'instruction).

La police judiciaire est donc toujours placée *sous le contrôle et la surveillance d'un magistrat*, comme il sied dans un État de droit : sous la direction du procureur de la République (art. 12, 39-1) et la surveillance du procureur général (art. 38, 75), au cours des enquêtes, sous le contrôle du juge d'instruction et de la chambre de l'instruction au cours de l'instruction.

La procédure d'enquête est en principe *secrète*, sauf communiqués de presse du procureur de la République (art. 11 ; peines de la violation de secret professionnel) ; sur autorisation du procureur de la République, peuvent être communiqués à des organismes habilités des éléments de procédure permettant de réaliser des recherches techniques, notamment pour prévenir des accidents ou faciliter l'indemnisation des victimes (art. 11-1). Est un délit le fait, pour une personne ayant connaissance, du fait de ses fonctions, d'informations issues d'une enquête (ou d'une instruction) en cours concernant un crime ou un délit de les révéler sciemment à des personnes qu'elle sait susceptibles d'être impliquées dans la commission de ces infractions, si cette révélation est réalisée dans le dessein d'entraver les investigations (art. 434-7-2, C. pén.).

Lorsqu'une personne est, avant toute condamnation, présentée publiquement (ex. dans la presse) comme étant coupable de faits faisant l'objet d'une enquête, *le juge civil peut*, même en référé, *ordonner l'insertion dans la publication d'un communiqué* pour faire cesser l'atteinte à la présomption d'innocence (v. la présomption d'innocence), aux frais de la personne physique ou morale responsable de cette atteinte : art. 9-1, C. civ.

Le *projet de réforme du Code de procédure pénale* entend regrouper au sein de « *l'enquête judiciaire pénale* » d'une part les enquêtes actuelles, préliminaire ou de flagrance, d'autre part l'instruction.

Sous-section 1 › L'enquête préliminaire

• Son **utilité** est très grande ; cette enquête permet de rassembler les preuves assez vite, et par conséquent de décider s'il y a lieu ou non de poursuivre (principe d'opportunité des poursuites, v. l'action publique), sans devoir toujours déclencher la procédure plus lourde de l'instruction (il arrive que 75 % des plaintes et procès-verbaux soient classés sans suite après enquête préliminaire ; beaucoup de classements sont dus à ce que les faits ne constituent pas une infraction).

• Mais elle présente un **danger**, en raison de l'absence de certaines des *garanties de l'instruction*, d'autant plus que si, traditionnellement, l'enquête préliminaire ne permettait pas le recours à la **contrainte** (hormis la rétention en garde à vue), il n'en est plus ainsi dans de nombreuses hypothèses. Cette évolution rend désormais *relative* la séparation, autrefois très nette, entre l'enquête préliminaire et l'enquête de flagrance. Plus encore, elle est pour beaucoup dans le phénomène de *marginalisation de l'instruction* : lorsqu'il est nécessaire de recourir à la contrainte, le ministère public n'a donc plus l'obligation, comme naguère, de faire appel à un juge d'instruction. En contrepartie a été instauré, il est vrai, un contrôle confié à un magistrat du siège, le *juge des libertés et de la détention*, mais il ne s'agit que d'une compensation partielle : contrôler n'est pas diriger. Le poids de l'enquête est d'autant plus lourd que les pièces qu'elle aura engendrées feront partie de l'instruction, en étant jointes au dossier du juge.

• Il existe désormais deux types d'enquête préliminaire, puisque, pour **la criminalité et la délinquance organisée**, on verra que des pouvoirs accrus sont accordés aux enquêteurs. De même, on rencontrera des règles particulières pour les *infractions de nature sexuelle*.

§ 1 - L'ouverture de l'enquête préliminaire

Pour que la décision d'ouvrir une enquête préliminaire soit prise, il faut que la police judiciaire ait été au préalable avertie de la commission d'une infraction.

A. La connaissance de l'infraction

La police judiciaire peut être avertie de l'infraction de différentes manières :

– par ses propres agents, qui peuvent en avoir connaissance, directement ou indirectement (spécialement, la police et la gendarmerie peuvent rétribuer toute personne étrangère aux administrations publiques ayant fourni des renseignements qui ont amené directement la découverte de crimes ou de délits, ou l'identification de leurs auteurs : L. 21 janv. 1995, art. 15-1 ; on parle souvent d'« *indicateurs* »). Mais une déclaration anonyme étant invérifiable, la Cour européenne des droits de l'homme exclut qu'une condamnation puisse intervenir sur cet unique fondement (v. par ex. CEDH, 13 nov. 2003, *Rachdad* : violation de l'art. 6, § 1 et 3, d). Certes, l'indicateur peut être éventuellement entendu ensuite comme témoin (art. 337),

mais il a la possibilité, sous certaines conditions (notamment en cas de danger grave pour lui, sa famille ou ses proches) de conserver même alors l'anonymat (art. 706-58 ; pour son adresse, v. art. 706-57) : en pareil cas, aucune condamnation ne pourra intervenir sur l'unique fondement de ses déclarations (art. 706-62).
– par toute autorité constituée, tout officier public ou fonctionnaire dans la mesure où, ayant acquis la connaissance d'un crime ou d'un délit dans l'exercice de leurs fonctions, ils doivent en donner avis au procureur de la République (art. 40, al. 2) ; de nombreux textes particuliers reprenant cette exigence, par ex. pour les maires (v. art. L. 2211-2 et 3, CGCT).
– par dénonciation d'un tiers. Cette dénonciation est parfois imposée sous la menace d'une sanction pénale : ainsi pour tout citoyen (ex. C. pén., art. 434-1 : dénonciation d'un crime ; 434-3 : dénonciation de privations, mauvais traitements et atteintes sexuelles sur mineur ou personne vulnérable) ou pour un professionnel (ex. C. com., art. L. 820-7 : dénonciation de certains délits par le commissaire aux comptes). Toute personne ayant dénoncé des faits au procureur peut former un recours contre un classement sans suite, auprès du procureur général, qui peut enjoindre au procureur de la République d'engager des poursuites (art. 40-3, C. pr. pén.) : c'est admettre (en partie seulement, car la personne ne déclenche pas elle-même l'action publique) un droit d'*action populaire*, au profit de personnes non victimes de l'infraction ;
– par plainte de la victime (qui est un cas particulier de dénonciation), directement auprès du procureur de la République (art. 40), ou auprès d'un service ou d'une unité de police judiciaire, même territorialement incompétente (art. 15-3). Tout dépôt de plainte reçu par la police judiciaire fait l'objet d'un procès-verbal, avec récépissé remis à la victime ; celle-ci, sur sa demande, peut obtenir copie du procès-verbal (art. 15-3, C. pr. pén.).

B. La décision d'ouvrir l'enquête

L'enquête préliminaire peut être ouverte sur instructions du procureur de la République, mais elle peut l'être également *d'office* par un OPJ (art. 75), qui n'a pas à en aviser le procureur.

L'enquête étant placée toutefois sous le contrôle du procureur (art. 12), l'OPJ doit l'aviser dès qu'une personne à l'encontre de laquelle existent des *indices faisant présumer qu'elle a commis ou tenté de commettre l'infraction* est identifiée (art. 75-2) ; mais la Cour de cassation juge que l'absence d'avis n'a aucune influence sur la validité des actes d'enquête.

La *durée* de l'enquête n'est soumise à aucune limite prédéterminée. Lorsqu'elle a été ouverte sur instructions du procureur, celui-ci en fixe le délai, mais il peut le prolonger sur justifications des enquêteurs ; lorsqu'elle est menée d'office, et commencée depuis plus de 6 mois, elle peut se prolonger au-delà, les OPJ ayant pour seule obligation de lui rendre compte de son état d'avancement (art. 75-1). C'est une différence importante, on le verra, avec l'enquête de flagrance qui se justifiait, traditionnellement, par le caractère en principe non contraignant des actes de l'enquête préliminaire ; ce principe ayant vécu, la solution a désormais une tout autre portée puisqu'elle a favorisé l'empiètement, précédemment signalé, de cette enquête sur le domaine de l'instruction.

§ 2 - Les auditions

Autrefois, la personne convoquée par un OPJ au cours d'une simple enquête préliminaire n'était pas tenue de se présenter, à la différence du cas de l'enquête de flagrance : si l'on voulait l'y contraindre, l'ouverture d'une instruction s'imposait. Au contraire, les personnes **convoquées** par l'OPJ pour les nécessités de l'enquête sont aujourd'hui **tenues de comparaître** : l'OPJ peut, avec l'autorisation préalable du procureur de la République, les y contraindre si elles n'ont pas répondu à la convocation, ou si l'on peut craindre qu'elles n'y répondront pas (art. 78). Ce pouvoir appartient aussi, pour certaines infractions, à des agents des douanes désignés (art. 28-1, VI) et à des agents des services fiscaux désignés (art. 28-2, IV).

Mais s'il n'y a contre ces personnes aucune raison plausible de soupçonner qu'elles ont commis ou tenté de commettre une infraction (*on ne peut donc pas les placer en garde à vue* : v. *infra* § 3), elles ne peuvent être retenues au-delà du temps strictement nécessaire à leur **audition** (art. 78, al. 2 ; pour un étranger, la Cour de cassation a jugé que le recours à un interprète ne s'impose pas, sous réserve qu'il ne soit pas porté atteinte aux intérêts de l'intéressé, Crim., 22 juin 2010, pourvoi n° 10-81275). Elles peuvent, sur autorisation du procureur de la République, être autorisées à déclarer comme domicile l'adresse du commissariat ou de la gendarmerie ou leur adresse professionnelle, voire, s'il existe un danger grave pour elles, leur famille ou leurs proches, être entendues *anonymement* (art. 706-57 et s. ; v. le témoignage) ; mais aucune condamnation ne pourra avoir alors pour seul fondement de telles déclarations (art. 706-62). L'audition peut être effectuée par l'OPJ ou, sous son contrôle, par un APJ (art. 78).

Un procès-verbal des déclarations est dressé par l'OPJ (art. 78) ; pour être le plus fidèle possible à l'audition et éviter toute dénaturation, il doit comporter les questions auxquelles il a été répondu (art. 429) – et pas seulement, comme auparavant, la simple abréviation SI (« sur interpellation ») – ; la Cour de cassation juge toutefois que cette règle n'est pas prescrite à peine de nullité (Crim., 27 mai 2008, *Bull. crim.* n° 132). Lorsque les circonstances les y contraignent, les gendarmes peuvent enregistrer les déclarations sur un carnet spécial (décr. 8 juill. 2010, art. 8 et s.).

L'audition d'un **mineur victime** *de l'une des infractions de nature sexuelle visées à l'art. 706-47* (ex. meurtre accompagné de viol, proxénétisme) doit donner lieu, sauf impossibilité, à un *enregistrement audiovisuel* (en plus du procès-verbal d'audition) : cela évite à la victime de devoir répéter plusieurs fois ses déclarations ; l'enregistrement est seulement sonore si l'intérêt du mineur le justifie (art. 706-52). Une copie en est faite, pour consultation au cours de la procédure, l'original étant placé sous scellés. En outre, au cours de cette audition, peuvent être présentes différentes personnes, comme un psychologue, un membre de la famille du mineur (art. 706-53).

Les OPJ et APJ informent, par tout moyen, et par ex. au cours d'une audition, les *victimes* de leur droit d'obtenir réparation, d'être assistées d'un avocat si elles souhaitent se constituer partie civile, d'être aidées par certains organismes, de demander une ordonnance de protection au juge aux affaires familiales en cas de violences conjugales (art. 75, al. 3), d'obtenir l'aide juridictionnelle (sans condition de ressources pour les victimes de certaines infractions, ex. viol : L. 10 juill. 1991, art. 9-2) ; au cours de l'enquête, la victime peut, avec l'accord du procureur, demander des restitutions ou des dommages-intérêts : *la demande* **vaudra constitution de partie civile** si ultérieurement *l'action publique est mise en mouvement et le tribunal correctionnel ou de police saisi* (art. 420-1, al. 2).

§ 3 - La garde à vue

Il faut déterminer les personnes pouvant être placées en garde à vue, la durée de cette mesure, et les garanties et droits de la personne gardée à vue. Le Conseil constitutionnel a jugé que les art. **62, 63, 63-1, 63-4, al. 1 à 6** et **77** permettant de « banaliser le recours à la garde à vue » (790 000 placements en 2009 !), y compris pour des infractions mineures, et n'assurant pas de garanties suffisantes (absence d'assistance de l'avocat), sont **contraires à la Constitution** ; mais il a reporté l'abrogation de ces dispositions au 1er juillet 2011, le temps pour le législateur de légiférer (Cons. const. 31 juill. 2010, QPC 2010-14/22).

A. Personnes pouvant être placées en garde à vue (art. 77)

Peut être placée en garde à vue toute personne à l'encontre de laquelle existent **une ou plusieurs raisons plausibles de soupçonner qu'elle a commis ou tenté de commettre une infraction** : la garde à vue ne concerne par conséquent qu'un suspect, et **n'est donc pas possible pour un simple témoin** (v. § 2).

Les mineurs de 13 ans (c'est-à-dire de moins de 13 ans) ne peuvent être placés en garde à vue. Toutefois, à titre exceptionnel, pour les **mineurs âgés de 10 à 13 ans**, s'il existe des **indices graves** *ou* **concordants** laissant présumer qu'ils ont commis ou tenter de commettre un **crime, ou un délit punissable d'au moins 5 ans d'emprisonnement**, une **retenue** peut être décidée, mais avec **l'accord préalable d'un magistrat** du ministère public (art. 4, I, Ord. 2 févr. 1945).

Seuls les OPJ, *non les APJ ni les APJA*, peuvent décider de la garde à vue (ne peuvent non plus en décider les OPJ qui n'ont compétence que pour les infractions routières : art. L. 130-2, C. route). Mais ce pouvoir appartient aussi, pour certaines infractions, à des *agents des douanes* et à des *agents des services fiscaux* désignés (art. 28-1, VI, 28-2, IV). L'OPJ n'a pas à consulter préalablement le procureur de la République.

Parce qu'elle est une atteinte grave à la liberté d'aller et de venir, la garde à vue n'est *régulière* que si elle est une **nécessité** pour l'enquête (art. 77) ; mais la chambre criminelle de la Cour de cassation a pris la responsabilité d'affirmer que c'est à l'OPJ d'en juger, sous le seul contrôle du ministère public, en refusant à la juridiction de jugement ayant à connaître ultérieurement de la procédure le pouvoir de le vérifier à son tour et d'annuler, éventuellement, la garde à vue (Crim., 4 janv. 2005, *Bull. crim.* n° 3) ; la première chambre civile de la Cour de cassation, en matière de retenue des étrangers en situation irrégulière, a heureusement consacré la solution contraire (Civ. 1re, 25 nov. 2009, pourvoi n° 08-20294).

Un placement en garde à vue ne s'impose à l'OPJ que si une **contrainte** est exercée sur l'intéressé : il peut donc entendre, sans la placer en garde à vue, la personne qui, convoquée, se présente volontairement dans les locaux de police et accepte d'être entendue, celle qui surprise en train de commettre une infraction, accepte de suivre les policiers. Dans tous ces cas, l'intéressé est donc privé des garanties accordées à une personne placée en garde à vue (v. *infra* C).

Si les nécessités de l'enquête l'exigent, le procureur de la République peut décerner *mandat de recherche* contre toute personne à l'encontre de laquelle il existe une ou plusieurs raisons plausibles de soupçonner qu'elle a commis ou tenté de commettre l'infraction. Pour l'exécution de ce mandat, la personne découverte est placée en garde à vue (art. 77-4).

NB : on ne confondra pas la garde à vue avec :

• la rétention, en cas de nécessité, de la personne refusant de justifier de son identité, ou étant dans l'impossibilité de le faire. Cette rétention ne peut excéder le temps nécessaire à l'établissement de l'identité, ni 4 heures à compter du contrôle. Mais la durée de la rétention s'impute, s'il y a lieu, sur celle de la garde à vue (v. les vérifications d'identité).

• la rétention de la personne arrêtée en vertu d'un jugement ou arrêt de condamnation à l'emprisonnement ou à la réclusion : la personne peut être retenue 24 heures dans un local de police ou de gendarmerie, aux fins notamment de vérification d'identité. Elle est avisée qu'elle peut faire prévenir un proche, être examinée par un médecin, s'entretenir avec un avocat (art. 716-5).

• la rétention de la personne appréhendée à la suite d'une demande d'extradition (art. 696-10 ; mais les droits et garanties prévues en garde à vue s'appliquent avant la présentation au procureur général : al. 1).

• en matière douanière :

– la *retenue provisoire* qui est possible selon les prévisions des art. 67 *ter* et 67 *quater* du Code des douanes (personnes faisant l'objet d'un signalement dans le système d'information Schengen ou en situation irrégulière sur le territoire national) ; la jurisprudence a étendu la solution, malgré le silence des textes, à d'autres cas : pour l'exercice du droit de visite (art. 60, C. douanes), même sans flagrance, mais seulement pour le temps nécessaire aux opérations et sans mesure coercitive ; en matière de stupéfiants, même sans flagrance, pour pratiquer l'examen médical prévu par l'art. 60 *bis*, mais en informant la personne des motifs de sa rétention (référence à l'art. 5 § 2, Conv. EDH). La durée de la retenue s'impute sur celle de la garde à vue qui, éventuellement, la prolonge.

– la *rétention douanière* de l'art. 323, 3 C. douanes, elle, suppose la flagrance, et est limitée à 24 heures, renouvelables 24 heures par le procureur de la République. Si rétention et garde à vue se succèdent, la durée de l'une s'impute ici aussi sur la durée de l'autre (C. douanes, art. 323) ; mais les règles de la garde à vue (ex. notification des droits) ne s'appliquent qu'à partir du début de celle-ci. Cette rétention est distincte de la garde à vue pouvant être décidée par certains agents des douanes, v. ci-dessus.

• la rétention de la personne en état *d'ivresse publique* jusqu'à dégrisement (art. L. 3341-1, CSP) : la personne peut ensuite être entendue, et, si elle y consent, (ex. pour des infractions au Code de la route), l'OPJ n'a pas l'obligation de la placer en garde à vue.

• la rétention administrative des étrangers (art. L. 551-1 et s., C. entrée et séjour des étrangers, avec prolongation possible par le JLD).

• la simple surveillance d'une personne à l'hôpital, pour surveiller ceux qui la visitent (mais il est possible de placer en garde à vue dans un hôpital une personne malade).

B. Durée de la garde à vue (art. 77)

1. Durée de principe

La durée de principe de la garde à vue est de **24 heures**.

Pour les **mineurs de 10 à 13 ans**, la retenue ne peut excéder **12 heures** (art. 4, I, Ord. 1945). Elle doit être limitée au temps nécessaire à la déposition du mineur et à sa présentation devant le magistrat ou à sa remise à l'une des personnes visées par le texte.

2. La prolongation de la garde à vue

Le procureur de la République *peut* décider, avant l'expiration des 24 heures, une **prolongation, pour un nouveau délai de 24 h maximum**. Cette prolongation suppose une *présentation préalable* de la personne à ce magistrat, sauf décision écrite et motivée de celui-ci (ex. faute de temps), ou par télécommunication audiovisuelle (vidéoconférence, avec possibilité d'enregistrement audiovisuel ou sonore ; art. 706-71, R. 53-33 et s.).
Pour les **mineurs** *de 10 à 13 ans*, la retenue peut être *prolongée*, à titre exceptionnel, par *décision motivée* du magistrat, pour *12 heures au maximum*, après présentation devant le magistrat à peine de nullité, sauf circonstances rendant la présentation impossible (art. 4, I, Ord. 2 févr. 1945), ou ici aussi par télécommunication audiovisuelle. Pour les **mineurs** *de 13 à 16 ans*, la garde à vue ne peut être prolongée en cas de délit puni de moins de 5 ans d'emprisonnement (art. 4, v. Ord. 2 févr. 1945).

3. Computation des délais

– La personne qui se présente librement dans les services de police au cours d'une enquête préliminaire peut être entendue, on l'a vu, sans être placée en garde à vue ; mais dès qu'elle est soumise à une contrainte, l'OPJ *doit* décider d'un tel placement, et le délai est alors calculé, selon la jurisprudence, à partir du début de l'audition à l'arrivée dans le service de police.
– Le calcul du délai se fait par tranches de 24 heures : une garde à vue commencée un lundi à 23 h, avec prolongation notifiée le lendemain à 18 h 30, peut continuer jusqu'au mercredi 23 h.
Il peut y avoir, pour les *mêmes* faits, plusieurs placements en garde à vue, à la condition que leur durée totale n'excède pas le maximum légal (24 h ou, en cas de prolongation, 48 h) ; la règle vaut y compris dans le cas où des gardes à vue n'ont pas été décidées au cours de la même procédure (par ex. lors de l'enquête, puis de l'instruction consécutive). Pour des faits *différents*, ce comput n'a pas lieu d'être, sous cette réserve que si deux gardes à vue se succèdent immédiatement, leur durée cumulée ne peut excéder 24 h. La Cour de cassation, en chambre mixte, a jugé que même si aucun acte n'est diligenté pendant la garde à vue, elle n'est pas pour autant d'une durée excessive, dès lors qu'elle n'a pas dépassé le maximum de 24 heures.
À l'issue de la garde à vue, s'il existe des éléments de nature à motiver des poursuites, la personne, sur instructions du procureur de la République, est remise en liberté, ou déférée devant ce magistrat (art. 77, al. 3). *Le temps nécessaire pour assurer ce déferement n'entre pas dans le calcul du délai de la garde à vue* : v. *infra*, p. 69.

C. Garanties et droits de la personne gardée à vue

Elles sont prévues par l'art. 77, renvoyant aux art. 63-1 à 4, 64, 64-1, 65. La Cour de cassation a cru devoir juger que ces garanties ne sont pas applicables à la *retenue douanière* ; mais elles le sont en cas de garde à vue décidée par les agents des douanes. En outre, de façon plus générale, le procureur de la République visite les locaux de garde à vue au moins une fois par an (art. 41, al. 3) et les députés et les sénateurs peuvent le faire à tout moment (art. 719).

1. Information du procureur de la République

L'OPJ doit informer le procureur de la République de tout placement *dès le début de la garde à vue* (donc évidemment même la nuit, par ex. par fax ou par courriel), sauf circonstances insurmontables : ce magistrat doit contrôler en effet les mesures de garde à vue (art. 41). Il a été jugé qu'une durée d'1 h 15 entre l'interpellation de la personne placée en garde à vue et l'information adressée au procureur est excessive, sauf circonstances insurmontables.

Ces prérogatives du procureur de la République *sont parfois contestées* au regard des exigences de la Conv. EDH : son article 5, § 3 exige que toute personne arrêtée ou détenue soit *aussitôt* traduite « devant un juge ou un autre magistrat habilité par la loi à exercer des fonctions judiciaires ». Si la Cour de cassation a jugé que le procureur correspond à cette définition, en tant que magistrat de l'ordre judiciaire, si le Conseil constitutionnel a jugé qu'il appartient à « l'autorité judiciaire », la CEDH est d'un avis contraire, le procureur n'étant pas indépendant, car subordonné à l'autorité du pouvoir politique, ni impartial, car pouvant être ultérieurement partie à la procédure (v. par ex. CEDH, 4 déc. 1979, *Schiesser* ; 29 mars 2010, *Medvedyev*).

Le projet de réforme du Code de procédure pénale n'en maintient pas moins le rôle actuel du procureur.

2. Information de la personne

À peine de nullité de la garde à vue, la personne gardée est **immédiatement informée** de la *nature de l'infraction* sur laquelle porte l'enquête, de *ses droits* en matière de garde à vue (information d'un proche, examen médical, intervention d'un avocat), des *règles sur la durée* de cette mesure (art. 63-1) ; sauf circonstance insurmontable, l'information sur ses droits relatifs à l'information d'un proche et à l'examen médical doit se faire au plus tard *dans les 3 heures* du placement en garde à vue (art. 63-1, dernier al.), sous réserve de règles spéciales relatives à cette information ou à l'examen médical pour les mineurs (art. 4, II, Ord. 2 févr. 1945 : v. *infra*), et en matière de criminalité organisée (v. *infra*). L'information est faite par un OPJ ou, sous le contrôle de celui-ci, par un APJ.

• L'information doit se faire (le cas échéant par des formulaires écrits) dans une langue que la personne comprend (pas nécessairement la sienne). Mais la recherche d'un interprète pour une langue courante ne peut justifier un retard dans la notification des droits, et il a été jugé que l'interprète peut intervenir par téléphone. Pour les personnes atteintes de surdité et ne sachant ni lire ni écrire, v. art. 63-1, al. 4.

• Une notification est régulière si elle est différée en raison de l'ébriété de la personne interpellée, qui l'empêche de comprendre la portée de ses droits, ou parce que la réalité des indices doit être vérifiée. Mais il faut procéder à cette information dès que la personne dégrisée est en état de la comprendre.

3. Droits de la personne gardée à vue

Ils comportent l'interdiction des traitements inhumains et dégradants, l'information d'un proche, un examen médical, des entretiens avec un avocat, un enregistrement audiovisuel pour les mineurs, des droits en l'absence de poursuites et au cours d'un éventuel déférement.

Mais en contrepartie, la garde à vue légitime certaines *atteintes aux droits de l'intéressé* : ainsi, selon la loi, l'intéressé peut être soumis à des *investigations corporelles internes* (ex. recherche de stupéfiants dissimulés dans le vagin ou l'anus), mais uniquement par un médecin (art. 77, renvoyant à l'art. 63-5). Pour le prélèvement biologique, le dépistage des MST, v. *infra*, § 5.

a) Interdiction des traitements inhumains et dégradants

En application de l'art. 3, Conv. EDH qui prohibe les tortures et traitements inhumains ou dégradants, spécialement à l'endroit de personnes privées de leur liberté et en situation de faiblesse, la CEDH a condamné des États dont les policiers avaient eu recours à des violences au cours d'une garde à vue, notamment pour obtenir des aveux (v. par ex., pour la France CEDH, 28 juill. 1999, *Selmouni*). La Cour de cassation en conclut que la nullité peut être prononcée si les conditions d'une garde à vue ont contrevenu à l'art. 3 (Crim., 7 mai 2008, pourvoi n° 08-81419 ; v. aussi *infra,* c), à propos de l'art. 63-3).

b) Information d'un proche

• La personne majeure gardée à vue peut, sur sa demande, **faire prévenir par téléphone** une personne avec laquelle elle vit habituellement, ou l'un de ses parents en ligne directe, l'un de ses frères et sœurs, ou son employeur, dans un délai de 3 heures à compter du placement en garde à vue sauf circonstance insurmontable (art. 77, renvoyant à l'art. 63-2) ; c'est l'OPJ, non la personne, qui téléphone. Si l'OPJ estime, en raison des nécessités de l'enquête (ex. risque de pressions sur des témoins, de disparition des preuves rendant les perquisitions inefficaces), *ne pas devoir faire droit à cette demande,* il en réfère sans délai au procureur, qui décide (difficultés par ex. pour toucher les familles sans téléphone, ou pour s'assurer que c'est bien à telle personne que l'on s'adresse et pas à un complice...).

• S'il s'agit de **mineurs** (âgés de 10 à 18 ans), l'OPJ doit informer de la mesure les parents ou la personne à qui le mineur est confié. Le procureur de la République *peut décider de différer l'information,* pour un temps qu'il détermine : mais l'information ne peut être retardée de plus de 24 heures si la garde à vue peut être prolongée, ou de plus de 12 h dans le cas contraire (cas, on l'a vu, du mineur âgé de 16 à 18 ans, s'il s'agit d'un délit faisant encourir moins de 5 ans d'emprisonnement) : art. 4, II, Ord. 2 févr. 1945.

c) Examen médical

Art. 77, renvoyant à l'art. 63-3. Le médecin est choisi par le procureur de la République ou par l'OPJ.

Le médecin examine la personne sans délai ; il doit se prononcer sur l'aptitude au maintien en garde à vue. La Cour de cassation juge que la garde à vue est irrégulière si elle se prolonge après que le médecin a conclu à son incompatibilité avec l'état de santé de la personne gardée à vue (Crim., 27 oct. 2009, *Bull. crim.* n° 176).

• L'examen médical est *de droit* :

– sur la demande de la personne (qui, on l'a vu, doit être avertie de ses droits au plus tard dans les 3 heures du placement en garde à vue) ; elle peut demander un deuxième examen, en cas de prolongation de la garde à vue ;

– ou, en l'absence de cette demande et de la demande du procureur de la République ou de l'OPJ, sur la demande d'un membre de la famille ;

– *pour les mineurs de 16 ans* dès le *début* de la garde à vue (art. 4, III, Ord. 1945) ;

• À tout moment, le procureur de la République ou l'OPJ peut d'office désigner un médecin pour examen.

d) Entretien avec un avocat

Art. 77, renvoyant à l'art. 63-4. La personne gardée à vue peut demander à s'entretenir avec un avocat :

• **dès le début de garde à vue** (pour les mineurs de 13 ans, un avocat est commis d'office s'il n'en a pas été désigné par le mineur ou ses représentants : art. 4, I, al. 2, Ord. 2 févr. 1945) ;

• **dès le début de la prolongation.**

Dans les deux cas, la personne choisit l'avocat. À défaut, ou si l'avocat choisi ne peut être joint, un avocat est commis d'office par le bâtonnier. Les barreaux ont dû s'organiser (notamment pour les appels nocturnes) ; le problème de la rémunération s'est posé (v. pour l'avocat désigné d'office, L. 10 juill. 1991, art. 64-1). L'OPJ doit accomplir toutes les diligences nécessaires pour que se déroule l'entretien, dans les conditions légales, à peine de nullité.

Mais la procédure est régulière, selon la jurisprudence :

– même si l'entretien n'a pu avoir lieu (impossibilité de joindre un avocat, par exemple en raison de la suspension des commissions d'office) ;

– si la personne ayant d'abord renoncé à l'entretien change d'avis, l'avocat étant immédiatement averti ;

– même si l'OPJ a procédé à l'interrogatoire sans attendre l'arrivée de l'avocat contacté pour permettre son entretien préalable avec l'intéressé (Crim., 16 déc. 2006, *Bull. crim.* n° 312).

L'avocat est informé, par l'OPJ ou, sous le contrôle de celui-ci, par un APJ, de la nature et de la date présumée de l'infraction sur laquelle porte l'enquête.

• L'entretien ne peut dépasser **30 minutes**. Il a lieu dans des conditions assurant sa « confidentialité ». L'avocat **n'a donc pas accès au dossier**, et **ne peut assister aux interrogatoires** ; il peut seulement présenter des observations écrites. Il ne doit pas faire état de cet entretien auprès de quiconque « pendant la durée de la garde à vue » (on pourrait estimer que, même après, il est tenu par le secret professionnel). Ces droits limités ne paraissent pas conformes aux exigences de la Conv. EDH telles qu'interprétées par la Cour européenne des droits de l'homme : d'une part, en application de l'art. 6, § 1, la Cour européenne exige l'accès à l'avocat dès le premier interrogatoire et interdit que l'on puisse tirer argument de déclarations effectuées en dehors de sa présence (CEDH, 27 nov. 2008, *Salduz* ; 8 déc. 2009, *Savas*), d'autre part, elle considère que l'avocat doit pouvoir fournir une véritable assistance, *dès la privation de liberté*, en étant mis en mesure d'organiser la défense de son client et de préparer les interrogatoires (CEDH, 13 oct. 2009, *Dayanan* ; 23 févr. 2010, *Yoldas*). *Le projet de réforme de la procédure pénale* ne tire que partiellement les conséquences de ces insuffisances, en prévoyant l'accès de l'avocat à une copie des procès-verbaux des éventuels interrogatoires déjà réalisés et sa présence pendant les interrogatoires effectués *après prolongation* de la garde à vue ; il limite par ailleurs le placement en garde à vue à la matière des crimes et des délits punis d'une peine d'emprisonnement au moins égale à 1 an.

e) Enregistrement audiovisuel des interrogatoires

En matière de **crime**, les interrogatoires de la personne en garde à vue dans les services ou une unité de police ou de gendarmerie font l'objet d'un enregistrement audiovisuel, qui pourra être consulté en cas de contestation du contenu du procès-verbal d'interrogatoire au cours de l'instruction ou de la procédure de jugement, à la demande du ministère public ou d'une partie privée (art. 77, renvoyant à l'art. 64-1 ; pour le choix, parfois, des interrogatoires à enregistrer, v. al. 5). La diffusion de l'enregistrement est un délit (al. 3).

S'il s'agit de **mineurs**, un tel **enregistrement audiovisuel** s'impose quelle que soit la gravité de l'infraction (art. 4, VI, Ord. 2 févr. 1945).

f) Interrogation du procureur sur la suite de la procédure

Dans le cas où, à l'issue de sa garde à vue, le procureur n'a pris aucune décision sur l'action publique, la personne est informée que, si à l'expiration des *6 mois à venir, elle n'a pas fait l'objet de poursuites*, elle pourra interroger le procureur de la République (par LRAR) sur la suite de la procédure (art. 77, renvoyant à l'art. 63-1, al. 5).

g) Déferement

La personne qui a fait l'objet de **déferement** après garde à vue à la demande du procureur de la République pour lui être présenté doit comparaître devant lui le jour même (ou, en cas d'ouverture d'une instruction, devant le juge d'instruction). Mais, en cas de nécessité, la comparution peut avoir lieu le jour suivant, au plus tard dans les 20 h de la levée de la garde à vue, à défaut de quoi il y a remise en liberté (art. 803-2, 803-3), à peine de nullité ; cette durée est à calculer, selon la jurisprudence, à partir de la notification de la fin de la garde à vue, non du moment où le procureur a donné des instructions sur l'heure de cette levée. Le respect de ces durées s'impose à peine de nullité. La rétention se déroule dans des locaux spécialement aménagés (« petit dépôt ») ; l'intéressé a le droit de faire prévenir un proche, d'être examiné par un médecin, de s'entretenir avec un avocat (art. 803-2). La Cour de cassation a précisé que la privation de liberté doit être limitée au temps strictement nécessaire à la présentation au magistrat, et qu'aucun interrogatoire n'est possible pendant le déferement.

4. Procès-verbal d'audition

Un procès-verbal d'audition est rédigé, mentionnant les questions posées, les motifs de la garde à vue, le jour et l'heure du début de la garde à vue, de la durée des interrogatoires et des repos, les heures auxquelles la personne a pu s'alimenter, le jour et l'heure de la libération ou de la conduite devant le magistrat, les demandes relatives à l'information d'un proche, à l'examen médical et à l'entretien avec un avocat, et les suites données, avec émargements de la personne gardée – sauf son refus, qui est mentionné (art. 77, renvoyant à l'art. 64 – art. conforme à la Constitution : Cons. const., 6 août 2010, QPC 2010-20/21).

La chambre criminelle a jugé qu'élude les droits de la défense l'OPJ qui, lors d'un repos au cours d'une garde à vue, recueille des confidences officieuses d'un suspect et les porte sur un procès-verbal de renseignement alors que l'intéressé n'avait pas voulu qu'elles soient consignées dans le procès-verbal d'audition : cette déloyauté entraîne la nullité.

5. Registre et carnet

Sont tenus un registre spécial (avec mentions de la date et des heures de début et de fin de la garde à vue, des interrogatoires et repos, et émargements), et, pour la gendarmerie, un carnet de déclarations (avec mentions et émargements : décr. 8 juill. 2010, art. 10) : art. 77, renvoyant à l'art. 65 ; pour le déférement, art. 803-3.

6. Sanction

La nullité textuelle n'est pas prévue en la matière : il y aura nullité si la méconnaissance d'une formalité substantielle a porté atteinte aux intérêts de la personne qu'elle concerne (art. 802) ; ainsi de la méconnaissance des dispositions relatives à l'examen médical. Mais la chambre criminelle a décidé que *le dépassement de la durée* de la garde à vue « **constitue par lui-même une atteinte aux intérêts de la personne** » ; il en est de même de *l'absence de notification des droits* ou de *leur notification tardive*, de la prolongation de la garde à vue sans présentation du mineur au procureur, de la violation du droit de s'entretenir avec l'avocat, de l'absence d'enregistrement audiovisuel (Crim., 3 mars 2010, *Bull. crim.* n° 47). V., ainsi que pour les effets des nullités, les nullités dans l'instruction.
Toutefois, la nullité de la garde à vue est sans effet sur des actes postérieurs réguliers, si elle n'en a pas été le support nécessaire (ainsi d'une poursuite fondée sur une perquisition sans rapport avec la garde à vue irrégulière – mais la solution serait différente si la perquisition avait été décidée sur le fondement des déclarations faites au cours de cette garde à vue).

§ 4 - Les perquisitions et saisies

A. Notion de perquisition

1. Définition de la perquisition

La perquisition s'entend de l'entrée d'un enquêteur dans un lieu ordinairement clos, à usage ou non de domicile, pour y faire des constatations à l'aide de fouilles (recherche d'un indice, d'une personne, etc.) ; *la visite domiciliaire* permet d'entrer dans un domicile pour y faire des constations seulement « oculaires ». **N'est donc pas une perquisition**, et n'a pas à respecter les règles de celles-ci, l'observation d'un lieu, depuis l'extérieur, même à la jumelle ou en prenant des photos, ni le fait d'obtenir, sans entrer dans les lieux, la remise volontaire d'un objet par l'occupant d'un domicile sur demande d'un OPJ, ni celui de pousser un portail pour s'enquérir de l'état de santé d'une personne allongée. N'est pas non plus une perquisition la fouille d'un lieu par son propre occupant, même à la demande d'un OPJ, pour y découvrir un objet introduit sans droit par un tiers qui n'y a pas son domicile. On parle de « *perquisitions informatiques* » lorsqu'un OPJ, au cours de la perquisition, accède par un système informatique implanté dans les lieux de la perquisition, à des données intéressant l'enquête et stockées dans ce système ou dans un autre (art. 76-3 renvoyant à l'art. 57-1).
La fouille d'un *véhicule* (sauf exception : v. *infra*, B) ou d'un entrepôt constitue une **perquisition non domiciliaire**. Mais le régime juridique en est parfois particulier (v. *infra*, B).

2. Opérations soumises au régime juridique de la perquisition

Certaines opérations, *qui ne sont pas des perquisitions*, peuvent cependant *en suivre le régime* (notamment, elles ne sont licites que si l'intéressé y a consenti). Il en est ainsi de la **fouille corporelle**, selon la solution de l'arrêt Isnard en 1953, sauf texte contraire (v. par ex. C. aviat. civ., art. L. 282-8 autorisant la fouille des passagers d'un aéronef). La jurisprudence en distingue la simple *palpation de sécurité*, dont on peut penser toutefois qu'elle ne devrait pouvoir intervenir que sur autorisation d'un texte (par ex. pour les personnes exerçant des *activités privées de surveillance*, de gardiennage et de transports de fonds – dans les grands magasins, stades, théâtres, musées, à l'occasion des manifestations sportives, récréatives ou culturelles de plus de 1 500 spectateurs – : L. 12 juill. 1983, art. 3-1, 3-2). Pour les *bagages à main* : v. mêmes textes (inspection visuelle, et sur consentement des intéressés, fouille), C. aviat. civ., préc.

3. Droit de la communication

On ne confondra pas ces situations, avec d'autres hypothèses qui relèvent d'un **droit de communication**. D'une part, le procureur de la République ou, avec son *autorisation* (à peine de nullité), l'OPJ peut requérir de toute personne, y compris un établissement ou une administration publics (n'y figurent pas les fichiers des véhicules volés et des immatriculations), la remise de documents, notamment informatiques (pour les personnes visées aux art. 56-1 à 56-3, avec leur accord) ; le secret professionnel ne peut lui être opposé, sauf motif légitime, à l'exception du secret des sources du journaliste. Le défaut de réponse est un délit (art. 77-1-1). D'autre part, sur autorisation du procureur de la République, et par voie télématique ou informatique, l'OPJ peut demander à des organismes publics ou des personnes morales de droit privé de mettre à sa disposition des informations utiles à la manifestation de la vérité, sauf celles couvertes par un secret d'origine légale (art. 77-1-2 renvoyant à l'art. 60-2, al. 1) ; par le même procédé, mais sur *autorisation du JLD* requise par le procureur, l'OPJ peut aussi requérir des opérateurs de télécommunications de préserver, pendant 1 an maximum, le contenu des informations consultées par les utilisateurs (art. 77-1-2 renvoyant à l'art. 60-2, al. 2 ; pour la prévention du terrorisme, v. aussi art. L. 34-1-1, C. postes et comm. électr. ; art. 6, II *bis*, L. 21 juin 2004).).
Pour la mise au clair de données chiffrées, v. art. 230-1 et s., C. pr. pén.

B. Régime des perquisitions et saisies

Traditionnellement, et conformément au caractère non contraignant de l'enquête préliminaire, les perquisitions, visites domiciliaires et saisies *ne s'imposaient pas* aux personnes visées ; mais ce principe connaît désormais des exceptions qui, à leur tour, ont favorisé l'empiètement de l'enquête préliminaire sur l'instruction (v. ci-dessous). En outre, les personnes présentes lors de la perquisition, et susceptibles de fournir des renseignements, peuvent être **retenues sur place** le temps strictement nécessaire (art. 76, al. 3 renvoyant à l'art. 56 dernier al.). Leur placement en garde à vue sur les lieux mêmes de la perquisition est possible. Dans l'enquête préliminaire, à la différence de l'enquête de flagrance, la perquisition exige en principe, pour être effectuée dans un **domicile privé**, l'assentiment écrit de l'intéressé ; elle est soumise à des règles de forme et de temps, qui existent aussi en cas d'enquête flagrante ou de commission rogatoire. La violation de ces règles peut être une cause de nullité.

1. Exigence de l'assentiment écrit pour les actes accomplis dans un domicile privé

a) L'assentiment écrit

La perquisition comme la visite domiciliaire dans un *lieu privé* nécessite en principe *l'assentiment écrit* de l'intéressé (art. 76 C. pr. pén. ; pour la gendarmerie, décr. 20 mai 1903, art. 127). Les propriétaires d'immeubles à usage d'habitation peuvent accorder à la police et à la gendarmerie nationales, ainsi qu'à la police municipale une *autorisation permanente d'entrer dans les parties communes* de l'immeuble (art. L. 126-1, CCH). Toutefois, dans les enquêtes relatives à un **crime**, ou à un délit **puni d'au moins 5 ans d'emprisonnement**, si c'est nécessaire, le **JLD** peut, à la requête du procureur de la République, décider (par décision écrite et *motivée*) que les opérations seront effectuées **sans l'assentiment de la personne** (art. 76, al. 4). Est compétent le JLD du TGI dont le procureur dirige l'enquête ou celui du TGI dans le ressort duquel se déroule la perquisition (art. 76, dern. al.).

Ces opérations ne peuvent, à peine de nullité, avoir un autre objet que la recherche des infractions visées (mais si elles révèlent d'autres infractions, il n'y a pas nullité des procédures incidentes).

Des règles spéciales existent en de nombreuses matières, pour les OPJ ou les APJ, ou parfois pour certains agents habilités, et autorisant *non des perquisitions,* sauf texte particulier, mais des **visites** de locaux, ou **l'entrée** (ou **l'accès**) dans **certains locaux**, par exemple :

• pour les *inspecteurs des fraudes,* qui peuvent entrer dans les lieux de production, fabrication, vente…, même si ces lieux sont également *à usage d'habitation* : mais dans ce cas, si l'occupant s'y oppose, le contrôle ne peut avoir lieu que sur autorisation du JLD (C. consom., art. L. 215-3) ;

• en matière *fiscale,* art. L. 16 B, LPF (autorisation du JLD), recours devant le premier président de la cour d'appel ; art. conforme à la Constitution : Cons. const. 31 juill. 2010, QPC 2010/19-27) ; pour les pouvoirs de *certains agents des services fiscaux,* v. art. 28-2, IV ;

• en matière *douanière,* pour les pouvoirs des agents des douanes, v. art. 60 et s., 63 *ter,* 64 ; pour les pouvoirs de *certains agents des douanes,* v. art. 28-1, C. pr. pén.

• en matière *économique,* v., avec des règles différentes selon les actes, art. L. 450-3 et L. 450-4, C. com.

b) Le domicile

1. La perquisition ne peut se faire dans n'importe quel domicile : elle peut se dérouler chez toute personne paraissant avoir participé à l'infraction, ou qui paraît détenir des pièces, informations ou objets relatifs à l'infraction (art. 76 renvoyant à l'art. 56).

2. Quant à la notion de domicile, elle ne s'entend pas seulement, pour la jurisprudence, du principal établissement d'une personne, mais de *tout lieu, que l'on habite ou non, où l'on peut se dire chez soi* en vertu d'un quelconque titre juridique et pourvu des équipements nécessaires à l'habitation effective : ainsi d'une résidence secondaire, même inoccupée, d'une chambre d'hôtel, du bureau du président d'une chambre des métiers, du bureau personnel d'un dirigeant social dans les locaux d'une société.

Inversement, il a été jugé que la cellule d'une maison d'arrêt n'est pas un domicile, pas plus qu'un hall d'hôtel ou une caserne, un local inhabitable, une hutte de chasse ou un atelier artisanal sans équipement d'habitation ni activité permanente ; de même une cour d'immeuble non close n'est pas un domicile (des agents de police administrative peuvent y pénétrer pour inviter un conducteur en état d'ivresse à se soumettre au dépistage de l'imprégnation alcoolique).,
S'agissant d'un *véhicule*, il n'est pas un domicile, sauf si, aménagé à usage d'habitation, il est utilisé comme résidence : s'appliquent alors les règles des perquisitions (ex. pour la présence de l'intéressé, les heures). En outre, des règles particulières parfois existent (pour la presse, v. *infra*, b) :

- en dehors même de la criminalité et délinquance organisées (v. §6), en matière de *terrorisme*, de *trafic de stupéfiants*, d'*armes et d'explosifs*, de *vol* et de *recel*, sur réquisitions écrites du procureur de la République, pour des lieux et des périodes de temps déterminés (24 heures maximum, renouvelables), il peut être procédé à des *visites* de véhicules (y compris leurs coffres) circulant, arrêtés ou stationnant *sur la voie publique* ou dans des lieux accessibles au public (ex. parkings, grands magasins). Le fait que ces opérations révèlent d'autres infractions n'est pas une cause de nullité des procédures incidentes (art. 78-2-2).

Pour **prévenir une atteinte grave à la sécurité** des personnes et des biens, les OPJ peuvent procéder à ces visites, avec l'*accord du conducteur ou à défaut sur instructions du procureur de la République* (dans l'attente de celles-ci, le véhicule peut être immobilisé pour 30 mn au plus). Art. 78-2-4.
Pour la procédure, dans les deux cas, v. art. 78-2-2, al. 2, 3 et 4.
Pour le cas de la flagrance, v. sous-sect. 2.

2. Formes de la perquisition et de la saisie

a) Cas général

Les opérations se font en *présence* de la personne domiciliée au lieu de la perquisition (art. 57). Dans les locaux d'une *société* ne constituant pas le bureau personnel du dirigeant (assimilé à son domicile, et devant donc être faite en sa présence), il faut la présence d'une personne se comportant comme le représentant de la société.
En cas d'impossibilité, la personne doit désigner un représentant de son choix, et, à défaut, l'OPJ choisit deux témoins (en dehors des personnes relevant de son autorité) ; il a été jugé qu'il n'y a pas impossibilité dans le seul fait que la personne est gardée à vue ou détenue, ou blessée. Ces règles sont prescrites à peine de nullité.
Les objets et documents saisis (pièces à conviction, biens dont la confiscation est prévue par le Code pénal : sur les modalités de la saisie des biens sujets à confiscation, v. art. 706-148 et s., créés L. 9 juill. 2010) sont placés sous scellés, au besoin provisoires ; la saisie de données informatiques s'effectue par saisie de leur support physique ou par copie (art. 76 renvoyant à l'art. 56, 77-3 renvoyant à 57-1. Pour la saisie d'espèces, lingots, etc., v. art. 56, al. 8 et 9). Si l'OPJ découvre d'autres infractions, il peut procéder à des *saisies incidentes*, avec l'assentiment de la personne lorsque cet assentiment est requis pour la perquisition, ou sans lui si la flagrance permet d'ouvrir sur place une enquête de flagrance ; mais la loi interdit parfois ces saisies incidentes (v. art. 56-1, 56-2, 56-4).

b) Cas particuliers

Selon des règles inscrites au titre de l'enquête de flagrance, et que l'on s'accorde à étendre à l'enquête préliminaire nonobstant le silence du Code, le secret professionnel est protégé, pour les perquisitions qui, dans certains lieux, ne peuvent être faites que par un *magistrat* :

• dans le cabinet d'un *avocat* ou à son domicile (y compris du bâtonnier, ou dans des locaux de l'ordre des avocats ou des caisses de règlement pécuniaire des avocats – CARPA – : avis préalable au président du TGI), sur décision écrite et motivée de ce magistrat, indiquant la nature de l'infraction objet de l'opération, les raisons la justifiant et son objet. Cette décision est portée dès le début de la perquisition à la connaissance du bâtonnier ou de son délégué, qui est présent lors des opérations. Le magistrat et le bâtonnier ou son délégué sont seuls à pouvoir prendre connaissance des pièces à saisir, aucune saisie ne pouvant porter sur des documents ou objets étrangers à l'infraction cause de la perquisition. Toutes ces règles sont prescrites à peine de *nullité*. Le bâtonnier ou son délégué *peut s'opposer à la saisie d'un document* s'il estime que celle-ci serait irrégulière ; les contestations sont examinées par le *JLD* (le *président du TGI*, pour les opérations concernant le conseil de l'ordre, les caisses de règlement pécuniaire des avocats, le cabinet ou le domicile du bâtonnier), qui statue dans les 5 jours par ordonnance motivée, sans recours, sauf excès de pouvoir (art. 56-1) ; le magistrat procédant à la perquisition veille à ce qu'elle ne porte pas atteinte au libre exercice de la profession d'avocat, mais si les pièces échangées entre l'avocat et ses clients sont couvertes par le secret professionnel, perquisitions et saisies sont toutefois possibles si elles permettent d'établir la preuve de la participation de l'avocat à une infraction.

• au cabinet (pas au domicile) d'un *médecin* (une chambre d'hôtel occupée par le médecin d'une équipe sportive n'est pas un cabinet médical), *notaire, avoué, huissier,* en présence d'un représentant de l'ordre ou de la profession (art. 56-3).

• dans les locaux d'une *entreprise ou agence de presse,* de communication audiovisuelle, de communication au public en ligne, dans leurs *véhicules* professionnels, au *domicile d'un journaliste* (art. 56-2). Il faut une décision écrite et *motivée* du magistrat, indiquant la nature de l'infraction, les raisons et l'objet de la perquisition ; s'agissant d'une atteinte au *secret des sources* du journaliste, elle est possible à la condition de tenir compte, pour en apprécier la nécessité, de la gravité de l'infraction (il ne peut s'agir d'une contravention), de l'importance de l'information recherchée pour la répression de l'infraction, du fait que l'investigation doit être indispensable à la manifestation de la vérité (L. 29 juill. 1881, art. 2). Le magistrat et la personne présente en application de l'art. 57 ont seuls le droit de prendre connaissance des documents et objets avant leur saisie éventuelle qui doit être en rapport avec l'infraction. Le tout est prescrit à peine de *nullité*. Les investigations doivent être conduites dans le respect du libre exercice du journalisme comme du secret des sources, et ne doivent pas retarder de façon injustifiée la diffusion de l'information. La personne présente peut s'opposer à une saisie, le conflit étant arbitré par le JLD, selon la procédure précédemment décrite à propos des avocats. En outre, et en application de l'art. 10, Conv. EDH, la perquisition doit être *nécessaire* et *proportionnée* au but poursuivi.

• dans un lieu abritant des « *éléments* » couverts par le secret de la défense nationale (liste par arrêté du premier ministre). Il faut la présence du président de la

Commission consultative du secret de la défense nationale ou de son représentant, auquel le magistrat indique l'infraction, les raisons de la perquisition, son objet et les lieux visés (art. 56-4, I ; pour un lieu se révélant contenir de tels éléments, v. art. 56-4, II ; C. défense, art. R. 2311-9-1 et s., R. 2312-1, R. 2312-2). Seul le membre de la commission peut prendre connaissance des éléments « classifiés » au titre du secret de la défense nationale, qui seront ensuite déclassifiés pour communication. Des règles comparables existent lorsque c'est le *lieu* même à perquisitionner qui est classifié, sous réserve que le lieu doit faire l'objet d'une déclassification temporaire (art. 56-4, III). Le tout est prescrit à peine de *nullité*.

3. Temps de la perquisition

Principe : les perquisitions ne peuvent être *commencées* qu'entre **6 h et 21 h** (art. 76 renvoyant à l'art. 59 ; commencées avant 21 h, elles peuvent continuer après) : c'est la protection nocturne du domicile.

Exceptions :

- *réclamation de l'intérieur*, ou consentement exprès de l'intéressé ;
- en matière de **stupéfiants** : s'il ne s'agit pas de locaux d'habitation, dans les locaux où l'on use de stupéfiants ou dans lesquels sont fabriqués, transformés ou entreposés illicitement des stupéfiants (art. 706-28, al. 1 ; pour le trafic de stupéfiants *en haute mer*, v. L. 15 juill. 1994, art. 16-II ; pour le trafic relevant de la criminalité organisée, v. § 6) ;
- en matière de **proxénétisme** : ex. dans un hôtel, débit de boissons, club, lieu utilisé par le public, quand il est constaté que des personnes se livrant à la prostitution y sont reçues habituellement (art. 706-35). Les actes ne peuvent avoir pour objet la recherche d'autres infractions. Pour le proxénétisme aggravé relevant de la criminalité organisée, v. § 6) ;
- dans certains lieux et pour certaines infractions l'entrée nocturne est possible, ex. pour les inspecteurs des fraudes, dans les lieux ex. de vente de marchandises, si ces lieux sont ouverts au public, ou si sont en cours ex. des activités de production, sauf si ces lieux sont également à usage d'habitation (C. consom., art. L. 215-3, al. 2 et 3).

4. Nullité

L'inobservation de ces règles est parfois sanctionnée, on en a signalé les cas, d'une nullité textuelle ; à défaut, il peut y avoir encore nullité substantielle. Mais, dans les deux cas, l'irrégularité de la perquisition n'entraîne nullité que si elle a eu pour **effet de porter atteinte aux intérêts de la personne**, sauf en cas de violation d'une règle d'ordre public (v. les nullités, art. 802, C. pr. pén.). L'irrégularité peut même constituer, en cas de perquisition illégale dans un domicile, le délit de violation de domicile.

§ 5 - Les constatations, prélèvements biologiques et examens techniques et scientifiques

A. Prélèvements externes

Sur toute personne pouvant fournir des renseignements sur les faits, ou à l'encontre de laquelle il existe une ou plusieurs raisons plausibles de soupçonner qu'elle a commis ou tenté de commettre l'infraction, l'OPJ peut faire procéder aux prélèvements externes pour les examens de comparaison avec les traces et indices prélevés pour l'enquête ; le refus de prélèvement est un délit (art. 76-2 renvoyant à l'art 55-1).

B. Relevés signalétiques

L'OPJ procède ou fait procéder aux relevés signalétiques, notamment à des prises d'empreintes digitales et palmaires et de photographies anthropométriques pour les fichiers de police (art. 76-2 renvoyant à l'art. 55-1, al. 2).

C. L'identification par empreinte génétique

L'OPJ peut procéder ou faire procéder à un *prélèvement biologique* pour l'identification de l'empreinte génétique dans plusieurs cas :

1) s'il existe des *indices graves ou concordants* rendant vraisemblable que la personne ait commis l'une des infractions auxquelles renvoie l'art. 706-55 (ex. meurtre, viol) ;

2) s'il existe une ou plusieurs raisons plausibles de soupçonner qu'elle a commis un crime ou un délit (art. 706-56). S'il s'agit d'une personne condamnée pour crime ou pour un délit puni de 10 ans d'emprisonnement, le prélèvement peut être effectué, sur réquisitions écrites du procureur de la République, *sans l'accord* de l'intéressé. Le refus du prélèvement est un délit, et les peines sont cumulées avec celles de l'infraction objet de la procédure ; les infractions commises par un condamné entraînent le retrait de toutes les réductions de peine et en interdisent l'octroi.

Dans le premier cas ci-dessus, les empreintes génétiques seront *conservées* au fichier national automatisé des empreintes génétiques sur décision de l'OPJ, prise d'office ou à la demande du procureur de la République (art. 706-54, al. 2). Un rapprochement de l'empreinte avec les données du fichier est alors possible (al. 3).

D. Dépistage des MST

Sur toute personne contre laquelle il existe des *indices graves ou concordants* d'avoir commis un *viol, une agression sexuelle, ou une atteinte sexuelle* punissable, l'OPJ peut faire procéder à des examens pour déterminer si cette personne n'est pas atteinte d'une MST. A la demande de la victime ou dans son intérêt, cette opération peut être faite *sans le consentement* de l'intéressé sur instructions écrites du procureur. Le refus du dépistage est un délit, dont les peines se cumulnt avec celles de l'infraction objet de la procédure (art. 706-47-2).

E. Constations, examens techniques et scientifiques

Pour des **constatations ou examens techniques ou scientifiques**, le procureur de la République ou, sur son *autorisation*, l'OPJ, a recours à toutes personnes qualifiées, certaines devant prêter serment – sinon, *nullité* – (art. 77-1) : ainsi pour des vérifications financières, pour l'état d'un véhicule, pour l'examen de la victime d'un viol, etc. Ce pouvoir appartient aussi, pour certaines infractions, à des agents des douanes désignés (art. 28-1, VI) et à des agents des services fiscaux désignés (art. 28-2, IV). Les personnes qualifiées peuvent ouvrir les scellés. Le résultat de leur examen peut être communiqué par l'OPJ, sur instructions du procureur, au suspect ou à la victime. Il s'agit là de permettre des expertises inavouées dès le stade d'une simple enquête policière, afin de lui permettre d'empiéter, là encore, sur le domaine traditionnel de l'instruction.

D'ailleurs, le procureur peut ordonner une *expertise médico-psychologique* du mineur victime d'une infraction visée à l'art. 706-47 (agressions ou atteintes sexuelles, etc.) pour établir son préjudice et la nécessité éventuelle de soins (art. 706-48).

§ 6 - Les règles particulières à la criminalité et la délinquance organisées

Depuis 2004, le législateur a introduit des règles dérogatoires pour la criminalité et la délinquance organisées, notamment pour l'enquête préliminaire. D'origine criminologique, cette notion fuyante nécessitait qu'il en donnât une définition juridique. Le régime propre à cette délinquance tend, quant à lui, à un renforcement des pouvoirs policiers.

A. Définition de la criminalité et de la délinquance organisées

Renonçant à définir réellement la criminalité et la délinquance organisées, le législateur a préféré procéder par voie d'*énumération*.

1. Première liste

L'art. 706-73, C. pr. pén. contient une liste (plusieurs fois modifiée) de crimes et délits pour lesquels le régime propre à cette criminalité est applicable *en totalité* ; par ex. des crimes ou délits commis *en bande organisée* (meurtre, torture, vol, etc.), des crimes ou délits *aggravés* (proxénétisme, extorsion, etc.), des crimes ou délits particulièrement graves (terrorisme, trafic de stupéfiants, fausse monnaie, etc.), le recel de choses ou le blanchiment consécutifs à ces infractions, l'association de malfaiteurs pour préparer l'une de ces infractions.

2. Seconde liste

L'art. 706-74 permet d'allonger cette liste, sur prévision formelle de la loi, afin de rendre applicable *certaines* règles du régime de la criminalité organisée :
– autres crimes et délits en bande organisée (ainsi pour l'escroquerie en bande organisée : art. 706-1-3 ; pour des infractions en matière de propriété intellectuelle : art. 706-1-2) ;
– autres délits d'association de malfaiteurs (art. 450-1, al. 2 : pour la préparation de crimes ou de délits punis de 10 ans d'emprisonnement).

Si dans la suite de la procédure il apparaît qu'il n'y avait pas criminalité ou délinquance organisées, il n'y a pas annulation si l'on pouvait croire à cette criminalité ou délinquance.

3. Cas particulier

En violation des art. précédents, le législateur a rendu applicables certaines règles propres à la criminalité organisée en matière de corruption et de trafic d'influence (art. 706-1-3).

B. Régime propre à la criminalité et à la délinquance organisées

Ce régime tantôt apporte des adaptations aux règles ordinairement applicables à certaines opérations de l'enquête préliminaire, tantôt autorise des opérations sans équivalent.

1. Adaptation des règles applicables à certaines opérations

Il s'agit des règles concernant la garde à vue, les perquisitions et l'interrogation du procureur sur les suites de la procédure.
La sonorisation et fixation d'images de certains lieux n'est autorisée qu'au cours d'une instruction (art. 706-96 ; v. p. 192) ; mais la chambre criminelle considère qu'il est possible de photographier clandestinement des suspects dès lors qu'ils se trouvent dans un lieu accessible au public (à défaut, nullité : Crim., 21 mars 2007, *Bull. crim.* n° 89, visant l'art. 8, Conv. EDH ; les parties communes d'une copropriété, comme un garage collectif, sont un lieu privé).

a) La garde à vue

L'adaptation des règles habituelles concerne la prolongation de la garde à vue et les droits de la personne placée en garde à vue (v. *supra*, § 3) : art. 706-88. *Cette adaptation ne concerne que les infractions visées à l'art. 706-73.*

• Si les nécessités de l'enquête l'exigent, le **JLD** peut autoriser, *à la requête du procureur de la République* (et non de l'OPJ), par décision écrite et motivée, **deux prolongations supplémentaires** de 24 heures chacune ou une seule de 48 heures (la garde à vue peut donc durer *4 jours* en tout). La personne doit être présentée préalablement au magistrat ; à titre exceptionnel, la seconde prolongation peut être autorisée sans cette présentation.
En cas de risque sérieux d'une **« action » terroriste** imminente en France ou à l'étranger, ou si les « nécessités de la coopération internationale » le requièrent impérativement, le JLD peut, à titre exceptionnel, décider, selon les mêmes modalités, une **prolongation supplémentaire de 24 heures**, **renouvelable une fois** lorsque l'intéressé a été placé en garde à vue pour crime ou délit constituant un acte de terrorisme (la garde à vue peut donc durer *6 jours* en tout).

• L'enregistrement audiovisuel des interrogatoires n'est pas obligatoire et n'est réalisé que si le procureur l'ordonne (art. 64-1, al. 7).

• Quant à *l'examen médical*, si une première prolongation supplémentaire est décidée, la personne est examinée par un médecin ; elle peut demander un nouvel examen, qui est de droit. Au début de chaque prolongation supplémentaire, elle est de toute manière obligatoirement examinée à l'initiative de l'OPJ ou du procureur de la République.

• Quant à *l'entretien avec l'avocat*, il est parfois retardé – par ex. à l'issue de la 48ᵉ heure en matière de séquestration, de proxénétisme ; à l'issue de la 72ᵉ heure en matière de stupéfiants, d'actes de terrorisme –, en d'autres hypothèses, il peut être renouvelé lors des prolongations de la garde à vue – par ex. meurtre, fausse monnaie, proxénétisme, terrorisme, etc. – (art. 706-88, 77, 63-4 ; disposition conforme à la Constitution : Cons. const. 31 juill. 2010, QPC 2010-14/22).
Toutes ces règles sont applicables au **mineur de plus de 16 ans** s'il existe une ou plusieurs raisons plausibles de soupçonner qu'un ou plusieurs majeurs ont participé

à la commission de l'infraction. Toutefois, l'entretien avec l'avocat peut avoir lieu à l'issue de la 48e heure, même en cas de trafic de stupéfiants ou de terrorisme (art. 4, VII, Ord. 2 févr. 1945).

• S'agissant de *l'information d'un proche*, lorsque cette possibilité lui a été refusée, la personne peut réitérer sa demande de faire prévenir un proche (v. *supra*) à compter de la 96e heure.

• Les dispositions de l'art. 803-3, concernant le « petit dépôt » (v. *supra*, p. 69) ne sont pas applicables si la garde à vue a duré plus de 72 heures.

b) Perquisitions

Seules les infractions énumérées à l'art. 706-73 sont visées ici (art. 706-90, 92 à 94). Si les nécessités de l'enquête l'exigent, et **s'il ne s'agit pas de locaux d'habitation**, le **JLD** peut, à la requête du procureur de la République, décider que les perquisitions pourront être effectuées **en dehors des heures** prévues à l'art. 59 (v. *supra*, § 4).

À peine de *nullité*, l'autorisation est donnée par ordonnance écrite et *motivée* (sans recours), pour des perquisitions déterminées. La perquisition ne peut avoir un autre objet que la recherche des infractions visées (mais le fait que ces opérations révèlent d'autres infractions n'est pas une cause de nullité des procédures incidentes).

Si la perquisition est faite sans l'assentiment d'une personne en garde à vue ou détenue dont le transport paraît devoir être évité (ex. danger de disparition des preuves), elle peut se faire, avec l'accord préalable du JLD, en présence de deux témoins, ou d'un représentant désigné par la personne (art. 706-94).

c) Interrogation du procureur sur les suites de la procédure

Quand, après surveillance, infiltration, garde à vue, perquisition ou écoutes, une personne placée en garde à vue 6 mois auparavant n'a pas fait l'objet de poursuites, elle peut, par LRAR, interroger le procureur sur la suite de l'enquête ; si le procureur poursuit l'enquête, et envisage un nouvel interrogatoire de la personne, celle-ci peut demander qu'un avocat puisse consulter le dossier (art. 706-105). Si la personne est déférée devant le procureur, en vue d'une procédure de jugement sur convocation par procès-verbal ou sur comparution immédiate, elle a droit à un avocat qui a accès au dossier et est présent lors de la comparution (v. art. 706-106). Ces art. sont applicables aux infractions de corruption et trafic d'influence visées à l'art. 706-1-3.

2. Instauration d'opérations originales

En dehors de l'adaptation des règles vues plus haut, il faut indiquer les procédures *particulières* prévues en cette matière. Il s'agit de la surveillance, de l'infiltration, et des interceptions de correspondances télécommuniquées.

a) La surveillance

Pour les infractions énumérées à l'art. 706-73, celles relevant de 706-74 (escroquerie en bande organisée, délits en matière de propriété intellectuelle visés à l'art. 706-1-2 et 706-1-3) et les délits en matière de corruption et trafic d'influence visés à l'art. 706-1-3, les OPJ et, sous leur autorité, les APJ peuvent, après en avoir informé de procureur de la République et sauf opposition de celui-ci, étendre à *l'ensemble du territoire* (pour le surveillance poursuivie à l'étranger, v. art. 694-6) la surveillance de *personnes* contre lesquelles il existe *une ou plusieurs raisons plausibles de soupçonner qu'elles ont commis l'un des crimes ou délits* dont il s'agit, et la surveillance du *transport de biens*, produits ou moyens de l'infraction (art. 706-80). Pour les *agents des douanes*, art. 67 *bis* I, C. douanes (« livraisons surveillées ») ; pour la « douane judiciaire », art. 28-1, VI.

b) L'infiltration

Pour les infractions énumérées à l'art. 706-73, celles relevant de l'art. 706-74 (escroquerie en bande organisée, délits en matière de propriété intellectuelle visés à l'art. 706-1-2 et 706-1-3) et les délits en matière de corruption et trafic d'influence visés à l'art. 706-1-3, si les nécessités de l'enquête le justifient, le procureur de la République peut *autoriser* une opération d'infiltration (ici, il ne suffit pas de l'informer) : l'OPJ ou l'APJ spécialement habilité surveillent les suspects, en se faisant passer auprès d'eux comme un coauteur, complice ou receleur, avec identité d'emprunt, et en commettant si nécessaire des actes tels que la détention des produits ou moyens de l'infraction (ex. stupéfiants), en fournissant des moyens par ex. financiers, ou des moyens de transport ou d'hébergement, tout cela *sans encourir de responsabilité pénale* ; cette exonération s'applique aussi aux personnes requises par les OPJ pour permettre l'opération (art. 706-81 et s., D. 15-1-1 et s. ; on parle parfois d'« enquête proactive » ; en matière de stupéfiants, v. aussi art. 706-32). Pour les *agents des douanes*, art. 67 *bis* II à IX, C. douanes (« livraisons surveillées ») ; rappr. pour la possibilité de *participer à des échanges électroniques* sous un pseudonyme, d'extraire, acquérir ou conserver des données illicites sans engager sa responsabilité pénale, afin de lutter contre des infractions commises par un moyen de communication électronique : v. art. 706-47-3 (infractions visant des mineurs : pédophilie, notamment) ; art. 706-35-1 (proxénétisme) ; art. 59, L. 12 mai 2010 (paris et jeux d'argent illicites).

À peine de *nullité*, l'autorisation doit être donnée par écrit, spécialement motivée. À l'issue du délai fixé par l'autorisation, l'agent peut poursuivre ses activités le temps nécessaire pour y mettre fin en assurant sa sécurité, cette durée ne pouvant excéder 4 mois, pouvant être prolongée pour 4 mois au plus.

L'identité réelle des officiers ou agents ne doit pas apparaître. La révélation de cette identité est un délit (art. 706-84 ; en matière de stupéfiants, v. aussi art. 706-24).

Une personne mise en cause par ces constatations peut demander à être confrontée avec l'agent. Aucune condamnation ne peut être prononcée sur le seul fondement des déclarations de l'officier ou agent, sauf si celui-ci dépose sous sa véritable identité (art. 706-87 ; en matière de stupéfiants, v. aussi art. 706-24).

En cas de demande d'entraide internationale, avec l'accord préalable du ministre de la justice, des agents de police étrangers peuvent poursuivre en France des opérations d'infiltration, sous la direction d'OPJ français, ou participer à de telles opérations conduites sur notre sol (art. 694-7 et 8 ; pour les États membres de l'UE et les équipes communes d'enquête, art. 695-2, 4°).

Conformément à une solution déjà consacrée par la jurisprudence en matière de **provocations policières** et au **principe de loyauté de la preuve** (par ex., à propos de l'art. 706-47-3, Crim., 11 mai 2006, *Bull. crim.* n° 132), l'infiltration (comme les opérations comparables : v. par ex. art. 706-47-3, L. 12 mai 2010, art. 59) ne peut constituer une incitation à commettre des infractions : elle ne doit tendre qu'au recueil de preuves d'une infraction qui aurait de toute façon eu lieu.

c) Les interceptions de correspondances télécommuniquées

Pour les infractions énumérées à l'art. 706-73 et les escroqueries en bande organisée ainsi que les délits en matière de corruption et trafic d'influence visés à l'art. 706-1-3, si les nécessités de l'enquête l'exigent, le **JLD** peut, à la requête du procureur, autoriser l'interception, l'enregistrement et la transcription des correspondances émises par télécommunications, pour une **durée maximum de 15 jours, renouvelable une fois** (art. 706-95) : ensuite, si « l'écoute » est encore nécessaire, il faut donc ouvrir l'instruction. Selon la jurisprudence, le JLD doit être informé sans délai des opérations accomplies, mais une fois qu'elles sont terminées et non pas pendant leur déroulement et cette information porte sur les diligences effectuées, non sur le contenu des correspondances ; à défaut, il y a *nullité* en cas de grief. Pour le reste, la régularité de ces opérations relève des règles ordinaires (v. *infra*, l'instruction).

Sous-section 2 › L'enquête de flagrance

Aujourd'hui, la distinction de l'infraction flagrante et de l'infraction non flagrante n'a en principe d'intérêt qu'au point de vue de la *procédure*. Anciennement, la flagrance, provoquant la colère du public, aggravait souvent les *peines*, mais elle a perdu presque entièrement cet effet. En revanche, elle *atténue* toujours les *risques d'erreur* (ex. : on verra qu'en cas de flagrance, l'inviolabilité parlementaire ne joue pas ; pour les infractions militaires en temps de paix, la poursuite est possible sans l'avis du ministre de la Défense) : d'où *simplification et rapidité* de la procédure, avec des pouvoirs accrus accordés à la police judiciaire. En effet, l'ouverture de l'enquête présuppose que **l'infraction est d'ores et déjà constatée**.
Il convient donc de définir la notion d'infraction flagrante, puis de préciser le régime de l'enquête de flagrance.

§ 1 - La notion d'infraction flagrante

Art. 53, C. pr. pén.

A. La nature de l'infraction

On dit souvent « flagrant délit » ; en réalité, il peut s'agir soit de **crimes**, soit de **délits punissables d'emprisonnement** (selon la jurisprudence, même si les faits sont ensuite qualifiés de contravention, dès l'instant qu'ils avaient l'apparence d'un délit).

B. Les circonstances de l'infraction

Il y a deux cas de flagrance : le crime ou délit flagrant, le crime ou délit réputé flagrant.

1. Crime flagrant, ou délit flagrant

Celui qui se commet actuellement (même au stade de la simple tentative) ou qui vient de se commettre (n'est donc pas flagrant le crime de viol commis 6 jours avant).

2. Crime réputé flagrant, ou délit réputé flagrant

Dans un temps très voisin de l'action,

- la personne est poursuivie par la clameur publique ;
- ou la personne est en possession d'objets, ou présente des traces ou indices laissant penser qu'elle a participé à l'infraction.

La notion de temps très voisin peut faire difficulté : il a été jugé, par ex., que cette condition est remplie si, après des viols, la victime se présente 28 heures après.
Selon la formule jurisprudentielle, et même pour les crimes et délits flagrants (*supra, a*), il faut des « **indices apparents d'un comportement délictueux** » : *de simples soupçons, aussi forts soient-ils, résultant uniquement de déductions sont insuffisants*. Une infraction clandestine, même si elle se commet actuellement, n'est donc pas flagrante si aucun indice ne la fait apparaître (arrêt Isnard : nullité de la procédure, une fouille ayant été pratiquée pour révéler l'infraction). Constituent de tels indices, par ex., la vue d'un sac de haschich dans un appartement dont la porte est ouverte, l'odeur de cannabis dans un véhicule contrôlé, la vue d'une arme dans la boîte à gants disloquée d'un véhicule accidenté, la sortie précipitée d'un salarié employé clandestinement dans l'établissement, un comportement inhabituel lors d'un contrôle routier, etc.
En l'absence de tels indices, une perquisition ne sera pas régulière, faute de flagrance, si elle a mis au jour une infraction, puisque, on l'a vu, c'est l'infraction déjà constatée qui aurait dû fonder la perquisition : celle-ci est donc nulle. Ex. perquisition sans indices, à la suite d'un « renseignement confidentiel » ou sur la foi d'une dénonciation non confortée par des vérifications faisant apparaître des indices. La procédure est irrégulière même si ensuite les juges, pour la sauver, prétendent substituer leurs déductions aux constatations insuffisantes de l'OPJ.
Dans certaines matières (ex. stupéfiants), cette exigence rendant l'enquête difficile (mais il suffit d'ouvrir une instruction), on constate une tendance à admettre plus largement l'existence de la flagrance : ex. avis donné par une victime, ou un coauteur, ou par un tiers, témoin simple particulier ou policier.
Il peut arriver qu'au cours d'une enquête préliminaire, les opérations effectuées fassent apparaître de tels indices : l'enquête se transforme alors en enquête de flagrance. Mais même si les conditions de la flagrance ne sont pas réunies, les actes accomplis en enquête de flagrance sont valables dès lors qu'ils auraient pu être accomplis en enquête préliminaire (par ex. une perquisition effectuée avec le consentement de l'occupant).

§ 2 - Le régime de l'enquête de flagrance

En cas de *crime* ou de délit flagrant, l'enquête de flagrance est ouverte à l'initiative de l'OPJ qui, avisé de l'infraction, se transporte sans délai sur les lieux (art. 54, 67). Il doit informer immédiatement le procureur de la République ; mais la portée de cette règle, qui conditionne pourtant la réalité du contrôle confié au ministère public (art. 53, al. 2), n'est pas prescrite à peine de nullité selon la jurisprudence. Il est vrai que les obligations qui existent lors de l'enquête préliminaire en vue d'informer le procureur de la République de l'état d'avancement de l'enquête (art. 75-1) et de la découverte d'indices de culpabilité (art. 75-2), ici, ne sont pas prévues.

A. Durée de l'enquête

L'enquête de flagrance après constatation d'un crime ou d'un délit flagrant *peut se poursuivre sans discontinuer pendant 8 jours* ; mais si, pour un crime ou un délit puni d'une peine supérieure ou égale à 5 ans d'emprisonnement, des investigations ne peuvent être différées, le procureur de la République peut décider la prolongation de l'enquête pour 8 jours au plus (art. 53, al. 2, 3) : ensuite, la police judiciaire ne peut procéder que par enquête préliminaire (donc avec des pouvoirs en principe moindres), ou sur commission rogatoire si une instruction est ouverte.

Selon la jurisprudence, l'enquête suppose l'accomplissement d'au moins un acte par jour ; à défaut, elle doit cesser et être remplacée par une enquête préliminaire ou une instruction.

B. Déroulement de l'enquête

En cas de crime ou de délit flagrant, les actes d'enquête **s'imposent aux personnes qui y sont soumises** : leur consentement n'est pas requis. C'était autrefois une particularité essentielle de l'enquête de flagrance, mais on a vu que, désormais, elle doit être relativisée, le recours à la contrainte étant aujourd'hui autorisé par l'enquête préliminaire.

Au cours de l'enquête, les OPJ et APJ informent **la victime** de son droit d'obtenir réparation, d'être assistée d'un avocat si elle se constitue partie civile et d'être aidée par certains organismes, de demander une ordonnance de protection au juge aux affaires familiales en matière de violences conjugales (art. 53-1). La victime peut, avec l'accord du procureur, demander des restitutions ou des dommages-intérêts : *la demande* **vaut constitution de partie civile** *si l'action publique est mise en mouvement et le tribunal correctionnel ou de police saisi* (art. 420-1, al. 2).

Comme dans l'enquête préliminaire, les procès-verbaux d'interrogatoire ou d'audition doivent comporter les questions auxquelles il est répondu (art. 429), et pas seulement l'abréviation « SI », pour « sur interpellation ».

L'enquête de flagrance est faite par la police judiciaire, mais le procureur de la République et le juge d'instruction peuvent se rendre sur les lieux.

1. OPJ et APJ sur les lieux

a) Pouvoirs communs aux OPJ et APJ de l'art. 20

Art. 62. Ils peuvent procéder à des **auditions** de témoins, en entendant toutes personnes pouvant fournir des renseignements sur les faits ou les objets et documents saisis (sans serment) ; mais elles ne sont pas tenues de déposer (ce pouvoir appartient aussi, pour certaines infractions, à des agents des douanes ou du fisc désignés : art. 28-1, VI ; 28-2, IV). Les règles applicables pour ces auditions sont celles précédemment vues à propos des auditions en enquête préliminaire (v. *supra* sous-sect. 1).

La chambre criminelle a jugé que l'audition d'un *suspect* peut avoir pour but de vérifier les indices pesant contre lui, avant son placement en garde à vue, avec, à ce moment là seulement, notification corrélative des droits de la personne placée en garde à vue ; mais si l'audition a eu lieu sur contrainte, les délais de garde à vue se calculent à partir du début de celle-ci. Pour les vérifications d'identité, v. sect. 3.

b) Pouvoirs spéciaux aux OPJ (appartenant aussi, pour certaines infractions, à des agents des douanes ou du fisc désignés : art. 28-1, VI ; 28-2, IV)

• Les OPJ peuvent interdire à toute personne de s'éloigner, jusqu'à la clôture des opérations (art. 61).

• Les OPJ peuvent recourir à des *prélèvements externes* et aux *relevés signalétiques* (art. 55-1), au *dépistage des MST* (art. 706-47-2), à *l'identification par empreinte génétique* (art. 706-54, 56) et aux *constatations ou examens techniques ou scientifiques* (art. 60) dans les mêmes conditions que celles précédemment vues pour l'enquête préliminaire (v. *supra* sous-sect. 1). Pour *l'expertise médico-psychologique* du mineur victime de certaines infractions (art. 706-48), v. *supra* sous-sect. 1.

• Les OPJ exercent le *droit de communication* de certains documents ou informations (art. 60-1, 60-2), dans les mêmes conditions que pour l'enquête préliminaire (v. *supra* sous-sect. 1).

• Les OPJ (non les APJ ou APJA) peuvent décider de la **garde à vue** (art. 63 à 65 ; sur l'inconstitutionnalité de certaines de ces dispositions – Cons. const. 31 juill. 2010, QPC 2010-14/22 –, v. *supra*, enquête préliminaire).
Comme en enquête préliminaire, peuvent être gardées à vue **les personnes à l'encontre desquelles il existe une ou plusieurs raisons plausibles de soupçonner** qu'elles ont commis ou tenté de commettre une infraction. La garde à vue suppose donc un *suspect*, et n'est pas possible pour de simples témoins (même règle que dans l'enquête préliminaire).
Pour les **garanties**, v. les règles, identiques, exposées à propos de l'enquête préliminaire (notamment l'examen médical et l'assistance d'un avocat).
La **durée** de principe de la garde à vue est de **24 heures** (pour les délais différents de ceux du droit commun, ex. mineurs : v. la garde à vue dans l'enquête préliminaire, et les règles particulières à la criminalité et la délinquance organisées).
– La garde à vue peut être *prolongée* d'un nouveau délai de 24 h, par autorisation *écrite* du procureur de la République ; ce magistrat *peut* subordonner l'autorisation à la présentation de la personne gardée à vue (dans l'enquête préliminaire, le principe est la présentation).
– À l'issue de la garde à vue, s'il existe des éléments de nature à motiver des poursuites, la personne, *sur instructions du procureur de la République*, est remise en liberté, ou déférée devant ce magistrat (art. 63, al. 3). Pour les délais de défèrement, v. l'enquête préliminaire.
– V. aussi la garde à vue dans l'enquête préliminaire pour les droits de la personne n'ayant pas fait l'objet de poursuites après 6 mois suivant la fin de la garde à vue (art. 63-1 renvoyant à l'art. 77-2 ; on sait que ce texte n'est pas applicable en matière de criminalité et délinquance organisées).

• Les OPJ peuvent procéder à des perquisitions, visites domiciliaires et saisies.
Les règles sont communes avec l'enquête préliminaire (v. *supra* sous-sect. 1), à cette différence essentielle près qu'en cas de flagrance, **le consentement de l'intéressé n'est pas nécessaire** (mais on a vu que la contrainte peut s'exercer aussi, désormais, dans l'enquête préliminaire, avec l'accord du JLD). En outre, si une perquisition est effectuée pour saisir des biens dont la confiscation est prévue par le Code pénal, elle doit faire l'objet d'une autorisation préalable du procureur de la République (art. 56, mod. L. 9 juill. 2010 ; v. aussi les saisies autorisées par le JLD, art. 706-148 et s.).
En matière de *criminalité et délinquance organisées* et comme en enquête préliminaire, si les nécessités de l'enquête l'exigent, les **perquisitions de nuit** sont possibles, avec *l'autorisation du JLD*, à la requête du procureur de la République (art. 706-89), y compris dans des locaux d'habitation (règle contraire dans l'enquête préliminaire).
S'agissant de la visite de véhicules, outre les cas précédemment vus avec l'enquête préliminaire (v. *supra* sous-sect. 1), *en dehors des infractions de circulation*, les OPJ (à l'exception de ceux qui n'ont compétence que pour les infractions routières :

art. L. 130-2, C. route) peuvent procéder à la visite de véhicule sur la voie publique ou dans des lieux accessibles au public (sans devoir respecter les limites d'heures des perquisitions, le véhicule n'étant pas un domicile sauf s'il est aménagé à usage d'habitation), lorsqu'il existe à l'égard du conducteur ou du passager *une ou plusieurs raisons plausibles de soupçonner* qu'il a commis, comme auteur ou complice, un *crime* ou un *délit flagrant* ou leur tentative (art. 78-2-3). Pour les agents des douanes ou des impôts, ou en cas de fraudes dans les transports de marchandises, v. C. consom., art. L. 215-3.
Pour les *infractions de circulation* : l'ouverture du *capot* est possible, par ex. pour vérifier le n° de série du véhicule, ou rechercher des détecteurs de radars (art. R. 413-15, C. route) ; mais seuls les OPJ peuvent saisir ces appareils.
Pour la visite sommaire des véhicules (autres que des voitures particulières) dans la bande de Schengen, pour les infractions relatives aux étrangers, v. C. entrée et séjour des étrangers, art. L. 611-8.

• La chambre criminelle a jugé que l'OPJ peut effectuer une *reconstitution*, dès lors qu'aucun texte ne l'interdit et qu'aucun procédé déloyal n'est utilisé.

• Pour les infractions de **criminalité et délinquance organisées**, même règles que dans l'enquête préliminaire pour la *surveillance* (art. 706-80), *l'infiltration* (art. 706-81), les *écoutes* (art. 706-95), le droit d'interroger le procureur sur la suite de la procédure (art. 706-105), les droits de l'art. 706-106 en cas de recours à une procédure de convocation par procès-verbal ou de comparution immédiate (v. *supra* sous-sect. 1).

c) Droit d'arrestation
Fondé sur la flagrance, ce droit existe pour les OPJ, les APJ, et même pour **toute personne**, en cas de crime, ou de délit punissable d'emprisonnement (art. 73, C. pr. pén.) : la personne peut conduire devant l'OPJ le plus proche celui qu'elle a appréhendé. L'usage de la force est possible, à la condition d'être nécessaire et proportionné aux conditions de l'arrestation ; ainsi il a été jugé que ce droit ne permet pas de retenir un voleur dans un magasin pendant 7 heures, en exerçant des violences sur lui (séquestration et violences punissables). Et tirer sur un agresseur n'est pas l'appréhender. Une réparation civile (3 000 F) a été accordée à une cliente dont la fouille par les employés, en présence d'autres clients, avait révélé le vol d'un jouet de 50 F.
L'arrestation dans un domicile doit respecter les heures légales.

2. Procureur de la République et juge d'instruction sur les lieux

a) Procureur seul
• son arrivée *dessaisit* l'OPJ (art. 68) ;

• il peut alors accomplir les actes d'enquête, ou prescrire à l'OPJ de poursuivre les opérations, la chambre criminelle ayant précisé qu'un écrit n'est pas nécessaire ;

• il a les pouvoirs de l'OPJ, et des pouvoirs propres :
– en cas de *crime flagrant* et pour un *délit flagrant puni d'au moins 3 ans d'emprisonnement*, si les nécessités de l'enquête l'exigent, le procureur peut décerner un *mandat de recherche* contre toute personne contre laquelle il existe une ou plusieurs raisons plausibles de soupçonner qu'elle a commis ou tenté de commettre l'infraction ; découverte, la personne est placée en **garde à vue** (art. 70) ;

– en cas de *délit flagrant* : le procureur, s'il estime qu'une instruction n'est pas nécessaire et que les éléments justifient une *comparution immédiate, peut traduire le prévenu sur-le-champ* devant le tribunal dès lors que le maximum de l'emprisonnement encouru est au moins égal à 6 mois – au lieu de 2 ans, lorsqu'il n'y a pas flagrance – (art. 395) ; si celui-ci ne peut se réunir le jour même, le *JLD* peut placer le prévenu en **détention provisoire** jusqu'à comparution, au plus tard le 3e jour ouvrable suivant, ou préférer ordonner une assignation à résidence avec surveillance électronique ou un placement sous contrôle judiciaire (art. 396 ; v. la procédure de jugement).

Cette procédure est **inapplicable** aux **mineurs**, aux délits de presse, aux délits politiques, aux infractions dont la procédure de poursuite est prévue par une loi spéciale (ex. forêts, pêche, délits d'audience) : art. 397-6.

b) Présence simultanée du procureur de la République et du juge d'instruction

Le procureur peut requérir l'ouverture d'une information (art. 72) : la police judiciaire ne pourra plus agir alors que par commission rogatoire (v. l'instruction). Traditionnellement, l'arrivée du juge d'instruction dessaisissait de plein droit le procureur de la République et l'OPJ : cette règle a été supprimée.

Sous-section 3 › Les enquêtes assimilées aux enquêtes de flagrance

Il existe plusieurs hypothèses dans lesquelles il est possible de soupçonner la commission d'une infraction : le Code de procédure pénale organise alors des procédures particulières, qui confèrent à l'OPJ des pouvoirs calqués sur ceux qu'il possède lors d'une enquête de flagrance. Mais le procureur de la République peut aussi requérir *l'ouverture d'une instruction*, laquelle obéit d'ailleurs à des règles dérogatoires (art. 80-4 ; v. *infra*, l'instruction).

§ 1 - La découverte d'un cadavre

Selon l'art. 74, en cas de découverte d'un cadavre, la cause de la mort, même non violente, étant *inconnue* ou *suspecte*, l'OPJ qui en est avisé procède comme en matière de flagrance : information du procureur et transport sur les lieux de la découverte (le procureur peut lui aussi se déplacer). Sur instructions du procureur, une enquête aux fins de recherche des causes de la mort est ouverte, l'OPJ ayant tous les pouvoirs que lui attribuent les art. 56 à 62 en cas de flagrance ; au-delà de 8 jours, l'enquête peut se prolonger sous la forme d'une enquête préliminaire.

La même procédure est possible en cas de découverte d'une personne grièvement blessée, lorsque la cause de ses *blessures* est inconnue ou suspecte.

§ 2 - La disparition d'un mineur ou d'un majeur protégé

Selon l'art. 74-1, lorsque la disparition d'un mineur ou d'un majeur protégé (par ex. un majeur placé sous tutelle) *vient* d'intervenir ou d'être constatée, l'OPJ peut, sur instructions du procureur, procéder semblablement aux actes des art. 56 à 62, pour découvrir la personne disparue. Au-delà de 8 jours, les opérations peuvent ici aussi se poursuivre au cours d'une enquête préliminaire.

La même procédure est possible en cas de disparition d'un majeur présentant un caractère inquiétant ou *suspect*, eu égard à son âge ou son état de santé, ou aux circonstances de la disparition.

§ 3 - La recherche d'une personne en fuite

Selon les art. 74-2 et 696-9-1, l'OPJ peut, sur instructions du procureur de la République, procéder aux actes des art. 56 à 62 pour rechercher une personne en fuite dans 3 cas : mandat d'arrêt délivré pour une personne renvoyée devant une juridiction de jugement, ou délivré par une juridiction de jugement ou le JAP ; personne condamnée, par décision exécutoire passée en force de chose jugée, à une peine privative de liberté égale ou supérieure à un an ; personne faisant l'objet d'une demande d'extradition ou d'arrestation provisoire aux fins d'extradition. Au cours de cette enquête, le *JLD* (le président de la chambre de l'instruction dans le cas de l'art. 696-9-1) peut, à la requête du procureur, autoriser les *écoutes téléphoniques*, pour 2 mois renouvelables, dans la limite de 6 mois en matière correctionnelle.

Section 2 › CONSTATATIONS

Les membres de la police judiciaire font état de leurs constatations par des **écrits**, qui sont, selon le cas, des rapports ou des procès-verbaux.

§ 1 - Rapports (avis non officiels)

Ils sont rédigés par les APJ adjoints (ex. rapport de police administrative : ce rapport vaut comme renseignement).

§ 2 - Procès-verbaux (actes officiels)

Ils sont dits « verbaux » car, anciennement, certains agents, ne sachant pas lire, disaient oralement leurs constatations ; ils sont rédigés par les OPJ ou les APJ de l'art. 20 (pour certaines infractions, les agents de l'art. 22) ; v. aussi art. R. 130-1 et s., C. route ; v. aussi pour certains agents des douanes, art. 28-1, C. pr. pén., R. 130-7, C. route, pour certains agents des services fiscaux, art. 28-2, C. pr. pén.
La validité d'un constat n'est pas affectée par le fait de n'avoir pas fait connaître sa qualité d'OPJ ou d'APJ, sauf lorsque, s'agissant d'un gendarme, il est en tenue civile. Mais est nul un procès-verbal rédigé par un agent de l'Office national de la chasse et de la faune sans uniforme.

A. Forme des procès-verbaux

Ils sont rédigés dans un bref délai, datés, signés. La signature d'un procès-verbal *par un seul agent* suffit dès lors que l'infraction pouvait être constatée par un seul agent (ex. conduite sans permis). Il ressort de la jurisprudence que le procès-verbal d'*excès de vitesse* doit être signé par l'agent mettant en œuvre le cinémomètre, et par l'agent verbalisateur, mais pas par le gendarme qui se borne à escorter le véhicule jusqu'au gendarme verbalisateur, ou à interpeller le conducteur, ou à transmettre les caractéristiques du véhicule, puisqu'il ne constate pas l'infraction ; mais doivent être considérés comme rédacteurs communs du procès-verbal l'agent qui met en œuvre le cinémomètre et celui qui reçoit les indications du premier.

• Dans l'*enquête préliminaire* : un seul procès-verbal peut constater toutes les opérations (art. D. 11) ; la chambre criminelle estime qu'il est régulier même s'il est rédigé après la saisine d'une juridiction ;

• Dans l'*enquête de flagrant délit* (ou en exécution d'une *commission rogatoire*) : il faut un procès-verbal séparé pour chacun des actes accomplis (art. D. 10).
On rappelle que les procès-verbaux d'interrogatoire et d'audition doivent comporter les questions auxquelles il est répondu.

B. Force probante des procès-verbaux (art. 429)

• La foi attachée aux procès-verbaux ne vaut que :
– pour les *faits constatés par l'agent* (non pour ce qu'il a, par exemple, entendu rapporter) ; mais les procès-verbaux établis par des agents n'ayant pas eux-mêmes constaté la contravention valent comme simples renseignements, et peuvent fonder la conviction des juges ; vaut comme simple renseignement la photo automatique du franchissement d'un feu rouge ; pour les contraventions d'excès de vitesse, la jurisprudence estime que l'agent qui se sert du cinémomètre et celui qui consigne les indications transmises par le précédent sont rédacteurs en commun du procès-verbal, lequel peut n'être signé dès lors que de l'un d'entre eux.
– pour les faits que l'agent a *mission de constater ;*
– pour les *faits matériels,* non pour la qualification juridique.

• Les procès-verbaux ont une *force probante variable* ; ils valent :
– *parfois jusqu'à inscription de faux,* notamment dans certaines matières où l'on ne peut compter sur les témoignages, l'infraction ne choquant pas toujours l'opinion (ex. douanes) ;
– *parfois jusqu'à preuve contraire.* Ainsi de procès-verbaux, et même de *rapports* (y compris rédigés par un simple APJ adjoint), pour certains délits, alors que c'est le principe en matière de **contravention** (art. 537).
La preuve contraire ne peut alors être rapportée que par écrit ou par témoins : art. 431 et 537, al. 2, C. pr. pén. (v. les preuves) ; la règle n'est pas incompatible avec la Conv. EDH et le principe de « l'égalité des armes » ;
– *parfois comme simples renseignements,* ce qui est le principe (art. 430 : ex. procès-verbaux en matière de crimes, ou de délits sauf, on vient de le voir, exception légale).

Section 3 › LES CONTRÔLES ET VÉRIFICATIONS D'IDENTITÉ

Art. 78-1 à 6, C. pr. pén.
Toute personne sur le territoire de la République peut être soumise à un contrôle d'identité (art. 78-1, al. 2). Il faut distinguer le contrôle, au sens strict, de la vérification.

§ 1 - Les cas de contrôle d'identité

Ces contrôles sont exercés par les OPJ (ou, sur l'ordre et la responsabilité de ceux-ci, par les APJ).
Ces contrôles relèvent tantôt des pouvoirs de la police judiciaire, tantôt, pour ceux que l'on nomme souvent contrôles *préventifs*, de ceux de la police administrative. Il faut noter toutefois que la distinction a perdu de sa clarté du fait des interventions successives et désordonnées du législateur.
La chambre criminelle censure les détournements de procédure consistant, pour un OPJ qui est dans une situation ne l'autorisant pas à recourir à un type de contrôle, à se prévaloir d'un autre ayant un objet différent ; mais elle a jugé régulier le contrôle d'identité décidé en réalité à cause de soupçons bien antérieurs aux indices invoqués pour le justifier, dès lors que ces indices n'en étaient pas moins réels.
Dans tous les cas de contrôle d'identité, si des indices apparents d'un comportement délictueux sont ainsi révélés, une *enquête de flagrance* peut être ouverte.

1. Les OPJ, et sur leur ordre, les APJ et certains APJ adjoints, peuvent inviter à **justifier de son identité,** par tout moyen, toute personne à l'égard de laquelle il existe **une ou plusieurs raisons plausibles de soupçonner** (art. 78-2, al. 1) :
• qu'elle a *commis* ou *tenté* de commettre une *infraction* (donc y compris une contravention), ou qu'elle se *prépare* à commettre un *crime* ou un *délit* (donc pas une simple contravention). Ex. : trois personnes stationnant sans raison apparente, pendant plus d'une demi-heure, à la nuit tombante, à proximité d'un parking, l'une d'elles s'approchant des voitures ; personne ayant un comportement suspect à la vue d'une voiture de police ; personne déambulant dans un état d'ivresse manifeste susceptible de provenir de l'utilisation de stupéfiants. Mais une dénonciation anonyme non contrôlée ne justifie pas le contrôle ;

• ou qu'elle peut fournir des *renseignements* utiles à l'enquête en cas de crime ou de délit ;

• ou qu'elle fait l'objet de *recherches* ordonnées par une autorité judiciaire.
Plusieurs catégories d'APJA (notamment les *agents de police municipale)* peuvent, pour *certaines contraventions* (par ex. aux arrêtés de police du maire, au C. route), procéder à un *relevé d'identité* du contrevenant ; si celui-ci refuse ou ne peut justifier de son identité, l'agent en rend compte à un OPJ, qui peut demander que la personne soit conduite devant lui (art. 78-6). Pour les *agents de l'exploitant d'un service public de transport,* dotés du même pouvoir, v. art. 529-4, II, C. pr. pén.

2. Sur réquisitions écrites du *procureur de la République,* pour la recherche et la poursuite d'infractions précisées par lui, les OPJ, et sur leur ordre, les APJ ou certains APJ adjoints, peuvent contrôler, **dans des lieux et à des heures déterminés par le procureur, l'identité de toute personne** (rappr. les contrôles de l'alcoolémie des conducteurs) : ces opérations sont dites familièrement « coup de poing » (art. 78-2, al. 2).

3. Pour la recherche d'infractions de terrorisme, d'infractions en matière d'armes et explosifs, de vol, de recel de choses, de trafic de stupéfiants, les OPJ, assistés au besoin d'APJ et APJ adjoints, peuvent, sur réquisitions écrites du procureur de la République, dans des lieux et pour une période que ce magistrat détermine et qui ne peut excéder 24 heures, avec renouvellement possible motivé, procéder à des contrôles d'identité (art. 78-2-2).

4. En vertu de la Convention d'application de l'accord de Schengen et des art. 20, 21 du règl. CE 562/2006 du 15 mars 2006 (décr. 21 mars 1995 ; arr. 13 juill. 2004, 26 avr. 2006, 5 nov. 2008), toute personne peut être contrôlée, en vue de la vérification de ses titres de séjour, *si elle se trouve à moins de 20 km* d'une frontière, ou dans un port, un aéroport, une gare routière ou ferroviaire ouverts au trafic international ou encore dans un train effectuant une liaison internationale (c'est une mesure destinée à lutter contre *la délinquance transfrontalière* et *l'immigration clandestine*). Art. 78-2, al. 4, C. pr. pén. V. aussi pour les Antilles, la Guyane et Mayotte, al. 5 et s. Ce type de contrôles n'a pas à être justifié par un risque d'atteinte à l'ordre public, mais, selon la CJUE, il ne doit pas produire un effet équivalent à celui de vérifications aux frontières : il faut un « encadrement nécessaire » (CJUE, 22 juin 2010, *Melki et Abdeli*), condition dont il n'est pas certain qu'elle soit remplie par l'art. 78-2 (v. Cass., 29 juin 2010, 2 arrêts, QPC). Pour les passagers empruntant les trains à destination du Royaume-Uni (L. 15 nov. 2001, art. 48, protocole 25 nov. 1991). En matière douanière, v. art. 67, C. douanes, à propos de la présentation des passeports.
Dans tous ces cas, le fait que ce contrôle révèle des infractions autres que celles visées dans les réquisitions n'est pas une cause de nullité.

5. Les OPJ ou APJ peuvent **contrôler l'identité** de toute personne pour **prévenir une atteinte à l'ordre public**, notamment une atteinte à la sécurité des personnes et des biens, **quel que soit le comportement de la personne contrôlée** (art. 78-2, al. 3), n'aurait-il aucun lien avec les infractions précédemment relevées dans le secteur où a lieu le contrôle.
Le Conseil constitutionnel (DC 5 août 1993) a estimé toutefois que des contrôles généralisés et discrétionnaires seraient incompatibles avec le respect de la liberté individuelle et a imposé, dès lors, que l'auteur du contrôle justifie de circonstances particulières établissant le risque d'atteinte à l'ordre public. Aussi la Cour de cassation ne se contente pas d'une référence générale et abstraite à de nombreuses infractions commises dans le lieu (quartier d'une ville, ligne de transport, station de métro) où se déroule le contrôle, sans indication d'un risque actuel appuyé sur des circonstances particulières.
En l'absence de tels éléments, le contrôle est irrégulier, même à l'égard d'une personne dont on constate qu'elle a eu un comportement suspect.

6. Sur réquisitions du procureur de la République, les OPJ, et sur leur ordre les APJ et certains APJ adjoints, peuvent pénétrer dans des locaux professionnels ne constituant pas un domicile (par ex. un restaurant ; une salle de spectacle et la loge d'un artiste ne sont pas des domiciles), notamment pour des contrôles d'identité destinés à vérifier que les personnes occupées (et non pas seulement présentes sur les lieux) ont bien été déclarées aux organismes sociaux (art. 78-2-1). Pour les inspecteurs et contrôleurs du travail, art. L. 8113-2, C. trav.

7. À la suite d'un contrôle d'identité en application des art. 78-1, 78-2 et 78-2-1 précités, *l'étranger* peut être tenu de présenter des titres et documents prévus par la loi ; en dehors de tout contrôle d'identité, il en est de même à toute réquisition d'un OPJ et, sur son ordre, des APJ et de certains APJ adjoints (C. entrée et séjour des étrangers, art. L. 611-1).

§ 2 - Les vérifications d'identité

Art. 78-3. Les règles sont ici sanctionnées par la *nullité*, sous réserve de l'application de l'art. 802 (v. les nullités).

Si à l'occasion d'un contrôle d'identité, l'intéressé refuse ou se trouve dans l'impossibilité de justifier de son identité, il peut, en cas de nécessité, être retenu sur place ou conduit dans un local de police aux fins de **vérification** de son identité. Il est immédiatement présenté à un OPJ qui le met en mesure de fournir par tout moyen les éléments permettant d'établir son identité et qui procède éventuellement aux vérifications nécessaires. La rétention ne peut excéder le temps strictement nécessaire à l'établissement de l'identité, ni *4 heures* à compter du contrôle (ou du relevé identité pour un relevé par un agent de police municipale : art. 78-6), le procureur pouvant y mettre fin à tout moment.

Diverses *garanties* sont prévues : le droit (dont on informe l'intéressé) de faire aviser le procureur de la République, de prévenir sa famille ou toute personne de son choix ; pour *les mineurs* le procureur doit être avisé dès le début de la rétention, et le mineur doit être assisté de son représentant légal (sauf impossibilité). Un procès-verbal est rédigé, mentionnant, notamment, les motifs du contrôle et de la vérification ; il est présenté à la signature de l'intéressé. Si la vérification ne donne lieu à aucune procédure consécutive, la vérification ne peut être mise en mémoire et le procès-verbal est détruit dans les 6 mois.

La durée de la rétention sera imputée sur celle de la garde à vue si celle-ci a lieu (art. 78-4).

En cas de refus de justifier de son identité, ou de renseignements manifestement inexacts, il peut y avoir *prise d'empreintes ou de photos*, si c'est le seul moyen d'établir l'identité, sur autorisation du procureur de la République (ou du juge d'instruction si une instruction est ouverte).

Le *refus* de se prêter à *la prise d'empreintes ou de photos* est un *délit* (art. 78-5). Et la jurisprudence a jugé que la résistance avec violence constitue une rébellion malgré la prétendue illégalité de l'acte de l'autorité.

POUR ALLER PLUS LOIN

EXEMPLES DE SUJETS D'EXAMEN DONNÉS :

Dissertations :

- La notion de flagrance
- Les enquêtes de police et la protection des libertés individuelles
- Le contrôle de la police judiciaire par le ministère public
- La distinction de l'enquête préliminaire et de l'enquête de flagrance
- L'empiètement des enquêtes de police sur le domaine de l'instruction

Titre 2

LES ACTIONS

1. Définitions

a) L'infraction, en tant que *violation de la loi pénale*, fait naître l'**action publique**, exercée au nom de la **société** et tendant en principe au prononcé d'une **peine** ou mesure pénale (*répression*).

b) L'infraction, en tant que *lésion d'un droit individuel*, fait naître l'**action civile**, au profit de la **victime**, tendant à la **réparation du dommage subi**.

2. Comparaison des actions

Il existe, entre les deux actions, des différences fondamentales, mais aussi des points de rapprochement.

a) Différences

• Quant à leur fondement :

– *violation de la loi pénale* : donc toute infraction peut donner lieu à une action publique ;

– *lésion d'un droit privé* : il n'y a action civile que s'il y a *préjudice* (et non, par ex., pour un délit manqué).

• Quant à leur but :

– *sanction*, pour l'action publique ;

– *réparation*, pour l'action civile.

• Quant à leurs conditions d'exercice :

– *action publique* : magistrat du ministère public, exerçant l'action contre les auteurs et complices de l'infraction ;

– *action civile* : victime, exerçant l'action contre les auteurs, complices, civilement responsables, héritiers. Prescription du droit civil.

b) Rapprochement *(les actions naissent d'un même fait)* :

• la victime peut porter son action *devant le tribunal répressif ;*

• *la plainte avec constitution de partie civile déclenche l'action publique ;*

• *la décision rendue sur l'action publique s'impose en principe pour l'action civile.*

Chapitre 1 › L'ACTION PUBLIQUE

> **› L'essentiel**
> *L'action publique est définie par l'art. 1er du Code de procédure pénale comme « l'action pour l'application des peines ». Elle met aux prises des parties : un* demandeur *à l'action publique, qui est en principe un représentant du parquet, et un* défendeur, *qui est la personne mise en cause par l'accusation. Cette action peut être déclenchée de différentes manières, y compris par la* ***victime****, sauf si elle est éteinte, notamment par* prescription. *Mais la commission d'une infraction ne légitime pas forcément cette réaction : des* alternatives aux poursuites *sont possibles, de même qu'un* classement sans suite *de l'affaire.*

Section 1 › LES SUJETS DE L'ACTION PUBLIQUE

§ 1 - Le sujet actif (qui exerce l'action publique ?)

L'action publique est le monopole du ministère public, en dehors des droits de certaines administrations (art. 1, C. pr. pén.).
Il existe cependant quelques exceptions au profit de juridictions :
- la possibilité pour la *chambre de l'instruction* d'ordonner la poursuite de faits unis par un lien de *connexité* (infractions connexes) ;
- les *délits et contraventions d'audience* : il y a saisine d'office des juridictions de jugement, sauf pour les outrages à magistrat (art. 675 et s., C. pr. pén.).

En revanche, la *victime* ne peut *exercer* l'action publique, mais elle peut, par l'action civile, *déclencher l'action publique,* même dans des cas où elle ne peut obtenir réparation devant le juge pénal (v. l'action civile). Mais la partie civile est sans qualité pour contester le bien-fondé de la décision sur l'action publique ; toutefois, l'avocat de la partie civile peut faire valoir ses observations devant le tribunal de l'application des peines et la chambre de l'application des peines (art. 712-7, 712-13).
On avait parfois proposé d'*étendre* ce pouvoir de déclencher l'action publique à *certains groupements* (ex. syndicats, associations), ce qui serait un *système d'accusation populaire*. C'est sur le terrain de l'action civile que le problème s'est finalement posé (v. l'action civile). Pour l'action individuelle, on a signalé plus haut l'art. 40-3, C. pr. pén., permettant à toute personne, même non victime de l'infraction, ayant dénoncé des faits de former un recours contre le classement sans suite, le procureur général pouvant alors enjoindre au procureur de la République d'engager des poursuites : mais la personne ne déclenche pas elle-même l'action publique.

A. Le ministère public (« magistrature debout »)

Origine : les procureurs et avocats du roi (XIVe siècle).
Les membres du « **parquet** », désignation courante du ministère public, ne sont pas des juges, mais ce sont des magistrats (principe d'*unité du corps judiciaire*, ex. même recrutement, possibilité pour tout magistrat de demander à passer au siège ou au parquet ; ce principe est parfois discuté).

Il faut décrire l'organisation du ministère public, ses caractères, et son rôle.

1. Organisation (devant les juridictions de droit commun)

• *Cour de cassation* : un **procureur général** et des **premiers avocats généraux avocats généraux** (mais ce parquet *n'exerce pas l'action publique*).

• *Cour d'appel* : un **procureur général**, des **avocats généraux** et des **substituts** du procureur général (« parquet général ») ; entre avocats généraux et substituts, pas de subordination hiérarchique : souvent les avocats généraux prennent la parole aux audiences (ex. cour d'assises), tandis que les substituts assurent le travail administratif des parquets.

• *Tribunal correctionnel* : un **procureur de la République** (avec, dans les tribunaux importants, des **procureurs adjoints**), et des **substituts** (« parquet d'instance »). Parfois des *délégués du procureur* assistent les parquets, par exemple lors des procédures de composition pénale (v. art. R. 15-33-30 et s., C. pr. pén.).

• *Tribunal de police* et *juridiction de proximité* : pas de « parquet » ; un représentant du ministère public : commissaire de police en principe ; éventuellement le procureur de la République du tribunal de grande instance (obligatoire devant le tribunal de police pour les contraventions de 5e classe, art. 45, C. pr. pén.).

2. Caractères du ministère public : unité et indivisibilité

a) Unité du ministère public

Il y a, au sein du ministère public, une **subordination hiérarchique**, à la différence des magistrats du siège, indépendants ; on verra que le ministère public est « indépendant », mais à un autre point de vue (v. l'exercice de l'action publique).

• *Devoir d'obéissance envers les supérieurs*, cependant *limité* :

– par les *pouvoirs propres des « chefs de parquet »* (procureur général pour la cour d'appel, procureur de la République pour le tribunal correctionnel) : le supérieur ne peut se substituer au subordonné pour agir à sa place, même s'il n'exécute par les instructions reçues ;

– par la règle : « *La plume est serve, mais la parole est libre* » : l'obéissance est nécessaire pour les actes écrits concernant la procédure (ex. réquisitoire à fin d'informer), mais il y a indépendance, au moins de principe, pour le développement oral de l'accusation à l'audience (art. 33, C. pr. pén.).

• *Hiérarchie* (art. 36 et 37).

– Tous les membres du ministère public relèvent du *ministre de la justice* représentant le pouvoir exécutif mais ne faisant pas partie du ministère public, et qui, par instructions générales, veille à la cohérence de la politique d'action publique sur le territoire (art. 30), et qui exerce sur les membres du ministère public :

1) un droit d'impulsion, en ordonnant des poursuites par instructions aux procureurs généraux écrites et versées au dossier (art. 30) : mais *il ne peut pas enjoindre de ne pas poursuivre* ;

2) *un droit de surveillance* (mesures disciplinaires pouvant aller jusqu'à la révocation – les membres du ministère public ne sont *pas inamovibles*, v. Mémento de *Droit judiciaire privé – Procédure civile*).

À notre époque certains avaient souhaité une réforme séparant le ministère public et le ministre de la justice, pour une meilleure indépendance des magistrats dont il

s'agit. Mais une totale coupure aurait eu l'inconvénient de faire obstacle aux directives générales mettant en œuvre une politique criminelle nationale ; l'indépendance des magistrats, d'ailleurs – même celle des magistrats du siège – n'est pas seulement l'indépendance statutaire : une véritable indépendance s'entend aussi d'une indépendance intellectuelle, à l'égard des médias, des finances, des syndicats, des manifestations, de sa propre idéologie…
– Tous les membres du ministère public sont *hiérarchisés entre eux* : autorité du procureur général près la cour d'appel sur les avocats généraux et les substituts, sur le procureur de la République (il peut ordonner des poursuites par instructions écrites et versées au dossier : art. 36), du procureur de la République sur les substituts et les membres du ministère public du tribunal de police (toutefois, le procureur général près la Cour de cassation n'est pas le supérieur hiérarchique des autres parquets).

b) Indivisibilité du ministère public

Les membres du ministère public auprès d'une juridiction sont *interchangeables ;* ils peuvent se remplacer au cours d'un procès (ce que ne peuvent faire les magistrats du siège, sauf les juges supplémentaires désignés en cas de longs débats – mais ils ont assisté aux débats). Toutefois, l'indivisibilité ne joue pas du TGI à la cour d'appel : une demande qui aurait dû être adressée au parquet général, et qui est adressée au parquet du TGI, ne sera prise en compte qu'à son arrivée au parquet général.

3. Rôle du ministère public

Représentant la société et ses intérêts généraux, le ministère public **exerce l'action publique sans en avoir la disposition. Il ne peut donc** :

- *transiger* (procéder à une transaction, sauf en cas de composition pénale, v. cette question ; v. aussi, lors de la procédure de jugement, la reconnaissance préalable de sa culpabilité par le prévenu et l'acceptation de la peine proposée, mais ce n'est pas une transaction) ; mais le procureur de la République a compétence pour homologuer parfois une transaction sur l'action publique (ex., pour le maire et certains contrevenants, art. 44-1, R. 15-33-61 et s., C. pr. pén.) ou donner son accord à une transaction (ex. C. com., art. L. 470-4-1) ;
- *se désister* (mais la chambre criminelle admet qu'il puisse se désister d'un pourvoi en cassation),
- *acquiescer* (renoncer à l'exercice des voies de recours).

En conséquence, même si le ministère public abandonne les poursuites devant la juridiction de jugement, le juge doit statuer.
Le ministère public est donc **partie à la procédure.** Mais il fait aussi partie de la juridiction : la présence d'un représentant du ministère public est nécessaire, même si la juridiction se prononce seulement sur l'action civile, sauf s'il s'agit d'une audience de renvoi pour ne statuer que sur celle-ci (art. 464, al. 4). Il ne peut donc s'absenter, même un court instant, pendant la plaidoirie de l'avocat de l'accusé à la cour d'assises.

B. Agents de certaines administrations

Il s'agit en quelque sorte de ministères publics spécialisés.
Ex. : douanes, contributions indirectes, eaux et forêts (mais pas la direction de la concurrence, de la consommation et de la répression des fraudes).

1. Diversité de régime

• Parfois le pouvoir de l'administration *exclut* l'action du ministère public (ex. peines pécuniaires en matière de contributions indirectes).

• Parfois le pouvoir de l'administration s'exerce *concurremment* avec celui du ministère public (ex. délits douaniers, pour des peines pécuniaires).

• Parfois l'administration doit intervenir pour *mettre en mouvement l'action publique*, puis le ministère public agit ensuite (ex. emprisonnement en matière de contributions indirectes).

2. Caractère mixte de l'action publique

L'administration a *plus de pouvoirs* sur l'action publique que n'en a en général le ministère public. Elle peut :

• procéder à une *transaction*,

• *se désister*.

Une telle action publique se *rapproche de l'action civile* en réparation.

§ 2 - Le sujet passif (contre qui est exercée l'action publique ?)

A. Principe

L'action publique tend au prononcé de la peine ; donc, en vertu du *principe de personnalité de la peine*, elle **ne peut être dirigée que contre les auteurs ou complices** (supposés) de l'infraction.

Mais il n'est pas nécessaire que les auteurs ou complices soient connus (**information contre X...**).

• **En cas d'infraction commise par une personne morale**, l'action publique est exercée à l'encontre de celle-ci prise en la personne de son représentant légal (ou un délégué à cet effet), qui représente la personne morale à tous les actes de la procédure.

Si des poursuites pour les mêmes faits ou des faits connexes sont engagées contre le représentant légal, le président du TGI peut désigner un mandataire qui représentera la personne morale ; il en est de même en l'absence de toute personne représentant la personne morale (ex. les dirigeants étant tous en fuite) ; la personne morale peut aussi être représentée par une personne bénéficiant d'une délégation de pouvoir (art. 706-43, C. pr. pén.).

Le représentant de la personne morale ne peut faire l'objet d'aucune mesure de contrainte autre que celle applicable au témoin (ex. pas de contrôle judiciaire, de détention provisoire) : cette personne sera cependant, à l'audience, dans le box des prévenus ou des accusés.

Pour *la responsabilité pénale des personnes morales* et la *responsabilité pénale du fait d'autrui*, v. Mémento de *Droit pénal général*.

• Lorsque la personne poursuivie est un incapable, des règles particulières organisent sa protection. S'agissant d'un **majeur protégé**, le tuteur ou le curateur (ou s'ils peuvent être eux-mêmes impliqués dans l'affaire, un subrogé tuteur ou un subrogé curateur), avisés de ces poursuites, peuvent prendre connaissance des pièces de la procédure et sont avisés des décisions de non-lieu, de relaxe, d'acquittement, d'irresponsabilité pénale pour cause de trouble mental ou de condamnation concernant le majeur protégé ; *l'assistance d'un avocat est obligatoire*, de même qu'une expertise médicale pour évaluer la responsabilité pénale au moment des faits (art. 706-112 et s., D. 47-14 et s). En dehors de l'exercice de l'action publique, ces dispositions sont étendues aux cas où le majeur protégé fait l'objet d'une procédure de l'art. 41-1 (réparation du dommage, médiation), d'une composition pénale ; il en est de même s'il a le statut de témoin assisté.

Quant au **mineur** poursuivi, il doit être assisté d'un avocat (Ord. 2 févr. 1945, art. 4-1) et ses représentants légaux sont associés à la procédure. Ils sont par ex. informés du placement en garde à vue du mineur (Ord. 2 févr. 1945, art. 4, II), de la procédure introduite contre le mineur (Ord. 2 févr. 1945, art. 5, al. 5, 10) et de son déroulement (Ord. 2 févr. 1945, art. 8-2, 14-2, IV), ils peuvent choisir l'avocat (Ord. 2 févr. 1945, art. 4-1, al. 2), ils sont parfois convoqués en même temps que le mineur (Ord. 2 févr. 1945, art. 10, 10-2), leur accord est parfois requis pour une mesure (Ord. 2 févr. 1945, art. 12-1, à propos de la mesure d'aide ou de réparation proposée au mineur) ou une renonciation à un droit (Ord. 2 févr. 1945, art. 14-2, III), leur témoignage est nécessaire (Ord. 2 févr. 1945, art. 13, pour la procédure devant le tribunal pour enfants) ; il arrive même qu'ils remplacent le mineur dispensé de comparaître à l'audience (Ord. 2 févr. 1945, art. 13). Ils interviennent également lors des procédures alternatives aux poursuites : convocation à la procédure de l'art. 41-1, accord à certaines des mesures alors proposées (Ord. 2 févr. 1945, art. 7-1), proposition de composition pénale à eux adressée et à laquelle ils doivent donner leur accord (Ord. 2 févr. 1945, art. 7-2).

• Dénomination de la personne poursuivie

Au pénal, la personne poursuivie, dont ne fait pas partie le témoin assisté, est nommée :

– **la personne mise en examen** (jusqu'à la L. 1993, on disait *l'inculpé*), à l'instruction ;

– **le prévenu**, devant les juridictions de jugement pour les contraventions et les délits ;

– **l'accusé**, en cour d'assises.

B. Conséquences

L'action publique ne peut être dirigée :

• contre *les héritiers* des coupables (l'action publique s'éteint par le décès du délinquant intervenant avant la condamnation irrévocable – pour le paiement des amendes par les héritiers, v. Mémento de *Droit pénal général*, Mémento de *Criminologie et science pénitentiaire*) ;

• contre *les personnes civilement responsables* du fait d'autrui (mais on peut les citer devant les juridictions répressives pour la condamnation civile).

Section 2 › LES DÉCISIONS POUVANT INTERVENIR AVANT LE DÉCLENCHEMENT DE L'ACTION PUBLIQUE

Le procureur de la République peut requérir certaines personnes pour vérifier la situation matérielle, familiale et sociale de la personne objet d'une enquête (art. 41, al. 6 ;

on dit souvent « enquête rapide » : à ne pas confondre avec l'enquête de personnalité lors de l'instruction).
Selon le cas, le procureur peut, au lieu d'engager des poursuites, mettre en œuvre une procédure alternative aux poursuites, ou décider le classement sans suite de la procédure (art. 40-1).

§ 1 - Procédures alternatives aux poursuites

La loi prévoit un éventail de mesures, et la possibilité d'une composition pénale, qu'elle présente dans les deux cas comme des alternatives aux poursuites, selon une analyse en partie erronée.
Lorsqu'une telle procédure est mise en œuvre par le ministère public à la suite d'une plainte ou d'un signalement, le procureur de la République en avise la victime ou le plaignant s'ils sont identifiés et les personnes visées à l'art. 40, al. 2 (ex. fonctionnaire ayant donné connaissance de l'infraction) : art. 40-2.

A. Mesures diverses de l'art. 41-1

Avant sa décision sur l'action publique, le procureur de la République, directement ou par l'intermédiaire d'un OPJ, d'un délégué ou d'un médiateur, **peut**, si la mesure peut assurer la *réparation du dommage* causé à la victime, **ou** *mettre fin au trouble* résultant de l'infraction, **ou** contribuer au *reclassement de l'auteur des faits* (art. 41-1, C. pr. pén.) :
– « procéder au rappel auprès de l'auteur des faits des obligations résultant de la loi » (on remarquera ce « rappel à la loi », loi d'ailleurs en principe censée connue…) ;
– orienter cette personne vers une structure sanitaire, sociale ou professionnelle ; cette mesure peut consister dans l'accomplissement d'un stage ou d'une formation dans un organisme sanitaire, social ou professionnel, notamment d'un stage de citoyenneté ou un stage de sensibilisation aux dangers de l'usage de stupéfiants ; pour les infractions commises à l'occasion de la circulation d'un véhicule, il peut s'agir d'un stage de sensibilisation à la sécurité routière ;
– lui demander de régulariser sa situation au regard de la loi ou des règlements ;
– lui demander de réparer le dommage ;
– faire procéder à une mission de **médiation pénale** entre lui et la victime, **à la demande ou avec l'accord de la partie civile** – la victime est présumée ne pas consentir à la médiation lorsqu'elle a saisi le juge aux affaires familiales en raison de violences commises par son conjoint, son concubin ou son partenaire « pacsé » – (sur les médiateurs et les délégués du procureur de la République, v. art. R. 15-33-30 et s.). En cas de réussite, et si l'auteur des faits s'est engagé à verser des dommages-intérêts, la victime peut en demander le recouvrement par la procédure d'injonction de payer de la procédure civile ; après avoir affirmé initialement le contraire, la Cour de cassation a jugé que l'interdiction de faire état des déclarations recueillies au cours de la procédure de médiation est inopérante en matière pénale (art. 26, L. 8 févr. 1995) ;
– en cas d'infraction contre le conjoint, le concubin ou le partenaire d'un pacte civil de solidarité ou contre ses enfants ou les enfants de ce dernier, demander à l'auteur des faits : de résider hors du domicile ou de la résidence du couple ou de s'abstenir d'y paraître ou de paraître aux abords immédiats de celui-ci ; de faire l'objet d'une

prise en charge sanitaire, sociale ou psychologique. Ces dispositions sont applicables à l'ancien conjoint, concubin ou partenaire, le domicile considéré étant alors celui de la victime.

On reconnaît, dans les conditions indiquées plus haut, des conditions de la dispense de peine ; et certaines formes de *repentir actif* (v. Mémento de *Droit pénal général*) peuvent ainsi avoir un effet. Cette procédure est destinée à *orienter le choix du ministère public de déclencher ou non les poursuites* (v. *infra* le principe de l'opportunité des poursuites) : c'est donc *à tort* que le législateur en fait une procédure alternative aux poursuites (art. 40-1, 2°).

La médiation a été conçue pour les infractions moyennement graves (ex. violences légères, petits vols, dégradations, non-paiement de pension alimentaire, non-représentation d'enfant) ; mais, en droit, le texte ne comporte aucune limite.

Le médiateur peut être une personne physique ou une personne morale, par exemple une association d'aide aux victimes.

Pour la rétribution de l'avocat en cas d'aide juridictionnelle, v. L. 10 juill. 1991, art. 64-2.

L'avantage est que si la médiation réussit, le procureur peut décider d'un *classement sans suite,* le dommage étant réparé ; cela décharge les tribunaux, et la victime reçoit plus vite réparation, sans devoir recourir à une procédure lourde et parfois lente. La procédure opère ainsi comme une sorte de classement sans suite *sous condition.*

On a vu une procédure voisine pour les **mineurs**, avant poursuites : le procureur peut, avec l'accord du mineur et des titulaires de l'autorité parentale, proposer une mesure ou une activité d'aide ou de réparation à l'égard de la victime (avec l'accord de celle-ci), ou dans l'intérêt d'une collectivité (art. 12-1, Ord. 1945 ; mêmes règles que ci-dessus pour la rétribution de l'avocat) ; mais le procès pénal peut continuer (des mesures semblables peuvent être proposées ensuite par la juridiction d'instruction ou de jugement).

En cas de non-exécution, en raison du comportement de l'auteur des faits, le procureur **doit** mettre en œuvre une composition pénale, ou engager des poursuites.

Toutes ces procédures *suspendent la prescription* de l'action publique.

Comme on l'a dit à propos des mineurs, il faudra étudier, à plus long terme, l'effet dissuasif de la médiation sur les auteurs d'infractions, et sur le public en général : la perspective de devoir seulement, par exemple, réparer le dommage causé par l'infraction, peut n'être pas un frein suffisant.

B. La composition pénale

Tant que l'action publique n'a pas été mise en mouvement, le procureur de la République **peut**, directement ou par une personne habilitée, proposer une *composition pénale* à la personne physique **majeure** qui **reconnaît avoir commis :**

– un ou plusieurs **délits punis d'amende ou d'emprisonnement ne dépassant pas 5 ans** (et, le cas échéant, une ou plusieurs contraventions connexes),

– ou une ou plusieurs **contraventions** (avec des règles spéciales pour les mesures, v. ci-après).

Art. 41-2 et 41-3, R. 15-33-38 et s. (comp., mais pour ne pas confondre, la reconnaissance par le prévenu de sa culpabilité et l'acceptation de la peine proposée, v. la procédure de jugement).

La composition est exclue en matière d'homicide par imprudence, de délits de presse, de délits politiques (art. 41-2, al. 25), et pour les personnes morales (sauf exception : v. C. com., art. L. 470-4-2). Elle est applicable aux *mineurs* d'au moins treize ans ; la proposition de composition doit être faite aussi aux représentants du mineur et obtenir leur accord (art. 7-2, Ord. 2 févr. 1945).

Cette composition peut consister en *une ou plusieurs mesures,* par ex. en matière de délit (pour les contraventions, v. art. 41-3 ; pour les mineurs, art. 7-2, Ord. 2 févr. 1945) :

– versement au Trésor public d'une **amende de composition**, ne pouvant dépasser le maximum encouru, fixée en fonction de la gravité des faits et des ressources et charges de la personne ; le versement peut être échelonné, pour une période ne pouvant dépasser un an ; l'amende exécutée ne peut constituer le premier terme d'une récidive (Crim., avis, 18 janv. 2010, *Bull. crim.* n° 1) ;

– dessaisissement au profit de l'État de la chose moyen ou produit de l'infraction ;

– remise de son véhicule pour immobilisation, du permis de conduire, du permis de chasser (6 mois maximum) ;

– travail pour la collectivité, non rémunéré (maximum 60 heures, ou 30 heures pour les contraventions), dans un délai ne pouvant dépasser 6 mois (3 mois pour les contraventions) ;

– stage ou formation dans un organisme sanitaire, social ou professionnel (3 mois maximum, dans un délai de 18 mois au maximum), stage de citoyenneté, de sensibilisation aux dangers de l'usage de stupéfiants ;

– interdiction de paraître (6 mois maximum) dans le lieu de l'infraction, sauf résidence habituelle ;

– interdiction de rencontrer les victimes de l'infraction, les coauteurs ou les complices de l'infraction (6 mois maximum) ;

– en cas d'infraction contre le conjoint, le concubin ou le partenaire d'un pacte civil de solidarité ou contre ses enfants ou les enfants de ce dernier, résider hors du domicile ou de la résidence du couple ou de s'abstenir d'y paraître ou de paraître aux abords immédiats de celui-ci, et, si nécessaire, faire l'objet d'une prise en charge sanitaire, sociale ou psychologique. Cette disposition est applicable à l'ancien conjoint, concubin ou partenaire, le domicile considéré étant alors celui de la victime ;

– injonction thérapeutique, en cas d'usage de stupéfiants ou de consommation excessive d'alcool.

Si la victime est identifiée et si le préjudice n'est pas réparé, le procureur de la République **doit** aussi proposer à l'auteur des faits de **réparer le dommage** dans les 6 mois maximum, en équivalent (somme d'argent) ou en nature (remise en état du bien endommagé).

La personne peut se faire assister par un avocat avant d'accepter la composition. La composition acceptée doit être transmise au **magistrat du siège** chargé de la *valider*, le procureur ne pouvant renoncer à cette procédure en raison, par ex., du comportement de l'intéressé après qu'il a donné son accord. Ce magistrat est le président du tribunal correctionnel ou le juge désigné du tribunal ou le juge de proximité du ressort du tribunal ; pour les contraventions, il s'agit du tribunal de police ou du juge de proximité, selon leur compétence matérielle, avec possibilité qu'il s'agisse toujours d'un juge de proximité pour l'ensemble des compositions contraventionnelles ; pour le mineur, il

s'agit du juge des enfants : Ord. 2 févr. 1945, art. 7-2. Le magistrat peut estimer la proposition du parquet trop rigoureuse ou pas assez, et peut entendre l'auteur des faits et la victime, assistés le cas échéant de leur avocat (pour la rétribution de l'avocat en cas d'aide juridictionnelle, v. L. 10 juill. 1991, art. 64-2). Sa décision (validation, ou rejet) est *sans recours*. En l'absence de validation, la proposition devient *caduque*.
La prescription de l'action publique est *interrompue* par les actes tendant à la mise en œuvre ou à l'exécution de la composition (bien que celle-ci ne soit ni un acte de poursuite ni un acte d'instruction).

• **Si la composition aboutit, son exécution éteint l'action publique** (ex. après versement d'une amende, plus faible que l'amende encourue, ou après réparation du dommage causé) : le choix d'y recourir exprime donc une **renonciation conditionnelle à l'action publique** par le procureur de la République ; on est bien en présence, ici, d'une réelle alternative aux poursuites. L'ordonnance de validation n'a pas autorité de la chose jugée au civil (Soc. 13 janv. 2009, *Bull. civ.* V n° 1). La partie civile peut user de la citation directe pour ses intérêts civils (même si elle a perçu une somme versée par l'auteur des faits), le tribunal répressif (un seul magistrat) ne statuant alors que sur ceux-ci (elle peut aussi, si l'auteur des faits s'est engagé à verser des dommages-intérêts, en demander le recouvrement par la procédure d'injonction de payer de la procédure civile). Il n'y a pas condamnation, donc pas de premier terme de récidive (Crim., 18 janv. 2010, avis, *Bull. crim.*, avis, n°1) ; mais il y a *inscription au B.1* du casier judiciaire.

• **La composition échoue** si la personne ne l'accepte pas, ou si après l'avoir acceptée elle ne l'exécute pas intégralement (ou en cas de rejet de la demande de validation). Dans les deux premiers cas, le procureur de la République **doit** mettre en mouvement l'action publique, sauf élément nouveau. En cas de poursuites et de condamnation, il est tenu compte, le cas échéant, du travail accompli et des sommes versées.
Sur l'effet dissuasif de la composition pénale, mêmes questions que pour les mesures vues ci-dessus. On peut aussi s'interroger sur le danger de recourir à des mécanismes qui, pour éviter l'intervention du juge, risquent de défavoriser la partie moins forte que l'autre.

§ 2 - Le classement sans suite

Le ministère public qui décide de ne pas mettre en mouvement l'action publique utilise le **classement sans suite**. C'est une décision *à caractère provisoire* : le ministère public peut reprendre la poursuite ultérieurement. C'est pourquoi, après classement sans suite, en cas de dénonciation de l'infraction ayant donné lieu à cette décision, la juridiction saisie d'une poursuite en dénonciation calomnieuse apprécie la pertinence des accusations portées (art. 226-10, C. pén.), et ne condamne donc pas nécessairement le dénonciateur ; au contraire, un non-lieu, une relaxe ou un acquittement établissent par eux-mêmes le caractère calomnieux de la dénonciation.
Le classement sans suite n'est pas revêtu de l'autorité de la chose jugée (puisque rien n'a été jugé). Mais il peut justifier le refus d'exécuter un mandat d'arrêt européen (art. 695-24, 1°) ou une hospitalisation d'office (CSP, art. L. 3213-7).
Il y a de très nombreux classements sans suite dus à ce que les auteurs de l'infraction n'ont pas été identifiés, ou à ce que les faits ne constituent pas en réalité une infraction (d'où

souvent les mauvaises interprétations du nombre des classements sans suite). D'autres classements sans suite sont dits « d'opportunité » (moins de 10 %) : leur nombre diminuera, l'art. 40-1 supposant que des « circonstances particulières » les justifient.

Le classement sans suite est porté à la connaissance de la victime ou du plaignant identifiés et des personnes visées à l'art. 40, al. 2 (ex. fonctionnaire ayant donné connaissance de l'infraction) ; le classement sans suite, alors, doit indiquer les raisons juridiques (ex. prescription de l'action publique) ou d'opportunité qui le justifie : art. 40-2, al. 2, C. pr. pén.

Toute personne ayant dénoncé les faits peut former un *recours* contre le classement sans suite auprès du procureur général, qui peut enjoindre au procureur de la République d'engager les poursuites (art. 40-3).

Section 3 › L'EXERCICE DE L'ACTION PUBLIQUE

Si les poursuites sont décidées, l'action publique est exercée selon les règles qui suivent.

§ 1 - Modes d'exercice de l'action publique

A. Procédés utilisables

1. Saisine d'une juridiction d'instruction

Le juge d'instruction est saisi par un *réquisitoire introductif d'instance* (on dit aussi réquisitoire *à fin d'informer ou de soit-informé*), qui est délivré contre personne dénommée ou non dénommée (art. 80).

2. La saisine d'une juridiction de jugement (ou de son président)

a) Citation directe (*assignation* du prévenu devant la juridiction de jugement par *acte signifié par huissier*, avec désignation nominative de la personne, ou *convocation en justice* par OPJ, v. le jugement).

b) Procédure de comparution sur reconnaissance préalable de culpabilité (art. 495-7 et s. : v. *infra*, Titre 4).

c) Avertissement, suivi de comparution volontaire (art. 389).

d) Procédure simplifiée de l'ordonnance pénale, pour les contraventions, sauf exceptions (art. 524 et s ., R. 42 et s.,) et certains délits (art. 495 et s., R. 41-3 et s.) : v. *infra*, Titre 4.

e) En matière correctionnelle, il est possible dans certains cas de recourir à la procédure de *convocation par procès-verbal*, ou (notamment en cas de flagrant délit) de *comparution immédiate* devant le tribunal correctionnel (on retrouvera ces modes d'exercice à propos de la procédure de jugement).

B. Domaine d'application

1. Pour les contraventions

L'action publique est mise en mouvement par la **citation directe, l'avertissement** ou la procédure de **l'ordonnance pénale** (sauf si l'instruction est nécessaire).

2. Pour les délits

Le ministère public a en principe le *choix* entre les différents procédés (pour les procédures accélérées, possibles dans certains cas, ex. *flagrant délit*, v. la procédure de jugement). Mais il doit employer le **réquisitoire** si :
– en droit, l'instruction est obligatoire (ex. en principe mineurs ; v. l'instruction) ;
– en fait, si l'auteur de l'infraction est inconnu, ou l'affaire complexe.

3. Pour les crimes

L'instruction étant obligatoire, le ministère public doit utiliser le *réquisitoire à fin d'informer*.

§ 2 - Pouvoirs et prérogatives du ministère public dans l'exercice de l'action publique

• **Irrécusabilité** (car le ministère public n'est pas un juge pour le prévenu) ; art. 669, al. 1, C. pr. pén.

• **Irresponsabilité** (sauf comme tout magistrat) : le ministère public ne peut être condamné à des dommages-intérêts en cas de non-lieu, de relaxe ou d'acquittement de la personne poursuivie.

• **Indépendance :**
– Le ministère public est indépendant **à l'égard des juridictions** auxquelles il est rattaché : celles-ci ne peuvent lui adresser ni blâme ni injonction, par ex. d'exercer des poursuites, de les exercer contre telle personne, ou de modifier ses actes, tel son réquisitoire introductif.
– Le ministère public est indépendant **quant à l'engagement et à la conduite des poursuites** (art. 40, al. 1, C. pr. pén.).
C'est le **principe de l'opportunité des poursuites**, qui connaît des limites.

A. Principe de l'opportunité des poursuites

L'action publique doit être recevable en droit et bien fondée en fait. Mais le ministère public, même si l'infraction est certaine, peut ne pas déclencher l'action (ex. après médiation : v. *supra*) : il apprécie **l'opportunité des poursuites** (on oppose à ce système celui de la *légalité des poursuites*, rendant la poursuite obligatoire dès lors qu'il y a infraction). Le système de l'opportunité est préférable (ex. possibilité d'éviter la poursuite contre un jeune délinquant primaire) ; il permet une sorte de pardon discret (v. plus haut le classement sans suite).

Conséquences du principe d'opportunité :

• On ne peut obliger le ministère public à agir. **Danger** : inertie du parquet.

• On ne peut empêcher le ministère public d'agir. **Danger** : poursuites inopportunes.
D'où la nécessité de limites au principe d'opportunité.

B. Limites

Ces limites correspondent aux deux dangers indiqués : il faut tantôt obliger le ministère public à agir, tantôt l'empêcher d'agir.

1. Obligations d'agir

a) Ordre du supérieur hiérarchique

Le ministre de la justice peut *enjoindre* au procureur général, par instructions écrites et versées au dossier, *d'engager des poursuites* ou de les faire engager (art. 30), alors qu'*il ne peut lui interdire d'agir,* le procureur général ayant le même pouvoir sur le procureur de la République (art. 36).

b) Surtout : droits de la partie lésée

Règle très importante (art. 1, al. 2, C. pr. pén.) : la **constitution de partie civile émanant de la victime** (c'est-à-dire la plainte de la victime, avec en principe demande de réparation, devant le juge d'instruction, ou la **citation directe** devant la juridiction de jugement) **déclenche obligatoirement l'action publique** :

• même s'il y a eu classement sans suite ;

• **même si la juridiction pénale ne peut accorder de réparation** : il s'agit en quelque sorte d'une *constitution de partie civile sans action civile,* qui « corrobore » l'action publique (v. l'action civile).

Mais une simple *plainte de la victime,* sans constitution, ou la *dénonciation* d'un tiers, ne peut obliger le ministère public à agir.

L'avant-projet du Code de procédure pénale mettrait un terme à ce pouvoir : il permet seulement à la partie civile de former un recours devant le juge de l'enquête et des libertés (JEL) au cas où le ministère public refuse le déclenchement des poursuites.

c) On a vu aussi que dans certains cas, la juridiction peut *se saisir d'office* (infractions connexes devant la chambre de l'instruction, délit ou contravention d'audience).

2. Interdictions d'agir

a) L'action est impossible en raison d'une immunité de fond : ex. vol entre certains parents (v. Mémento de *Droit pénal spécial*).

b) L'action est subordonnée à une plainte préalable

• de **la victime** (survivance du système d'accusation privé) : il s'agit alors de la *protection d'un intérêt privé,* moral ou patrimonial (ex. *diffamation* dans la plupart des cas, ex. contre un particulier, sauf pour la diffamation raciale, art. 48, L. 1881 ; *atteinte à la vie privée* ; délit de *chasse sur le terrain d'autrui* ; crime ou délit commis à l'étranger par un français, sauf exception, ou, pour crime ou délit contre une victime française – plainte de la victime ou dénonciation de l'autorité étrangère, v. Mémento de *Droit pénal général*). Mais, même avec plainte, le ministère public n'est pas obligé d'agir (sauf s'il y a constitution de partie civile) ; et alors que le désistement de la victime, en principe, n'arrête pas les poursuites, il en est différemment ici (art. 6, al. 3).

• de **l'administration.** Il s'agit alors parfois de la *protection d'un intérêt financier* : ex. *fraude fiscale* (avec avis conforme de la Commission des infractions fiscales ; mais cette exigence ne concerne que le redevable de l'impôt, non les coauteurs ou complices) ; *douanes* : la plainte émane ici du ministre du Budget, ou de son représentant habilité (mais une simple délégation de signature n'est pas une habilitation). Parfois il s'agit d'un intérêt *militaire* : ex. plainte de certains ministres, pour le commerce d'armes de guerre sans autorisation.

c) L'action est subordonnée à l'avis (parfois conforme) ou à un acte de certaines autorités. Ex. :

• *infractions fiscales* : l'action publique exige la plainte visée plus haut, mais avec un avis *conforme* de la commission des infractions fiscales (sauf si l'infraction constitue en même temps une infraction de droit commun, par ex. une escroquerie à la TVA) ; le juge pénal est compétent pour les nullités de la procédure suivie devant cette commission ;

• *utilisation illicite d'informations privilégiées* en matière boursière : avis de *l'Autorité des marchés financiers* ;

• *infractions maritimes* à bord de navires français ;

• *infractions militaires* en temps de paix (art. 698-1, C. pr. pén., v. les juridictions d'exception) : il faut, sauf en cas de flagrance, la dénonciation ou l'avis du ministère chargé de la Défense ; mais la condition n'est exigée que pour la mise en mouvement de l'action publique, pas pour la mise en examen des personnes, ni pour d'autres infractions comme les crimes et délits contre les intérêts fondamentaux de la nation (ex. intelligences avec agents d'une puissance étrangère, atteintes au secret de la défense nationale) ; sur l'action civile, v. art. 698-2 *in fine*, C. pr. pén. : toutefois, l'action publique peut être mise en mouvement par la partie lésée, par constitution de partie civile devant le juge d'instruction (la citation directe est exclue).

d) L'action est subordonnée à une mise en demeure
Ex. : pour l'infraction à l'obligation scolaire (art. 227-17-1, C. pén.), pour les infractions en matière d'hygiène et de sécurité du travail (art. L. 4721-4, C. trav.), pour certaines infractions en matière de sécurité sociale (art. L. 244-2, CSS), d'affichage (art. L. 581-34, C. envir.).
À distinguer des cas où c'est *le tribunal, déjà saisi,* qui peut prononcer une *astreinte* en ajournant le prononcé de la peine (sur le principe de l'ajournement de peine avec injonction et astreinte, art. 132-67 C. pén. ; ex. certaines infractions contre l'environnement).

e) L'action est subordonnée à la solution de questions préjudicielles
Il s'agit d'une question à faire résoudre, *avant la poursuite*, par la *juridiction compétente.* Il ne faut pas confondre cette question, *préjudicielle à l'action,* qui fait obstacle à la poursuite elle-même, et la question préjudicielle au jugement, ou exception préjudicielle (v. la compétence), qui ne fait pas obstacle au déclenchement des poursuites, mais seulement au jugement. Exemples de questions préjudicielles à l'action :

• pour la *banqueroute* : l'ouverture préalable d'une procédure de redressement ou de liquidation judiciaire est nécessaire à l'exercice de l'action publique (C. com., art. L. 654-2).

• en cas de *crime ou délit prétendument commis à l'occasion d'une poursuite judiciaire,* et impliquant la *violation d'une disposition de procédure pénale* (et seulement dans ces cas), l'action publique ne peut être exercée qu'après décision définitive constatant le caractère illégal de la poursuite ou de l'acte (art. 6-1, C. pr. pén. ; ex. violation du secret de l'instruction ; pour la chambre criminelle, ces dispositions ne sont pas incompatibles avec la Conv. EDH, la personne lésée disposant d'autres voies de droit, ex. au civil). La règle peut être invoquée à tout stade de la procédure.

f) Cas particulier de l'inviolabilité parlementaire

Ce n'est qu'une inviolabilité *procédurale*, pouvant *suspendre* l'exercice de l'action publique, et être *levée* : il ne faut pas la confondre avec l'immunité parlementaire *de fond* (art. 41, al. 1, L. 1881), qui constitue un obstacle définitif aux poursuites, pour les opinions émises dans l'exercice des fonctions (v. Mémento de *Droit pénal spécial*). La portée de l'inviolabilité parlementaire a été restreinte par la loi constitutionnelle du 4 août 1995 (Constitution, art. 26, al. 2 à 4 ; L. 29 janv. 1996).

• Domaine de l'inviolabilité

– L'inviolabilité *protège les membres du Parlement* (Assemblée nationale, Sénat) ; de même pour les parlementaires européens, Protoc. 1965, art. 9.
– *L'inviolabilité est exclue* :

1) pour les contraventions ;

2) en cas de crime flagrant ou de délit flagrant (d'où parfois l'effort de la jurisprudence pour élargir la notion de flagrance).

3) en cas de condamnation définitive.

– La jurisprudence estime que l'inviolabilité n'empêche pas la poursuite des coauteurs ou complices non parlementaires.
– L'inviolabilité ne fait pas obstacle à l'action au civil.

• Effets de l'inviolabilité

– La poursuite est possible, *sans autorisation préalable*, à tout moment, *pendant les sessions comme hors session ;* mais *l'assemblée* à laquelle appartient le parlementaire peut requérir la *suspension de la poursuite* (de même que la suspension des mesures privatives ou restrictives de liberté, ex. détention provisoire, assignation à résidence avec surveillance électronique, contrôle judiciaire), *pour la durée de la session* seulement.
– La procédure de *levée de l'inviolabilité*, par le *bureau de l'assemblée*, n'est nécessaire qu'en cas d'arrestation ou de mesure privative ou restrictive de liberté. Mais la chambre criminelle a jugé que l'autorisation n'est pas nécessaire tant que le mandat de dépôt n'est pas mis à exécution, et qu'un emprisonnement même sans sursis peut être prononcé dès lors qu'il n'est pas susceptible d'exécution immédiate.
La demande d'autorisation est formulée par le procureur général près la cour d'appel compétente, et transmise au président de l'assemblée par le ministre de la Justice. L'autorisation donnée par le bureau de l'assemblée ne vaut que pour les faits mentionnés dans la demande d'autorisation (Ord. 17 nov. 1958, art. 9 *bis*) : mais les juges pourront qualifier ces faits.
On remarquera que les *écoutes judiciaires* d'un député ou d'un sénateur sont soumises à des règles particulières (art. 100-7, C. pr. pén. ; v. l'instruction).

Section 4 › L'EXTINCTION DE L'ACTION PUBLIQUE

Art. 6, C. pr. pén.

• Causes particulières à certaines infractions

– **Transaction** par l'administration compétente : ex. en matière de contributions indirectes, d'environnement (art. L. 216-14, L. 331-25, L. 437-14, C. envir.), de concurrence et de consommation (art. L. 141-2, R. 141-3, L. 216-11, R. 216-3, C. consom.) ; v. aussi

art. L. 330-9, C. aviation civ. ; art. L. 153-2, C. for. Il existe également un pouvoir de transaction pour le maire, s'agissant de certaines contraventions portant préjudice à la commune, art. 44-1, C. pr. pén. ; pour la Haute Autorité de lutte contre les discriminations (Halde), art. 11-3, L. 30 déc. 2004, art. D. 1-1, C. pr. pén.
– **Désistement** (retrait de la plainte de la victime), mais *seulement lorsque la plainte est nécessaire à l'exercice de l'action publique* (art. 6, al. 3, C. pr. pén. ; ex. la plupart des cas de diffamation ; atteinte à la vie privée). Sauf dans ces cas, la transaction sur l'action civile par la victime est sans effet sur l'action publique ; le fait que la victime ait reçu une somme de la part de l'auteur de l'infraction, à la suite d'une médiation (art. 41-1) ne vaut pas transaction.
– **Paiement d'une amende forfaitaire** ou d'une *indemnité forfaitaire* (v. la procédure de jugement).
– Exécution d'une **composition pénale** (art. 6, al. 3, 41-2, C. pr. pén.).
– *Cure* en matière de *stupéfiants* (injonction thérapeutique : art. L. 3423-1, al. 3 et 4, CSP), ordonnée par le procureur de la République, ou spontanée, même à l'étranger, et suivie jusqu'à son terme.

• **Causes générales**
– **Abrogation de la loi pénale** (ex. en 1985, pour de nombreux cas de banqueroute ; en 1986, pour certains faits en matière économique ; en 1991, pour l'émission de chèque sans provision) ; il en est de même, même *en l'absence d'abrogation expresse*, si la loi ancienne est inconciliable, et donc *incompatible*, avec la loi nouvelle.
– **Décès du prévenu (dissolution, pour une personne morale)**.
– Amnistie : loi enlevant au fait son caractère d'infraction pénale (v. Mémento de *Droit pénal général*).
– **Chose jugée** : v. cette question.
– **Prescription :** cette importante question doit être spécialement étudiée.
La prescription de l'action publique, c'est l'extinction du droit de poursuivre après écoulement d'un certain délai : art. 7 à 9, C. pr. pén. (cf. la prescription de la peine, v. Mémento de *Droit pénal général*).
Fondement :

1) Comme pour la prescription de la peine :
• *dans le public, survient l'oubli* de l'infraction (« le temps puissant efface toute chose ») ;

• *chez le coupable, survit le souvenir* de l'infraction :
– *remords* (ou en tout cas privations, inquiétude, cf. « insomnie », pour la prescription de la peine : argument largement naïf) ;
– *prudence* : le coupable a intérêt à se bien conduire, pour ne pas attirer l'attention sur lui (la prescription est alors un moyen de politique criminelle : mais l'impunité peut être aussi un encouragement à recommencer).

2) Raisons spéciales à la prescription de l'action publique (et plus probantes que les précédentes) :
• *Crainte de l'émotion du public* : une poursuite trop tardive révélerait la carence des autorités et inquiéterait le public ; celui-ci, toutefois, s'émeut aussi lorsque la prescription empêche de poursuivre par exemple un meurtrier ;

• *Crainte de l'erreur judiciaire* : après un certain temps, les preuves deviennent moins sûres (ex. indices matériels, témoignages ; mais aujourd'hui, dans certaines affaires, l'ADN permet la preuve longtemps après les faits) ;

• Dans une certaine conception : *sanction de la négligence* des autorités chargées de la poursuite. La jurisprudence tend à prendre en considération ce fondement : ex. point de départ de la prescription, suspension du délai (v. § 1, B).

§ 1 - Conditions de la prescription de l'action publique

A. Domaine

Toutes les infractions peuvent se prescrire, *sauf* les *crimes contre l'humanité* (C. pén., art. 213-5 ; Cf. en jurisprudence, avant ce texte, affaire *Barbie*, affaire *Touvier*) même s'ils sont qualifiés aussi de crimes de guerre, selon la chambre criminelle (affaire *Barbie*).

B. Délai

Il faut préciser la durée du délai, son point de départ, son interruption, sa suspension.

1. Durée

• **Crimes** (art. 7) : **10 ans** (même si une diminution de peine peut entraîner l'application d'une peine seulement correctionnelle) ; pour certains crimes contre les *mineurs* (ceux de l'art. 706-47, ex. meurtre précédé de viol, proxénétisme, violences ayant entraîné une mutilation ou une infirmité permanente) : **20 ans** ; pour les crimes de *terrorisme* (art. 706-25-1, C. pr. pén.), de *trafic de stupéfiants* (art. 706-31) et les crimes contre l'espèce humaine (art. 215-4, C. pén.) : **30 ans.**

• **Délits** (art. 8) : **3 ans ;** pour certains délits contre les *mineurs* (ceux de l'art. 706-47, ex. agression sexuelle, corruption de mineur, recours à la prostitution d'un mineur, **10 ans** ; en cas d'agression sexuelle, d'atteintes sexuelles aggravées et de violences ayant entraîné une incapacité totale de travail supérieure à 8 jours : **20 ans**) ; pour les *délits de terrorisme* (art. 706-25-1), et pour les *délits de trafic de stupéfiants* (art. 706-31) : **20 ans.**

• **Contraventions : 1 an** (même s'il y a connexité entre la contravention et un délit). Parfois des *délais plus brefs* sont prévus, en certaines matières spéciales : ex. L. 1881 sur la presse, ex. *diffamation* et *injure* (même incriminée dans le Code pénal) : *3 mois* (mais *un an* pour les délits à caractère *raciste*, ex. en cas de provocation à la haine : art. 65-3) ; *délits en matière électorale* : 6 mois (mais seulement pour les infractions visées) ; contravention de réunion publique : 6 mois.
On remarque que ces délais sont en principe plus brefs que ceux de la prescription de la peine ; c'est que l'attention du public n'a pas été attirée par le jugement et la condamnation : l'oubli doit donc être plus rapide.
Le délai ne concerne pas l'accomplissement d'un acte : donc ne sont pas applicables les règles de l'art. 801 prorogeant les délais de procédure qui expirent un jour ouvrable.

2. Point de départ

Principe : c'est le jour où *l'infraction a été commise,* le délai se calculant de quantième à quantième et expirant le dernier jour à minuit : pour un délit commis le 20 févr. 2006, la prescription court dès le 20, et l'action publique est prescrite

le 20 févr. 2009 à minuit ; de même après un dernier acte interruptif un 29 mars : le délai commence à courir le 29, et la prescription est acquise 3 ans plus tard, le 29 mars à minuit (Crim., 7 juin 2006, *Bull. crim.* n° 161).
Pour des injures et diffamations par message sur l'internet, la chambre criminelle a jugé que la prescription court du premier acte de publication ; une loi tendant à modifier cette règle a été invalidée par le Conseil constitutionnel.
Ex. : en cas d'atteintes à l'intégrité de la personne par imprudence : jour où se révèle l'incapacité ; pour le faux : jour de son établissement ; pour la présentation de comptes sociaux infidèles : jour de leur publication ; pour la dénonciation calomnieuse : jour où elle parvint à l'autorité pouvant y donner suite ; pour l'escroquerie au jugement : jour où le jugement obtenu frauduleusement est devenu exécutoire ; pour les *délits d'omission instantanés* (ex. omission de secours, cf. l'affaire du sang contaminé), c'est le jour où aurait dû être accompli l'acte obligatoire.

Exceptions : elles sont nombreuses, par ex. :
• pour les **infractions continues** : c'est le jour où cesse l'activité délictueuse. Ex. recel : fin de la détention, et quand le recel fait suite à une infraction pour laquelle la prescription ne part dans certains cas que du jour où l'infraction est constatée (ainsi en cas d'abus de biens sociaux, v. ci-dessous), la chambre criminelle juge que la prescription du recel ne peut courir avant ce moment ; construction illégale : achèvement de l'ensemble des travaux ; enlèvement : la séquestration étant une infraction continue, on peut poursuivre après prescription du meurtre d'une des victimes, tant que les cadavres des autres n'ont pas été découverts ; pour le stationnement irrégulier de caravane : tant que le stationnement dure (mais le stationnement gênant de véhicule serait une contravention instantanée) ; pour la publicité illicite en faveur du tabac : tant que la publication est accessible au public.
Pour les *délits d'omission continus* : jour de la cessation du fait coupable.

• pour les **infractions d'habitude** : jour du dernier acte constituant l'habitude, même si cet acte est séparé du précédent par le temps de la prescription (v. Mémento de *Droit pénal général*).

• même pour **certaines infractions instantanées**, selon la *jurisprudence* : le point de départ de la prescription n'est pas le jour de l'infraction ; ex. :
– infractions « *clandestines par nature* » : point de départ fixé au jour où elle apparaît et *peut* être constatée dans des conditions permettant l'exercice de l'action publique. Ex. *tromperie, pratiques commerciales trompeuses, atteinte à l'intimité de la vie privée*, délit dit de *« favoritisme », altération de preuve* ; mais pas la violation du secret professionnel, ni le recel consécutif (Crim., 2005) ;
– *abus de confiance* : non pas le jour du détournement, *quand celui-ci a été dissimulé*, mais le jour où le détournement est apparu et a pu être constaté dans des conditions permettant l'exercice de l'action publique. La solution est la même pour d'autres infractions : ex. **abus de biens sociaux**, *malversation, trafic d'influence*. Cette jurisprudence s'explique par l'un des *fondements* de la prescription : on ne peut reprocher à la justice de ne pas poursuivre l'infraction qu'elle ignore ;
– *escroquerie* aboutissant à l'obtention d'un titre donnant droit à des *versements périodiques* : jour du dernier versement, même solution en cas de « manœuvres frauduleuses répétées, formant un tout indivisible et provoquant des remises successives » ; de même pour les *fausses déclarations* à la Sécurité sociale ou pour

l'aide au logement, pour la *corruption* (date du dernier avantage) ; *prise illégale d'intérêts* : date du dernier acte ; *abus de faiblesse*.

L'avant-projet du Code de procédure pénale remet en cause cette jurisprudence, en imposant comme point de départ du délai le jour où l'infraction a été commise, *quelle que soit la date où elle a été constatée*. En contrepartie, la durée de ces délais serait allongée pour les crimes (15 ans) et les délits (3 à 6 ans selon leur gravité).

• **La loi** elle-même, dans certains cas, a consacré une solution de ce type :
– *Organisation frauduleuse de l'insolvabilité* : c'est le jour de la condamnation à laquelle on a voulu se soustraire, ou, s'il est postérieur, du dernier acte ayant pour objet cette organisation (art. 314-8, al. 3, C. pén.).
– *Usure* : jour de la dernière perception (art. L. 313-5, C. consom.).
– Certains *crimes et délits commis contre un mineur* (v. plus haut à propos des délais) : le délai ne commence à courir qu'à partir de la majorité de la victime (art. 7, dernier al. et art. 8, al. 2, C. pr. pén.) ; de même en cas de clonage reproductif ayant conduit à la naissance d'un enfant (art. 215-4, al. 2, C. pén.). Mais selon la jurisprudence, il n'est pas nécessaire d'attendre la majorité pour agir, ni qu'il y ait eu constitution de partie civile.
– Banqueroute et infractions voisines : c'est le jour du jugement ouvrant la procédure de sauvegarde, de redressement judiciaire ou de liquidation judiciaire, pour les faits commis antérieurement (art. L. 654-16, C. com.).
– Pour l'*affichage*, jour où la publicité irrégulière est supprimée, ou mise en conformité (art. L. 581-38, C. envir.).

3. Interruption

Normalement, le délai ne devrait pas être interrompu (car l'interruption va aboutir à allonger le délai au-delà du moment où l'oubli sera acquis). La *loi* admet pourtant l'interruption : c'est alors l'autre fondement de la prescription, la négligence des autorités de poursuite, qui fonde la règle.

a) Cas

Interrompt la prescription tout acte régulier de poursuite ou d'instruction : ce sont les actes qui tendent à la constatation de l'infraction, à la poursuite de son auteur et à la condamnation de son auteur. Ex. : réquisitoire à fin d'informer, réquisitoire supplétif, plainte avec constitution de partie civile *suivie de la consignation ordonnée – et alors à la date de la plainte* –, constitution de partie civile par voie d'intervention, ordre de recherche adressé par le juge d'instruction à un OPJ, audition, perquisition, interrogatoire, **toute ordonnance du juge d'instruction**, toute commission rogatoire, notification d'un rapport d'expertise, convocation par le juge d'instruction de la personne qu'il envisage de mettre en examen, d'entendre, d'interroger ou de confronter, avis de fin d'information, citation par le procureur général même pour la seule action civile, **tout jugement ou arrêt**, remise de cause même si elle n'a pas donné lieu à jugement ; voies de recours (même celles de la personne poursuivie…).
Il a été jugé que même des actes accomplis à l'étranger, régulièrement, ont cet effet, quel que soit leur effet selon la loi étrangère.
La jurisprudence admet que l'*enquête préliminaire* a un effet interruptif (par ex. instructions par le ministère public à un OPJ aux fins d'enquête, procès-verbal contenant la dénonciation d'une l'infraction, diffusion réitérée de fiches de recherche), même

pour un procès-verbal de recherches infructueuses (« de vaines recherches ») ; il en est de même pour les actes effectués pour rechercher les causes de la mort (art. 74, C. pr. pén.). La solution est identique pour les actes visant à la constatation d'une infraction dressés par un simple organisme administratif (ex. Mission interministérielle d'enquête pour les marchés, soit-transmis par le parquet à une autorité administrative pour rechercher des infractions). *Exception* : pour les *infractions de presse*, avant l'engagement des poursuites, seuls interrompent la prescription les réquisitions aux fins d'enquête (art. 65, L. 1881).

Des actes interrompant *la prescription de la peine* vont constituer le point de départ d'un nouveau délai de *prescription de l'action publique*.

On a noté plus haut que les actes tendant à la mise en œuvre ou à l'exécution de la composition pénale interrompent la prescription (art. 41-2, al. 25), bien qu'ils ne soient pas des actes de poursuite. Il en est de même des actes de mise en œuvre ou d'exécution de la transaction sur l'action publique proposée par le maire à certains contrevenants (art. 44-1, C. pr. pén.), ou par la Haute Autorité de lutte contre les discriminations à certains délinquants (art. 11-3, L. 30 déc. 2004). V. aussi pour l'accord donné par le procureur de la République à une proposition de transaction, C. consom., art. L. 141-2, L. 216-11 ; C. com., art. L. 470-4-1.

Mais n'ont pas d'effet interruptif, ex. : les mesures d'administration judiciaire, le classement sans suite, la simple plainte de la victime (mais la dénonciation par une autorité étrangère d'une infraction commise par un Français aux fins de poursuites en France est un acte interruptif), des conclusions non notifiées, la saisine d'une juridiction « manifestement incompétente » (mais il peut y avoir interruption si l'incompétence territoriale du ministère public n'est pas manifeste), une demande d'aide juridictionnelle, un commandement de payer l'amende pénale, la demande du procureur de faire entendre des civilement responsables, une convocation à avocat non suivie d'audition, le mandement de citation non transmis à l'huissier, la plainte préalable nécessaire de l'administration fiscale, la consignation de la partie civile, le dépôt d'un rapport d'expert, l'exécution d'une expertise pénale, un rappel demandant le retour d'une commission rogatoire après exécution (simple acte d'administration judiciaire selon la jurisprudence).

Les *actes nuls n'ont pas d'effet interruptif* (ex. actes accomplis par un juge d'instruction incompétent)

b) Portée de l'acte interruptif

• L'acte a un effet *absolu* quant aux *personnes* : l'interruption se produit donc contre tous auteurs et complices, connus et inconnus, même si l'acte est dirigé contre un seul ;

• mais cet effet est *spécial* à *l'infraction* objet de l'acte. Ex. l'interruption dans une procédure de jugement pour homicide par imprudence n'interrompt pas la prescription pour le meurtre par un tiers sur la même victime (mais cette prescription peut avoir été interrompue par une procédure antérieure à la saisine pour homicide par imprudence).

Toutefois, l'effet interruptif s'étend :

• **aux infractions unies par un lien de connexité**, notamment pour les infractions de sociétés entre lesquelles existe ce lien, pour le vol et le recel, pour des faits de faux, d'abus de confiance, d'escroquerie, pour l'homicide par imprudence et l'omission de secours (affaire du sang contaminé, etc.). L'effet interruptif s'étend même si les infractions font l'objet de procédures distinctes non jointes, même si l'une d'entre elle se révèle en définitive avoir été inexistante, et elle vaut pour les *auteurs ou coauteurs et complices* de ces différentes infractions.

Il n'y a pas d'extension, cependant, si l'interruption intervient à l'instruction alors que les faits connexes sont en instance de jugement (il en va différemment si le prévenu n'a pas encore été cité à comparaître) ; et l'interruption de la prescription d'un crime est sans effet sur la prescription déjà acquise d'un délit même connexe, indivisible ou en concours ;

• aux infractions unies par un lien d'**indivisibilité** ;

• aux infractions de droit commun et aux infractions fiscales liées entre elles (ex. escroquerie à la TVA et fraude fiscale).

c) Effet de l'interruption

L'interruption anéantit le temps déjà écoulé ; il faut donc recommencer une nouvelle prescription (solution qui s'accorde mal avec l'idée d'oubli). Le nouveau délai de prescription sera celui *de droit commun*, même si l'ancienne prescription était plus courte ; ex. en matière électorale : 6 mois ; après interruption : 3 ans ; *exception* : en matière de *presse*, la prescription étant ici de 3 mois (ou 1 an), le nouveau délai sera également de 3 mois (ou 1 an) ; de même pour le délit de discrédit de la justice.

Si une loi transforme un crime en délit, les actes interruptifs déjà accomplis ne sont pas remis en cause, sauf à ce que le délai de 10 ans ne soit pas dépassé.

La jurisprudence étend l'effet interruptif à l'action civile exercée au pénal ; il concerne alors tous les participants à l'infraction, de même que les personnes qui en sont civilement responsables.

4. Suspension

Cette suspension contredit l'idée d'oubli, mais est conforme à l'idée de négligence des autorités.

a) Cas de suspension

• **La loi** n'a visé la suspension que dans des cas particuliers, exemples :

– *En cas de plainte avec constitution de partie civile,* la prescription est suspendue en l'attente de la réponse du procureur de la République par laquelle il fait connaître au plaignant sa décision quant au déclenchement de l'action publique (suspension jusqu'à la réponse et, au plus, pour 3 mois : art. 85, al. 2).

– *Délit à l'occasion d'une poursuite, impliquant la violation d'une disposition de procédure pénale* : on sait que l'action publique ne peut être exercée qu'après décision définitive constatant le caractère illégal de la poursuite ou de l'acte ; la prescription ne court qu'à compter de cette décision (art. 6-1, C. pr. pén.).

– Art. L. 230, al. 3, LPF : la prescription est suspendue entre la saisine et l'avis de la commission des infractions fiscales – maximum de 6 mois.

– Pour les infractions économiques : la prescription est suspendue pendant la consultation de l'Autorité de la concurrence, quand elle est demandée par les juridictions (art. L. 462-3, al. 2, C. com.).

– V. aussi art. 6, al. 2, C. pr. pén., pour le cas où une condamnation a révélé la fausseté de la décision ayant déclaré l'action publique éteinte.

– La prescription est suspendue en cas de procédure de l'art. 41-1 (ex. rappel auprès de l'auteur des faits des obligations légales, *médiation*), v. sect. 2.
– Le président de la République ne peut faire l'objet, pendant la durée de son mandat, d'aucune poursuite, si bien que la prescription de l'action publique est suspendue, son cours reprenant un mois après la cessation de ses fonctions (Const., art. 67, consacrant une solution jurisprudentielle antérieure).

• **Solutions de la jurisprudence :** malgré le caractère restrictif de l'art. 6, la jurisprudence étend les cas de suspension à tous les cas où il y a une impossibilité de poursuivre :
En droit, ex. : en raison de la nécessité d'obtenir une plainte ou un avis préalables (v. les obstacles à l'exercice de l'action publique) ; en cas d'obstacle résultant de la loi (ex. pas de constitution de partie civile devant la Cour justice Républ.) : la prescription est suspendue pour les parties poursuivantes ayant manifesté expressément leur volonté d'agir (Ass. plén., 23 déc. 1999, *Bull. ass. plén.* n° 9) ; la *constitution de partie civile* (elle-même interruptive de prescription) suspend la prescription *jusqu'au versement de la somme demandée à titre de consignation*, quel que soit le délai mis par le juge à en ordonner le paiement.
La prescription est aussi suspendue par un pourvoi et la procédure de reconstitution après perte de la minute de la décision ou de pièces de procédure, en cas de poursuite pour dénonciation calomnieuse, par les poursuites concernant le délit dénoncé, en cas d'ordonnance du président de la chambre de l'instruction ordonnant de suspendre l'information, de même en cas de procédure devant la juridiction administrative.
La prescription n'est pas suspendue :
– en cas d'inaction du juge d'instruction, les parties pouvant demander qu'il soit procédé à certains actes, art. 82-1 ; de même au stade du jugement, l'inaction du ministère public ne suspend pas la prescription, car la victime peut agir.
– par l'annulation d'une partie de la procédure, y compris à l'égard de la partie civile empêchée ainsi d'agir.
– pendant la procédure de redressement judiciaire du débiteur, celui-ci pouvant agir.
– par l'exécution d'une expertise.
En fait : ex. inondation ; retard dû à des demandes de production d'un faux. Mais seul un obstacle insurmontable peut suspendre la prescription : ce n'est pas le cas de faits peu clairs.

b) Effet de la suspension

Le temps déjà écoulé avant l'événement suspensif reste acquis (différence avec l'interruption).

§ 2 - Effets de la prescription de l'action publique

A. La prescription éteint l'action publique

La poursuite pénale ne peut plus être exercée (c'est au ministère public d'établir que l'action publique n'est pas éteinte par la prescription). Le juge peut cependant, notamment pour personnaliser la peine, tenir compte d'éléments concernant des faits prescrits.

• Cette extinction se produit à l'égard de *tous les auteurs et complices.*

• Elle est acquise même si ensuite une loi transforme en crime le délit prescrit.

• Après prescription de l'action publique, les enregistrements (éventuellement ordonnés pendant l'instruction) des correspondances émises par la voie des télécommunications sont détruits (ex. écoutes téléphoniques, art. 100-6 ; v. l'instruction).

• La prescription entraîne parfois un effet particulier : ex. en matière de diffamation, on n'est pas admis à démontrer la vérité des faits constituant une infraction prescrite.

• Après prescription de l'action publique, l'action civile peut être exercée (si elle n'est pas elle-même éteinte), mais alors *au civil* (art. 10, al. 1, C. pr. pén.).

B. La prescription a un caractère d'ordre public

En raison de son fondement : l'intérêt social.
Il en résulte que :

• son bénéficiaire ne peut y renoncer ;

• le moyen tiré de la prescription doit être suppléé d'office par le juge, même en matière de presse, sans qu'il y ait lieu d'en aviser les parties ;

• le moyen tiré de la prescription peut être opposé **en tout état de cause** (à tous les stades de la procédure, même pour la première fois devant la Cour de cassation).

› POUR ALLER PLUS LOIN

EXEMPLES DE SUJETS D'EXAMEN DONNÉS :

Dissertations :

› Les alternatives aux poursuites

› Les causes d'interruption de la prescription de l'action publique

Chapitre 2 › L'ACTION CIVILE

› L'essentiel

L'action civile est une **action en responsabilité civile***, qui permet d'obtenir réparation du dommage causé par une infraction. Elle est exercée par la* **partie civile***, à l'encontre de l'auteur de l'infraction ou de ses garants (personnes civilement responsables, assureurs, notamment). La partie civile a le* **choix** *d'exercer cette action ou devant la juridiction civile ou devant la juridiction pénale ; ce* droit d'option *postule, évidemment, que l'action civile ne soit pas éteinte (par prescription, par ex.) et, sauf exceptions, qu'elle soit exercée au pénal* accessoirement à *l'action publique. En principe, ce choix est irrévocable (règle « electa una via »).*

Section 1 › LA DÉFINITION DE L'ACTION CIVILE

On cernera l'objet de l'action civile, puis la notion d'action civile, pour faire ensuite état de règles particulières de réparation.

§ 1 - Objet de l'action civile

L'action civile a pour objet la réparation du préjudice résultant directement de l'infraction (art. 2). Elle tend à obtenir :

– des restitutions ; ou prestations pour remettre la victime dans sa situation antérieure (ex. vol), même sans constitution de partie civile ;
– des dommages-intérêts ; comprenant le gain manqué et la perte subie ;
– le remboursement des frais non payés par l'État (ex. une expertise).

La partie civile peut faire valoir ses observations, par avocat interposé, devant les juridictions de l'application des peines (art. 712-7 et 13). Cette prérogative ne peut se rattacher à l'exercice de l'action civile.

§ 2 - Notion d'action civile

Seules constituent des actions civiles les actions réunissant certains *caractères* ; mais, en raison de ces caractères, l'action civile exercée au pénal a un *double aspect*.

A. Caractères de l'action civile

Constituent seules des actions civiles, au sens de la procédure pénale, les actions qui réunissent deux caractères, le premier tenant à son *objet*, le second tenant à sa *source*.

1. L'action civile tend en principe à obtenir réparation pécuniaire

Ce n'est pas le cas, par ex., après des violences, d'une action en divorce ou de l'action en révocation de donation pour ingratitude : *actions à fins civiles*. L'action peut toutefois n'avoir pas ce but (v. l'exercice de l'action civile) : des constitutions de partie civile sont possibles dans des cas où des dommages-intérêts ne peuvent être alloués par le juge pénal ; la constitution de partie civile, alors, « **corrobore l'action publique** » selon l'expression jurisprudentielle : on parle, parfois, de *l'aspect vindicatif* de l'action civile. Mais le juge pénal n'a pas compétence pour prononcer la résolution d'un contrat.

La réparation doit tenir compte de l'indemnité reçue de l'assureur ; dans l'évaluation du préjudice résultant de la perte de salaires, on n'a pas à déduire les impôts qu'aurait payés la victime, ni à tenir compte des revenus reçus par dévolution successorale légale. Un préjudice patrimonial peut exister pour un époux même si son conjoint, victime, n'exerçait pas d'activité professionnelle (mère au foyer) et doit être réparée la perte de la vue sur mer due à une construction sans permis. L'évaluation ne peut être inférieure à ce que propose le prévenu et les juges ne peuvent condamner à des dommages-intérêts non demandés.

Il peut y avoir *partage de responsabilité* en cas de faute *intentionnelle* de la victime ayant contribué à la réalisation d'un dommage matériel. En revanche, la jurisprudence juge qu'on ne peut réduire le montant des réparations dues à la victime en raison d'une négligence de celle-ci en cas d'infraction intentionnelle contre les biens. En outre, selon la jurisprudence, le juge répressif est incompétent pour déterminer la part de responsabilité des coauteurs ou complices de l'infraction à l'égard de la victime.

2. L'action civile doit découler d'une infraction

Ce n'est pas le cas, par ex., de l'action en concurrence déloyale, délit civil. Dans certains cas, cependant, la réparation peut être accordée par la juridiction pénale même en l'absence de condamnation pénale (v. l'extinction de l'action civile, et Mémento de *Droit pénal spécial*).

B. Double aspect de l'action civile

1. Action en réparation

• Action en réparation, l'action civile exercée devant les juridictions répressives a, en principe, les caractères de **l'action en responsabilité civile délictuelle**, fondée sur les art. **1382** et **1383** du **Code civil**.

• La demande de réparation ne peut donc se réclamer, au pénal, de textes de réparation étrangers à la faute des art. 1382 et 1383 (par ex. sur l'art. 1384, al. 1er, instaurant la responsabilité du fait des choses) ni des principes de la responsabilité contractuelle. Toutefois la jurisprudence a admis que l'action civile puisse être fondée sur la **L. 5 juillet 1985 sur la réparation des dommages subis dans un accident de la circulation (véhicule terrestre à moteur),** alors que le mécanisme d'indemnisation est indépendant de toute faute du conducteur, en cas de poursuites pour homicide ou atteintes à l'intégrité de la personne par imprudence.

En outre, cas de *relaxe* à l'issue des poursuites d'une *infraction non intentionnelle*, la juridiction répressive demeure compétente pour allouer réparation « en application des règles du droit civil » – donc sur le fondement, ici, des textes de droit civil consacrant une responsabilité délictuelle même détachée de la faute, ou une responsabilité contractuelle – (v. l'extinction de l'action civile).

2. Action découlant d'une infraction

Action découlant d'une infraction, l'action civile a un régime particulier, comportant par exemple la possibilité de l'exercer au pénal (v. l'exercice de l'action civile) ; l'exercice de l'action civile au pénal est toutefois, juridiquement, selon une jurisprudence constante, « un droit exceptionnel, strictement enfermé dans les limites fixées par les art. 2 et 3, C. pr. pén. ».

§ 3. Règles particulières d'indemnisation

A. Le Fonds de garantie des victimes des actes de terrorisme et d'autres infractions

En dehors de l'action civile exercée devant le juge pénal ou civil, la loi prévoit une indemnisation par le Fonds de garantie des victimes des actes de terrorisme et d'autres infractions (art. 706-3 et s. et R. 50-1 et s., C. pr. pén. ; C. ass., art. L. 126-1 et 2, L. 422-1 et s.). Cette réparation est tantôt *intégrale*, pour des faits, volontaires ou non, présentant « le caractère matériel d'une infraction » (art. 706-3), tantôt *limitée*, pour les infractions visées aux art. 706-14 et 706-14-1. Dans tous les cas, la réparation peut être *refusée* ou *réduite* à raison de la *faute de la victime* (art. 706-3 et 14). Cette indemnisation suppose une victime française (même pour une infraction à l'étranger), ou, à la condition que l'infraction ait été commise en France, une victime ressortissant d'un État membre de l'UE, ou en séjour régulier en France. L'indemnité est allouée par une *Commission d'indemnisation des victimes d'infractions* (CIVI), juridiction civile, dans le ressort du siège du TGI ; l'appel est possible, sans limitation quant au montant de la demande.

Cas où la juridiction pénale ou civile est saisie de l'action civile :

– En cas de poursuite pénale simultanée, la décision de la commission peut intervenir avant décision sur l'action publique ; mais la commission *peut surseoir* jusqu'à cette décision (la règle « Le criminel tient le civil en état » ne joue pas devant la commission) ; mais elle *doit* surseoir si la victime le demande (art. 706-7, al. 2).

– Si la juridiction statuant au civil alloue des dommages-intérêts supérieurs à l'indemnité accordée par la commission, la victime peut demander un supplément d'indemnité (demande dans l'année de la décision irrévocable sur les intérêts civils) : art. 706-8.

– La juridiction qui condamne l'auteur de l'une des infractions visées à des dommages-intérêts informe la partie civile de la possibilité de saisir la commission d'indemnisation (art. 706-15).

Le Fonds de garantie est *subrogé* dans les droits de la victime pour obtenir des personnes responsables du dommage ou tenues de le réparer, le remboursement de l'indemnité (art. 706-11). Le Fonds peut se constituer partie civile au pénal, même pour la première fois en appel.

B. L'aide au recouvrement

Toute partie civile, personne physique, qui a bénéficié d'une décision définitive lui accordant des dommages et intérêts mais qui ne peut obtenir une indemnisation du Fonds de garantie des victimes des actes de terrorisme et d'autres infractions dans les conditions ci-dessus décrites est en mesure de solliciter **une aide au recouvrement** de ces sommes ainsi que des frais non payés par l'État et qu'elle a déboursés (art. 706-15-1, 706-15-2). Cette aide peut être aussi demandée si l'obligation d'indemnisation procède du prononcé d'une sanction-réparation, d'un sursis avec mise à l'épreuve, d'une décision d'aménagement de peine ou de libération conditionnelle. Cette demande est à adresser au **Fonds de garantie** en cas d'absence de paiement volontaire par le condamné dans les 2 mois de la décision définitive ; elle doit être présentée dans un délai d'un an à compter du jour de cette décision (v. aussi, pour le cas de demande à la CIVI, art. 706-5, dern. al.) ; mais le président du tribunal de grande instance peut accorder un relevé de la forclusion.

Selon que le montant des sommes est inférieur ou supérieur à 1 000 €, le Fonds accorde à la partie civile le paiement intégral des sommes ou une provision, par l'intermédiaire du service d'aide au recouvrement des victimes d'infractions (SARVI) ; le Fonds est subrogé dans les droits de la partie civile ou doté par elle d'un mandat (C. ass., art. L. 422-7). Ces sommes sont majorées d'une pénalité, au titre des frais de gestion – sauf si elles correspondent à une sanction-réparation, à une obligation procédant d'un sursis avec mise à l'épreuve ou d'une décision d'aménagement de peine ou de libération conditionnelle – (C. ass., art. L. 422-8) ; le condamné en est avisé à l'audience (art. 474-1). Si le Fonds ne verse qu'une provision, le surplus est poursuivi par le SARVI qui fournit une assistance au recouvrement et verse les sommes obtenues du condamné, déduction faite des frais de gestion ; la victime peut renoncer à cette assistance (art. 706-15-1, al. 2, dern. al.).

C. Le paiement par priorité sur les biens confisqués au condamné

Toute partie civile, personne physique, qui a bénéficié d'une décision définitive lui accordant des dommages et intérêts, mais qui n'a pas obtenu d'indemnisation de la CIVI, ni une aide au recouvrement, peut obtenir de l'Agence de gestion et de recouvrement des avoirs saisis et confisqués que ces sommes lui soient payées prioritairement sur les biens confisqués au condamné (art. 706-164, créé L. 9 juill. 2010).

Section 2 › LES SUJETS DE L'ACTION CIVILE

Sous-section 1 › Le sujet actif (les demandeurs à l'action civile)

Il faut préciser les personnes pouvant agir, et les conditions de leur action.

§ 1 - Qui peut exercer l'action civile ?

A. Condition de capacité

Pour pouvoir exercer soi-même l'action civile, il faut avoir la capacité juridique. Outre les principes généraux sur la *capacité d'ester* en justice, il faut la :

• *capacité de jouissance* : reconnue aux personnes physiques, ou aux personnes morales. Les personnes morales de droit public peuvent exercer l'action civile au pénal, même pour préjudice moral qui risque pourtant de se distinguer difficilement du trouble à l'ordre public issu de l'infraction (l'État a été admis à se constituer partie civile pour obtenir réparation du préjudice moral que lui aurait causé un trafic d'influence commis par l'un de ses agents). En cas d'incendie volontaire, les personnes morales de droit public peuvent se constituer partie civile devant la juridiction de jugement pour les frais de lutte contre l'incendie (art. 2-7, C. pr. pén.).

La jurisprudence, en application de la Conv. EDH, a jugé qu'une *personne morale étrangère* peut se constituer partie civile devant une juridiction française, et, s'agissant d'une association, sans avoir à faire une déclaration préalable en préfecture ;

• *capacité d'exercice ;* lorsqu'elle fait défaut, l'action civile sera exercée par le représentant de la victime, par ex. le représentant légal pour le mineur non émancipé. Pour un mineur victime de faits volontaires, et s'il est vivant, dans le cas où la protection par le représentant légal est insuffisante, un administrateur *ad hoc* peut être désigné, et doit l'être si le représentant s'est rendu coupable d'inceste (art. 706-50, C. pr. pén.) ; les représentants légaux peuvent faire appel de cette désignation (art. R. 53-7).

B. Titulaires de l'action civile

Tous ne peuvent pas agir au pénal : le pouvoir de déclencher l'action publique doit être réservé à certains d'entre eux seulement. L'intervention elle-même n'est pas toujours possible.

1. La victime de l'infraction

Elle a l'exercice et la disposition de l'action ; elle peut renoncer à l'action, transiger, se désister, acquiescer, céder l'action à un tiers.

2. Les cessionnaires de l'action et les tiers subrogés (ex. assureur)

Mais *ils ne peuvent pas agir au pénal* (ex., pour un cessionnaire de parts de société, invoquant le préjudice causé au cédant par une infraction dont il a été victime) ; cependant :

a) L'assureur de la victime d'homicide ou d'atteintes à l'intégrité de la personne par imprudence (art. 388-1, 533) peut *intervenir* ou *être mis en cause* devant les juridictions répressives, et demander à l'auteur de l'infraction le paiement des sommes qu'il a versées à la victime, même (ce qui est fréquent) pour les dommages matériels en cas de contravention connexe. Mais *il ne peut déclencher les poursuites.* Il a été jugé qu'il peut intervenir même en l'absence de constitution de partie civile, si celle-ci eût été recevable. L'assureur peut ainsi discuter sa garantie (invoquer par ex. la nullité du contrat d'assurances), mais la décision sur les intérêts civils lui est opposable (art. 388-3).

• Cette intervention ou mise en cause au pénal :
– peut se faire pour la *première fois en appel* (v. l'appel) ;
– peut se faire devant le tribunal de police, la juridiction de proximité, le tribunal correctionnel ou la cour d'assises.

• Mais cette intervention ne peut avoir lieu :
– qu'en cas de poursuites pour **homicide ou atteintes à l'intégrité de la personne par imprudence**, et non pour une autre infraction, les juges devant faire respecter cette règle même d'office ;
– que devant la juridiction de jugement.

b) Peuvent intervenir au pénal, si la victime a agi au pénal, les *caisses de Sécurité sociale* (à peine d'irrecevabilité, la partie civile doit mettre en cause devant la juridiction répressive l'organisme social : Crim., 18 sept. 2007, *Bull. crim.* n° 212) ;

même pour la première fois en appel, *le Fonds de garantie automobile* (art. L. 421-5, C. assur.) ; le Fonds de garantie des victimes des actes de *terrorisme et d'autres infractions*, qui peut *se constituer partie civile* au pénal (il a été jugé que sa constitution n'est pas subordonnée à celle de la victime), même pour la première fois en appel (art. 706-11), mais il ne peut agir que si les personnes ont subi un préjudice découlant de l'infraction.

c) L'État peut se constituer partie civile contre l'auteur de menaces proférées à l'égard d'un fonctionnaire (L. 13 juill. 1983, art. 11, al. 4).

3. Les créanciers de la victime

Ils peuvent exercer l'action oblique (art. 1166, C. civ.), sauf pour les actions exclusivement attachées à la personne du débiteur (ex. diffamation) : *mais ils ne peuvent pas exercer cette action au pénal.*

4. Les héritiers de la victime

a) Si l'infraction a été commise avant le décès : l'action de la victime est transmise aux héritiers, y compris pour la réparation de la souffrance physique (même éprouvée pendant un temps limité avant le décès causé par l'infraction), ou pour la réparation de la souffrance morale, par ex. celle due à la mort d'un fils victime d'une infraction (Ch. mixte, 30 avr. 1976, 2 arrêts, *Bull. ch. mixte* n° 2, 3) ; la chambre criminelle a jugé que l'indemnité allouée pour un dommage corporel ne peut être réduite en raison de l'état d'inconscience de la victime. Les héritiers peuvent donc continuer l'action introduite au pénal, à la condition de reprendre l'instance ; mais l'action ne peut être exercée qu'au civil si l'action publique, au moment du décès du *de cujus*, n'avait été déclenchée ni par celui-ci, ni par le ministère public (Ass. plén., 9 mai 2008, 2 arrêts, *Bull. ass. plén.* n° 1).

b) Si l'infraction a été commise après le décès : s'il y a diffamation ou injure envers la mémoire des morts, des règles spéciales sont prévues.

c) Si l'infraction a entraîné le décès instantané : l'action n'est pas entrée dans le patrimoine de la victime. Les héritiers peuvent cependant avoir une action personnelle pour un dommage qui leur est propre, par ex. un dommage moral, ou corporel, ou la perte d'une obligation alimentaire (mais la faute de leur auteur leur est opposable : Ass. plén. 19 juin 1981, 2 arrêts, *Bull. ass. plén.* n° 2, 3 ; il faut toutefois tenir compte, aujourd'hui, pour les accidents de circulation, de la L. 5 juill. 1985, qui consacre le principe de l'opposabilité de cette faute, mais limite beaucoup les cas où la faute de la victime est une cause d'exclusion ou de limitation de la responsabilité civile).

§ 2 - Conditions de l'action civile

Principe : « **Pas d'intérêt, pas d'action** ». Les conditions générales de l'action en justice sont étudiées dans le Mémento de *Procédure civile*.

Au pénal, *l'action appartient à ceux qui ont* **personnellement** *souffert du dommage* **directement** *causé par l'infraction* (art. 2, C. pr. pén.). La condition fondamentale est *l'intérêt* à agir ; mais il faut faire une place à part aux *groupements* dotés de la personnalité morale.

A. Condition générale : la notion d'intérêt à agir

1. Intérêt légitime

• Un intérêt légitime, juridiquement protégé, n'était plus exigé depuis longtemps par la jurisprudence : dans le *concubinage*, l'action de l'un des concubins contre l'auteur de l'homicide par imprudence dont l'autre avait été victime avait été admise de longue date par la chambre criminelle, alors plus libérale que les chambres civiles, et depuis par un arrêt de chambre mixte de 1970, même dans certains cas de concubinage adultérin : ce fut l'évolution du *préjudice* (notion de droit) au *dommage* (notion de fait).

La question ne se posera plus pour les personnes ayant contracté un *pacte civil de solidarité* (PACS), situation juridique (art. 515-1 et s., C. civ.), ni pour les personnes vivant en *concubinage* « union de fait » pour le C. civ., avec vie commune présentant un caractère de *stabilité* et de *continuité* (art. 515-8), et ce, dans les deux cas même pour des personnes de même sexe.

La question se posera encore pour des concubinages ne remplissant pas les conditions légales. La chambre criminelle a rejeté, en 1985, l'action en cas de vie non maritale – une concubine pour le jour, une autre pour la nuit –.

• La question est différente pour le *participant à l'infraction* (ou à une infraction connexe) qui en est, en même temps, victime : peut-il exercer l'action civile ? La jurisprudence a longtemps écarté ici la règle *nemo auditur...*, en partie pour transformer les victimes en auxiliaires du ministère public : ex. violences réciproques, escroquerie dont la victime poursuivait un but illicite, travail clandestin. Cependant, la chambre criminelle décide que celui qui a intentionnellement participé à une infraction ne peut se constituer partie civile, pour le préjudice que lui aurait causé sa condamnation, contre les personnes qui l'auraient incité à commettre l'infraction et que la personne qui remet de l'argent à l'auteur d'un trafic d'influence ou à son complice, alors qu'elle pourrait être elle-même poursuivie, ne peut se constituer partie civile contre eux. Mais il peut y avoir constitution de partie civile **à l'instruction**, en cas de **préjudice possible**, v. ci-dessous.

2. Dommage direct et personnel

Le dommage doit être direct et personnel. Mais, **à l'instruction**, pour qu'une *constitution de partie civile* soit recevable, selon une jurisprudence constante, il suffit que les circonstances permettent d'admettre comme *possible* le préjudice allégué et la relation directe de ce préjudice avec une infraction : à ce stade de la procédure, on ne saurait en effet exiger davantage de la victime. En conséquence, la décision sur la recevabilité d'une partie civile au stade de l'instruction *n'a pas autorité de la chose jugée* au stade du jugement.

a) Dommage direct

Un dommage qui *ne résulte pas directement* de l'infraction ne peut être réparé par le juge pénal : c'est ce qu'on appelle un **dommage extra-pénal**. Mais il y a des exceptions légales à cette règle.

Principe : exigence d'un dommage direct

• Actions rejetées : l'exigence d'un dommage direct explique que soit *rejetée au pénal*, on l'a vu, l'action du cessionnaire, qui découle directement du contrat, non de l'infraction, l'action de l'assureur, après vol, pour le remboursement des sommes dues en vertu du contrat d'assurance ; de même pour l'action de l'employeur des victimes de tentatives d'assassinat, le maintien des salaires étant imposé par les statuts.

Également, le dommage n'est qu'indirect, et l'action civile est donc rejetée au pénal, ex. : pour le « sponsor » se plaignant d'une infraction de dopage (Crim., 29 sept. 2009, *Bull. crim.* n° 160) ; pour la famille de la victime d'une dénonciation calomnieuse, la mère de celui qui s'est suicidé avec un pistolet à l'origine de poursuites pour infraction à la législation sur les armes ; en cas d'atteintes à la liberté du travail, s'agissant de l'action du chef d'entreprise pour la réparation de la diminution de la production ; pour une société agissant à la suite du décès de son dirigeant dû à un homicide par imprudence ; pour des salariés, s'agissant du défaut de réunion du comité d'entreprise, du détournement de subvention par des membres du comité d'entreprise ; pour des conseillers généraux, s'agissant des détournements commis au préjudice du département ;

• Actions admises : au contraire, *la condition tenant au dommage direct est remplie* dans les cas suivants :

– Le *préjudice d'agrément* (préjudice résultant des troubles ressentis dans les conditions d'existence) doit être réparé.

– Les proches de la victime peuvent obtenir réparation du dommage moral que leur cause le spectacle des graves blessures infligées à celle-ci, diminuée physiquement et intellectuellement : c'est le **dommage par ricochet** (Crim., 9 févr. 1989, *Bull. crim.* n° 63 ; *contra* : Ass. plén., 12 janv. 1979, *Bull. ass. plén.* n° 1). La solution a été étendue, par la suite, à des infractions fort diverses (ex. Crim., 3 oct. 2009, *Bull. crim.* n° 182 : abus de faiblesse).

– Est recevable l'action fondée sur les traumatismes physiques et psychologiques résultant d'un vol avec armes, pour les employés de la Poste ; il en est de même de l'action de grands-parents, après abandon moral de l'enfant (envoi de l'enfant par ses parents dans une secte) ; de même pour l'action des parents après publication par un journal de l'identité d'un mineur délinquant, pour l'action des associés en cas de publication de comptes infidèles.

Exceptions légales à l'exigence d'un dommage direct :

• La victime d'une *infraction de chèque* peut obtenir, au pénal, outre des dommages-intérêts, le montant non payé du chèque (alors que cette créance est antérieure à l'infraction), et *ici même sans constitution de partie civile* : c'est en quelque sorte une *action civile sans constitution de partie civile*.

• La victime d'un *démarchage à domicile* délictueux peut obtenir, mais ici en se constituant partie civile, outre des dommages-intérêts, une somme égale au montant des paiements effectués (art. L. 121-31, C. consom.).

• La réparation de **dégâts matériels** peut être obtenue devant la juridiction pénale en cas d'atteintes à l'intégrité de la personne par imprudence, si ces dégâts sont liés au dommage corporel (art. 3, al. 2, C. pr. pén.). L'action est recevable pour tous chefs de dommages, matériels, corporels, moraux, découlant des faits objets de la poursuite, si le blessé est propriétaire de la voiture endommagée.

La victime de dégâts matériels subis par son véhicule volé peut demander réparation au receleur du véhicule.

• Action de la commune pour des infractions en matière d'urbanisme (art. L. 480-1, al. 5, C. urb.).

• V. aussi l'action de certains groupements, v. ci-dessous.

b) Dommage personnel
Il n'y a *pas d'action au pénal si l'infraction concerne exclusivement l'ordre public,* la règle pénale étant alors édictée dans **l'intérêt général**, et non pour protéger particuliers.
Cette catégorie tend à décroître ; il reste cependant des exemples : l'action civile est irrecevable pour des propos de nature à jeter le discrédit sur une décision juridictionnelle (aujourd'hui art. 434-25, C. pén.), pour les atteintes au secret de la défense nationale. Parfois, pour ces infractions dites d'intérêt général, l'action est déclarée *irrecevable faute de dommage direct* : ex. exercice illégal de la profession bancaire.
Mais *la chambre criminelle tend de plus en plus à admettre désormais l'action* lorsque l'infraction, tout en portant atteinte à l'intérêt général, **cause un préjudice à un particulier** : ainsi, après revirement de jurisprudence, en cas délit de non-révélation d'infraction, en cas d'omission de secours, qui concerne aussi l'intérêt privé, de corruption ; il en est de même pour les infractions en matière d'urbanisme, la législation sur le bruit, l'outrage aux bonnes mœurs (ancienne qualification) par annonce désignant, par vengeance, la victime visée, le délit de fuite, l'ouverture illicite de pharmacie, les commentaires pour exercer des pressions sur des témoins ou des juges (aujourd'hui art. 434-16, C. pén.), l'exercice illégal de la profession d'expert-comptable ou d'une activité d'organisation de voyages ou d'une activité de gestion de portefeuille sans agrément, l'émission d'un chèque en violation d'une interdiction bancaire, la modification de l'état des lieux d'un crime ou d'un délit ou la soustraction de preuve, le recel de malfaiteur, le travail clandestin, la minoration de comptes de campagne électorale.

B. L'action civile des groupements pourvus de la personnalité morale

• Cette action est évidemment admise, on l'a vu, lorsque la personne morale agit, à l'image de la personne physique, en réparation d'un dommage qui lui est *propre*, pour la défense de son patrimoine (ex. vol) ou de son honneur, par ex. en cas de diffamation du groupement.

• Mais le problème a été *discuté pour la défense des intérêts moraux collectifs,* incarnés par certaines personnes morales, syndicats ou ordres professionnels, ou encore associations diverses.

1. Syndicats professionnels

L'action a été admise, d'abord par la jurisprudence, dans un arrêt célèbre des chambres réunies, en 1913, puis par la loi (1920 : auj. art. L. 2132-3, C. trav., L. 2133-3 pour les unions de syndicats), pour les « **faits portant un préjudice direct ou indirect à l'intérêt collectif de la profession qu'ils représentent** ». L'action (dite souvent syndicale)

a donc été admise, par ex., en matière d'homicide par imprudence ayant causé le décès d'ouvriers à la suite de négligences dans l'organisation du travail, de non-dépôt des comptes annuels (action d'un syndicat patronal), de violation du repos dominical (action d'un syndicat patronal), d'entraves à l'exercice du droit syndical, de licenciement pour activité syndicale, d'entrave à l'IVG, d'exercice illégal de la médecine, de défaut de réunion du comité d'entreprise, de pratiques commerciales trompeuses, de dénonciation calomnieuse contre un contrôleur du travail. Mais il n'y a donc *pas d'action en l'absence d'atteinte à l'intérêt collectif de la profession* : ex. falsification de denrées.
Ces solutions supposent un syndicat véritable : tel n'est pas le cas, malgré la dénomination, d'un « syndicat » de commerçants divers.
L'action du syndicat n'est pas exclue par la possibilité qu'ont certaines associations de se constituer partie civile.
Pour les syndicats, en raison de l'exigence d'un préjudice à un intérêt collectif, donc *intermédiaire* entre le préjudice de la victime individuelle et l'atteinte à l'intérêt général, il faut toutefois un préjudice :
– **ni trop individuel ;**
Ainsi, il n'y a pas d'action pour le meurtre d'un surveillant de prison, d'un chauffeur de taxi, pour des violences mortelles sur un bijoutier, pour un homicide par imprudence pour lequel un membre de la profession, contrôleur aérien, est mis en examen, pour harcèlement sexuel (pour l'exercice par le syndicat de l'action du salarié en cas de violation de l'égalité professionnelle entre les femmes et les hommes, v. C. trav., art. L. 123-6) ; il n'y a pas d'action de la chambre des conseillers fiscaux si l'incrimination invoquée protège d'autres personnes, ex. les parties à des contrats, et non la profession de conseiller fiscal ; pas d'action pour des infractions, commises dans une entreprise, d'abus de biens sociaux, d'abus de confiance, d'escroquerie, de recel, de présentation de comptes inexacts, de distribution de dividendes fictifs, de trafic d'influence.
– **ni trop général ;**
Ainsi il n'y a pas d'action pour la tentative d'assassinat sur un juge d'instruction, pour l'atteinte à l'autorité de la justice (art. 434-25, C. pén.), la protection de cette autorité étant assurée par le ministère public, pour la dégradation de locaux fiscaux.
Les solutions sont voisines pour les **ordres professionnels** et les chambres et conseils d'officiers ministériels : ex. : Ordre des avocats en cas d'exercice illégal des activités de consultation ou de port illégal de robe d'avocat ; pour le conseil de l'Ordre des médecins, ex. pour un exercice illégal de la médecine ou une publicité trompeuse par un médecin, pour un Ordre de chirurgiens-dentistes et une publicité trompeuse, pour l'Ordre des experts-comptables pour exercice illégal de la profession.
Toutefois, la jurisprudence exige, sauf texte contraire, un préjudice personnel et direct causé à la profession : il n'y a pas d'action pour une tentative de meurtre sur un avocat, avec séquestration, ni pour des violences sur un huissier, ni pour des infractions commises par un notaire, le remboursement des sommes par le Conseil régional résultant d'une obligation légale (même solution pour la Chambre nationale des huissiers). Mais la loi écarte parfois cette exigence : le Conseil national et le Conseil départemental de l'Ordre des médecins peuvent exercer l'action civile pour les faits portant un *préjudice direct ou indirect à la profession*, « y compris en cas de menaces ou de violences commises en raison de l'appartenance à la profession » (art. L. 4122-1, al. 2 et L. 4123, al. 4, CSP).

2. Associations

Elles n'ont pas d'action en principe, sauf exceptions légales, *qui se multiplient*.

Principe : rejet de l'action des associations.

• *Motif du rejet de principe* : les associations représentent des *intérêts trop généraux*, proches de ceux que défend le Ministère public. Dans l'exercice de leur action, elles ne cherchent pas toujours à obtenir réparation : elles se contentent parfois de demander l'euro symbolique : elles souhaitent seulement déclencher le procès pénal ; cette action est donc *très proche de l'action publique*.

• C'est pourquoi, *en dehors des cas où un texte admet l'action*, la chambre criminelle exige qu'un *préjudice personnel et direct* ait été causé à l'association ; l'association ne peut agir au pénal que si elle subit elle-même un tel dommage (ex. vol) ; une fédération sportive, devant faire respecter les règles, peut agir en cas de corruption de sportifs ou d'abus de confiance, faux et recel ; mais l'association ne peut agir dans l'information ouverte contre ses salariés pour dopage
Mais l'association ne peut pas se substituer à l'*action individuelle* de ses membres, et n'a pas à défendre l'*intérêt général* : la jurisprudence rejette l'action si le préjudice qu'invoque l'association « **n'est pas distinct du préjudice résultant du trouble que causent les infractions poursuivies aux intérêts généraux de la société, dont la réparation est assurée par l'exercice de l'action publique** ».
Ainsi, ont été déclarées *irrecevables* : l'action d'une association de chasseurs, pour le meurtre d'un garde-chasse, pour chasse sur le terrain d'autrui, ou pour le préjudice moral causé à l'association par l'infraction de chasse avec engins prohibés, l'action d'une association culturelle, pour une tromperie sur la nature « casher » des viandes, d'une association de défense des citoyens, pour délits d'ingérence, escroquerie et faux, d'une association pour le respect du suffrage universel, pour des fraudes électorales. Une association de résistance nationale a cependant pu se constituer partie civile pour l'assassinat de son président.

Exceptions : ces exceptions légales, permettant à des associations d'agir au pénal, se multiplient. Le régime varie selon les cas.
Parfois l'action est réservée aux associations reconnues d'utilité publique, souvent aux associations régulièrement déclarées, par exemple depuis au moins 5 ans à la date des faits ; certaines doivent avoir reçu un agrément.
Surtout, parfois l'action est largement admise, en raison de l'ampleur de la mission de l'association : ainsi pour les associations familiales, pour les « faits de nature à nuire aux intérêts moraux et matériels des familles » : cela comprend, par exemple, les infractions en matière de discrimination.
Dans d'autres textes, l'action est limitée à un objet plus étroit : ainsi pour les associations de lutte contre l'alcoolisme, pour certaines infractions au Code de la santé publique.
Dans beaucoup de textes, on va le voir, l'action est cantonnée aux cas où sont commises certaines infractions, souvent nombreuses, mais limitativement énumérées.
Cette action est donc admise par la loi dans des cas de plus en plus nombreux. Il s'agit souvent de textes extérieurs au Code de procédure pénale, mais des lois ajoutent aussi des cas nouveaux en insérant dans ce Code, à la suite de l'art. 2, des art. 2-1, 2-2…, etc.

Dans certains cas l'association peut exercer l'action civile au pénal par voie d'**action** (constitution de partie civile, déclenchant l'action publique si celle-ci n'a pas encore été mise en mouvement). Dans d'autres cas, le texte, par une règle *restrictive*, n'admet l'action civile de l'association au pénal que par voie d'**intervention**, *après que l'action publique a été mise en mouvement par le ministère public ou la partie lésée.*
Le projet de nouveau Code de procédure pénale pose le principe selon lequel, hormis texte particulier, une association ne pourrait agir que par *voie d'intervention.*

a) Exemples de possibilité d'action

On distinguera trois degrés dans les exemples de cette possibilité, selon que l'accord de la victime est ou non nécessaire, et selon la nature du préjudice.

• **Cas où l'action suppose l'accord de la victime**

Par ex. :

– Associations contre les *violences sexuelles* ou exercées sur un membre de la famille (avec, si la victime est mineure, l'accord du titulaire de l'autorité parentale ou du représentant légal, ou, à défaut, du juge des tutelles – car les parents sont parfois auteurs de l'infraction) ; mais l'accord n'est pas exigé pour les infractions sexuelles visées par le texte et commises à l'étranger par un Français ou un étranger résidant en France (art. 2-2, C. pr. pén.).

– Associations contre la *discrimination* fondée sur le *sexe* ou les *mœurs*, pour certaines infractions de discrimination ou pour atteintes volontaires à la vie ou à l'intégrité de la personne ou encore pour destructions, dégradations ou destructions (art. 2-6, C. pr. pén.) ; dans les relations de travail (ici avec l'accord *écrit* de la victime), pour le harcèlement sexuel, ou (art. 2-6, al. 2) certaines infractions commises en raison du sexe ou des mœurs de la victime.

– Associations contre le *racisme* ou assistant les victimes de certaines discriminations (art. 48-1, L. 29 juill. 1881, même, par ex., pour le racisme anti-français ou anti-chrétien) ou défendant la mémoire des esclaves : *avec l'accord de la victime* en cas d'infraction contre des personnes considérées individuellement, pour diffamation pour injures raciales, ou provocation à la discrimination raciale ; pour ces mêmes associations et pour les associations d'assistance aux victimes de discriminations (art. 2-1, C. pr. pén.), avec l'accord de la victime en cas d'infraction contre une personne individuellement, les discriminations *raciales*, les provocations à la haine, à la violence, diffamation et injure fondées sur l'orientation sexuelle de la victime (art. 48-4, L. 1881), les atteintes intentionnelles à la vie ou à l'intégrité de la personne, menaces, vols, extorsions, destructions commis *en raison de l'origine de la victime*.
V. aussi C. pr. pén., art. 2-8 (malades ou handicapés), 2-10 (exclusion sociale).

• **Sans condition d'accord :**

– Associations contre la *discrimination* pour certaines infractions non commises contre des personnes individuellement (art. 2-1, C. pr. pén.).

– Associations de défense des droits et libertés, pour de très nombreuses infractions énumérées, commises par une personne physique ou morale dans une *organisation ayant pour but ou pour effet de créer, de maintenir ou d'exploiter un état de sujétion psychologique ou physique* – les sectes – (art. 2-17, C. pr. pén.).
– Associations de *lutte contre l'alcoolisme* (art. L. 3355-1, CSP).

– Associations *familiales* (art. L. 211-3, 4°, CASF).

Cas où l'action est admise pour **préjudice direct ou indirect :** dans certains cas, par une règle extensive quand au fond, l'action est admise que le préjudice causé à la mission de l'association soit *direct ou indirect* (encore faut-il que ce préjudice soit établi). Ex. :

– Associations de *consommateurs* (art. L. 421-1 et s., C. consom.) ; ainsi pour une loterie, une revente à perte, pour un homicide par imprudence, après l'effondrement d'une tribune dans une enceinte sportive, pour une corruption se répercutant sur le tarif de l'eau, car *le texte n'exclut aucune infraction* ; en l'absence d'infraction pénale, ces associations, au civil, peuvent seulement *intervenir*. Mais ces associations agissent le plus souvent au pénal.

L'association peut aussi agir pour au moins deux de ses membres, pour un préjudice individuel causé par un même professionnel (art. L. 422-1 à 3, C. consom. : « *action en représentation conjointe* »).

– Associations de défense des investisseurs en valeurs mobilières (art. L. 452-1 à 4, C. mon. fin.).

– Associations pour la défense de l'*environnement* : ex. pour les infractions en matière d'urbanisme (C. urb., art. L. 160-1), de pollution des eaux (C. envir., art. L. 142-2 ; l'action a été acceptée même pour préjudice moral). L'association peut aussi agir pour au moins deux de ses membres, pour un préjudice individuel causé par une même personne (art. L. 142-3 : « *action en représentation conjointe* »).

V. aussi C. pr. pén., art. 2-5, 2-11, 2-21.

b) Exemples de possibilité d'intervention, *quand l'action publique a été mise en mouvement*, par le ministère public ou la partie lésée :

- **Avec l'accord de la victime**

– Associations contre la *délinquance routière*, en cas d'homicide ou d'atteinte à l'intégrité de la personne par imprudence dans la conduite automobile (art. 2-12, C. pr. pén.).

– Associations de défense des locataires d'immeubles collectifs et bailleurs, propriétaires, pour certaines infractions (art. 2-20, C. pr. pén.).

V. aussi C. pr. pén., art. 2-18, 2-19.

- **Sans condition d'accord**

– Associations pour la défense de l'*enfance martyrisée* ou des *mineurs victimes d'atteintes sexuelles* (art. 2-3, C. pr. pén. ; ainsi dans des poursuites consécutives à une excision).

– Associations d'assistance des victimes d'*infractions terroristes* (art. 2-9, C. pr. pén.).

– Associations de défense des victimes d'accidents dans les transports collectifs ou dans un lieu ouvert au public ou dans une propriété privée à usage d'habitation ou à usage professionnel, et regroupant plusieurs victimes, ou fédération d'associations de défense de victimes d'accidents collectifs (art. 2-15, R. 1, C. pr. pén.).

V. aussi C. pr. pén., art. 2-16.

Sous-section 2 › Le sujet passif (les défendeurs à l'action civile)

Le domaine de la responsabilité civile est plus large que celui de la responsabilité pénale : il en résulte que l'action civile est recevable contre plus de personnes que ne l'est l'action publique. Un problème particulier se pose lorsque l'infraction est commise par un fonctionnaire.

§ 1 - Personnes contre lesquelles l'action civile peut être exercée

L'action est évidemment recevable contre les *auteurs* et *complices*, majeurs et mineurs, de l'infraction. Mais elle l'est aussi contre les personnes qui, non responsables pénalement, sont cependant tenues civilement de réparer les dommages causés par l'infraction : il s'agit des héritiers du coupable et des personnes civilement responsables du fait d'autrui.

A. Les héritiers du coupable

Mais ils peuvent être assignés *seulement au civil* (puisque l'action publique est éteinte par le décès de leur auteur), sauf en cas de jugement pénal sur le fond avant le décès : ex. l'appel est alors possible devant la juridiction pénale pour les intérêts civils ; en cas de décès du prévenu pendant l'instance en cassation, la Cour de cassation reste compétente pour les intérêts civils. V. l'exercice de l'action civile au pénal.

B. Les personnes civilement responsables de l'auteur de l'infraction

1. En dehors des cas énumérés par l'art. 1384, al. 1 du Code civil

La Cour de cassation – **Ass. plén. 29 mars 1991**, arrêt *Blieck*, *Bull. ass. plén.* n° 1 –, a admis, sur le fondement de l'art. 1384, al. 1 (au civil, pour un dommage causé par un handicapé mental), la responsabilité civile de ceux qui organisaient et contrôlaient, à titre permanent, le mode de vie des personnes qui leur étaient confiées : il y a là une importante consécration d'un principe plus général de **responsabilité civile pour autrui.** La chambre criminelle a suivi cette solution.

Il faut souligner que les personnes tenues de répondre du fait d'autrui au sens de l'art. 1384, al. 1 C. civ., « ne peuvent s'exonérer de la responsabilité de plein droit résultant de ce texte en démontrant qu'elles n'ont commis aucune faute ».

2. Personnes civilement responsables, énumérées par l'art. 1384

• les parents, pour le mineur habitant avec eux, ou si le défaut de cohabitation n'a pas de cause légitime. La cohabitation résulte de la résidence *habituelle* avec les parents, de telle sorte que leur responsabilité opère lorsqu'elle cesse provisoirement, par ex. parce que le mineur est confié à un établissement d'éducation, même en internat, ou à sa grand-mère. Il y a responsabilité de plein droit : il n'y a exonération que par la force majeure ou la faute de la victime. On sait que si la responsabilité pénale suppose intelligence et volonté (arrêt *Laboube*), au civil les parents sont responsables dès lors que le dommage a été directement causé par le fait du mineur, même si ce fait est non fautif (Ass. plén., 13 déc. 2002, deux arrêts, *Bull. ass. plén.* n° 4 ; cf. Ass. plén. 9 mai 1984, *Bull. ass. plén.*, n° 4) : on n'a pas à s'interroger sur le discernement de l'enfant (ex. de 3 ans, ayant causé un dommage avec un objet dont il avait la garde). Mais l'annulation de la reconnaissance de l'enfant ayant un effet rétroactif, la responsabilité disparaît.

• les artisans pour leurs apprentis ;

• les commettants. Cette responsabilité civile des **commettants** pour une infraction commise par le préposé a posé de nombreux problèmes :
– le *lien de préposition* peut exister en dehors du contrat de travail, ex. artisan chargé des installations par un grand magasin, personne agissant sous les directives d'un ami ; un lien de subordination n'est pas incompatible avec l'indépendance du préposé (ex. président de conseil d'administration, médecin) ;
– se pose souvent le problème de l'**abus de fonction du préposé**. Dans le cas d'homicide ou atteinte à l'intégrité de la personne par imprudence avec un véhicule utilisé, sans autorisation, à des fins personnelles, la jurisprudence pénale, sévère pour le commettant, a finalement été condamnée, d'abord par les chambres réunies en 1960, puis par l'Assemblée plénière de la Cour de cassation, en 1977 : *le commettant n'est pas responsable ;* il en est de même pour des infractions intentionnelles (Ass. plén., 17 juin 1983, *Bull. ass. plén.*, n° 8 : détournement de fuel ; 15 nov. 1985, *Bull. ass. plén.*, n° 9 : incendie volontaire par le préposé d'une entreprise de surveillance ; 19 mai 1988, *Bull. ass. plén.*, n° 5 : détournement de fonds). Désormais, depuis l'arrêt de 1988, le commettant ne s'exonère de sa responsabilité qu'à *trois conditions, présentées comme devant être réunies* pour qu'il y ait abus de fonction : le préposé a agi « hors de ses fonctions, sans autorisation, et à des fins étrangères à ses attributions ».
Au pénal, la condamnation civile du commettant suppose l'infraction du préposé, donc *l'assignation* de celui-ci (à la différence de l'action au civil). La responsabilité du commettant a pu être retenue, par ex., à la suite des violences commises par un préposé sur un collègue ou sur un client, ou en raison de vols, escroqueries, abus de confiance, faux, en mettant à profit les fonctions exercées, d'assassinat d'un chef de service par un subordonné sur les lieux du travail et à l'occasion des fonctions, ou encore pour une infraction douanière commise par un préposé.
Le préposé est-il civilement *responsable à l'égard des tiers* ? La réponse est négative lorsqu'il a agi sans excéder les limites de la mission impartie par son commettant, sauf s'il a commis une infraction intentionnelle, serait-ce sur l'ordre de ce dernier (Ass. plén., 14 déc. 2001, *Bull. ass. plén.* n° 17) ou une faute d'imprudence caractérisée en tant que délégataire de pouvoirs.
On doit noter que **l'assureur** du prévenu n'est pas civilement responsable (il est seulement tenu à réparation) : on ne peut donc en principe l'assigner au pénal ; mais il peut intervenir (ou être mis en cause) au pénal, devant la juridiction de jugement, en cas de poursuite pour *homicide ou atteinte à l'intégrité de la personne par imprudence* (C. pr. pén., art. 388-1 ; pour le domaine de cette intervention, v. les règles sur l'assureur de la victime, sous-sect. 1, § 1). Cette intervention suppose que la victime puisse exercer son action devant la juridiction pénale, et l'exerce.

§ 2 - Cas où l'auteur est un fonctionnaire

A. Action en réparation contre le fonctionnaire lui-même

Dans le cas de faute d'un fonctionnaire, et selon les principes du droit public, il faut distinguer le cas de la faute personnelle, et celui de la faute de service non détachable de la fonction. L'action civile *contre le fonctionnaire* lui-même n'est possible

devant les juridictions judiciaires qu'en cas de **faute personnelle, détachable de la fonction** : c'est la faute « qui révèle un manquement volontaire et inexcusable à des obligations d'ordre professionnel et déontologique », étant précisé qu'une faute pénale n'est pas nécessairement une faute personnelle (arrêt *Thépaz*, T. confl., 1935). Ont été considérées, par ex., comme des fautes détachables : des violences non indispensables commises par l'employé d'un hôpital public, par un gardien de la paix, l'ordre illégal d'incendier une « paillote », la recommandation d'éviter d'engager du personnel d'une certaine ethnie, l'homicide par imprudence par un médecin dans le secteur privé d'un hôpital public, l'omission de secours par médecin, le maniement d'une arme par un magistrat au cours d'une réunion amicale, des fausses factures par une fonctionnaire, un trafic d'influence.

Toutefois, même en cas de faute de service, bien que les juridictions judiciaires soient incompétentes, la constitution de partie civile est possible au pénal et déclenche l'action publique (v. p. 138).

Il peut y avoir à la fois faute personnelle et faute de service dans certaines activités.

B. Action en réparation contre l'administration

En principe l'action ne peut être exercée contre l'administration devant les juridictions de l'ordre judiciaire : il ne peut y avoir action ni devant la juridiction pénale ni devant la juridiction civile (on ne confondra pas ce problème avec celui de l'action contre certaines personnes morales de droit public, pénalement responsables comme auteurs de l'infraction, v. l'action publique). L'incompétence du juge pénal doit être, au besoin, relevée d'office. Mais dans certains cas, par exception, l'action peut être exercée devant ces juridictions judiciaires.

1. Action devant la juridiction administrative

En cas de faute de service du fonctionnaire, *la victime doit agir contre l'administration* **devant la juridiction administrative**. Ex. : négligence et erreur d'un chirurgien ou d'un médecin d'un hôpital public ; médecin-anesthésiste de l'hôpital public, même en secteur privé ; vérification des installations sportives de la commune ; falsification d'un POS.

2. Action devant les juridictions judiciaires

Par exception, les juridictions judiciaires sont compétentes dans trois cas :

a) Réparation des dommages causés par un **véhicule (L. 31 déc. 1957)** : il y a *compétence exclusive des tribunaux judiciaires* (donc éventuellement du juge pénal en cas d'homicide ou atteinte à l'intégrité de la personne par imprudence). La règle vaut même si la victime est un agent de l'État. La responsabilité de la personne morale de droit public étant substituée à celle de son agent (art. 1er, L. 1957), la partie civile ne peut agir contre l'auteur de l'infraction.

b) Réparation des dommages causés ou subis par un élève soumis à la surveillance d'un **membre de l'enseignement public** (ou d'un établissement privé lié à l'État par association), *par la faute de celui-ci* (L. 1937, depuis C. éd., art. L. 911-4) : la victime exerce son action *contre l'État, substitué* aux membres de l'*enseignement public*, et ici comme ailleurs, peut agir au civil ou au pénal (Ch. mixte, 23 avr. 1976, *Bull. ch. mixte*, n° 1), mais uniquement devant les juridictions pénales de droit commun (y compris devant la cour d'assises) : la demande de réparation ne peut, par ex., être exercée devant le tribunal pour enfants. L'élève victime ne peut mettre en cause devant les tribunaux judiciaires la responsabilité personnelle de l'enseignant.

c) Réparation des dommages causés par des infractions d'**atteintes à la liberté individuelle**, ou de violation de domicile (art. 136, C. pr. pén.).

Section 3 › L'EXERCICE DE L'ACTION CIVILE

Sous-section 1 › La compétence : les possibilités offertes

Il y a deux dérogations au droit commun, en ce que :

• **La victime peut porter son action civile devant une juridiction répressive** (avec les règles de compétence territoriale du Code de procédure pénale), malgré le caractère civil de l'action (art. 3, al. 1, C. pr. pén.).

• **La victime a le choix entre la voie pénale et la voie civile**, malgré le caractère d'ordre public des règles concernant l'ordre des juridictions (art. 4, al. 1, C. pr. pén.).

§ 1 - Raisons d'être de la première dérogation

A. Intérêt de la justice

• **plus simple** (on évite les complications résultant de deux instances parallèles) ;

• **plus exacte** (on évite la contrariété possible de jugements, et on donne au juge une vue d'ensemble du procès) ;

• **plus efficace** (on peut vaincre l'inertie éventuelle du ministère public : survivance du système accusatoire).

B. Intérêt de la victime

On verra les avantages de l'action au pénal dans la sous-sect. 2.

La règle peut cependant avoir des **inconvénients** :

• **pour la justice :**

– *plus complexe* (multiplicité des questions) ;

– *moins sereine* (partialité de la victime) ;

– exposée à la présence de *fausses victimes*, s'efforçant d'intervenir dans la procédure, à des fins dilatoires (ex. la personne mise en examen, et souhaitant retarder le renvoi, suscite des constitutions de parties civiles de complaisance, qui seront déclarées irrecevables, mais avec appel, etc.) ou pour avoir accès au dossier de la procédure (afin d'avoir connaissance d'éléments qui les intéressent, par ex. la comptabilité d'une société concurrente).

• **pour la victime**, on le verra : à elle de choisir en connaissance de cause.

§ 2 - Mécanisme de la deuxième dérogation

L'option de la victime est en principe libre et irrévocable.

A. L'option est en principe libre

Il y a cependant des **exceptions** à ce principe : dans certains cas, l'action civile *ne peut être portée* **que devant d'autres juridictions**, ex. civiles (on dit parfois qu'elle est alors « disjointe de l'action publique »), dans d'autres *elle ne peut être portée* **que devant les juridictions pénales** (on dit parfois qu'elle doit être « jointe à l'action publique »).

1. Obligation de porter l'action civile devant d'autres juridictions

Ex. juridictions civiles, ou administratives, juridictions de Sécurité sociale.
Il s'agit des cas, qui seront étudiés sous-section 2, où l'action civile n'est **pas recevable au pénal** :

- parce que *la juridiction pénale est incompétente pour l'action civile* (ex. action contre un fonctionnaire, en matière d'accidents du travail en principe, ou infractions relevant des tribunaux maritimes commerciaux, de la Cour de justice de la République) ;
- ou parce que *l'action publique est éteinte*, ex. par l'amnistie, ou la prescription.

Mais, on le verra, il y a des cas où la *constitution de partie civile* est *recevable* au pénal, et **déclenche l'action publique, bien qu'elle ne puisse aboutir à la réparation par le juge pénal**.

2. Obligation de porter l'action civile devant la juridiction pénale

Ce sont les cas où **l'action civile n'est recevable qu'au pénal** : ex. diffamation envers un homme politique, un fonctionnaire, un corps constitué (pour permettre, devant le juge pénal, la preuve de la vérité des faits : art. 46, L. 29 juill. 1881).

B. L'option est en principe irrévocable

L'irrévocabilité de l'option s'exprime par la règle *Electa una via, non datur recursus ad alteram* : le choix est en principe définitif (art. 5, C. pr. pén.). Le *motif* (discutable) de la règle est que cela évite à la personne poursuivie les frais de deux instances.
Mais il y a de **nombreuses limites** à l'irrévocabilité de l'option.

a) La règle ne s'applique qu'à l'action civile au sens strict, et non, par exemple, aux actions à fins civiles, comme l'action en remboursement de prêt (par opposition à l'action fondée sur un abus de confiance), et elle suppose l'**identité d'objet, de cause et de parties** dans les deux demandes, ex. action en réparation du préjudice pour homicide par imprudence, puis action au pénal pour les mêmes faits ; assignation au civil pour diffamation, puis citation au pénal pour outrage.
Mais *il n'y a pas identité d'objet* dans les cas suivants : au civil, action en restitution d'un objet et, au pénal, action en réparation du dommage causé par l'abus de confiance ; au civil, demande d'annulation d'un accord et, au pénal, action en réparation pour le dommage causé par une extorsion de fonds ; au civil, demande d'annulation d'un cautionnement et, au pénal, action en réparation pour le dommage causé par un délit d'ingérence ; au civil, action en concurrence déloyale et, au pénal, demande de réparation pour le dommage causé par un vol ; au civil, demande de réparation d'un préjudice matériel et, au pénal, demande de réparation d'un préjudice moral, pour les mêmes faits.
On peut aussi agir au pénal après avoir agi devant le juge des référés, au civil.

b) La règle ne s'applique qu'à sens unique

• on ne peut choisir la voie criminelle après avoir opté pour la voie civile ;

• mais *on peut choisir la voie civile après avoir opté pour la voie criminelle*, après désistement, et (sauf accord) avant décision au fond par le juge pénal (la *justification* est l'intérêt de la personne poursuivie ; mais c'est oublier que l'action engagée au pénal a déclenché l'action publique, qui suivra son cours même après désistement de la partie civile, sauf cas exceptionnels, v. l'extinction de l'action publique). Agir au civil en référé après avoir agi au pénal n'est pas abandonner la voie pénale (cf. art. 5-1) : le juge pénal n'est donc pas dessaisi.

c) La règle ne s'applique que si l'option a été faite *en connaissance de cause*, et non si, au moment où l'action a été intentée au civil, le fait n'apparaissait pas comme une infraction pénale (ex. problème contractuel et abus de confiance).

d) La règle ne s'applique pas si la juridiction civile saisie n'était *pas compétente ou* était *étrangère*.

e) *La règle ne s'applique pas si la juridiction répressive est saisie par le ministère public avant jugement sur le fond par la juridiction civile*, et cela même si la partie ne s'est pas désistée au civil avant d'aller au pénal.

f) La règle ne s'applique pas si la juridiction répressive *n'a pas statué au fond* (par ex. elle a jugé la constitution de partie civile irrecevable).

g) Mais la règle s'applique même si l'instance civile a prononcé la nullité de l'assignation.

La règle, au surplus, **n'est pas d'ordre public** selon la jurisprudence : la juridiction ne peut en relever d'office la violation ; seule la personne poursuivie peut se prévaloir de sa violation, et elle doit le faire au seuil des débats, et devant les premiers juges du fond.

Sous-section 2 › Les modes d'exercice : le choix entre les possibilités

§ 1 - Le choix de la voie pénale

• **Avantages :**

– *de procédure*, celle-ci étant plus rapide, moins coûteuse, et permettant des moyens plus efficaces (ex. perquisitions, détention provisoire) ; ce choix est indispensable pour découvrir un coupable inconnu ;

– *psychologique*, par la satisfaction donnée à la victime.

• **Inconvénients :**

– il y a, pour la partie civile, *risque de condamnation* civile, et même pénale si la constitution de partie civile constitue une dénonciation calomnieuse, v. p. 139 ;

– *la preuve* est parfois plus difficile qu'au civil. Ex. : quand on peut invoquer au civil l'art. 1384, al. 1er, C. civ. (ce texte peut toutefois être appliqué par le tribunal correctionnel ou de police, après relaxe dans une poursuite pour infraction non intentionnelle, ex. homicide ou atteinte à l'intégrité de la personne par imprudence : art. 470-1).

La partie civile peut *se désister* – ce qui en principe n'a aucune conséquence sur l'action publique – (art. 426, 536), à condition de le faire avant jugement au fond (après, le désistement suppose l'accord du défendeur à l'action civile), et seulement si le désistement est sans réserve.
L'exercice de l'action civile au pénal suppose réunies plusieurs conditions, et entraîne des effets importants.

A. Conditions de l'exercice de l'action civile au pénal

1. Conditions de fond

a) Conditions relatives à la juridiction
Certaines juridictions répressives d'*exception* ne peuvent connaître de l'action civile (ex. tribunaux maritimes commerciaux). Mais peuvent en connaître, notamment, les *juridictions pour mineurs* ; pour la Cour de justice de la République, la plainte est portée auprès de la commission des requêtes : la constitution de partie civile n'est pas recevable devant la Cour (ce qui n'est pas contraire à la Conv. EDH, puisque la victime peut aller au civil : Ass. plén., 21 juin 1999, *Bull. ass. plén.* n° 6) ; pour le *tribunal aux armées*, le droit commun s'applique, sauf que, comme on l'a vu, la mise en mouvement de l'action publique suppose la dénonciation de l'infraction par le ministère de la défense.
Un *traité international* peut ôter compétence même au juge pénal de droit commun (ex. transport aérien – même solution s'il est interne – : Ch. mixte, 24 févr. 1978, 2 arrêts, *Bull. ch. mixte* n° 2, 3) ; mais **la constitution de partie civile est recevable**.

b) Conditions relatives au fondement de l'action en réparation
Ne peuvent être exercées au pénal :
• l'action ne répondant pas à la notion d'*action civile* (ex. divorce ; art. 1384, al. 1er, C. civ. : v. cependant, après relaxe, dans certains cas, l'extinction de l'action civile, le jugement, et la chose jugée) ;

• l'action en réparation d'un dommage ne *découlant pas d'une infraction* (v. le dommage direct, condition de l'action civile) ; ex. :
– action d'un cessionnaire, d'un créancier ;
– action en réparation d'un *dommage extra-pénal* (**sauf exception légale**) ;
– action relevant d'*autres juridictions* : ex. accidents du travail (sauf en cas de faute intentionnelle de l'employeur ou d'un préposé) : mais la constitution de partie civile pour faire établir l'existence de l'infraction est possible ; transport maritime ou aérien, énergie nucléaire (L. 30 oct. 1968, art. 17), navires nucléaires (L. 12 nov. 1965, art. 14).

c) Conditions relatives à l'action publique
L'action civile devant la juridiction pénale suppose en principe une action publique **non éteinte**. L'action publique peut être éteinte, on l'a vu, par :
• *la chose jugée ; toutefois* :
– *s'il y a appel par la partie civile même seule*, après relaxe ayant éteint l'action publique, la juridiction d'appel est compétente pour les intérêts civils ;
– après *relaxe pour infraction non intentionnelle* (ex. homicide ou atteinte à l'intégrité de la personne par imprudence), le tribunal correctionnel ou de police reste compétent pour accorder réparation selon le droit civil (art. 470-1 ; v. l'extinction de l'action civile, le jugement, et la chose jugée) ;

– en cas d'*acquittement par la cour d'assises* (art. 372) ou d'arrêt portant déclaration d'irresponsabilité pénale pour cause de trouble mental (art. 706-131), v. aussi l'extinction de l'action civile, le jugement, et la chose jugée ;
– le tribunal de police ou la juridiction de proximité et le président du tribunal correctionnel demeurent compétents pour statuer sur l'action civile, après une *ordonnance pénale* rendue sur l'action publique et ayant acquis l'autorité de la chose jugée (v. le jugement) ;
– le tribunal correctionnel demeure compétent pour statuer sur l'action civile si la victime n'a pu obtenir réparation de son préjudice par le président du tribunal correctionnel au cours d'une procédure de jugement sur reconnaissance préalable de culpabilité (v. le jugement) ;
– le tribunal correctionnel peut être compétent, à la demande de la partie civile, pour statuer sur l'action civile après arrêt de déclaration d'irresponsabilité pénale pour cause de trouble mental rendu par la chambre de l'instruction (art. 706-125, 3°) ; il se prononce sur l'action civile lorsqu'il rend lui-même un jugement de déclaration d'irresponsabilité pénale pour cause de trouble mental (art. 706-133, 3°) ;
– après extinction de l'action publique par une *composition pénale*, la partie civile peut user de la citation directe devant le tribunal correctionnel ou le tribunal de police ou le juge de proximité, pour ses intérêts civils, même si, selon la Cour de cassation, elle a reçu de l'auteur des faits, en exécution de la décision de validation, une somme pour réparer son dommage (elle peut aussi dans certains cas, on l'a vu, utiliser la procédure d'injonction de payer de la procédure civile).

• *l'abrogation de la loi pénale* ; le *décès du prévenu* ; la *transaction* (ex. : en matière fiscale ; art. 44-1, C. pr. pén. : pouvoir du maire pour certaines contraventions commises au préjudice de la commune ; art. 11-3, L. 30 déc. 2004 : pouvoir de la Haute Autorité de lutte contre les discriminations). Mais la juridiction pénale de jugement, saisie de l'action civile reste compétente si un *jugement sur le fond a été rendu* ;

• *l'amnistie* : le plus souvent la juridiction pénale de jugement (tribunal correctionnel ou de police ; la saisine de la juridiction d'instruction ne suffit pas) reste compétente si elle est déjà saisie de l'action civile (v. chaque loi d'amnistie, ex. L. 6 août 2002, art. 21, al. 3) ; elle reste d'ailleurs compétente en cas d'amnistie selon le quantum de peine, et pour l'action publique, et pour l'action civile ;

• *la prescription de l'action publique* acquise avant engagement de l'action civile au pénal : l'action civile doit alors être exercée au civil (v. l'extinction de l'action civile).

2. Conditions de forme

Il faut distinguer selon que l'action civile est exercée *avant* l'engagement des poursuites, ou *après* que la juridiction répressive a été saisie de l'action publique, avec, dans les deux cas, l'obligation d'avoir éventuellement à verser une consignation.

a) Avant l'engagement de l'action publique, la victime agit par l'un des deux procédés suivants :
• **citation directe** devant la juridiction de jugement (exploit d'huissier signifié à la requête de la victime) ; il faut donc :
– connaître l'auteur de l'infraction ;

– se trouver dans un cas où l'instruction n'est pas obligatoire (contravention et délit en principe) ; cette procédure est donc impossible par ex., sauf exception, pour un délit commis par un français à l'étranger (v. Mémento de *Droit pénal général*), pour une infraction maritime.
Pour la citation directe *après ordonnance de non-lieu*, v. l'autorité de la chose jugée (décisions des juridictions d'instruction).

• **plainte avec constitution de partie civile**, devant le juge d'instruction si l'instruction est obligatoire (ex. crime), ou nécessaire (ex. auteur inconnu), ou si elle paraît utile. Il suffit d'une manifestation expresse de volonté, même sans signature. Mais cette constitution par acte initial **n'est pas possible pour les contraventions** (v. art. 85, C. pr. pén.) ; toutefois, le juge d'instruction saisi par une personne voulant se constituer partie civile ne peut, par un seul examen abstrait, opposer un *refus d'informer* en se prononçant sans instruction préalable sur le caractère délictuel ou contraventionnel de ces faits. Dans le cas d'une instruction ouverte pour *rechercher les causes de la mort ou d'une disparition* (art. 74, 74-1), seuls les membres de la famille ou les proches de la personne décédée ou disparue peuvent se constituer partie civile et seulement à titre incident (art. 80-4).

• Dans les deux cas, la mise en mouvement de l'action civile est subordonnée à la **recevabilité** de la partie civile :
– pour la constitution de partie civile, comme pour la citation directe, cette recevabilité dépend de la **consignation** que la partie civile peut avoir à effectuer.
À l'instruction, elle doit déposer au greffe, dans le délai fixé par le juge d'instruction et **à peine d'irrecevabilité** de la plainte, la somme fixée par le juge en fonction des ressources de la partie civile, *sauf dispense, ou aide juridictionnelle* (art. 88, 88-1, R. 15-41, C. pr. pén.), même si l'aide n'est que partielle. La consignation garantit le paiement de *l'amende civile* pouvant être prononcée par le juge d'instruction pour procédure abusive après non-lieu (jusqu'à 15 000 €, v. plus loin ; la somme consignée est restituée si l'amende n'est pas prononcée). *À défaut de consignation* à l'expiration du délai imparti, la constitution est **irrecevable**, même si, avant l'expiration de ce délai, le plaignant a demandé l'aide juridique ; mais le plaignant peut saisir alors le tribunal correctionnel par citation directe, ce qu'il ne peut pas faire après avoir versé la consignation.
Au stade du jugement, lorsque l'action civile, exercée par citation directe, n'est pas jointe à celle du ministère public, le tribunal correctionnel, le tribunal de police et la juridiction de proximité fixent la consignation, et le délai pour la déposer **à peine d'irrecevabilité** de la citation directe ; ici aussi, il s'agit de garantir le paiement de l'éventuelle amende civile en cas d'abus de citation directe (art. 392-1, al. 1, et 533).
La CEDH estime qu'une consignation trop élevée prive la personne du droit d'avoir accès à un tribunal (CEDH, 28 oct. 1998, *Aït-Mouhoub*).
– La jurisprudence considère que la constitution de partie civile et la citation directe intervenant en violation de la règle *electa una via* (v. *supra*, sous-sect. 1) sont irrecevables.
– La demande de réparation devant une juridiction de jugement est irrecevable si l'organisme social qui a versé des prestations à la victime à concurrence de la part d'indemnité à la charge du responsable (CSS, art. L. 376-1) n'a pas été mis en cause (Crim., 18 sept. 2007, *Bull. crim.* n° 212).

b) Après que la juridiction répressive a déjà été saisie de l'action publique

• La victime agit alors par voie d'**intervention** : *constitution de partie civile*, recevable à l'instruction (mais seulement pour les faits dont le juge d'instruction est saisi ; si de nouveaux faits sont dénoncés au juge d'instruction par la partie civile, le juge communique la plainte au procureur de la République, v. art. 80, I, al. 4), ou à l'audience (avant les réquisitions du ministère public sur le fond, ou sur la peine en cas d'ajournement de peine), mais pas en appel (respect du double degré de juridiction).

• Devant le tribunal correctionnel ou de police ou le juge de proximité, la victime ou son avocat (et personne d'autre) peut envoyer avant l'audience une simple **lettre recommandée** avec AR ou une **télécopie** parvenue au tribunal 24 heures au moins avant l'audience, si elle demande la restitution d'objets saisis, ou des dommages-intérêts : art. 420-1, al. 1, C. pr. pén. La règle est la même pour les parties intervenantes, ex. Caisse d'assurance maladie.

• Avec l'accord du procureur de la République, la victime, on l'a vu, peut formuler sa *demande au cours de l'enquête* de police auprès d'un OPJ ou d'un APJ. Cette demande *vaut constitution de partie civile* si l'action publique est mise en mouvement, le tribunal correctionnel ou de police ou la juridiction de proximité étant saisi (art. 420-1, al. 2, 536).
Dans ces deux derniers cas, la partie civile n'est pas tenue de comparaître.

B. Effets de l'exercice de l'action civile au pénal

L'exercice de l'action civile au pénal rend la partie civile **partie au procès**, et **déclenche l'action publique** si celle-ci n'était pas déjà engagée.

1. La partie civile devient partie au procès

Conséquences

a) Bénéficiant à la partie civile

• La juridiction devra *statuer sur la demande en réparation* ; le juge d'instruction doit informer, sauf **refus d'informer** si les faits ne peuvent donner lieu à poursuites, ex. en cas de prescription, ou s'ils ne constituent pas une infraction.

• La partie civile recevra notification de certains actes de procédure.

• À l'instruction, la partie civile bénéficie de diverses garanties (v. l'instruction) : ex. elle ne peut être entendue sans que son avocat ait été appelé (le dossier est communiqué à l'avocat au plus tard 4 jours ouvrables avant l'audition).

• La partie civile peut demander au juge d'instruction d'accomplir certains actes d'instruction (v. l'instruction).

• La partie civile peut faire appel des *ordonnances juridictionnelles* du juge d'instruction lui faisant grief (ex. non-lieu).

• La partie civile peut faire *appel*, sur l'action civile, *des décisions rendues*.

• La partie civile dispose de ses droits tant que sa constitution n'est pas déclarée irrecevable, on l'a vu ; et si elle est ensuite déclarée irrecevable, il n'y a pas nullité des actes antérieurs lui reconnaissant sa qualité de partie civile.

• La partie civile ne perd pas le bénéfice du droit à un procès équitable (art. 6, § 1, Conv. EDH ; ex. à propos du droit à ce que sa cause soit entendue dans un délai raisonnable : pour la durée excessive d'une instruction, v. par ex. CEDH, 6 avr. 2004, *Slimane-Kaïd*). Mais v. les limites, *infra*.

b) Nuisant à la partie civile

• La partie civile ne peut plus être entendue comme témoin (mais la jurisprudence considère qu'on peut entendre comme témoin une personne qui se prétend victime, et se constitue seulement ensuite).

• La partie civile peut être *condamnée*, en cas de rejet de la demande, civilement et même pénalement en cas de dénonciation calomnieuse, v. 2.

2. L'exercice de l'action civile au pénal déclenche l'action publique

L'action civile exercée au pénal déclenche l'action publique si celle-ci n'était pas déjà engagée. La solution avait été consacrée par la chambre criminelle, sous l'empire du C. instr. crim. (arrêt *Thirion*, dit souvent, du nom du conseiller rapporteur, arrêt *Laurent-Atthalin,* 1906). Le Code de procédure pénale a entériné la solution (art. 1, al. 2).

Il faut préciser le domaine de cet effet de l'action civile au pénal, et en expliquer l'intérêt et les dangers.

a) Domaine du déclenchement de l'action publique par l'exercice au pénal de l'action civile

• Cet effet se produit, **même si la victime ne peut obtenir aucune réparation au pénal**, la victime devant aller devant les juridictions administratives, les juridictions civiles, les organismes sociaux, selon le cas (v. les sujets actifs de l'action civile) : ex. accident du travail (en principe, on l'a vu) ; délit commis par un fonctionnaire et constituant une faute de service ; transport maritime ou aérien (L. 18 juin 1966, L. 2 mars 1957 ; sur la notion de transport aérien, v. ci-dessus, A) ; de même l'action contre le membre de l'enseignement public déclenche l'action publique, bien qu'elle ne puisse aboutir à réparation par celui-ci (mais l'État est substitué au membre de l'enseignement, et la victime, on l'a vu, peut obtenir réparation en agissant contre l'État au civil ou même au pénal, et non devant les juridictions administratives).

Ces solutions trouvent leur appui dans l'art. 418, C. pr. pén., tel qu'il est du moins interprété par la chambre criminelle : « La partie civile peut, à l'appui de sa constitution, demander des dommages-intérêts » ; la partie civile *peut* : c'est donc qu'on peut se constituer partie civile même si on ne peut obtenir de dommages-intérêts.

L'action civile ne sert alors qu'à établir l'existence de l'infraction et la culpabilité du prévenu : elle « **corrobore l'action publique** » (dans un cas particulier, la loi a consacré cette notion : v. C. com., art. L. 641-9, I, al. 2, pour le débiteur en liquidation judiciaire : il peut « se constituer partie civile dans le but d'établir la culpabilité de l'auteur d'un crime ou d'un délit dont il serait victime »). L'action civile n'est plus, dans ces cas, une « action en réparation » : il y a en réalité *constitution de partie civile sans action civile* (on parle, souvent, pour désigner ce phénomène, de la « **dissociation de l'action civile** »). En pareil cas, la CEDH estime que l'action civile, poursuivant des fins purement répressives, ne relève plus de l'art. 6 § 1, Conv. EDH relatif au droit à un procès équitable.

On rappelle que l'action civile est *irrecevable devant certaines juridictions d'exception* (v. A) ; devant le *tribunal aux armées*, comme on l'a vu, la mise en mouvement de l'action publique suppose la dénonciation de l'infraction par le ministère de la défense (art. 698-1, C. pr. pén.) : mais l'action publique peut être mise en mouvement par la partie lésée (art. 698-2, al. 2).

• Le déclenchement de l'action publique par l'action civile suppose une *constitution de partie civile* ou une citation directe *recevables* : à défaut, l'action publique peut être mise en mouvement par le réquisitoire introductif ou la citation directe du parquet, sauf évidemment prescription. Dans certains cas de diffamation ou injure, la constitution ne déclenche pas l'action publique (ex. art. 48, 1°, L. 1881 : la victime peut porter plainte ordinaire, puis seulement intervenir au procès éventuellement déclenché par le ministère public).

• En cas de *consignation* ordonnée, et *effectuée* dans le délai prescrit, la jurisprudence considère que l'action publique est mise en mouvement *à la date de la constitution.*

b) Intérêt et danger du déclenchement de l'action publique par l'action civile ; remèdes aux abus

• **Avantage** : le déclenchement de l'action publique par l'action civile permet à la victime de vaincre l'inertie éventuelle du ministère public, en **obligeant** le juge d'instruction à statuer, par ordonnance, susceptible d'appel devant la chambre de l'instruction.

Le **projet de nouveau Code de procédure pénale** reviendrait sur cette solution : en cas de refus du ministère public d'ouvrir une enquête judiciaire pénale (héritière de l'actuelle instruction), la victime pourrait seulement exercer un recours devant le juge de l'enquête et des libertés ; le déclenchement *automatique* des poursuites ne se produirait donc plus.

• **Inconvénients**, en dehors de ceux pouvant résulter du seul fait de la présence de la victime au procès pénal (v. les sujets actifs de l'action civile) : il y a **risque d'abus de constitution de partie civile**, ce qui présente des dangers :

– pour les *personnes* : danger de voir des prétendues victimes utiliser la procédure pénale :

1) comme moyen de pression ;

2) comme moyen dilatoire (en raison de la règle « le criminel tient le civil en état ») ;

3) comme moyen de profiter des procédés pénaux d'investigation (ex. perquisition).

– pour la bonne marche de la *justice* : encombrement des juridictions d'instruction, et des juridictions de jugement, malgré le filtrage de l'instruction. Conséquence : les magistrats se déchargent d'une partie de leur tâche sur les experts.

Ces inconvénients ont conduit la loi à lutter contre les abus de constitution de partie civile.

• **Remèdes aux abus de constitution de partie civile**

– **Mesures préventives** (en dehors des consignations, v. A)

1) *Si la plainte est insuffisamment motivée*, le procureur de la République peut, avant de prendre ses réquisitions, et si le juge d'instruction ne l'a pas déjà fait, demander à celui-ci d'entendre la partie civile et de l'inviter à produire toute pièce utile (art. 86).

2) Le juge d'instruction peut être saisi de réquisitions pour qu'il soit procédé, provisoirement, à une information *« contre personne non dénommée »* (*« contre X... »*), et non contre la personne nommément désignée dans la plainte ; on évite ainsi les manœuvres de pression ; la personne visée dans la plainte est entendue comme témoin. Si la plainte n'est pas fondée, il y aura non-lieu, sans que la personne visée ait été mise en examen. *L'inconvénient* est que cette personne, en tant que témoin, doit prêter serment ; une personne *nommément visée dans une plainte* (il ne suffit pas qu'elle le soit seulement dans une pièce de la procédure émanant de la partie civile : Crim., 26 mai 2009, *Bull. crim.* n° 105) peut donc préférer demander à être entendue comme **témoin assisté,** avec les droits que ce statut confère (v. l'instruction) : art. 113-2, al. 1.

3) La partie civile ne peut immédiatement assortir sa plainte d'une constitution de partie civile : après le dépôt de la plainte, elle doit *attendre le refus* du procureur de la République de déclencher les poursuites pour que sa constitution de partie civile soit *recevable*, ou l'expiration d'un délai de 3 mois sans réponse de ce dernier (art. 85, al. 2). Cette règle, toutefois, ne joue pas pour les **crimes** et est écartée pour les délits de presse et certains délits en matière électorale.

4) La constitution de partie civile peut être contestée à l'instruction, par le procureur de la République ou par une partie (art. 87, al. 2 et 3) et la partie civile ne peut abandonner cette voie pour utiliser la citation directe à l'égard de quiconque en raison des mêmes faits.

5) *Après non-lieu,* seul le ministère public, non la partie civile, peut demander la **réouverture de l'information sur charges nouvelles** (v. cette question). La victime peut néanmoins user de la constitution ou de la *citation directe,* mais seulement contre une personne *non mise en examen* (non « inculpée », selon la terminologie antérieure) ou contre une personne « qui n'a pas été l'objet de l'instruction » (Ch. réunies, 24 avr. 1961, *Société Botrans, Bull. ch. mixte,* n° 2 : sur cette notion délicate, v. cette question).

A été abrogée une L. 1931 qui interdisait de publier des informations relatives aux constitutions de partie civile avant le jugement (la loi a voulu ainsi lutter contre les chantages opérés à l'aide de la presse), ce texte étant jugé incompatible avec la Conv. EDH : c'est préférer la liberté d'expression à la présomption d'innocence ; il est vrai que, selon la CEDH, les journalistes ne doivent pas « franchir les bornes »...

– **Mesures réparatrices et répressives**

1. Responsabilité civile du plaignant

– *En cas de non-lieu après information ouverte sur constitution de partie civile* :

1) La personne mise en examen ou toute autre personne visée dans la plainte (même implicitement, dès lors qu'elle est indentifiable) peut engager la responsabilité civile du plaignant, sur le fondement des art. **1382 et 1383, C. civ**., en prouvant la faute qui a consisté à agir de façon téméraire ou abusive Il y a responsabilité même en cas de désistement, mais uniquement si le non-lieu est fondé sur *une insuffisance ou une inexistence des charges* (et non, par ex., sur une amnistie). Le tribunal, en cas de condamnation, peut ordonner la publication de son jugement.

La personne mise en examen peut exercer cette action au civil ou *au pénal* ; si elle agit au pénal, sont prévues (art. 91, C. pr. pén.) des règles spéciales de *compétence* (tribunal correctionnel du lieu où l'affaire a été instruite) et de *procédure* (l'action ne prend naissance qu'au jour où la décision de non-lieu est définitive) ; elle doit être engagée dans les 3 mois, débats en chambre du conseil (pas de nullité, sauf grief, si l'audience est publique) ; la personne citée peut se faire représenter par un avocat, comme en matière civile ; il n'est pas obligatoire que cette personne ou son défenseur ait la parole en dernier.

2) Si *après non-lieu ou refus d'informer* la constitution de partie civile est jugée *abusive ou dilatoire*, le juge d'instruction, sur réquisitions du ministère public peut par une décision motivée prononcer une *amende civile* (art. 177-2, 177-3 : maximum de 15 000 € ; appel possible de la partie civile et du ministère public) ; il en va de même pour la chambre de l'instruction (art. 212-2). L'obligation de motiver ne s'applique pas au montant de l'amende.

3) Le bénéficiaire du non-lieu peut demander une indemnité au titre des frais non payés par l'État, à charge de l'État, mais pouvant être mise à la charge de la partie civile lorsque l'action publique a été mise en mouvement par celle-ci (art. 800-2, al. 2).

– *En cas de saisine du tribunal correctionnel par citation directe* de la partie civile, suivie d'une décision de *relaxe* par le tribunal ou la cour d'appel, si la citation est jugée *abusive*, le tribunal peut accorder des dommages-intérêts à la personne relaxée (art. 472 ; la règle ne joue pas devant le tribunal de police ou le juge de proximité). Cette responsabilité suppose une faute, la partie civile ayant agi de mauvaise foi ou témérairement ; et un préjudice résulte nécessairement du fait d'être attrait à tort devant une juridiction répressive. Mais si l'action était fondée sur des faits reconnus comme effectivement diffamatoires, la victime ne peut être condamnée à des dommages et intérêts.

Si la citation est a*busive ou dilatoire*, le tribunal correctionnel ou de police, ainsi que la juridiction de proximité peuvent prononcer la même amende civile que ci-dessus (art. 392-1, al. 2, 533) ; l'action doit être engagée dans les 3 mois de la relaxe définitive. Même règle que ci-dessus pour l'art. 800-2, al. 2.

– En cas de non-lieu à l'instruction, ou de relaxe par le tribunal correctionnel, le droit fixe de procédure (ex. 22 € en cas de non-lieu, 90 € en cas de relaxe, en principe) est recouvré sur la partie civile qui a mis en mouvement l'action publique (CGI, art. 1018 A).

2. Responsabilité pénale : la personne qui, en se constituant partie civile, dénonce faussement une infraction à la justice, commet le délit de *dénonciation calomnieuse* (art. 226-10, C. pén.).

3. Il existe aussi une protection contre certains *abus de l'information* (ex. dans la presse) : des possibilités sont offertes à la personne qui en est victime d'obtenir des *rectifications* et des *communiqués*, la *publication des décisions de non-lieu*, un *droit de réponse* (presse ou services audiovisuels) : v., pour ces questions, la présomption d'innocence.

§ 2 - Le choix de la voie civile

Si la victime d'une infraction opte pour la voie civile, ce sont les règles de la **procédure civile** qui s'appliquent.

Cependant, l'action en réparation est née d'une infraction : il peut donc y avoir également une instance pénale, avant ou après l'instance civile, ou en même temps.

A. Instances successives

1. Chose jugée au civil

Elle n'a **pas d'influence sur le criminel** ; une condamnation est possible par la juridiction répressive, même si le juge civil a refusé toute réparation.

2. Chose jugée au criminel

Il y a autorité des décisions de jugement sur le procès civil : on dit que « *Le criminel emporte le civil* », mais avec aujourd'hui d'importantes exceptions (v. l'autorité de la chose jugée).

B. Instances parallèles

C'est la règle « **Le criminel tient le civil en état** », dont la portée a été réduite par une réforme intervenue en 2007.

Le juge civil doit surseoir jusqu'à la solution pénale *irrévocable* (art. 4, al. 2, C. pr. pén. – est jugée telle la décision d'une juridiction d'instruction, un jugement rendu par défaut non encore signifié : Civ. 2e, 5 juin 2008, *Bull. civ.* II n° 128). La raison de cette règle est que le juge civil devra ensuite tenir compte de la chose jugée au criminel (c'est parce que « **Le criminel emporte le civil** » que « **Le criminel tient le civil en état** »). Mais le domaine de l'autorité du criminel sur le civil étant aujourd'hui réduit (v. l'autorité de la chose jugée), le fondement de la règle « Le criminel tient le civil en état » ne vaut plus que dans la mesure de cette autorité.

Un sursis en sens inverse se présente, lorsqu'une *exception préjudicielle* oblige le juge pénal à attendre la réponse à cette exception : c'est alors le juge pénal qui doit surseoir (v. les exceptions préjudicielles).

Mais *la constitution de partie civile au pénal n'empêche pas la victime* :

– de demander des *provisions* (ex. devant la commission d'indemnisation).

– *de saisir la juridiction civile en référé*, pour des *mesures provisoires*, si l'existence de l'obligation n'est pas sérieusement contestable : art. 5-1, C. pr. pén. (ex. d'obligation sérieusement contestable : légitime défense pouvant être invoquée). La juridiction pénale n'est pas pour autant dessaisie de l'action civile. Il a été jugé que le juge des référés reste compétent même quand il a été statué sur l'action publique, tant qu'il n'a pas été statué définitivement sur l'action civile, même si une expertise médicale a été ordonnée par le juge pénal.

– *de saisir le juge de l'exécution* (Civ. 2e, 18 févr. 1999, *Bull. civ. II,* n° 35).

Conditions d'application de la règle du sursis à statuer :

• L'action publique doit avoir été *mise en mouvement* (par le ministère public, ou déclenchée par la partie civile), devant une juridiction de jugement ou d'instruction (même contre X).

• La règle joue même si les deux actions ne concernent pas les mêmes parties (ex. tiers civilement responsable).

• La règle vaut seulement pour l'action civile au sens strict, non *pour les actions à fins civiles,* nées de l'infraction (ex. action en divorce à la suite de violences) ; mais si la décision pénale à venir est susceptible d'influer sur la solution civile, la juridiction civile *peut* surseoir à statuer (art. 4, al. 2).

• La règle ne s'applique pas aux demandes de provisions adressées à une commission d'indemnisation des victimes d'infractions – CIVI – (C. pr. pén., art. 706-7 ; C. ass., art. L. 422-3).

• La règle n'est pas applicable non plus devant *le juge des référés* (ex. Civ. 3e, 7 janv. 2009, *Bull. civ.* III n° 4).

• La règle est *d'ordre public* (mais la Cour de cassation a jugé que le juge civil ne peut relever d'office sa violation) ; les juges estiment que les parties peuvent invoquer la règle en tout état de cause, ce qui fournit parfois un moyen dilatoire pour le plaideur engagé dans un mauvais procès (la chambre commerciale, toutefois a jugé que la demande de sursis doit être soulevée avant toute défense au fond).

• Dans les *rapports internationaux,* la jurisprudence estime que la règle ne joue qu'en vertu d'un *traité.*

Section 4 › L'EXTINCTION DE L'ACTION CIVILE

Longtemps a existé, quant à la durée, une solidarité entre l'action civile et l'action publique, qui ont un fondement commun, l'infraction. Ce principe a été abandonné en 1980, sauf en matière d'infractions de presse, et se sont accentuées ainsi les différences entre les deux actions, qui se séparent, du point de vue de l'extinction, dans deux directions :

• dans certains cas, l'action civile s'éteint, l'action publique demeurant ;

• dans d'autres cas, l'action civile ne s'éteint pas, malgré l'extinction de l'action publique.

§ 1 - Extinction de l'action civile, avec survie de l'action publique

L'action publique survit, après extinction de l'action civile, dans les cas suivants :

• **Transaction** sur l'action civile, *paiement* (mais la jurisprudence estime que la victime qui a été entièrement indemnisée par son assureur, peut agir au pénal). La transaction avec le civilement responsable n'empêche pas de se constituer partie civile contre le prévenu. Selon la Cour de cassation, le fait qu'en vertu de la procédure de l'art. 41-1, l'auteur de l'infraction ait versé une somme à la victime à la suite d'une médiation ne peut s'analyser en une transaction sur l'action civile, si bien qu'en cas de poursuites, la victime peut exercer l'action civile.

• **Chose jugée** au civil.

• **Acquiescement** de la partie civile au jugement de première instance : l'appel du ministère public (action publique) ne fait pas revivre l'action civile.

• Cas dans lesquels l'action en réparation est soumise à une **prescription abrégée**, ex. en matière de transport aérien ou maritime : 2 ans ; l'action publique survit donc, par exemple s'il s'agit d'un délit (prescription de 3 ans).

Le cas du *désistement* de la partie civile est particulier : l'action publique demeure (sauf dans les cas où la plainte est une condition de la poursuite), de même que l'action civile, qui peut donc encore être portée au pénal.

§ 2 - Non-extinction de l'action civile, après extinction de l'action publique

L'action civile survit, après extinction de l'action publique, dans les cas suivants.

A. Prescription

« *Lorsqu'elle est exercée devant une juridiction civile, (l'action civile) se prescrit selon les règles du Code civil* ». La prescription de l'action publique n'entraîne pas prescription de l'action civile ; elle n'a pour effet que d'obliger la victime qui n'a pas encore exercé son action à porter celle-ci au civil : la voie pénale est désormais fermée (art. 10, al. 1, C. pr. pén.). La prescription de l'action civile est d'ailleurs *d'intérêt privé*, non d'ordre public.

Le délai de prescription de l'action en réparation, en droit civil, est en principe de 5 ans, portés à 10 ans pour les dommages corporels (art. 2224, 2226, C. civ.). En principe, la prescription de l'action publique aura alors été acquise depuis longtemps, qu'il s'agisse d'un délit ou d'une contravention.

Mais, en dépit de cette indépendance des deux actions qui a pour conséquence que, pour la prescription de l'action civile, les causes de *suspension* et d'*interruption* sont celles du droit civil, la jurisprudence a jugé que les actes interruptifs de prescription de l'action publique interrompent aussi la prescription de l'action civile.

Il existe des *délais particuliers* : lorsque le dommage est causé par des tortures et des actes de barbarie, des violences ou des agressions sexuelles contre un mineur, l'action en responsabilité civile est prescrite par *20 ans* (C. civ., art. 2226, al. 2). Et la jurisprudence considère que certains délais spéciaux, comme en matière de presse (en principe, 3 mois), ou en matière de crime contre l'humanité (imprescriptibilité) s'appliquent aussi à l'action civile (pour les crimes contre l'humanité, affaire *Touvier*).

B. Amnistie

L'action civile subsiste, avec délai de prescription de droit commun, puisque l'amnistie efface le caractère pénal du fait (mais selon la jurisprudence, la prescription reste de 3 mois pour les délits de presse).

C. Décès

L'action civile (contre les héritiers) *survit* à l'action publique éteinte (pour la compétence, v. l'exercice au pénal de l'action civile).

D. Jugement

(en ce qui concerne l'action publique, il y a en principe chose jugée pour l'action civile, v. l'autorité au civil de la chose jugée au pénal.)

1. Jugement de condamnation

Il *éteint l'action publique* (de même en cas de *déclaration de culpabilité* avec dispense de peine). Mais la juridiction pénale peut rester saisie de l'action civile, par ex. si les dommages-intérêts doivent être fixés par expertise ; dans ce cas (il a été statué sur l'action publique), les mesures d'instruction ordonnées par le juge pénal sur les seuls intérêts civils obéissent aux règles de la procédure civile (art. 10, al. 2, C. pr. pén.) : mais cela ne vaut que pour les mesures d'instruction. V. aussi le cas de l'ordonnance pénale, du jugement sur reconnaissance préalable de culpabilité (v. le jugement), et le cas de la composition pénale.

2. Jugement de relaxe, d'acquittement ou d'exemption de peine

L'action civile subsiste dans certains cas (v. l'autorité de la chose jugée).

a) Si la victime est déjà partie au procès pénal :

• Elle peut faire appel, quand les conditions de l'appel sont réunies : la cour d'appel peut allouer des dommages-intérêts, bien que l'action publique soit éteinte (mais elle vérifiera, pour cela, qu'une infraction a bien été commise, même si elle ne peut donc plus la réprimer).

• En cas de jugement de *relaxe* dans une poursuite pour **infraction non intentionnelle**, ex. homicide ou atteinte à l'intégrité de la personne par imprudence, destruction non intentionnelle : art. 470-1, C. pr. pén.

Le tribunal correctionnel (ou pour les contraventions le tribunal de police ou le juge de proximité : art. 541, al. 2) est **compétent** pour accorder réparation de tous dommages résultant des faits qui ont fondé la poursuite, et cela **en application des règles du droit civil**, à trois conditions :

1) le tribunal doit avoir été *saisi par le ministère public* ou par renvoi d'une *juridiction d'instruction*, et non par citation directe de la victime ;

2) absence de tiers devant être mis en cause ; cependant, s'il apparaît ensuite que des tiers responsables doivent être mis en cause, le tribunal renvoie au civil (art. 470-1 ; la règle ne s'applique pas en cas de condamnation), avec procédure simplifiée. La décision est sans recours ; mais la partie civile peut faire appel du jugement de relaxe ;

3) il faut une **demande de la partie civile** ou de son assureur **avant la clôture des débats** : à défaut, la demande ne pourra être faite en appel.

Règles de droit civil pouvant être appliquées :

– l'art. 1384, al. 1 (mais, pour ce texte, pas après condamnation) ;

– la loi du 5 juillet 1985 en cas d'accident de circulation (même en cas de condamnation) ;

– les art. 1385, 1386, C. civ. ;

– l'art. 1147, C. civ., en cas de faute contractuelle cause du dommage corporel (par ex. en matière médicale) ;

– l'art. 1891, C. civ. (dommage par une chose prêtée) ;

– ou même **l'art. 1383, C. civ.** en cas de **faute civile d'imprudence ou de négligence** (ou de faute inexcusable de l'employeur selon l'art. L. 452-1, CSS) ayant causé un homicide ou atteinte à l'intégrité de la personne, la relaxe n'établissant que l'absence de faute pénale non intentionnelle, et l'ancien principe de l'unité des fautes ayant été sur ce point abandonné par la L. du 10 juillet 2000 au profit de celui de la **dualité des fautes** (art. 4-1, C. pr. pén.) : il peut donc y avoir *relaxe au pénal* pour absence de faute d'imprudence ou de négligence mais, *au civil, condamnation* à réparation pour une faute de même type (action devant la juridiction administrative en cas de faute d'un agent public non détachable des fonctions).

Mais en cas de *dommage causé indirectement* (la loi exige alors une faute plus grave : C. pén., art. 121-3, al. 4), et s'il y a relaxe au pénal, *le juge pénal* statuant au civil, pour accorder réparation, devra conclure à une causalité cette fois-ci… directe.

L'art. 470-1 ne joue pas pour la réparation du seul dommage matériel.

• *Devant la cour d'assises* : en cas d'acquittement ou d'exemption de peine, la juridiction peut accorder réparation, à la demande de la partie civile (le juge n'a pas à le faire d'office) en cas de faute de l'accusé (art. 372) ; il doit d'agir d'une faute *résultant des faits objet de l'accusation*, et **distincte** de celle qui est exclue par l'acquittement. Les raisons de cette règle sont qu'en matière criminelle l'instance est déjà longue et coûteuse, et il n'y a pas d'abus à craindre (il n'y a pas de citation directe).

Exemples de fautes distinctes : négligence dans la restitution de fonds, différente du vol qualifié, ou imprudence dans le maniement d'une arme, différente des coups mortels. Mais en cas d'acquittement pour légitime défense, la jurisprudence de la chambre criminelle exclut toute faute civile.

b) Si la victime n'est pas partie au procès pénal : la victime doit alors aller au civil (pour le cas de faute d'un agent public, v. le défendeur à l'action civile).

POUR ALLER PLUS LOIN

EXEMPLES DE SUJETS D'EXAMEN DONNÉS :

Dissertations :

- L'action civile des proches de la victime
- La dissociation de l'action civile
- Le déclenchement de l'action civile par la partie civile

Titre 3

L'INSTRUCTION PRÉPARATOIRE

Art. 79 et s., C. pr. pén.

• L'instruction est **obligatoire** en matière **criminelle**.

• Elle est **facultative** en matière **correctionnelle** (exception : elle est en principe obligatoire pour les mineurs) ; mais la plupart des affaires ne comportent que la phase de jugement, sans instruction préalable (l'instruction n'a lieu désormais que dans moins de 5 % des affaires – en y englobant, il est vrai, la masse considérable des contraventions, si bien que ce chiffre ne signifie pas grand-chose, d'autant que, dans ce pourcentage, figure la *totalité* des crimes…).

Comme on l'a relevé, ce déclin quantitatif de l'instruction a été rendu possible par l'augmentation continue des pouvoirs de la police, et partant, du ministère public, au cours de l'enquête préliminaire : v. *supra*.

• Elle n'intervient pour les **contraventions** que si le procureur de la République le requiert ; elle est toutefois obligatoire pour la contravention de 5e classe commise par un mineur.

Chapitre 1 › PRINCIPES GÉNÉRAUX

> **› L'essentiel**
> *La même autorité ne saurait poursuivre puis instruire : il faut, pour protéger les libertés individuelles, séparer ces deux phases de la procédure. Longtemps, l'instruction présenta la particularité d'être écrite, secrète et non contradictoire : depuis le Code d'instruction criminelle jusqu'à nos jours, une évolution s'est produite dans une mesure variable pour chacun de ces caractères. À l'issue de cette évolution, pourtant voulue pour remédier aux imperfections, réelles ou supposées, de ce modèle, le projet de nouveau Code de procédure pénale envisage la suppression pure et simple de l'instruction.*

Section 1 › SÉPARATION DE L'INSTRUCTION ET DE LA POURSUITE

§ 1 - Fondement de la séparation

La raison du principe de séparation est le souci d'éviter que le juge ayant déclenché l'action ne veuille, pour justifier sa décision, aboutir à tout prix à la mise en examen. La séparation des deux phases procédurales impose donc une séparation des *autorités* qui les dirigent. Reflet de la séparation des pouvoirs, la séparation des fonctions et des autorités est une *garantie pour les libertés individuelles*.

C'est pourquoi le *principe* est l'**indépendance** du juge d'instruction (qui rassemble les preuves) et du JLD (et de la chambre de l'instruction) à l'égard du procureur de la République (qui déclenche l'action).

§ 2 - Portée de la séparation

En dépit de l'indépendance du juge d'instruction, il entretient des rapports avec le ministère public qui ne sont pas seulement ceux d'un juge avec une partie (car le ministère public, demandeur à l'action publique, est aussi une partie) :

• Le juge d'instruction ne peut commencer l'instruction sans les **réquisitions** du ministère public (pour la clôture de l'instruction, existent des règles différentes) ; **mais elles ne le lient pas.**

• Un réquisitoire contre personne dénommée oblige le juge d'instruction à entendre celle-ci comme témoin assisté.

• Dans certains cas, l'avis du ministère public est nécessaire (ex. pour la liberté de la personne mise en examen accordée d'office).

• Un **contrôle** est exercé sur l'instruction par le ministère public, qui peut à tout moment requérir la communication du dossier, pour faire procéder par le juge à tous actes utiles ; le juge d'instruction qui ne saisit pas le JLD aux fins de détention provisoire contrairement aux réquisitions du ministère public doit rendre sans délai une ordonnance motivée, et en matière criminelle et pour les délits punis de 10 ans d'emprisonnement, le procureur de la République peut alors saisir le JLD : si celui-ci ordonne la détention provisoire, ce sera donc contre la décision du juge d'instruction (art. 137-4) ; lorsque le juge d'instruction rend une ordonnance non conforme aux réquisitions du procureur (l'ordonnance doit alors être rendue dans les 5 jours : art. 82, al. 4), avis en est donné à celui-ci (art. 183, al. 5).

• En cas d'infraction **flagrante,** le procureur de la République peut faire certains actes qui sont en réalité des actes d'instruction (v. l'enquête de flagrance).

Section 2 › CARACTÈRES DE LA PROCÉDURE D'INSTRUCTION

Il est difficile de concilier l'efficacité de la recherche de la vérité et le respect des libertés individuelles : l'évolution historique de la législation en la matière, et les solutions actuelles, le montrent bien.

§ 1 - Évolution de la législation

A. Dans le Code d'instruction criminelle

La procédure était inquisitoriale :

• procédure *secrète* : personne n'entrait chez le juge d'instruction, aucun renseignement ne devait parvenir au public ; la personne poursuivie (dite alors « l'inculpé ») pouvait ignorer les charges qui pesaient sur elle ;

• procédure *écrite* (des procès-verbaux recueillaient interrogatoires, confrontations, dépositions) ;

• procédure *non contradictoire.*

B. Évolution dans le sens accusatoire

1. La loi du 8 décembre 1897 (Loi Constans)

Cette loi avait apporté d'importantes réformes : la personne poursuivie (dite « l'inculpé » jusqu'à la L. 4 janv. 1993, ensuite « personne mise en examen ») doit être avertie par le juge d'instruction de son droit de ne faire aucune déclaration ; elle peut être assistée par un avocat, qui peut consulter le dossier, et à qui sont communiquées certaines ordonnances du juge d'instruction. Ce libéralisme avait été accentué par une L. en 1933, puis restreint par une autre en 1935.

2. Évolution ultérieure

Pour la partie civile : la loi du 22 mars 1921 a apporté des garanties symétriques. Mais le ministère public joue un rôle important (v. ci-dessous).

3. Le Code de procédure pénale (1958)

Le Code a confirmé ce mouvement, en s'efforçant de réaliser un équilibre (car il faut aussi lutter contre les manœuvres dilatoires) ; de même, depuis sa mise en vigueur, une quantité impressionnante de réformes sont intervenues, mais qui n'ont pas toutes poursuivi ce même objectif : certaines ont voulu renforcer les droits de la défense, d'autres ceux du ministère public et de la police, d'autres, enfin, juguler le contentieux ou permettre de le traiter plus rapidement.

§ 2 - Caractères actuels de l'instruction

Aujourd'hui, l'instruction reste en grande partie écrite ; mais elle n'est plus totalement non contradictoire ; et elle reste (en principe) secrète, à l'égard du public.

A. L'instruction reste largement écrite

Le principe est atténué notamment avec le débat qui doit précéder la décision sur la détention provisoire, et devant la chambre de l'instruction, où les avocats des parties sont entendus.

B. L'instruction a perdu en partie son caractère non contradictoire

1. Le rôle du ministère public

Le ministère public joue un rôle important ; le procureur de la République, par ex. :
– peut prendre un réquisitoire contre personne dénommée ;
– doit être *avisé* de certains actes envisagés (ex. perquisitions) ;
– doit donner des *réquisitions à certains moments de la procédure* (ex. au début et à la fin de l'instruction) ;
– peut demander à tout moment communication du dossier, à charge de le rendre dans les 24 heures (art. 82, al. 2, C. pr. pén.) ;
– peut assister aux interrogatoires, auditions et confrontations de la personne mise en examen, de la partie civile et du témoin assisté (art. 119) ; il peut poser des questions et présenter de brèves observations (art. 120) ;
– peut requérir du juge d'instruction *tous actes lui paraissant utiles à la manifestation de la vérité* (art. 82, al. 1) ;
– peut faire *appel* de toutes ordonnances juridictionnelles du juge d'instruction.

2. Le rôle des parties privées

Les parties privés (personne mise en examen, partie civile) *ont de nombreux droits*, que l'on verra plus loin : ex. droit à un avocat, qui est convoqué aux interrogatoires ou auditions, qui a connaissance du dossier ; droit à un débat précédant la décision sur la détention provisoire ; droit de faire appel de certaines ordonnances ; droit de demander au juge d'accomplir nombreux actes ; droit d'invoquer la nullité des actes irréguliers ; pendant les interrogatoires, confrontations et auditions, les avocats des parties peuvent poser des questions et présenter de brèves observations (art. 120). Devant la *chambre de l'instruction*, les parties ont le droit d'obtenir communication des mémoires. La chambre criminelle invoque de plus en plus souvent un principe (d'inspiration européenne) d'« égalité des armes », élément du *procès équitable* selon l'art. 6 Conv. EDH, pour assurer un meilleur équilibre entre le ministère public et la personne poursuivie.

C. L'instruction reste en principe secrète (art. 11)

« *Sauf dans les cas où la loi en dispose autrement et sans préjudice des droits de la défense, la procédure au cours de l'enquête et de l'instruction est secrète* ».
Il faut préciser le domaine du secret, sa protection et sa portée.

1. Domaine du secret

Le secret régit non seulement **l'instruction** mais aussi les **enquêtes policières**. Il est en effet utile, dans l'intérêt général, pour la recherche de la vérité et la sérénité des investigations, mais il vise, aussi, à préserver les personnes mises en examen, présumées innocentes (CEDH, 7 juin 2007, *Dupuis*). Bien plus, la protection doit être celle, aussi, des parties civiles. La liberté d'expression n'autorise donc pas toute divulgation (des révélations sur la personne mise en examen, notamment, peuvent avoir un effet qui persistera injustement lorsqu'il y aura ensuite non-lieu) ; inversement, le secret ne doit pas se retourner contre les intérêts des parties. On peut comprendre, ainsi, à qui le secret est opposable et qui en est tenu.

a) À qui le secret est-il opposable ?

• Le secret n'existe pas à l'égard des *parties*. Il n'existe pas pour la *partie publique*, le procureur de la République, ayant accès au dossier. Le secret n'existe pas non plus pour les *parties privées* : ainsi sont renforcés les droits de la défense pour la personne mise en examen et la partie civile, qui sont mises au courant de la procédure, par ce que leur en dit le juge d'instruction, et particulièrement par leur avocat, qui a connaissance du dossier (et qui, à certaines conditions, peut communiquer la copie de pièces à son client). Les parties privées sans avocat ne peuvent avoir connaissance des pièces du dossier (à la différence de la phase de jugement) ; la CEDH considère qu'il n'est pas incompatible avec les droits de la défense de réserver à l'avocat d'un accusé l'accès au dossier (ex. CEDH, 21 sept. 1993, *Kremzov*) et la solution est la même pour la partie civile en raison de la nécessité de protéger le secret de l'instruction (CEDH, 14 juin 2005, *Menet*). Les parties reçoivent en outre notification de certaines ordonnances (v. ces questions).

• Le secret existe (ou devrait exister) à l'égard du *public*. Mais au premier degré de l'instruction, certaines décisions, cependant (ex. décisions sur détention provisoire), on le verra, peuvent être prises après débats publics sauf dans certains cas ; et devant *la chambre de l'instruction*, aujourd'hui, les débats se déroulent en séance publique (v. la chambre de l'instruction).

b) Qui est tenu de respecter le secret ?

Seule est tenue au secret la « *personne qui concourt à cette procédure* » en raison de sa profession (art. 11, al. 2 : ex. magistrat, policier, expert), si bien que certaines personnes sont tenues par leur propre secret professionnel, ex. les avocats (un décret du 12 juill. 2005 relatif à leur déontologie leur impose de respecter le secret de l'instruction ; mais ils peuvent parler pour l'exercice des droits de la défense).

L'obligation au secret ne concerne donc pas, par exemple, la personne mise en examen, la partie civile, le témoin, les journalistes. Or, les médias, pour satisfaire une clientèle friande de ce genre de nouvelles, diffusent souvent des informations, obtenues d'une façon illégale si elles sont reçues de personnes tenues au secret. Des textes prévoient pourtant, même pour les personnes non tenues au secret, des interdictions pénalement sanctionnées.

2. Protection du secret

• La violation du secret de l'instruction, par une personne qui y est tenue, est punie des peines de la violation de secret professionnel (art. 11, al. 2) ; on verra que les avocats des parties peuvent transmettre une reproduction des copies des pièces au client : mais celui-ci ne peut les diffuser auprès de tiers, sauf pour les rapports d'expertise (amende de 3 750 €, art. 114-1, C. pr. pén.).

• il est interdit de publier des actes de procédure criminelle ou correctionnelle avant lecture en audience publique (art. 38, L. 29 juill. 1881) ;

• il est interdit de divulguer des documents provenant de perquisitions (art. 58, 98, C. pr. pén.) ;

• Est un délit le fait, pour une personne ayant connaissance, du fait de ses fonctions, d'informations issues d'une instruction (ou, on l'a vu, d'une enquête) en cours concernant un crime ou un délit, de les révéler sciemment à des personnes qu'elle sait susceptibles d'être impliquées, si cette révélation est réalisée dans le dessein d'entraver la manifestation de la vérité (art. 434-7-2, C. pén.)

3. Portée du secret

La portée du secret doit s'apprécier au regard de l'instruction considérée elle-même, des parties à l'instruction et du public.

• Pour l'instruction : la violation du secret n'entraîne pas la nullité de l'instruction, sauf si concomitante d'un acte (ex. journaliste filmant une perquisition), il en est résulté une atteinte aux intérêts d'une partie.

• Pour les parties : la jurisprudence juge que le *ministère public* a la possibilité d'annexer au dossier d'une autre procédure, au stade de l'instruction ou du jugement, des pièces provenant d'une instruction en cours, à la condition que les parties puissent en débattre contradictoirement.
Une *partie privée* peut, pour les nécessités de sa défense, produire des actes ou des pièces reçues en violation du secret de l'instruction, sans pouvoir être condamnée pour recel de choses (pour les poursuites en diffamation, spécialement, v. L. 29 juill. 1881, art. 35, dern. al.) ; de même, la liberté d'expression peut avoir ce même effet (CEDH, 7 juin 2007, *Dupuis*).

• Pour le public, la règle du secret n'empêche pas, par exemple, de publier un avis de recherche, un signalement, un appel à témoins, et le parquet peut, pour éviter la propagation d'informations parcellaires ou inexactes ou pour mettre fin à un trouble à l'ordre public, rendre publics, d'office et à la demande de la juridiction d'instruction ou des parties, des « éléments objectifs » de la procédure ne comportant aucune appréciation sur les charges (communiqués de presse), art. 11, al. 3.
De même, sur autorisation du juge d'instruction (du procureur de la République au stade des enquêtes policières), des éléments de procédure peuvent être communiqués à des autorités habilitées, pour des recherches scientifiques destinées à prévenir des accidents, ou pour faciliter l'indemnisation des victimes (art. 11-1).
La réforme de ce secret, très souvent violé (« secret de polichinelle »), a été plusieurs fois envisagée : mais il est difficile de concilier la liberté (ou les intérêts) de la presse et le respect des personnes. Une loi, en 1993, a légitimé beaucoup de violations du secret, une autre a fait de même en 2010, par des règles protectrices de la presse. Et il arrive que des pièces d'un dossier puissent être consultées sur l'internet… Le **projet de nouveau Code de procédure pénale** reconduit cependant le principe du secret à la charge de ceux qui, par leurs fonctions, ont connaissance d'informations issues d'une enquête judiciaire pénale.

Section 3 › LE PROBLÈME DE LA RÉFORME DE L'INSTRUCTION

Pour la détention provisoire, v. cette question.

§ 1 - Pour l'instruction en général

On a souvent critiqué la *longueur de certaines instructions*. Mais il faut signaler que cette longueur est assez souvent due à l'esprit dilatoire (exercice de nombreux recours : parfois, appels et pourvois en cassation systématiques), et aux expertises. La durée excessive d'une procédure n'est pas, selon la jurisprudence, une cause de nullité, pas plus qu'une cause d'extinction de l'action publique. Des affaires financières complexes ont pu ainsi durer 14 ans ; certains auteurs se demandent si la solution est bien conforme à la Conv. EDH…

Le C. pr. pén., on le verra, prévoit des règles comme l'établissement par le juge d'instruction de ce qu'on a appelé un calendrier prévisionnel (lors de l'interrogatoire de première comparution, notamment, il doit dans certains cas indiquer « le délai prévisible d'achèvement de la procédure ») ; le Code décide aussi que la durée de l'instruction ne peut dépasser un **délai raisonnable**, notion directement issue des exigences de la Conv. EDH (art. 5, § 3, pour le droit, en cas de détention provisoire, d'être jugé dans un tel délai, et 6, § 1, pour le jugement par un tribunal) : la CEDH a condamné à des réparations pécuniaires des États (ex. la France), dont la justice n'a pas respecté ces délais raisonnables : 80 000 F au titre du préjudice moral, pour une procédure de 10 ans, avec absence d'actes pendant 3 ans, 2 000 000 F de réparation, après une instruction de 3 ans, avant non-lieu, dans une affaire d'assassinat ; mais un délai de plus de 4 ans a été considéré comme raisonnable dans une affaire cependant simple. La cour européenne estime que la durée d'une procédure doit être appréciée à partir du moment où la personne a été accusée, cette notion, prise au sens large, désignant par exemple son arrestation comme sa mise en examen (CEDH, 27 juin 1968, *Wemhoff*).

Bien des *projets de réforme* ont été élaborés ; en 1991, par exemple, on a envisagé de distinguer, comme on l'avait déjà proposé, sous une autre forme, dès 1949, les fonctions d'enquête et les fonctions juridictionnelles (c'est la distinction entre « le juge d'instruction », et « le juge *de* l'instruction »).

Des lois ont minimisé le rôle du juge d'instruction, au risque d'allonger la procédure sans la rendre plus efficace. La L. 15 juin 2000 a apporté en la matière d'importantes réformes, et le mouvement législatif continue : ex. L. 9 sept. 2002, L. 9 mars 2004, L. 5 mars 2007.

§ 2 - La suppression du juge d'instruction ?

On a dit jadis que le juge d'instruction était « l'homme le plus puissant de France » (juge unique, il avait le pouvoir de mettre en détention, dite alors préventive, la personne poursuivie) : mais ses pouvoirs ont été depuis longtemps amoindris (en même temps que ses devoirs ont été alourdis), et l'on sait que désormais la décision sur la détention provisoire est prise en principe par un autre magistrat, le JLD. La loi du 5 mars 2007 a instauré, quant à elle, les *pôles de l'instruction* en vue d'une *collégialité* de la juridiction d'instruction du premier degré (prévue au 1er janv. 2010 et repoussée au 1er janv. 2011).

Mais il est parfois proposé de supprimer ce rouage judiciaire (à une époque d'ailleurs où il a été envisagé, dans le droit anglais qui l'ignore, de l'instituer…). Une telle réforme donnerait beaucoup d'importance soit à une phase policière préalable, soit à une phase de jugement rendue considérablement plus complexe et donc plus longue, sauf à multiplier des procédures de jugement simplifiées sur le modèle de l'ordonnance pénale ou de la comparution sur reconnaissance préalable de culpabilité, procédures qui ont pu susciter bien des réserves. On observera en outre que, dans le même temps, se développe, on l'a vu, le recours à des personnes extérieures à la magistrature – les assistants spécialisés en matière d'impôts, de douane, de bourse, de concurrence –, toutes personnes éminemment respectables, mais qui, malgré l'impossibilité d'une délégation générale de signature (art. 706, C. pr. pén.), pourraient jouer un rôle décisif, dans des conditions qu'on peut ne pas approuver.
Le **projet de nouveau Code de procédure pénale** rendu public en mars 2010 saute le pas en proposant **la suppression des juges d'instruction** : le procureur de la République dirigerait *l'enquête judiciaire pénale*, issue de la fusion des actuelles enquêtes de police (préliminaire ou de flagrance) et de l'actuelle instruction, en la conduisant à charge et à décharge et en admettant ou refusant les demandes d'actes des parties privées, sous l'arbitrage de juges du siège, le juge ou le tribunal de l'enquête et des libertés. On a beaucoup dénoncé la « schizophrénie » du juge d'instruction, à la fois juge et enquêteur, et donc condamné à être partial : le procureur de la République de demain serait, lui, à la fois enquêteur, « juge » et partie.

On doit d'abord étudier la saisine du juge d'instruction, ensuite les pouvoirs et les devoirs du juge d'instruction dans la conduite de l'instruction, puis les pouvoirs et les devoirs du juge d'instruction et du juge des libertés et de la détention concernant la liberté de la personne poursuivie, enfin la chambre de l'instruction.

Chapitre 2 › LA SAISINE DU JUGE D'INSTRUCTION

> **› L'essentiel**
> *Le juge d'instruction doit être saisi par le procureur de la République ou la partie civile ; mais certaines affaires justifient une cosaisine. La saisine oblige le juge d'instruction à instruire, en principe, sur les faits ainsi dénoncés, sans qu'il puisse étendre sa saisine à des faits différents. Mais, indépendant dans la conduite de son information, le juge d'instruction est libre du choix de la qualification juridique de ces faits et libre d'étendre son information à toute personne.*

Section 1 › SAISINE, COSAISINE, COLLÈGE DE L'INSTRUCTION

En 2011, il est prévu d'instaurer la collégialité de l'instruction, qui serait confiée à un *collège de l'instruction*. En cette attente, la collégialité peut d'ores et déjà être instaurée dans certaines affaires, par la cosaisine.

§ 1 - La cosaisine

Lorsque la *gravité* ou la *complexité* de l'affaire le justifie, l'information peut donner lieu à une **cosaisine**, en application de procédures diverses. Les décisions en la matière, mesures d'administration judiciaire, n'ouvrent *aucun recours* (art. 83-1, dern. al.). En cas de cosaisine, le législateur répartit les compétences habituelles du juge d'instruction entre le juge chargé de l'information et les juges adjoints.

A. Procédures de cosaisine

Elles varient selon que la cosaisine est décidée dès l'ouverture de l'instruction ou au cours de son déroulement.

1. La cosaisine dès l'ouverture de l'instruction

Au sein d'une juridiction comportant un **pôle de l'instruction**, et à l'ouverture de l'instruction, le président du tribunal, d'office ou à la demande du procureur de la République, peut désigner *un* ou *plusieurs* juges d'instruction qui sont *adjoints* au juge d'instruction chargé de l'information (art. 83-1).

2. La cosaisine au cours de l'instruction

La procédure varie selon que la cosaisine intervient avec ou sans l'accord du juge d'instruction initialement saisi.

a) En cas d'accord du juge d'instruction initialement saisi
Au sein d'un tribunal *doté d'un pôle de l'instruction*, la cosaisine peut être décidée avec l'accord du juge initialement saisi. Elle est prononcée par le président du tribunal, soit d'office ou sur réquisition du ministère public ou sur requête des parties privées (renouvelable au bout de 6 mois), soit à la demande du juge initialement saisi lui-même. Sur demande ou réquisition, le président de la juridiction a un mois pour procéder à la cosaisine.

Lorsque l'instruction a été ouverte dans un tribunal *où il n'y a pas de pôle de l'instruction*, après que le juge initial s'est volontairement dessaisi, le président du tribunal où se trouve le pôle territorialement compétent procède, dans un délai d'un mois, à la désignation du juge chargé de l'instruction et des juges cosaisis.

b) En l'absence d'accord du juge d'instruction initialement saisi

Si l'information a été ouverte au sien d'un tribunal *doté d'un pôle de l'instruction*, la cosaisine peut être alors ordonnée par le *président de la chambre de l'instruction*, d'office, à la demande du président du tribunal, sur réquisitions du parquet ou sur requête des parties. Cette procédure s'applique également lorsque le président du tribunal n'a pas statué dans le délai d'un mois précité. Le président de la chambre de l'instruction statue dans ce même délai.

Si l'instruction a été ouverte dans un tribunal *sans pôle de l'instruction*, c'est alors *la chambre de l'instruction* qui a compétence pour décider la cosaisine. Elle a un mois pour soit renvoyer au juge initialement saisi, soit procéder à son dessaisissement si c'est indispensable à la manifestation de la vérité et à la bonne administration de la justice avec désignation corrélative de plusieurs juges d'instruction.

La cosaisine peut être aussi décidée par la chambre de l'instruction dans le cas particulier de l'art. 221-3 (détention provisoire en cours depuis plus de 3 mois, absence d'avis de fin d'information et initiative du président de la chambre de l'instruction de la saisir de l'ensemble de la procédure : v. art. 221-3, II, 6°).

B. Compétences du juge charge de l'instruction et du ou des juges adjoints

Le juge chargé de l'instruction a un rôle de *coordonnateur*, et a seul qualité pour *saisir le JLD*, prononcer d'office *une mise en liberté* et pour rendre *l'avis de fin d'information* et les *ordonnances de règlement* ; mais cet avis et ces ordonnances peuvent être cosignés par le ou les juges cosaisis (art. 83-2 ; l'absence de cosignature ouvre appel aux parties privées : art. 186-3, al. 2).

§ 2 - Le collège de l'instruction

On a indiqué précédemment qu'au 1er janv. 2011, l'instruction devrait être confiée à un **collège** formé de **3** juges d'instruction, dont l'un doit être un magistrat du 1er grade et exerce les fonctions de *juge coordonnateur*. Cette collégialité systématique rendra la cosaisine inutile, qui disparaîtra.

Les décisions de *mise en examen*, de *placement sous contrôle judiciaire*, de *saisine du JLD*, de *mise en liberté d'office*, les *avis de fin d'information*, les *ordonnances de règlement* seront prises de manière collégiale. Pour les autres actes, ils peuvent être confiés, par délégation, à l'un des juges du collège (nouv. art. 83).

Section 2 › SOURCES DE LA SAISINE

Conformément au principe de la séparation des autorités de poursuites et des autorités d'instruction (v. *supra* chap. 1), le juge d'instruction *ne peut se saisir lui-même*. Il peut être saisi (art. 51) :

– **soit par le ministère public**, par un **réquisitoire introductif d'instance** (on dit aussi **à fin d'informer, ou de soit informé)** : art. 80. Le ministère public peut saisir le juge d'instruction d'un *réquisitoire de non-informer,* mais seulement si la poursuite est impossible juridiquement ; dans ce cas, le juge d'instruction ne peut passer outre que par une ordonnance motivée (art. 86, al. 4), ouvrant appel ;
– **soit par la victime**, pour un *crime* ou un *délit,* par une **plainte avec constitution de partie civile**. Cette plainte avec constitution de partie civile sera communiquée au procureur de la République pour que celui-ci prenne ses réquisitions, mais *elle déclenche* **automatiquement** *la poursuite* si elle est régulière et recevable (art. 85 et 86).
Si la plainte est insuffisamment motivée, le procureur de la République peut, avant de prendre ses réquisitions, et si le juge d'instruction ne l'a pas déjà fait, demander à celui-ci d'entendre la partie civile et de l'inviter à produire toute pièce utile. Le juge d'instruction peut être saisi de réquisitions pour qu'il soit procédé, provisoirement, à une information **contre personne non dénommée (« contre X... »)**, et non contre la personne nommément désignée dans la plainte (v. le problème, étudié à propos de l'action civile, des abus de constitutions de partie civile).
Le juge d'instruction peut aussi être saisi par le dessaisissement d'un autre (art. 663 ; v. aussi art. 221-3, II, 7°), ou par une ordonnance du juge des enfants, ou par un règlement de juges.

Section 3 › CONSÉQUENCES DE LA SAISINE

Dès que l'instruction est ouverte, les enquêtes de police (enquête préliminaire ou de flagrance) doivent cesser : la police judiciaire ne peut plus intervenir que sur commission rogatoire.

§ 1 - Conséquences quant à la décision du juge

Le juge d'instruction, après examen de l'affaire, doit toujours prendre une décision. Il rend une **ordonnance** (susceptible d'appel, v. cette question) :

• même en cas d'incompétence, ou d'extinction de l'action publique par prescription, décès, amnistie, ou de fait ne constituant pas une infraction ; il y a alors ordonnance de **refus d'informer** (ou de *non-informer*) *;* mais celle-ci n'est possible que si, de façon *manifeste,* les faits ne peuvent donner lieu à poursuites, pour l'une des raisons indiquées, ou qu'ils n'ont pas été commis (le cas échéant, après vérifications par le procureur de la République : art. 86, al. 4 ; ex. Crim., 3 mars 2009, *Bull. crim.* n° 49) : sinon, le juge d'instruction doit informer (ex. Crim., 6 oct. 2009, *Bull. crim.* n° 164). Et le juge ne peut pas fonder son refus sur des pièces issues d'une autre procédure à laquelle la partie civile n'a pas accès (Crim., 1er sept. 2009, *Bull. crim.* n° 146, visant l'art. préliminaire). En cas de refus d'informer (comme après un non-lieu), le juge d'instruction peut prononcer une amende civile pour constitution abusive (v. art. 177-2, y compris si la partie civile est une personne morale ou son représentant de mauvaise foi : art. 177-3) ;

• en cas de recevabilité de l'action publique et de compétence du juge d'instruction, celui-ci *doit informer.* Dans le cas d'une plainte avec constitution de partie civile, il doit statuer sur tous les faits dénoncés par la partie civile, même sans réquisitoire supplétif du procureur.

§ 2 - Conséquences quant à l'étendue de la saisine

Le juge d'instruction poursuit des faits, non des personnes : il est saisi *in rem*, et non *in personam* (l'exemple est très net dans le cas d'information contre X…).
Conséquences ; la *liberté individuelle* est protégée contre l'arbitraire du juge d'instruction et celui du ministère public.

A. Protection contre l'arbitraire du juge d'instruction

1. Le juge ne peut étendre de lui-même son information à des faits nouveaux

Car il ne peut se saisir d'office (la notion de fait nouveau n'est pas très précise ; ne sont pas des faits nouveaux des faits indivisibles de ceux qui fondent la poursuite). En conséquence, si des faits non visés au réquisitoire sont découverts, le juge d'instruction doit immédiatement communiquer au procureur de la République les plaintes et procès-verbaux qui les constatent (art. 80, C. pr. pén.). Celui-ci peut alors (al. 3) :
– soit requérir (par **réquisitoire supplétif**) que le juge d'instruction informe sur les nouveaux faits ;
– soit requérir l'ouverture d'une information distincte, qui peut être confiée au même juge d'instruction ;
– soit saisir la juridiction de jugement ;
– soit ordonner une enquête policière ;
– soit décider d'un classement sans suite ;
– soit prendre l'une des mesures des art. 41-1 à 41-3 (ex. médiation, composition pénale, v. l'exercice de l'action publique) ;
– soit transmettre plaintes ou procès-verbaux au procureur de la République territorialement compétent.
Ces règles s'appliquent aussi lorsque c'est la *partie civile* qui dénonce dans une *plainte additionnelle* des faits non visés au réquisitoire (art. 80, dernier al.) : le juge d'instruction n'est saisi que si le procureur requiert l'instruction.
Néanmoins, sans attendre que les faits nouveaux donnent lieu à d'éventuelles poursuites, et à la condition que le procès-verbal des constatations soit adressé au ministère public, s'il en résulte des indices suffisamment graves et concordants d'une incrimination pénale, la Cour de cassation estime que le juge d'instruction peut entendre la personne mise en examen et effectuer des *vérifications sommaires*. Si ces conditions ne sont pas réunies, la procédure est irrégulière : le juge d'instruction ne peut procéder à des actes entraînant des investigations approfondies et qui, présentant un caractère *coercitif*, exigent la mise en mouvement préalable de l'action publique, ex. d'actes interdits : commission rogatoire, perquisition, garde à vue, saisies.

2. Mais le juge est maître de la qualification juridique des faits

Ex. causes d'aggravation. Il recouvre ici sa liberté, n'étant pas lié à cet égard par le réquisitoire et les textes visés par celui-ci, ni par les qualifications proposées par la partie civile.

B. Protection contre l'arbitraire du ministère public

Le juge d'instruction, en effet, à propos des faits dont il est saisi, **peut étendre son information à toute personne**, même non visée dans le réquisitoire : cela empêche le ministère public de limiter arbitrairement la poursuite à telle ou telle personne.

La liberté du juge d'instruction est cependant limitée en cas de *réquisitoire contre personne dénommée* : si cette personne nommément visée par le réquisitoire introductif (ou un réquisitoire ultérieur) n'est pas mise en examen, le juge d'instruction **ne peut l'entendre que comme témoin assisté**, avec les garanties prévues pour celui-ci (v. chap. 3).

Chapitre 3 › LES POUVOIRS ET LES DEVOIRS DU JUGE D'INSTRUCTION DANS LA CONDUITE DE L'INSTRUCTION

› L'essentiel

Le juge d'instruction a des pouvoirs très étendus dans la conduite de son information. Ces pouvoirs visent à la découverte de la vérité, dans le respect des droits de la défense et des libertés individuelles. Des conditions sont donc mises à ses investigations (perquisitions, saisies, interceptions de correspondance télécommuniquée, et, en matière de criminalité organisée, infiltration ou sonorisation et fixation d'images) et à ses prérogatives (mandats, mise en examen). En outre, alors qu'il fut longtemps le seul maître de son information, en raison de son indépendance, il doit désormais répondre à des demandes d'acte des parties privées, avec la possibilité d'un appel devant la chambre de l'instruction. Il peut se faire seconder par la police judiciaire, en délivrant une commission rogatoire. À l'issue de son information, il prend une ordonnance de clôture, par laquelle il décide d'un renvoi devant la juridiction de jugement ou d'un non-lieu, en fonction des éléments réunis par lui, à charge et à décharge.

Il faut d'abord faire état des mandats que peut délivrer le juge d'instruction ; on verra comment ce juge peut entendre une personne par l'interrogatoire de première comparution ou en tant que témoin assisté, avant de décider le cas échéant de sa mise en examen ; on étudiera ensuite les différents actes d'instruction tendant à la recherche des preuves, les commissions rogatoires, la clôture de l'instruction (pour l'appel contre les ordonnances du juge d'instruction et du juge des libertés et de la détention, et pour les nullités, v. la chambre de l'instruction).

Dès le début de l'information, le juge d'instruction doit avertir la victime de l'ouverture d'une procédure et de son droit à se constituer partie civile, et à être alors assistée d'un avocat (art. 80-3).

Section 1 › LES MANDATS

Ce sont des ordres écrits permettant la **recherche**, la **comparution** ou l'**arrestation** de la personne visée (art. 122 à 136, C. pr. pén.), et délivrés en principe, pour le mandat de recherche, de comparution, d'amener ou d'arrêt, par le *juge d'instruction* (le mandat de dépôt, lui, est délivré par le *juge des libertés et de la détention*).

Dans certains cas des mandats sont délivrés par le *procureur de la République* : v. la flagrance, et la procédure devant le tribunal correctionnel ; le *juge de l'application des peines* peut délivrer mandat d'amener ou d'arrêt en cas d'inobservation des obligations par le condamné placé sous son contrôle (art. 712-17, ex. ajournement du prononcé de la peine, libéré après réduction de peine, sursis avec mise à l'épreuve, suivi socio-judiciaire, semi-liberté, placement sous surveillance électronique, libération conditionnelle, surveillance judiciaire, suspension de peine pour raisons médicales graves) ; dans

certains cas le *tribunal correctionnel* peut aussi délivrer des mandats (mandat d'amener ou d'arrêt, art. 397-4, 410-1 ; mandat de dépôt ou d'arrêt, art. 465) ; v. aussi le JLD (art. 141-2), le président de la chambre de l'instruction, le président de la cour d'assises, la cour d'assises.
Il faut distinguer les mandats, utilisés en vue d'interroger la personne visée, de la convocation qui s'adresse à un *témoin* (avec si nécessaire la force publique).
Tous les mandats doivent être *motivés* en fait et en droit : ils doivent mentionner la *nature des faits* imputés à la personne visée, leur *qualification juridique* et les articles de loi applicables (art. 123). En cas d'*urgence*, les mandats d'amener, d'arrêt et de recherche, peuvent être diffusés par tous moyens.
La personne retenue sur mandat de comparution, d'amener ou d'arrêt peut faire prévenir un proche et être examinée par un médecin (art. 133-1).

§ 1 - Mandat de recherche

Il est l'*ordre donné à la force publique* de rechercher la personne à l'encontre de laquelle il existe une ou plusieurs raisons plausibles de soupçonner qu'elle a commis ou tenté de commettre une infraction (soit les conditions d'un placement en garde à vue), et de la *placer en garde à vue* (art. 122, al. 2, 135-1). Le mandat de recherche est inscrit au fichier des personnes recherchées (art. 135-3).
Il ne peut être décerné à l'égard d'une personne objet d'un réquisitoire nominatif, d'un témoin assisté ou d'une personne mise en examen.
L'agent ne peut, pour exécuter ce mandat, entrer dans un domicile privé entre 21 h et 6 h (art. 134).
Comme on l'a vu, ce mandat peut aussi être décerné par le procureur de la République en cas de crime flagrant, ou de délit flagrant puni d'au moins 3 ans d'emprisonnement.

Les trois mandats suivants peuvent être décernés à l'égard d'une personne contre laquelle il existe des **indices graves** *ou* **concordants** rendant vraisemblable qu'elle ait participé à une infraction (soit les conditions d'une mise en examen), y compris si cette personne est déjà témoin assisté ou mise en examen (art. 122, al. 3). Si la personne est saisie et n'avait pas déjà l'une de ces deux qualités, le juge d'instruction doit l'entendre comme **témoin assisté**, s'il ne la met pas en examen ; cette personne ne peut pas être mise en garde à vue pour les faits objet du mandat (art. 122, al. 7). Mais si la personne ne peut être saisie, elle est *considérée comme mise en examen* uniquement pour l'application de l'art. 176 relatif à l'appréciation des charges (art. 134, al. 3) : pour le reste, elle n'a pas cette qualité, et ne peut donc saisir, par ex., la chambre de l'instruction d'une requête en nullité ou se pourvoir en cassation contre ses arrêts.

§ 2 - Mandat de comparution

Il s'agit d'une *simple convocation* avec mise en demeure adressée à la personne visée (jour, heure, lieu de comparution), signifié par huissier ou notifié par officier ou agent de la force publique (art. 122, al. 3, 123, al. 3). *Aucune mesure de contrainte* ne peut être prise. Sur la possibilité d'une convocation en vue d'une première comparution (avec un délai de 10 jours à 2 mois), v. sect. 2.

§ 3 - Mandat d'amener

Il est l'*ordre donné à la force publique* de conduire, *même de force*, la personne visée devant le juge d'instruction (art. 122, al. 5). L'agent ne peut, pour exécuter ce mandat, entrer dans un domicile privé entre 21 h et 6 h (art. 134).

Il est possible de maintenir la personne pour 24 heures au plus dans les services de police ou de gendarmerie en attendant la comparution devant le juge d'instruction ; après 24 heures sans interrogatoire, la personne doit être mise en liberté (art. 125, al. 2). Des règles spéciales existent si la personne recherchée est trouvée à plus de 200 km : il y a *transfèrement* (art. 127 à 130-1, C. pr. pén.).

En cas de condamnation, *la durée de l'incarcération est déduite de la peine privative de liberté*.

§ 4 - Mandat d'arrêt

Il est l'*ordre donné à la force publique* de rechercher, d'arrêter la personne visée et de la conduire à la maison d'arrêt (art. 122, al. 6) ; il concerne les personnes *en fuite* ou *résidant hors du territoire de la République* (art. 131). Le mandat d'arrêt est donc inscrit au fichier des personnes recherchées (art. 135-3). L'agent ne peut, pour exécuter ce mandat, entrer dans un domicile privé entre 21 h et 6 h (art. 134). L'interrogatoire doit avoir lieu dans les 24 heures de l'incarcération (des règles spéciales existent si la personne est arrêtée à plus de 200 km : il y a *transfèrement*, art. 133) ; la chambre criminelle a jugé que la personne mise en examen et ainsi arrêtée n'a pas à être entendue par le juge d'instruction avant la saisine du JLD. En cas de condamnation, *la durée de l'incarcération est déduite de la peine privative de liberté*. Pour le cas où la personne objet d'un mandat d'arrêt est découverte *après* le règlement de l'information, v. art. 135-2 ; selon la jurisprudence, cette personne n'a pas à recevoir l'avis de fin d'information prévue par l'art. 175, n'ayant pas la qualité de partie au sens de cette disposition.

Il faut distinguer ce mandat d'arrêt du *mandat d'arrêt européen*, remplaçant l'extradition entre les pays de l'UE pour certaines infractions (art. 695-11 et s.) : c'est une décision judiciaire par un État de l'UE (État d'émission), pour l'arrestation ou la remise par un autre État (État d'exécution) d'une personne recherchée pour des poursuites ou l'exécution d'une peine ou d'une mesure de sûreté privative de liberté. Le ministère public peut aussi, par ce mandat, assurer l'exécution d'une peine privative de liberté égale ou supérieure à 4 mois. V. art. 695-23 pour la liste des 32 catégories d'infractions permettant l'exécution du MAE sans contrôle de la double incrimination. V. Mémento de *Droit pénal général*.

Le **mandat de dépôt**, lui, est *délivré par le JLD* (par le tribunal dans certains cas, on le verra : art. 465). C'est l'*ordre donné au chef de l'établissement pénitentiaire* de recevoir et de retenir la personne mise en examen à l'encontre de laquelle a été rendue une ordonnance aux fins de **placement en détention provisoire** (art. 122, dernier al.), v. la détention provisoire. Ce mandat implique la présence de la personne : il ne peut donc pas être utilisé si celle-ci se dérobe.

Section 2 › L'INTERROGATOIRE DE PREMIÈRE COMPARUTION

§ 1 - Moment de l'interrogatoire

Le juge d'instruction peut procéder à un premier interrogatoire soit par convocation, soit après délivrance d'un mandat (v. sect. 1 ; ces mandats peuvent aussi être délivrés ensuite : pour les interrogatoires ultérieurs et les garanties de la défense, v. sect. 5).

A. En cas de convocation

Il peut y avoir **convocation par LR** en vue de l'interrogatoire de première comparution, avec date et heure de la convocation, dans un délai de **10 jours à 2 mois**, ou notification de la convocation par un OPJ, avec les mêmes mentions (procès-verbal, signé par la personne, qui en reçoit copie) : art. 80-2.

B. En cas de mandat

Art. 122 à 136 (v. sect. 1).

• **Mandat de comparution :** interrogatoire immédiat (jour et heure fixés par le mandat).

• **Mandat d'amener :** si l'interrogatoire ne peut être immédiat, la personne est maintenue dans les services de police ou de gendarmerie pour 24 heures au maximum, puis est interrogée par le juge d'instruction.

• **Mandat d'arrêt :** la personne est conduite à la maison d'arrêt pour 24 heures au maximum ; interrogatoire dans les 24 heures de l'incarcération.

• Règles spéciales si la personne mise en examen est trouvée à **plus de 200 km** du lieu où a été délivré le mandat.

§ 2 - Modalités de l'interrogatoire

Art. 116.

Lorsque le juge d'instruction (au 1er janv. 2011, *le collège de l'instruction*) envisage de mettre en examen (v. sect. 4) une personne qui n'a pas déjà été entendue comme témoin assisté (car alors les exigences de ce texte deviennent inutiles), il procède ainsi :

• Il constate l'identité de la personne (on dit souvent **« interrogatoire d'identité »**).

• Il indique à la personne *l'objet* de sa mise en examen : les faits, et leur qualification juridique ; mais il n'est pas nécessaire d'expliciter les faits et les circonstances qui motivent la mise en examen ; la qualification juridique des faits n'est qu'indicative : le juge d'instruction pourra, le cas échéant, la modifier ensuite.

• Il procède à l'interrogatoire si la personne est déjà assistée d'un avocat (cas de l'art. 80-2, *supra* A.), lequel peut présenter des observations, notamment pour convaincre le juge de renoncer à la mise en examen ; si la personne n'a pas encore d'avocat, le juge l'avise de son droit de choisir un avocat, ou de demander un avocat désigné d'office ; l'avocat (ou le bâtonnier en cas de demande de commission d'office) est informé sans délai. Si l'avocat choisi ne peut être présent, la personne est avisée qu'elle peut demander qu'il en soit désigné un d'office pour l'assister au cours de cette première comparution.

• L'avocat peut consulter le *dossier* sur-le-champ et *communiquer* librement avec la personne (au besoin avec le concours d'un interprète, sur le fondement de l'art. 6, § 3, e, Conv. EDH, et de l'art. 82-1). Cela implique donc une suspension de la première comparution.

• Le juge avertit la personne qu'elle a le droit de se taire (cf. art. 6, Conv. EDH, d'où s'infère la « prohibition de l'auto-incrimination » – comprendre, en langue française, « droit de ne pas s'accuser soi-même »), de faire des déclarations, ou d'être interrogée (l'accord pour être interrogé ne peut être donné qu'en présence d'un avocat) ; l'avertissement est mentionné au procès-verbal. *À défaut d'accord de l'intéressé en présence d'un avocat, l'entretien de première comparution ne peut donc donner lieu à un interrogatoire sur le fond.* L'avocat peut présenter des observations, notamment pour dissuader le juge de procéder à une mise en examen.

• Si la personne fait des déclarations, elle les fait **sans prêter serment** : la personne a le *droit de mentir* (mais n'est pas un serment le fait de « donner sa parole d'honneur »). Contrairement à un interrogatoire, les déclarations n'autorisent pas le juge à poser des questions sur le fond : il peut, tout au plus, questionner l'intéressé pour éclairer le sens exact de ses propos.

• Ensuite, le juge d'instruction notifie à la personne :
– soit qu'elle n'est pas mise en examen (le juge a donc renoncé à son projet initial après l'avoir entendue) : il informe la personne qu'elle bénéficie du statut de *témoin assisté* ;
– soit qu'elle est mise en examen, avec les faits ou la qualification juridique des faits qui lui sont reprochés si ces faits ou ces qualifications diffèrent de ceux déjà notifiés ; *il l'informe de ses droits de formuler une demande d'actes* (v. sect. 5) *ou de présenter une requête en annulation* (**une règle identique existe pour la** *partie civile* **lors de sa première audition** – art. 89-1).

• *Calendrier prévisionnel* : si le juge d'instruction estime que le délai prévisible d'achèvement de l'information est inférieur à un an en matière correctionnelle, ou à 18 mois en matière criminelle, il donne connaissance de ce délai à la personne, et l'avise qu'à l'expiration du délai elle pourra demander la clôture de la procédure, en l'absence d'avis de fin d'information. Dans le cas contraire, il indique à la personne qu'elle pourra demander cette clôture à l'expiration des mêmes délais (**une règle identique existe pour la** *partie civile* **lors de sa première audition**, art. 89-1, al. 2). Si l'information n'est pas terminée dans les deux ans, le juge d'instruction rend une ordonnance explicative, communiquée au président de la chambre de l'instruction, qui peut par requête saisir la chambre ; il doit renouveler cette ordonnance tous les 6 mois (art. 175-2) : la chambre de l'instruction peut, dans l'intérêt d'une bonne administration de la justice, soit évoquer l'affaire en dessaisissant le juge, soit renvoyer le dossier à ce juge ou à un autre qu'elle désigne (art. 221-1). L'objectif de ces dispositions est d'éviter une instruction d'une durée excessive (cf. art. 6, Conv. EDH). La chambre criminelle juge que l'ordonnance n'a pas de caractère juridictionnel (un appel des parties privées n'est pas possible) et n'est pas prescrite à peine de nullité.

• La personne doit indiquer son adresse personnelle ou celle d'un tiers d'accord (par ex. celle du cabinet de son avocat), et ses changements d'adresse (ces déclarations sont faites devant le JLD lorsque celui-ci décide de ne pas placer la personne en détention). Toute notification ou signification à la dernière adresse déclarée sera réputée faite à sa personne.
Selon l'art. 116-1, et en *matière criminelle*, l'interrogatoire de première comparution effectué dans le cabinet du juge d'instruction (pas ailleurs, par ex. dans une chambre d'hôpital : Crim., 1er avr. 2009, *Bull. crim.* n° 64) doit faire l'objet d'un *enregistrement audiovisuel* ; l'enregistrement sera consulté en cas de contestation sur la portée des déclarations faites, sur décision du juge d'instruction (ou, au stade du jugement, de la juridiction de jugement), à la demande du ministère public ou de l'une des parties privées (le juge doit rendre alors une ordonnance motivée dans le délai d'1 mois). Si le nombre des personnes mises en examen fait obstacle à l'enregistrement de la totalité des interrogatoires, le juge détermine ceux qui seront enregistrés. L'art. 116-1 est inapplicable aux crimes relevant de la criminalité organisée, des atteintes aux intérêts fondamentaux de la Nation et du terrorisme, sauf décision contraire du juge d'instruction.
En cas **d'urgence**, on peut ne pas observer les règles ci-dessus : interrogatoire immédiat et confrontations sont possibles sans devoir recueillir l'accord de l'intéressé en présence d'un avocat, si un témoin est en danger de mort, si des indices sont sur le point de disparaître, ou lorsque l'instruction a été ouverte sur les lieux d'une enquête de flagrance avec présence simultanée du procureur de la République et du juge d'instruction (art. 117).

Section 3 › LE TÉMOIN ASSISTÉ

Art. 113-1 et s. La loi s'est efforcée d'élaborer un système qui, tout en évitant à l'intéressé les inconvénients d'une mise en examen, même sans détention provisoire, lui permette de bénéficier de certaines des prérogatives accordées à la personne poursuivie, notamment le droit à un avocat et l'accès au dossier de l'affaire : c'est le régime du témoin assisté. Ce régime a l'avantage de moins peser sur la personne que ne le fait la mise en examen : mais en contrepartie il risque de donner un sens plus lourd à la mise en examen.
Dans le cas où un *majeur protégé* reçoit la qualité de témoin assisté, le procureur de la République doit en aviser le tuteur ou le curateur (art. 706-113) qui peut avoir accès à la copie du dossier (art. D. 47-16 ; l'expertise médicale de l'art. 706-115 est facultative : art. D. 47-22). Un membre du gouvernement peut être entendu comme témoin assisté, sans qu'une autorisation du conseil des ministres soit nécessaire (art. 652).
On doit préciser les cas dans lesquels on doit ou l'on peut utiliser ces règles, puis définir le statut du témoin assisté.

§ 1 - Cas dans lesquels la personne doit ou peut être entendue comme témoin assisté

Le juge d'instruction peut, par LR, faire connaître à une personne qu'elle sera entendue comme témoin assisté (art. 113-4, al. 2).

Il y a tantôt obligation, tantôt possibilité d'entendre une personne comme témoin assisté.

A. Ne peuvent être entendues que comme témoin assisté

1. La personne **nommément visée par le réquisitoire introductif d'instance** (à fin d'informer ou de soit informé) ou par un **réquisitoire supplétif**, et qui n'est pas *mise en examen* (art. 113-1).
On remarquera que conférer un tel effet au réquisitoire nominatif paraît aller dans le sens des droits de la défense : il faut pourtant souligner que cela revient à transférer en réalité du juge d'instruction au procureur de la République la décision pouvant déboucher sur une mise en examen, c'est-à-dire à *violer le principe de séparation de la poursuite et de l'instruction* ; mais des réquisitions nominatives ne valent pas, à elles seules, réquisitions de mise en examen, sauf si elles s'accompagnent d'une demande de placement en détention provisoire (puisque la détention présuppose cette qualité).

2. Sur sa demande d'être entendue comme témoin assisté, la **personne nommément visée par une plainte** ou la **personne mise en cause par la victime** (art. 113-2, al. 1). Si une personne ainsi visée ou mise en cause doit être entendue par un OPJ sur commission rogatoire, elle doit par conséquent consentir à cette audition après avoir été avertie de son droit de demander à n'être entendue que par le juge d'instruction en qualité de témoin assisté. Il en est de même de la personne qui, ainsi visée ou mise en cause, est entendue au cours d'une garde à vue (Crim., 6 août 2008, *Bull. crim.* n° 171).

3. La personne ayant fait l'objet d'un *renvoi partiel*, et qui n'est pas mise en examen pour d'autres faits. Il en est de même en cas de disjonction d'une procédure d'instruction (art. 182, al. 3).

4. La personne contre laquelle a été décerné un *mandat de comparution, d'amener ou d'arrêt*, sauf au juge à la mettre en examen si les conditions en sont réunies (art. 122, al. 7).

5. La personne dont la mise en examen a été *annulée* (art. 174-1) ; mais à tout moment cette personne pourra demander sa mise en examen (art. 113-6).

B. Peuvent être entendues comme témoin assisté

1. La personne *nommément visée par une plainte* (même sans constitution de partie civile) ou la personne *mise en cause* par la victime (art. 113-2, al. 1) ; si cette personne le demande, elle est obligatoirement entendue comme témoin assisté, on vient de le voir. Ces règles valent dans l'instruction, mais pas pendant la garde à vue dans l'enquête de police.

2. La personne *mise en cause* par un témoin (art. 113-2, al. 2).

3. La personne contre laquelle il existe des indices rendant vraisemblable qu'elle ait pu participer, comme auteur ou complice, à la commission des infractions (même texte).
Il est à remarquer que la présence de tels indices, s'ils sont en rapport avec l'une des infractions visées à l'art. 706-55 (ex. viol, meurtre, torture et actes de barbarie, trafic de stupéfiants), autorise la conservation des *empreintes génétiques* du témoin

assisté dans le fichier national automatisé des empreintes génétiques. La décision, mentionnée au dossier, est prise par un *OPJ*, agissant d'office, ou à la demande du juge d'instruction ; l'intéressé peut demander l'effacement de cette information au procureur de la République et, en cas de refus, saisir le *JLD*, avec un recours devant le président de la chambre de l'instruction (art. 706-54).

§ 2 - Le statut du témoin assisté

La personne *n'est pas mise en examen* ; mais elle bénéficie de plusieurs des *droits* reconnus aux personnes mises en examen (que le juge lui indique lors de la première audition, en même temps qu'il lui donne connaissance du réquisitoire et de la plainte ou dénonciation, art. 113-3, dern. al., 113-4, al. 1) et elle peut devenir une personne mise en examen à tout instant de l'instruction.
Le statut du témoin assisté est donc hybride : si l'intéressé *n'est pas partie à la procédure*, il bénéficie de prérogatives (que les réformes n'ont cessé d'accroître) ordinairement réservées à une partie, comme on va le voir. Le **projet de nouveau Code de procédure pénale** voudrait au contraire conférer au témoin assisté la qualité de partie à la procédure (« partie assistée »), dotée des mêmes droits que la personne mise en examen (« partie pénale »).

A. Droits semblables à ceux de la personne mise en examen

• Le témoin assisté **ne prête pas serment** de dire la vérité (art. 113-7) : il peut donc mentir sans commettre un faux témoignage.

• Droit d'être assisté par un **avocat**, avisé préalablement des auditions, et ayant accès au dossier dans les conditions étudiées p. 175 (art. 113-3, al. 1).

• Droit de demander au juge d'être confronté avec les personnes qui le mettent en cause (art. 113-3, al. 2) ; il peut demander des confrontations individuelles, si plusieurs personnes le mettent en cause, le juge devant exprimer son refus éventuel par ordonnance motivée dans le délai d'1 mois (art. 120-1).

• Droit de formuler des requêtes en annulation (art. 113-3, al. 2) en saisissant la chambre de l'instruction aux fins d'annulation (art. 170, 173, al. 3, 173-1, 175). La jurisprudence en déduit que le témoin assisté retire nécessairement de ce droit celui de se pourvoir contre l'arrêt de la chambre de l'instruction, exerçant ici une prérogative (une voie de recours) qui est pourtant réservée, normalement, à une partie, ce qu'il n'est pas.

• Droit de n'être entendu que sur sa demande par un OPJ sur commission rogatoire (art. 152) ; à défaut le témoin assisté ne peut donc être entendu que par un magistrat. La jurisprudence estime qu'une personne nommément visée par une plainte mais qui n'est pas témoin assisté peut être entendue sur commission rogatoire par un OPJ.

• Lors des auditions, l'avocat du témoin assisté peut poser des questions ou présenter de brèves observations (art. 120, al. 1).

• Droit d'être entendu, avec son accord et celui du juge, par un expert, dans les formes de l'art. 164 (en présence de son avocat, sauf délégation motivée, ou renonciation expresse, et sauf pour les médecins ou psychologues) : v. les expertises.

• Le témoin assisté est avisé du *délai prévisible d'achèvement de la procédure* si le juge d'instruction estime que ce délai est inférieur à un an en matière criminelle ou à 18 mois en matière correctionnelle, et de son droit, à l'expiration de ce délai, de demander au juge d'instruction (au 1er janv. 2011, au *collège de l'instruction*) la clôture de l'information (art. 116, al. 8, et 175-1, al. 1 : v., pour l'effet de cette demande en l'absence d'avis de fin d'information, *la clôture de l'instruction*). En cas de décision du juge de prolonger l'instruction ou lorsqu'il ne répond pas à cette demande, le témoin assisté peut saisir le président de la chambre de l'instruction (art. 175-1, al. 2). Cette demande peut être faite également si aucun acte d'instruction n'a été accompli depuis 4 mois.

• Il peut recevoir notification des conclusions d'expertises qui le concernent, avec possibilité de présenter une demande de complément d'expertise ou de contre-expertise ; le juge n'est pas tenu d'y répondre par ordonnance motivée, sauf si le témoin assisté réclame sa mise en examen (art. 167, dernier al.).

• Il reçoit l'avis de fin d'information (art. 175, avant dern. al.) et notification des ordonnances de règlement (art. 183, al. 1).

B. Règles différentes de celles applicables à la personne mise en examen

• Comme témoin, le témoin assisté est tenu de comparaître et de déposer (v. sect. 5, § 3 les obligations du témoin).

• Le témoin assisté **ne peut**, s'il n'est pas mis en examen, **être placé sous contrôle judiciaire, en assignation à résidence sous surveillance électronique ou en détention provisoire** ni faire l'objet d'une ordonnance de renvoi ou de mise en accusation (art. 113-5). Il en résulte qu'il ne peut comparaître devant une juridiction de jugement qu'après avoir été, au préalable, mis en examen, au besoin par lettre recommandée en même temps que l'avis de fin d'information (v. *infra* C) ; mais en l'absence de renvoi ou de mise en accusation, un non-lieu n'est pas nécessaire.

• Le témoin assisté, on l'a dit, *ne devient pas partie au procès* : en conséquence, ses observations préalables à une mise en examen envisagée peuvent être entendues sans avocat, on n'a pas à l'informer de la date d'audience de la chambre de l'instruction (sauf *en cas d'appel d'une ordonnance de non-lieu,* car il a le droit, alors, de faire valoir ses *observations,* orales ou écrites, devant la chambre de l'instruction, par l'intermédiaire de son avocat : art. 197-1 ; v. aussi art. 221-3), il ne peut exercer les voies de recours (appel des ordonnances du juge d'instruction, pourvoi en cassation contre les arrêts de la chambre de l'instruction – *mais pour les nullités de l'instruction,* v. *supra* A), il ne peut demander la publication d'un éventuel non-lieu.
Lors de la phase de jugement celui qui a été témoin assisté pendant l'instruction est un témoin ordinaire.

C. Mise en examen du témoin assisté

Le témoin assisté peut être mis en examen à sa demande (« droit à être mis en examen »), ou à l'initiative du juge (du *collège de l'instruction* au 1er janv. 2011) ; cette mise en examen est possible par commission rogatoire délivrée par le juge d'instruction à un autre juge d'instruction – à un autre collège d'instruction, au

1er janv. 2011 – (art. 154-2, al. 3). Il aura, ensuite, la possibilité de demander à revenir à son statut antérieur (art. 80-1-1).

1. La mise en examen sur demande du témoin assisté (art. 113-6)

À tout moment de la procédure, le témoin assisté peut demander à être mis en examen, soit lors d'une audition soit par LRAR. La solution peut sembler curieuse : il s'expose à des mesures comme la détention provisoire, jusqu'alors impossibles ; mais il devient partie à la procédure et bénéficie alors de l'ensemble des droits de la défense dès sa demande ou dès l'envoi de la lettre (art. 113-6).

2. La mise en examen sur indices (art. 113-8)

S'il apparaît au cours de la procédure que des indices graves **ou** concordants justifient la mise en examen du témoin assisté, le juge d'instruction (le collège de l'instruction au 1er janv. 2011) peut y procéder après un interrogatoire obéissant aux règles de l'interrogatoire des personnes mises en examen, avec indication des faits et du droit de formuler des demandes d'actes ou des requêtes en annulation, du délai prévisible d'achèvement de la procédure. Selon la jurisprudence, cette mise en examen peut intervenir au nom des indices qui existaient déjà lors de la décision de conférer à l'intéressé le statut de témoin assisté, sans que des indices nouveaux soient requis.

Il peut aussi être procédé à cette mise en examen en adressant à la personne une lettre recommandée, avec les mêmes indications ; cette lettre peut être adressée en même temps que l'avis de fin d'information, et la personne peut alors formuler des demandes pendant 20 jours. Cette possibilité d'une mise en examen intervenant *in extremis* pourrait sembler inquiétante, puisque le témoin assisté n'a pas tous les droits de la personne mise en examen. Mais il a eu la possibilité, on l'a vu, de demander sa mise en examen à tout moment.

En cas de mise en examen sur indices, la personne peut demander à être à nouveau entendue, son interrogatoire étant alors *obligatoire*.

Section 4 › LA MISE EN EXAMEN

La mise en examen est une décision grave. En conséquence, elle est réservée aux seules juridictions d'instruction et elle doit intervenir au bon moment de la procédure et selon des modalités respectueuses des droits de la défense. Mais il importe aussi qu'elle puisse être contestée.

§ 1 - Titulaires du pouvoir de mettre en examen

Le pouvoir de mettre en examen n'appartient qu'aux juridictions d'instruction, juge d'instruction (80-1 ; au 1er janv. 2011, ce pouvoir appartiendra au *collège de l'instruction*) ou chambre de l'instruction (art. 204 ; pour les mineurs, juge des enfants : Ord. 2 févr. 1945, art. 8).

Dès lors, ce pouvoir n'appartient pas au ministère public. Notamment, on l'a vu, un réquisitoire introductif ou supplétif contre une *personne dénommée* n'impose pas sa mise en examen : elle est un témoin assisté (v. *supra* sect. 3). La chambre criminelle a donc jugé qu'un réquisitoire nominatif ne constitue pas, en lui-même, des réquisitions de mise en examen (Crim., 9 nov. 2005, arrêt n° 1, *Bull. crim.* n° 290). Mais des réquisitions *aux fins de placement en détention provisoire, sous contrôle judiciaire ou en assignation à résidence avec surveillance électronique* valent, implicitement, demande de mise en examen ; si le juge confère à l'intéressé la qualité de témoin assisté, il doit donc statuer par une ordonnance motivée sur son refus d'y procéder (Crim., 9 nov. 2005, arrêt n° 2, *Bull. crim.* n° 290).

§ 2 - Moment de la mise en examen

La mise en examen ne doit intervenir ni trop tôt, ni trop tard. C'est pourquoi :

A. Pour éviter les mises en examen prématurées

Le juge d'instruction (au 1er janv. 2011, le *collège de l'instruction*), **à peine de nullité, ne peut mettre en examen que la personne à l'encontre de laquelle il existe des indices graves** *ou* **concordants** rendant *vraisemblable* qu'elle ait pu participer, comme auteur ou comme complice, à la commission des infractions dont il est saisi. Il doit **au préalable** avoir entendu les observations de la personne, ou l'avoir mise en mesure de les faire, assistée par son avocat, selon les règles de l'interrogatoire de première comparution (v. *supra*, sect. 2), ou comme témoin assisté (art. 80-1) : *la mise en examen ne peut donc intervenir* **qu'après audition** *de la personne par le juge, pas avant.* Les indices graves **ou** concordants rendant vraisemblable la participation de la personne à l'infraction sont la *condition nécessaire de cette mise en examen*. Il suffit donc soit d'indices graves, même non concordants, soit d'indices concordants, même faibles (mais l'hypothèse est-elle crédible ?).

Le juge d'instruction *ne peut* procéder à la mise en examen *que s'il estime ne pas pouvoir recourir à la procédure de témoin assisté* (art. 80-1, al. 3), notamment s'il envisage un contrôle judiciaire, une assignation à résidence avec surveillance électronique ou une saisine du JLD en vue de la détention provisoire : la mise en examen apparaît ainsi comme une *décision subsidiaire* au regard de la décision de conférer la qualité de témoin assisté. On a d'ailleurs vu que la délivrance d'un mandat d'amener, de comparution et d'arrêts, qui requiert de tels indices, confèrent la qualité de témoin assisté, sauf décision du juge de mettre l'intéressé en examen (art. 122, al. 7).

Il est à remarquer qu'en raison de la présence de ces indices, s'ils rendent vraisemblable que l'intéressé a commis l'une des infractions visées à l'art. 706-55 (ex. viol, meurtre, torture et actes de barbarie, trafic de stupéfiants), ses *empreintes génétiques* peuvent être conservées dans le fichier national automatisé des empreintes génétiques. La décision, mentionnée au dossier, est prise par un *OPJ*, agissant d'office, ou à la demande du juge d'instruction ; l'intéressé peut demander l'effacement de cette information au procureur de la République et, en cas de refus, saisir le *JLD*, avec un recours devant le président de la chambre de l'instruction (art. 706-54).

B. Pour éviter les mises en examen tardives

1. Les personnes qui ne peuvent être entendues comme témoins : les indices graves et concordants (art. 105)

Le juge d'instruction ou l'OPJ sur commission rogatoire **ne peuvent entendre comme témoin** la personne à l'encontre de laquelle il existe des **indices graves**

et **concordants** d'avoir participé aux faits dont il est saisi ; ici, les indices graves **et** concordants rendant vraisemblable la participation de la personne à l'infraction sont la *condition suffisante de l'interdiction d'entendre la personne comme témoin* (v. *infra* les auditions de témoins), sans que la mise en examen soit obligatoire : on peut entendre la personne comme *témoin assisté*.
Il faut donc ici que les indices soient **à la fois** graves et concordants : selon la jurisprudence, s'ils sont graves mais non concordants, ou concordants mais faibles, on peut entendre la personne comme témoin… En l'absence de tels indices, la personne non nommément visée par le réquisitoire peut donc être entendue sous serment, ex. sur commission rogatoire.

2. Les personnes qui ne peuvent être entendues que comme témoins assistés

a) La personne **nommément visée** par le réquisitoire introductif ou supplétif du procureur de la République et qui n'est pas mise en examen : le juge d'instruction, on l'a vu, *ne peut l'entendre que comme témoin assisté*, avec les garanties prévues pour celui-ci (art. 113-1) ; il serait donc inutile de retarder la mise en examen pour éluder les droits de la défense.

b) La **personne, nommément visée par une plainte** ou une personne mise en cause par la victime, qui **demande** à être entendue comme **témoin assisté** (art. 113-2, al. 1 ; la personne visée est avisée de ce droit).

c) La personne ayant fait l'objet d'un *renvoi partiel*, et qui n'est pas mise en examen pour d'autres faits ; de même en cas de disjonction d'une procédure d'instruction (art. 182).

d) La personne dont la mise en examen a été annulée (art. 174-1).

3. Les personnes qui peuvent être entendues comme témoin assisté

La *personne nommément visée par une plainte* ou la *personne mise en cause par la victime ou par un témoin*, et qui n'a pas demandé à être témoin assisté, ou contre laquelle il existe des *indices rendant vraisemblable* qu'elle ait pu participer, comme auteur ou comme complice, à la commission des infractions (art. 113-2, al. 2).
À tout moment, on l'a vu, le témoin assisté peut demander à être mis en examen (art. 113-6).

§ 3 - Modalités de la mise en examen

La mise en examen, on l'a vu, suppose *l'audition préalable* de la personne pour laquelle elle est envisagée : il s'agit de respecter les *droits de la défense*, en permettant à l'intéressé de développer les arguments de nature à convaincre le juge de revenir sur sa décision de procéder à une mise en examen.

A. Pour une personne qui n'a pas déjà été entendue comme témoin assisté

Convocation ou *mandat* (v. sect. 1 et 2 ; sur mandat d'amener ou d'arrêt, la personne qui ne peut être saisie est considérée comme mise en examen : art. 134, al. 3).

B. Pour une personne déjà entendue comme témoin assisté

On l'a vu section 3 (ex. par LR ; art. 113-8).

§ 4 - Contestation de la mise en examen

A. La nullité de la mise en examen

La condition de la mise en examen tenant à la nécessité de la présence d'indices graves ou concordants rendant vraisemblable la participation de la personne à l'infraction est prescrite à peine de *nullité* (art. 80-1, al. 1er) ; l'intéressé peut saisir à cette fin la chambre de l'instruction dans les 6 mois de sa mise en examen (art. 80-1-1, 173-1). Si la nullité est prononcée, la personne est alors considérée comme *témoin assisté* (art. 174-1 : v. *supra*, sect. 3) et les possibles détention provisoire, assignation à résidence avec surveillance électronique ou contrôle judiciaire prennent fin.

B. La demande du statut de témoin assisté

La personne mise en examen peut demander au juge d'instruction (au 1er janv. 2011, au *collège de l'instruction*) de *revenir sur sa décision* de mise en examen et de lui octroyer le statut de témoin assisté, en invoquant que les indices sont devenus insuffisants et qu'il est possible de se contenter de cette qualité (art. 80-1-1).

Cette demande peut être présentée 6 mois après la mise en examen et renouvelée tous les 6 mois, ou dans les 10 jours suivant la notification d'une expertise ou un interrogatoire au cours duquel l'intéressé a été entendu sur les résultats d'une commission rogatoire ou sur les déclarations de la partie civile, d'un témoin, d'un témoin assisté ou d'une autre personne mise en examen. En revanche, la chambre criminelle a jugé qu'il est trop tard pour présenter cette demande après l'avis de fin d'information, au motif qu'elle n'est pas visée par l'art. 175 (Crim., 9 juin 2009, *Bull. crim.* n° 116).

Si la demande est accordée, en cas de détention provisoire, il y a mise en liberté d'office. Si elle est refusée, l'ordonnance doit indiquer les indices graves ou concordants qui justifient le maintien de la qualité de personne mise en examen ; la personne mise en examen peut interjeter appel (art. 186).

Section 5 › LES DIFFÉRENTS ACTES D'INSTRUCTION TENDANT À LA RECHERCHE DES PREUVES

Le juge d'instruction accomplit de nombreux actes d'instruction (il peut en faire accomplir certains par la police judiciaire, au moyen des commissions rogatoires, v. sect. 6), de sa propre initiative ou à la demande du ministère public, de la personne mise en examen ou de la partie civile ; ces actes tendant à rassembler les éléments de preuve sont l'interrogatoire, les auditions de témoins, les transports sur les lieux, les perquisitions, les saisies, les interceptions de correspondance télécommuniquées, les expertises, le dossier de personnalité ; et certaines autres procédures spéciales sont prévues pour la criminalité et la délinquance organisées, en dehors des particularités qui seront signalées à propos des perquisitions et des saisies (pour la garde à vue, v. les commissions rogatoires).

Il est établi une *copie* de ces actes (ainsi que des pièces de la procédure), certifiée conforme par le greffier du juge, cotées en principe au fur et à mesure de leur rédaction ou de leur réception, afin que l'établissement du dossier en double permette qu'aucun retard n'affecte le déroulement de l'instruction en cas d'exercice d'une voie de recours entraînant dessaisissement du dossier original (art. 81, al. 2, 3). La jurisprudence a jugé que la violation des règles de cotation du dossier n'est pas sanctionnée d'une nullité, sauf si elle constitue un stratagème destiné à faire échec aux droits de la défense. Le dossier de la procédure peut être *numérisé*.

La durée de l'instruction ne peut excéder « un délai raisonnable ». Et si, deux ans après l'ouverture de l'information, celle-ci n'est pas terminée, le juge, on l'a vu, doit rendre une ordonnance explicative communiquée au président de la chambre de l'instruction, qui peut saisir cette chambre (art. 175-2).

§ 1 - L'initiative des actes d'instruction et les demandes d'actes

A. Les actes d'instruction à l'initiative du juge d'instruction

En raison de *l'indépendance* des juridictions d'instruction dans la conduite de leurs informations, l'initiative de ces actes appartient en principe au juge d'instruction : il procède, conformément à la loi (est nulle, par ex., l'audition d'un témoin sous hypnose), à tous les actes qu'il juge utiles à la manifestation de la vérité (art. 81). Le juge d'instruction « **instruit à charge et à décharge** » (art. 81, al. 1) : il doit donc examiner toutes les possibilités (raisonnables), la culpabilité, mais aussi l'innocence de la personne mise en cause.

En matière criminelle, ou pour un délit contre les personnes ou contre les biens avec atteintes à la personne, le juge d'instruction, tous les 6 mois (tous les 4 mois à sa demande, avec alors audition par le juge), informe la partie civile (ou une association de victimes visée à l'art. 2-15) de l'avancement de l'instruction (art. 90-1).

Le juge d'instruction peut d'office (mais aussi sur réquisition du parquet ou à la demande de la partie civile) procéder à tout acte lui permettant d'apprécier les préjudices subis par celle-ci ou de recueillir des renseignements sur sa personnalité (art. 81-1).

B. Les demandes d'actes par les parties privées

1. Actes pouvant être demandés

La personne mise en examen et la partie civile peuvent demander au juge d'instruction qu'il soit procédé aux **actes**, **mesures et examens** suivants (art. 81, al. 9 et 82-1, 82-2, C. pr. pén.) :

– audition de partie civile (y compris la sienne propre, s'agissant d'une partie civile),

– interrogatoire (y compris le sien propre, s'agissant d'une personne mise en examen, notamment lorsque plus de 4 mois ont couru depuis sa dernière comparution devant le juge : art. 82-1, dern. al.),

– audition de témoins,

– confrontation,

– transport sur les lieux,

– production d'une pièce utile à l'information par une partie (donc pas par un témoin),
– examen médical ou psychologique,
– *tous autres actes* qui leur paraissent nécessaires à la manifestation de la vérité (ex. perquisition, désignation d'un interprète pour permettre à la personne mise en examen de communiquer avec son avocat, selon la chambre criminelle, visant aussi l'art. 6 § 3, Conv. EDH : Crim., 25 mai 2005, *Bull. crim.* n° 157 ; pour l'expertise, v. cette question ; pour le dossier de personnalité, v. cette question).

Pour les auditions et interrogatoires, ainsi que le transport sur les lieux, l'auteur de la demande peut réclamer la présence de son avocat (art. 82-2) ; si le juge y fait droit, il convoque l'avocat dans les 2 jours ouvrables précédant l'acte et l'avocat pourra intervenir en posant des questions ou en faisant des observations (art. 120).

On peut rapprocher de ces demandes d'acte celle par laquelle une partie demande au juge de **constater la prescription de l'action publique** (art. 82-3).

2. Formes de la demande

La demande, écrite et motivée, est faite par déclaration au greffier du juge d'instruction (ou, en cas de résidence hors du ressort, par LRAR) ; une demande par Chronopost ne suffit pas, non plus qu'une lettre au juge d'instruction, ou au ministre de la justice. En cas de détention provisoire, la déclaration peut aussi être faite auprès du chef d'établissement (art. 81, al. 10). La demande doit porter sur des actes déterminés et, s'il s'agit d'une audition, précise l'identité de la personne dont l'audition est souhaitée (sans autre précision : au juge d'instruction de faire les recherches nécessaires…).

Si le juge fait droit à une demande qui n'a pas été présentée en ces formes, l'acte accompli est nul, si l'intéressé ne renonce pas à la faculté de se prévaloir de la nullité lui faisant grief (ainsi jugé, par ex., à propos d'un interrogatoire de la personne mise en examen réclamé par la partie civile).

Les parties ne peuvent plus demander d'actes à l'expiration d'un délai de 3 mois (1 mois s'il y a une personne détenue) à compter de l'avis de fin d'information ; mais elles peuvent renoncer à ce délai, leur avocat convoqué (art. 175, al. 4 et 8).

Dans le cas d'une demande tendant à faire constater la prescription de l'action publique, les formes sont les mêmes (art. 82-3).

3. Décision du juge

Si le juge n'entend pas faire droit à la demande, il rend une ordonnance motivée, au plus tard *dans le mois* de la réception de la demande (art. 81, al. 9, art. 82-1, al. 2 ; même solution pour la demande de présence de l'avocat : art. 82-2, al. 3). Il en va de même pour celle qui refuse de constater la prescription de l'action publique (art. 82-3). L'ordonnance est susceptible d'appel (à l'exception de celle de l'art. 82-2 : v. *supra* 1 non visée par l'art. 186-1) : le *président de la chambre de l'instruction* décide, dans les 8 jours, s'il y a lieu de saisir la chambre de l'instruction de cet appel ; sa décision, qui doit être motivée en cas de refus, est sans recours (art. 186-1) : la chambre criminelle a pourtant admis qu'un pourvoi en cassation pouvait être formé contre une ordonnance entachée d'excès de pouvoir (ex. président ayant décidé à tort que la requête était irrecevable).

Si le juge d'instruction **ne statue pas dans le délai**, la partie peut recourir à la saisine directe du *président de la chambre de l'instruction* (art. 81, dern. al., 82-1 ; pour la demande de constat de prescription de l'action publique, art. 82-3), qui décide, dans les 8 jours (ordonnance sans recours, sauf excès de pouvoir), s'il y a lieu ou non de saisir la chambre de l'instruction de cet appel (mais si la partie n'use pas de cette faculté, elle ne peut ensuite faire appel de l'ordonnance de renvoi comme rejetant implicitement sa demande).

C. Les demandes d'actes par le procureur de la République

Le procureur de la République peut à tout moment requérir tous actes lui paraissant utiles à la manifestation de la vérité, en demandant éventuellement d'assister à leur accomplissement ; si le juge d'instruction ne suit pas ces réquisitions, il doit rendre dans les 5 jours une ordonnance motivée ; à défaut, le procureur peut saisir directement la chambre de l'instruction dans les 10 jours suivant l'expiration du délai de 5 jours (art. 82, al. 4 et 5).

§ 2 - Les interrogatoires et auditions et les garanties de la défense

Art. 114 à 121, C. pr. pén.
L'interrogatoire de première comparution et la *première audition de la partie civile* ont été étudiées section 2. Les règles qui suivent concernent les interrogatoires et auditions ultérieurs (art. 114).
On entendra donc ici, par garanties de la défense, celles dont bénéficie aussi bien la personne mise en examen que la partie civile. La partie civile dispose de ces garanties tant qu'elle n'est pas déclarée irrecevable ; si elle l'est ensuite, la jurisprudence décide qu'il n'y a pas nullité des actes antérieurs lui ayant reconnu cette qualité.
On notera que la *personne mise en examen* peut, **après 4 mois depuis sa dernière comparution**, faire la demande écrite (comme ci-dessus) d'être entendue par le juge d'instruction : celui-ci doit alors l'interroger dans les 30 jours de la réception de la demande (art. 82-1, al. 3).
La Cour de cassation a jugé qu'on ne peut entendre un suspect « sous hypnose ».
Pour l'interprète, v. art 121, al. 2 ; pour les personnes atteintes de surdité, v. art. 121, al. 3.

A. Le rôle de l'avocat

1. Assistance de l'avocat

La *personne mise en examen* peut demander l'assistance d'un avocat dès l'interrogatoire de première comparution, on l'a vu, et si elle n'a pas exercé ce droit, elle peut la réclamer par la suite à tout instant de la procédure ; elle a le droit d'en désigner plusieurs, à charge de faire connaître celui auquel seront adressées les convocations et notifications (art. 115). La procédure d'instruction *perd* alors, en partie, *son caractère secret et non contradictoire* (v. *infra*, 2 et 3).
La *partie civile* a les mêmes droits.

2. Convocation de l'avocat

Au cours de l'interrogatoire (personne mise en examen) ou de l'audition (partie civile), et sauf renonciation expresse de l'intéressé, l'avocat doit être présent ou avoir été dûment appelé à l'être (art. 114, al. 1er) : *c'est la convocation qui est obligatoire, non la présence*. La jurisprudence estime que la convocation n'a pas à préciser l'objet de l'interrogatoire. L'avocat doit être convoqué au plus tard **5 jours ouvrables** avant chaque interrogatoire ou audition (non compris celui de la convocation, ni celui de l'interrogatoire), par LRAR ou télécopie avec récépissé ou par courriel avec trace écrite, ou verbalement avec émargement (art. 114, al. 2, 803-1) ; mais, selon la jurisprudence, il n'y a pas nullité si l'irrégularité n'a pas porté atteinte aux droits de la défense.

N'est pas un *interrogatoire* la simple mise en présence de la victime et de deux personnes mises en examen, l'une disant « Je n'ai rien à déclarer », l'autre « Moi non plus » ; de même la présentation de la personne à des témoins derrière une vitre sans tain, ou l'audition de la voix de la personne par des témoins : « parade d'identification ».

Quand l'instruction est faite par le *juge des enfants*, celui-ci, en cas d'*urgence*, peut entendre le mineur sur sa situation familiale ou personnelle sans observer la règle ci-dessus (Ord. 2 févr. 1945, art. 8, al. 2).

3. Communication du dossier

a) Dans le cas des interrogatoires et auditions

• Le dossier est mis à la disposition de *l'avocat* de la personne mise en examen ou de la partie civile au plus tard **4 jours ouvrables** avant chaque interrogatoire ou audition (art. 114, al. 3). Mais si le délai n'a pas été observé, l'avocat, selon la jurisprudence, doit protester lors de l'interrogatoire ou de l'audition s'il veut ensuite en demander l'annulation.

Le dossier doit être *complet*, avec les pièces y figurant au moment de la communication ; des pièces peuvent être établies ensuite, mais, s'il en est fait usage au cours de l'interrogatoire ou de l'audition (à défaut, il n'y a aucune irrégularité en l'absence d'atteinte aux droits de la défense), elles devront avoir été portées à la connaissance de l'avocat avant. Le juge n'a pas à joindre au dossier communiqué à l'avocat la copie d'une commission rogatoire en cours d'exécution, ni *a fortiori* les pièces de celle-ci.

• Le dossier n'a pas à être mis à la disposition, en revanche, de la personne mise en examen elle-même, serait-elle un avocat : si celle-ci n'a pas d'avocat, elle n'aura donc pas connaissance directe du dossier. La règle n'est pas contraire à la Conv. EDH, la CEDH considérant qu'il n'est pas incompatible avec les droits de la défense et l'art. 6, Conv. EDH de réserver à l'avocat d'un accusé l'accès au dossier (v. par ex. CEDH 21 sept. 1993, *Kremzow*). Il en va de même pour la partie civile, qui n'est pas tenue au secret de l'instruction (CEDH, 14 juin 2005, *Menet*).

b) En général

Après la première comparution ou audition, et en dehors du cas particulier des interrogatoires et auditions :

• Le dossier est *à tout moment* (pendant les jours ouvrables) à la disposition de l'avocat de la personne mise en examen ou de la partie civile, sous réserve du bon fonctionnement des cabinets d'instruction (art. 114, al. 3).

Pour *l'enregistrement audiovisuel d'un interrogatoire ou d'une confrontation*, la consultation ne peut en avoir lieu qu'en cas de contestation de la portée des déclarations, sur décision du juge d'instruction, à la demande du ministère public ou de l'une des parties (art. 116-1, al. 2 ; un an d'emprisonnement et 15 000 € d'amende en cas de diffusion : al. 3). S'agissant de *l'enregistrement audiovisuel ou sonore de l'audition d'un mineur victime d'infraction sexuelle*, sa copie peut être visionnée ou écoutée avec les parties et les avocats, en présence du juge (art. 706-52, al. 5) ou, dans des conditions qui en garantissent la confidentialité, par les avocats des parties seuls au palais de justice (al. 6 ; un an d'emprisonnement et 15 000 € d'amende en cas de diffusion : al. 8).

• Les avocats peuvent se faire délivrer, à leurs frais, **copie de tout ou partie des pièces et actes du dossier**, notamment sous forme numérisée (des difficultés se présentent parfois, ex. pour la copie d'un dossier de plusieurs dizaines de tomes) ; la copie doit être délivrée dans le délai d'1 mois. Les avocats peuvent transmettre une **reproduction de ces copies à leur client**, qui doit attester par écrit avoir pris connaissance de l'interdiction de les diffuser auprès de tiers, *sauf pour les rapports d'expertise* communiqués pour les besoins de la défense : art. 114, al. 4 à 11, R. 155 et R. 165 (amende de 3 750 € en cas de violation de l'interdiction : art. 114-1). L'avocat énonce la liste des pièces dont il souhaite remettre une reproduction à son client. Il faut alors distinguer deux hypothèses :
– Dans la généralité des cas, le juge d'instruction a 5 jours ouvrables pour s'opposer à tout ou partie de ces remises, en raison de l'un des risques spécifiés par le texte (ex. risque de pression sur les témoins, les victimes, etc.), par ordonnance spécialement motivée. À défaut de réponse dans le délai, l'avocat peut communiquer à son client les pièces de la liste : ici, le silence du juge d'instruction vaut autorisation.
En cas d'opposition, l'avocat peut déférer la décision, dans les 2 jours, au *président de la chambre de l'instruction,* qui statue dans les 5 jours par décision écrite et motivée, sans recours. À défaut de réponse notifiée dans le délai, l'avocat peut communiquer à son client la copie des pièces ou des actes de la liste.
Des règles particulières sont prévues pour la remise de ces copies à une *personne détenue* (v. art. R. 15-42 à R. 15-45, C. pr. pén.).
– Dans le *cas de l'avocat de la partie civile dont la recevabilité a été contestée* (certaines parties civiles, en effet, sont de fausses victimes, qui tentent de s'immiscer dans le procès pénal pour avoir connaissance d'éléments qui les intéressent, ex. des renseignements sur une entreprise concurrente), il faut *l'autorisation préalable* du juge d'instruction : ici, le silence du juge vaut refus.
En cas de refus ou à défaut de réponse dans les 5 jours ouvrables, l'avocat peut recourir à la saisine directe du *président de la chambre de l'instruction,* qui statue dans les 5 jours ouvrables par décision écrite et motivée, sans recours. En l'absence d'autorisation préalable du président, l'avocat ne peut transmettre à son client les pièces de la liste (et devant la chambre de l'instruction, l'avocat de la partie civile dont la constitution a donné lieu à une contestation retenue n'a pas accès au dossier avant l'audience : art. 197, al. 3, v. la chambre de l'instruction).
On notera que *lors de la phase de jugement*, et en application d'un revirement de jurisprudence intervenu en 1996 sur le fondement de l'art. 6, § 3, Conv. EDH, le prévenu ou l'accusé même non assistés d'un avocat peuvent, avec l'autorisation du ministère public pour certains actes, obtenir la délivrance de copies.

4. Lors des interrogatoires, auditions et confrontations

L'avocat peut poser des questions et présenter de brèves observations (art. 120). Le juge d'instruction détermine l'ordre des interventions, et peut y mettre un terme

quand il s'estime suffisamment informé ; il peut s'opposer aux questions de nature à nuire au bon déroulement de l'information ou la dignité de la personne : la procédure devient en partie contradictoire. Il n'appartient pas à l'avocat de mettre fin à l'interrogatoire : celui-ci peut continuer même si l'avocat s'en va.
Pour l'audition de *mineur victime de certaines infractions* (ex. viol), un enregistrement audiovisuel (ou seulement sonore, si l'intérêt du mineur le justifie) est prévu (art. 706-52, C. pr. pén.) ; ne sont pas applicables les règles de l'art. 114 al. 4 à 11 (v. plus haut, 3). Sur la présence de certaines personnes, v. art. 706-53.
Le ministère public peut assister aux interrogatoires et confrontations de la personne mise en examen, et aux auditions de la partie civile comme du témoin assisté (il sera averti par le greffier l'avant-veille de l'acte, s'il a manifesté l'intention d'y assister). Il peut poser des questions et présenter de brèves observations, avec pour le juge d'instruction les mêmes pouvoirs que ci-dessus pour l'avocat (art. 119, 120).
En cas de nécessité, interrogatoire, audition et confrontation, y compris d'un détenu, peuvent être effectués en plusieurs points du territoire par vidéoconférence, avec possibilité d'enregistrement audiovisuel ou sonore (art. 706-71, R. 53-33 et s.).

5. Communication avec le client détenu

L'avocat est autorisé à communiquer librement avec son client détenu, même en cas d'interdiction de communiquer (art. 145-4).

6. Notification de certaines ordonnances

L'avocat reçoit notification de certaines ordonnances du juge d'instruction ou du JLD (ex. ordonnances de règlement, ordonnances susceptibles d'appel : art. 183, al. 4).

Remarque : des règles symétriques existent pour les **auditions de la partie civile.** Lors de sa première audition, la partie civile est avisée de son droit de demander certains actes (v. § 1) ou de formuler une requête en annulation (v. art. 173-1, al. 3).
La constitution de partie civile peut être contestée par le procureur de la République ou une partie : en cas de contestation, le juge d'instruction rend une ordonnance motivée, avec appel possible, comme en cas d'ordonnance d'irrecevabilité (art. 87, al. 2 et 3).

B. Les autres garanties de la défense

1. Autres garanties pour la personne mise en examen

Pour la prohibition des mises en examen tardives, v. § 3.

a) Les interrogatoires

• La personne mise en examen ne peut être soumise à un **interrogatoire ou à une confrontation** que par un **magistrat**, non par un OPJ (la **partie civile** ou **le témoin assisté** ne peuvent être entendus par un OPJ que sur leur demande), v. les commissions rogatoires.

• Dans une même procédure, la personne mise en examen ne peut être entendue comme témoin pour d'autres faits, connexes ou non (même entièrement distincts), que si sont observées les règles sur la convocation de l'avocat et la communication du dossier. L'audition est au contraire possible s'il s'agit de deux procédures différentes.

b) La notification des ordonnances

La personne mise en examen reçoit notification des ordonnances de règlement et des ordonnances dont elle peut faire appel, verbalement, par émargement au dossier de la procédure ou par lettre recommandée (art. 183).

c) La clôture de la procédure

Si le juge d'instruction estime que le *délai prévisible d'achèvement de l'information est inférieur à un an en matière correctionnelle, ou à 18 mois en matière criminelle,* il donne connaissance de ce délai à la partie civile, et l'avise qu'à l'expiration du délai, en l'absence d'avis de fin d'information, elle pourra demander la clôture de la procédure.

2. Autres garanties pour la partie civile

La partie civile reçoit *notification* de certaines ordonnances (ex. celles dont elle peut faire appel, et l'ordonnance de renvoi) ; pour la remise de copies, la télécopie est possible.

Comme pour la personne mise en examen, si le juge d'instruction estime que le *délai prévisible d'achèvement de l'information est inférieur à un an en matière correctionnelle, ou à 18 mois en matière criminelle,* il donne connaissance de ce délai à la partie civile, et l'avise qu'à l'expiration du délai, en l'absence d'avis de fin d'information, elle pourra demander la clôture de la procédure. Dans le cas contraire, il indique à la partie civile qu'elle pourra demander cette clôture à l'expiration des mêmes délais (art. 89-1, al. 2 et 175-1).

Quand un *mineur est victime de faits volontaires,* un administrateur *ad hoc* doit être désigné si les intérêts du mineur ne sont pas suffisamment protégés par ses représentants légaux (art. 706-50 et 51, R. 53 à 53-8, R. 216 et R. 216-1).

§ 3 - Les auditions de témoins

Les témoins sont entendus (au besoin avec un interprète) soit séparément et hors la présence des parties, soit lors de confrontations entre eux ou avec l'une ou l'autre des parties (art. 102 ; pour les personnes atteintes de surdité, v. art. 102, al. 2). La procédure est devenue en partie contradictoire : le procureur de la République et les avocats des parties et des témoins assistés peuvent poser des questions et présenter de brèves observations (art. 120).

Il est à noter qu'on ne peut entendre un témoin « sous hypnose », même avec son accord.

On rappellera les droits qui sont conférés à certains témoins dans le dessein d'éviter des mises en examen tardives, puis on indiquera les obligations du témoin.

A. Les droits de certains témoins : la prohibition des mises en examen tardives

Tant qu'elle n'est pas mise en examen ou témoin assisté, la personne soupçonnée ne bénéficie pas des garanties de la défense : elle peut être entendue sans avocat, sous serment, par un OPJ ; l'audition de témoins permettant d'entendre une personne comme simple témoin, avec ensuite **mise en examen tardive,** pourrait donc être un moyen d'éluder les garanties légales.

En conséquence, l'art. 105 interdit d'entendre comme témoins des personnes qui devraient bénéficier des droits de la défense.

1. Domaine de la prohibition

Selon la jurisprudence, cette interdiction ne concerne que l'*instruction* (le magistrat instructeur, et les OPJ agissant sur commission rogatoire) : elle a toujours refusé d'en étendre le domaine à l'enquête de police, préliminaire ou de flagrance, même suivie d'une information (il y a cependant les limites de la garde à vue) ; pendant une enquête, l'OPJ peut donc entendre la personne même s'il existe à son encontre des indices accablants, par ex. en cas d'aveu circonstancié.

L'interdiction protège la personne contre laquelle il existe des **indices graves** *et* **concordants** d'avoir participé aux faits dont le juge d'instruction est saisi. Il en résulte que, si le juge veut l'entendre, il doit lui conférer, au préalable, la qualité de **personne mise en examen** ou de **témoin assisté** (l'art. 113-6, al. 2 précise en effet que l'art. 105 ne lui est pas applicable ; sur les personnes devant ou pouvant bénéficier du statut de témoin assisté, avec donc selon le cas, pour le juge d'instruction, obligation, ou faculté, art. 113-1 et s., v. sect. 3). On dit souvent que l'art. 105 correspond à une obligation de mettre en examen ou sous statut de témoin assisté, ce qui n'est donc pas exact : cet article présuppose que le juge d'instruction prenne l'initiative d'*entendre* l'intéressé. En s'en abstenant, il a la possibilité de le laisser en dehors de la procédure d'instruction, qui demeure ainsi *secrète et non contradictoire*.

On remarquera qu'ici, comme on l'a vu section 4, les indices graves **et** concordants rendant vraisemblable la participation de la personne à l'infraction sont la *condition suffisante de l'interdiction d'entendre la personne comme témoin,* alors que les indices graves **ou** concordants rendant vraisemblable la participation de la personne à l'infraction sont une *condition nécessaire de la mise en examen* (v. la mise en examen).

L'art. 105 permet à la personne d'être entendue sans prestation de serment et de bénéficier de tous les droits attachés à la qualité de personne mise en examen ou de témoin assisté, notamment celui d'avoir, par l'intermédiaire de son avocat, connaissance du dossier.

Prenant la formule de l'art. 105 au pied de sa lettre, la jurisprudence considère que la prohibition ne concerne pas des personnes contre lesquelles existent de simples soupçons ou indices incertains, ou même des indices graves mais non concordants, comme les accusations d'un tiers ou d'un témoin voire les aveux de l'intéressé lui-même : selon la chambre criminelle, le juge d'instruction (ou, sur commission rogatoire, l'OPJ) a le devoir de s'assurer de ces indices pour s'éclairer sur la participation du suspect à l'infraction, et, s'ils deviennent graves ou concordants, il doit interrompre aussitôt l'audition afin qu'il soit procédé *alors seulement* à la mise en examen. Et un OPJ peut entendre comme témoin une personne mise en examen dans une autre affaire, sur des faits distincts, alors que l'audition ne serait pas possible, même sur des faits distincts, on l'a vu, dans la même procédure. Il en résulte que les annulations fondées sur l'art. 105 sont exceptionnelles : ainsi du juge d'instruction qui demande l'audition comme d'un témoin d'un suspect dont il indique par ailleurs que son implication est d'ores et déjà une certitude ou qui a été nommément mis en cause dans un réquisitoire introductif ou supplétif du procureur de la République (cf. art. 113-1 ; Crim., 28 avr. 2004, *Bull. crim.* n° 102). Quant à la personne nommément visée dans la plainte ou mise en cause par la partie civile, elle ne peut être entendue comme témoin qu'après avoir été avisée de son droit de demander à l'être en qualité de témoin assisté (Crim., 6 août 2008, *Bull. crim.* n° 171).

2. Sanction de la prohibition

Les règles de la matière (on disait auparavant « inculpations tardives », à l'époque où la personne mise en examen s'appelait l'inculpé) ont été plusieurs fois modifiées. Il fallut, un temps, pour que la nullité soit prononcée prouver que le juge d'instruction avait agi « dans le dessein de faire échec aux droits de la défense », preuve impossible ou presque à rapporter. Cette exigence a disparu, si bien que la *rédaction actuelle de l'art. 105 permet d'annuler plus facilement la procédure irrégulière*, même si, on vient de le voir, les cas d'annulation restent fort rares.
En outre, la nullité ne peut être prononcée, selon la règle de l'art. 171 (v. les nullités chap. 4), que si **la violation de la règle a porté atteinte aux intérêts de la partie qu'elle concerne**.

B. Les obligations du témoin

Une étude plus approfondie des règles générales sur la preuve testimoniale est faite titre 5 (les preuves). On retient ici les règles concernant plus spécialement l'instruction.

• La personne citée ou convoquée comme témoin doit **comparaître**, **prêter serment** et **déposer** (*si le témoin ne comparaît pas ou refuse de comparaître*, le juge d'instruction peut l'y contraindre par la force publique ; mais il ne peut délivrer de mandat) : art. 101 et 109 ; en cas de commission rogatoire, art. 153. Cette obligation est sanctionnée en l'absence d'excuse (amende de 3 750 € : art. 434-15-1, C. pén.). Si le témoin ne peut comparaître, le juge d'instruction se transporte pour l'entendre, ou délivre commission rogatoire (art. 112). La formalité du serment (art. 103) n'est pas prescrite à peine de nullité, en l'absence du moins d'atteinte aux droits de la défense.

• Le président de la République ne peut être requis de témoigner pendant toute la durée de son mandat devant une quelconque juridiction (Const., art. 67). Pour un parlementaire, la levée de son inviolabilité n'est pas nécessaire, si l'obligation de comparaître n'est pas assortie d'un recours à la force publique.

• Le témoin ne peut déposer s'il est tenu par le *secret professionnel* (v. les preuves). Le journaliste entendu comme témoin sur des informations recueillies dans l'exercice de son activité peut ne pas en révéler l'origine (art. 109).

• La personne qui a déclaré publiquement connaître les auteurs d'un crime ou d'un délit et qui refuse de répondre aux questions du juge d'instruction encourt emprisonnement et amende (art. 434-12, C. pén.).

§ 4 - Les transports sur les lieux

L'objet du transport sur les lieux (ou descente sur les lieux) est de procéder à des constatations d'indices matériels (ex. empreintes), à des reconstitutions, ou à des perquisitions et saisies (v. § 5 et 6).

Le juge d'instruction donne avis au procureur de la République, afin qu'il puisse l'accompagner (art. 92, C. pr. pén.) ; cette faculté devient obligation si une décision à prendre lors du transport suppose ses réquisitions. Le juge est obligatoirement assisté d'un greffier. Il peut se transporter sur tout le territoire si les nécessités de l'information l'exigent, avec avis au procureur (art. 93). Le transport sur les lieux hors du ressort territorial donne compétence au juge d'instruction non seulement pour les mesures initialement prévues mais pour toutes celles qui se révèlent en être la suite nécessaire.
Si le transport sur les lieux comporte un interrogatoire ou des auditions, il faut respecter les formes de ceux-ci : avis doit être donné à l'avocat si une reconstitution en présence de la personne mise en examen doit avoir lieu. Mais l'absence de la personne mise en examen ne rend pas la procédure irrégulière si cette personne refuse d'y participer.
Un procès-verbal de transport est dressé (art. 92). Il est nul s'il n'est pas signé par le greffier et, en cas d'interrogatoire, s'il n'est pas signé par la personne mise en examen.

§ 5 - Les perquisitions

Il faut exposer les règles ordinaires, puis celles qui, pour les perquisitions nocturnes, sont propres à la criminalité et délinquance organisées.

A. Règles ordinaires

Art. 94 à 98.
On a déjà étudié les règles des perquisitions en cas d'enquête préliminaire et en cas d'enquête de flagrance (notamment la notion de domicile).

• Dans l'instruction, les perquisitions **s'imposent aux intéressés**, dont le consentement n'est pas requis, à la différence, dans plusieurs cas, des perquisitions en enquête préliminaire.

• Elles peuvent être pratiquées dans **tous les lieux** où *peuvent* se trouver des objets ou des données informatiques dont la découverte serait utile à la manifestation de la vérité, ou des biens dont la confiscation est prévue par le Code pénal : le domaine des perquisitions est ici plus étendu que dans le cas des enquêtes de flagrance, ce qui est naturel puisque la décision est prise par un juge du siège.
Des règles spéciales protègent le *secret professionnel* (v. art. 95 renvoyant à l'art. 57, 96, al. 3). Pour les perquisitions dans certains lieux, les règles applicables sont les mêmes que dans l'enquête de flagrance (art. 96), à propos de laquelle elles ont été exposées (cabinet et domicile des *avocats*, locaux de l'Ordre des avocats et des caisses de règlement pécuniaire des avocats ; cabinet d'un *médecin ; notaire ; avoué ; huissier ;* locaux d'une *entreprise de presse et assimilée*).

• Les perquisitions peuvent être pratiquées :
– *chez la personne mise en examen* (domicile, ou résidence annexe) : art. 95. Elles ne peuvent se faire alors qu'en présence de celle-ci (même détenue, ou en garde à vue et blessée), ou à défaut, de son représentant ou de deux témoins ; il n'y a obligation d'informer au préalable l'avocat de la personne qu'en cas d'interrogatoire, confrontation ou reconstitution ;

– *ailleurs que chez la personne mise en examen* : l'intéressé est invité à y assister (en cas d'absence ou de refus, en présence de deux personnes : v. art. 96) ;
– *dans les locaux d'une société* : en présence du représentant de la société (mais dans le bureau personnel du dirigeant social, en présence de celui-ci) ; il en est de même pour une association.

• Les perquisitions ne peuvent se faire que **de jour** (ou la nuit si elles ont commencé le jour), c'est-à-dire **entre 6 h et 21 h, sauf** *dans certains lieux* (ex. certains lieux publics), *ou en cas de réclamation de l'intérieur, ou de consentement de l'intéressé, ou de nécessité urgente* (ex. incendie, inondation). Il en est de même en matière de **stupéfiants**, dans les lieux où l'on use en société de stupéfiants, ou dans lesquels sont fabriqués, transformés ou entreposés illicitement des stupéfiants, **lorsqu'il ne s'agit pas de locaux d'habitation** (art. 706-28, C. pr. pén. ; pour le trafic de stupéfiants relevant de la criminalité organisée, v. B) ; ou encore, en matière de proxénétisme, dans les hôtels, débits de boissons, etc. et tout autre lieu ouvert au public ou utilisé par lui lorsqu'il est constaté que des personnes se livrant à la prostitution y sont reçues habituellement (art. 706-35 ; pour le proxénétisme aggravé relevant de la criminalité organisée, v. B). Dans ces deux derniers cas, ces actes ne peuvent, à peine de nullité, avoir d'autre objet que la recherche et la constatation des infractions dont il s'agit (pour la criminalité et la délinquance organisées, v. B).

• La perquisition illégale peut constituer le délit de *violation de domicile* (art. 432-8, C. pén.).

• Il existe des règles spéciales en matière fiscale, douanière et économique.

• La *fouille à corps* obéit à certaines des règles de la perquisition : *c'est un acte d'instruction* (ex. OPJ sur commission rogatoire ; pour la fouille dans l'enquête de police, notamment en cas de flagrant délit, et la fouille de sécurité, v. les enquêtes de police) ; mais *ce n'est pas une perquisition* (ex. pour les heures légales).

• Proche d'une perquisition, existe un *droit de communication* : le juge d'instruction (ou l'OPJ commis) peut requérir toute personne ou organisme de lui remettre les documents détenus (même informatiques) intéressant l'instruction, sans qu'on puisse lui opposer, sauf motif légitime, le secret professionnel (pour les personnes mentionnées aux art. 56-1 à 3, avec leur accord) ; l'absence de réponse est punissable (art. 99-3 ; on a vu une règle parallèle dans l'enquête préliminaire). Mais, à peine de nullité, ne peuvent être versés au dossier les éléments obtenus par une réquisition qui violerait le *secret des sources des journalistes* en ne respectant pas les conditions fixées par l'article 2 de la loi du 29 juillet 1881 sur la liberté de la presse (réquisitions indispensables à la manifestation de la vérité, importance de l'information recherchée, gravité de l'infraction). Pour les réquisitions au cours d'une commission rogatoire (art. 99-4), v. *infra* sect. 6.

B. Les perquisitions nocturnes en matière de criminalité et délinquance organisées

V. la liste des infractions indiquée à propos de l'enquête préliminaire (art. 706-73, ex. trafic de stupéfiants, terrorisme : *ici ne sont pas visées les infractions de l'art. 706-74*).

Les perquisitions nocturnes sur commissions rogatoires peuvent être autorisées par le juge d'instruction (art. 706-91), si elles ne peuvent pas être réalisées autrement (Cons. const., 2 mars 2004) :

• Si c'est nécessaire, **en dehors des locaux d'habitation** ;

• ou même **dans des locaux d'habitation**, s'il y a **urgence**, dans trois cas :
– crime ou délit flagrant ;
– il existe un risque immédiat de disparition des preuves ou des indices matériels ;
– il existe une ou plusieurs raisons plausibles de soupçonner qu'une ou plusieurs personnes se trouvant dans les locaux où la perquisition doit avoir lieu sont en train de commettre des crimes ou des délits de l'art. 706-73.
À peine de nullité :
– les autorisations doivent être données pour des perquisitions déterminées dans des lieux précisés, par ordonnance motivée, sans appel (art. 706-92) ;
– ces opérations ne peuvent avoir d'autre objet que la recherche et la constatation des infractions dont il s'agit ; mais le fait que ces opérations révèlent des infractions autres n'est pas une cause de nullité des procédures incidentes (art. 706-93).
Si, pendant une instruction relative à l'une des infractions dont il s'agit, la personne chez qui est faite la perquisition est gardée à vue ou détenue et que son transport paraît devoir être évité, la perquisition peut se faire, avec l'accord préalable du juge d'instruction, en présence de deux témoins ou d'un représentant de la personne (art. 706-94 ; on a vu une règle parallèle à propos des enquêtes).

§ 6 - Les saisies

A. Saisies utiles à la manifestation de la vérité

• Selon l'art. 97, la saisie doit porter sur des *objets*, *documents* ou *données informatiques* utiles à la manifestation de la vérité. La saisie des données informatiques s'entend de leur copie, ou de la saisie de leur support physique.
Seul le juge d'instruction (ou un OPJ commis) peut prendre connaissance des documents ou des données informatiques avant la saisie, sauf nécessités de l'information, en assurant le respect du secret professionnel et des droits de la défense.
Le juge peut donc saisir des **correspondances**. Il faut toutefois exclure la correspondance entre la personne mise en examen et son *avocat* ; mais la chambre criminelle juge que la saisie est possible si elle ne concerne pas l'exercice des droits de la défense, si les documents peuvent permettre d'établir la participation de l'avocat à l'infraction ou si elle est relative aux activités ayant donné lieu à sa mise en examen.
La jurisprudence estime que le juge peut saisir des pièces administrées par l'une des parties privées même si elle a une origine déloyale ou illicite.
Pour la saisie d'espèces, billets, lingots et valeurs, v. art. 97, al. 8 ; de billets ou pièces contrefaisants, al. 9, 10. Pour la saisie d'un animal vivant, v. art. 99-1.

• Les objets saisis doivent être inventoriés et placés sous *scellés*. Les documents ne peuvent être dépouillés qu'en présence de la personne mise en examen ou de son avocat, ou ceux-ci appelés. Pour les saisies d'animaux vivants, v. art. 99-1.

• La *communication* ou la *divulgation* de documents saisis à une personne non qualifiée (sans autorisation de l'intéressé et sauf nécessité de l'information) est réprimée pénalement (art. 98).

• Le juge d'instruction (en charge de l'instruction, non celui ayant ordonné la saisie sur commission rogatoire) est compétent pour décider de la *restitution des objets saisis* ; il peut s'opposer à la restitution de documents pourtant couverts par le secret professionnel, dès lors que leur maintien sous main de justice en vue de déterminer l'existence d'infractions pénales est nécessaire à la manifestation de la vérité et ne porte pas atteinte aux droits de la défense. L'ordonnance du juge peut être « déférée » à la chambre de l'instruction ; un tiers à la procédure prétendant avoir un droit sur l'objet peut être entendu, mais il n'a pas accès au dossier (art. 99).

• Le juge d'instruction est également compétent pour ordonner la *destruction* ou la remise au service des domaines des biens meubles saisis (art. 99-2 ; pour l'effacement de données informatiques, v. art. 97, al. 4 ; pour l'euthanasie d'un animal vivant saisi, v. art. 99-1).
Si les données saisies ont été chiffrées, le procureur de la République, la juridiction d'instruction ou de jugement peut désigner une personne qualifiée pour obtenir une version en clair, ou la convention secrète de déchiffrage (ex. par l'internet) ; art. 230-1 et s., C. pr. pén. En matière de **criminalité et délinquance organisées**, le *JLD* peut, sur requête du procureur de la République, ordonner des mesures conservatoires sur les biens de la personne mise en examen (« gel des avoirs » ; v. *infra* §10). Pour les mesures de gel de nature administrative et destinées à prévenir des activités terroristes, de la compétence du ministre chargé de l'économie, v. art. L. 562-1 et s., C. mon. fin.

B. Saisies de biens sujets à confiscation en application du Code pénal

Le juge d'instruction, sur requête du procureur de la République, peut ordonner la saisie de tout ou partie des biens pouvant faire l'objet d'une confiscation à l'encontre d'un condamné. Son ordonnance est notifiée au ministère public, au propriétaire du bien saisi et aux tiers qui ont un droit sur ce bien : un appel non suspensif est ouvert dans les 10 jours devant la chambre de l'instruction (art. 706-148 – saisie de patrimoine –, art. 706-150 – saisie immobilière –, art. 706-153 – saisie de biens ou droits incorporels –, art. 706-158 – saisie sans dépossession –, créés L. 9 juill. 2010 ; cf. art. 706-103, *supra* A). Le tiers n'a pas accès au dossier.

§ 7 - Les interceptions de correspondances télécommuniquées

Art. 100 à 100-7, C. pr. pén. Ces articles régissent l'interception, mais aussi l'enregistrement et la transcription (à la condition, selon la jurisprudence, qu'ils soient consécutifs à une interception) des correspondances émises par la voie des télécommunications (téléphone, télécopieur, minitel, télex, courriel…) ; ils ne régissent pas ces opérations si elles sont faites par une personne privée.
Il ne s'agit pas ici des **interceptions de sécurité** (*« écoutes administratives »*), qui peuvent être autorisées, à titre exceptionnel, pour rechercher des renseignements intéressant par exemple la sécurité nationale, ou la prévention du terrorisme, de la criminalité ou de la délinquance organisées (L. 10 juill. 1991, art. 3 et s.). L'autorisation est accordée, pour 4 mois maximum (et est renouvelable), par le Premier ministre ou un délégué, sur proposition, notamment, du ministre de l'Intérieur. La Commission nationale de

contrôle des interceptions de sécurité peut adresser une recommandation au Premier ministre, pour que soit interrompue une interception pratiquée illégalement.
Il s'agit ici des **« écoutes » judiciaires** prescrites par le **juge d'instruction**, si les nécessités de l'instruction l'exigent (pour les enquêtes, v. *supra* les opérations de police judiciaire).

A. Domaine d'application des art. 100 et s.

• La jurisprudence considère que *ne relèvent pas des art. 100 et s.*, et donc peut avoir lieu sans les conditions ci-dessous, le fait, pendant une perquisition, de décrocher le téléphone pour le passer immédiatement au titulaire de la ligne, le simple compte rendu de propos entendus par des policiers au cours d'une conversation téléphonique, l'enregistrement clandestin des propos tenus à un policier victime d'une tentative de corruption, la lecture sans branchement de messages sur un appareil « Tam-tam », le message étant déjà parvenu à son destinataire, ni le fait de se connecter à un réseau pour lire les annonces à la disposition du public. De même, il ne faut pas confondre l'interception avec le cas de la victime de menaces ou d'injures par téléphone, et qui demande l'installation d'un appareil se bornant à déterminer le numéro de l'appelant et le moment de l'appel : cette procédure est licite.

• Les interceptions ne sont possibles qu'en matière *criminelle*, ou *correctionnelle*, si la peine encourue est égale ou supérieure à **2 ans d'emprisonnement** (pour les écoutes ordonnées en cas de recherche des causes d'une mort ou d'une disparition, v. art. 80-4).

B. Conditions de régularité des opérations

1. La décision de procéder à l'interception

La décision d'interception doit être écrite ; elle est *sans recours* ; elle ne peut être prise que pour une durée de 4 mois, renouvelable (art. 100-2) ; 2 mois pour la recherche des causes d'une disparition (art. 80-4). Elle doit préciser l'infraction qui motive le recours à l'interception ; mais est régulière l'écoute de conversations étrangères à l'information et révélant une autre infraction, l'OPJ ayant informé le juge d'instruction, avec avis au procureur de la République (« écoute incidente »).
Il a été jugé qu'est régulière l'écoute d'un abonné même demeurant hors du ressort de l'OPJ dès lors que l'écoute a lieu dans ce ressort, l'interception de communications avec l'étranger pour des appels émis de France.

2. Les conditions tenant aux personnes dont la correspondance est interceptée

• Même si la personne dont la correspondance a été interceptée n'est pas titulaire de la ligne sur laquelle on a enregistré ses conversations, la chambre criminelle, en accord avec les positions de la CEDH, considère qu'elle peut contester la régularité des opérations (Crim., 15 janv. 2003, *Bull. crim.* n° 10).

• Si l'on joint le procès-verbal d'une écoute provenant d'une autre procédure et concernant un tiers, la personne mise en examen doit pouvoir en contester la régularité (CEDH, 29 mars 2005, *Matheron*).

• L'interception sur la ligne d'un *député* ou d'un *sénateur* suppose que le président de l'assemblée à laquelle il appartient en soit informé par le juge d'instruction (ces règles sont prescrites à peine de nullité : art. 100-7, dernier al.). La Cour de cassation juge que ces dispositions n'ont pas à être étendues au cas d'un parlementaire européen (protestations du Parlement européen).

• L'interception sur une ligne du cabinet d'un *avocat* ou de son domicile suppose que le bâtonnier en soit informé par le juge d'instruction ; l'interception sur une ligne du cabinet d'un *magistrat* ou de son domicile suppose que le Premier président ou le procureur général de la juridiction en soit informé (art. 100-7, al. 2 ; règles également prescrites à peine de nullité : art. 100-7, dernier al.)
La transcription des correspondances avec un avocat est interdite à peine de nullité, si elles relèvent des droits de la défense (art. 100-5) ; en conséquence, une telle transcription *n'est pas autorisée pour les communications entre la personne mise en examen et son avocat* (mais la jurisprudence considère que l'écoute de l'avocat de la personne mise en examen peut être ordonnée s'il y a contre l'avocat des indices de participation à une infraction, ne serait-elle pas celle dont est saisi le juge d'instruction) ; après des décisions contraires singulières, la chambre criminelle juge également que l'écoute des conversations entre un avocat et un « proche » de son client peut être irrégulière.

• Les correspondances avec un journaliste ne peuvent être transcrites si elles permettent d'identifier l'une de ses sources, à peine de nullité.

• Il a été jugé qu'est régulier l'enregistrement de conversations tenues par une personne mise en examen dans un parloir de maison d'arrêt.

C. Procès-verbaux

Un procès-verbal de chacune des opérations d'interception et d'enregistrement doit être dressé, les enregistrements étant placés sous scellés (art. 100-4).
La partie de la correspondance utile à la manifestation de la vérité est transcrite dans un procès-verbal distinct, versé au dossier, au besoin après traduction par un interprète (art. 100-5).

D. Sanctions

• Sont pénalement sanctionnées (C. pén., art. 226-15, 432-9, L. 10 juill. 1991, art. 22 et 26) :
– le refus de communiquer les informations nécessaires à la réalisation d'une interception, ou la communication de renseignements erronés ;
– la révélation de l'existence d'une interception de sécurité, ou du contenu de la correspondance ;
– les interceptions illicites.

• La nullité textuelle est prévue, on l'a vu, pour les écoutes irrégulières sur la ligne d'un parlementaire, d'un magistrat ou d'un avocat ou en cas d'atteinte au secret des sources du journaliste.

• En cas de prescription de l'action publique, les enregistrements (non les procès-verbaux de transcription) sont détruits (art. 100-6).

§ 8 - Les expertises

Art. 156 à 169-1.

Le juge d'instruction doit souvent utiliser les connaissances techniques d'un spécialiste (ex. expertise mentale, comptable, toxicologique, chimique).

L'expertise revêt une grande importance ; sa fréquence est due :

– aux progrès de l'expertise dans certains domaines ;

– à l'encombrement des juridictions d'instruction (le danger est que le juge soit tenté de se reposer sur l'expert, ce qui risque de porter atteinte à certaines garanties).

A. Notion d'expertise

Il n'y a expertise que si la mission comporte une *question d'ordre technique* (art. 158) qui suppose non de simples constatations mais une *interprétation* (cf. Ass. plén., 19 oct. 1984, *Bull. ass. plén.* n° 310, pour la mission de donner le sens général d'un manuscrit illisible). Est donc une expertise l'examen psychologique de la personne mise en examen (art. 81, al. 8), ex. avec mission de décrire notamment la personnalité et l'intelligence de cette personne, et de fournir toutes données utiles pour la compréhension des mobiles, ainsi que le même examen, pour la victime.

Inversement ne constituent pas des expertises l'identification d'empreintes digitales, l'écoute de bande magnétique à l'audience, l'enquête de personnalité de la personne mise en examen (v. § 9), une simple traduction de texte, l'analyse de sang de la victime pour détermination de l'alcoolémie, sans interprétation, ou du groupe sanguin. Pour la mise au clair de données chiffrées par des personnes qualifiées, v. § 6.

B. Désignation des experts

1. Décision de recourir à l'expertise

Le juge d'instruction recourt à une expertise, d'office, ou à la demande du procureur de la République ou d'une partie – ils peuvent préciser les questions qu'ils voudraient voir poser à l'expert – (la demande est soumise aux formes de l'art. 81, avant-dernier al.) ; le juge d'instruction ne peut rejeter la demande que par une ordonnance motivée, au plus tard dans le mois de sa réception, sinon la partie peut saisir directement le président de la chambre de l'instruction (art. 156). *L'appel* est possible, mais le président de la chambre de l'instruction décide, dans les 8 jours, par ordonnance sans recours, s'il y a lieu ou non de saisir la chambre de l'instruction (art. 186-1).

Les parties et les témoins assistés ne peuvent plus demander d'expertise à l'expiration du délai de 3 mois (réduit à 1 mois s'il y a un détenu) à compter de l'avis de fin d'information ; ils peuvent renoncer à ce délai, leur avocat convoqué (art. 175, al. 4, 8).

Le juge d'instruction peut, en cours de procédure, ordonner à la partie civile qui demande une expertise de verser un complément de consignation pour garantir le paiement des frais susceptibles d'être mis à sa charge si sa constitution est jugée fautive ou dilatoire ; l'ordonnance ouvre appel (art. 88-2).

La notification d'une expertise est l'occasion pour la personne mise en examen de demander le statut de témoin assisté (art. 80-1-1).

2. Choix de l'expert

L'expert (ou les experts : art. 159, 161-1) sont choisis par le juge, sur des listes, nationale ou par ressorts de cour d'appel (sauf à titre exceptionnel, par décision motivée,

à peine de nullité : ex. en cas d'expertise très spéciale). Art. 157. Pour l'inscription sur les listes, v. décr. 23 déc. 2004. L'exécution de l'expertise par un seul expert alors que deux ont été désignés n'est pas une cause de nullité, en l'absence de grief.
L'expert prête serment lors de son inscription sur la liste (et à l'audience de jugement, mais pas à l'instruction) ; celui qui ne figure pas sur une liste le fait chaque fois qu'il est commis.
La chambre criminelle admet que la *partialité* d'un expert peut être une cause de nullité.

3. Absence de caractère juridiquement contradictoire de l'expertise

– Il peut y avoir contradiction *scientifique*, s'il y a plusieurs experts, mais il n'y a pas l'expert de l'accusation et celui de la défense ; les opérations d'expertise n'ont pas à être contradictoires ; mais le rapport d'expertise doit pouvoir être discuté contradictoirement.
Toutefois, sauf urgence ou risque d'entraver les investigations, et à la condition que les conclusions de l'expertise aient une incidence sur la détermination de la culpabilité de la personne mise en examen, copie de la décision ordonnant l'expertise est adressée au procureur de la République et aux avocats des parties, qui ont 10 jours pour demander au juge d'adjoindre un expert de leur choix figurant sur les listes visées à l'art. 157 ou de modifier ou compléter les questions qu'il envisage de poser à l'expert désigné. Le juge y répond dans les 10 jours et, en cas de refus, rend une ordonnance motivée, qui peut être « contestée » devant le président de la chambre de l'instruction – lequel peut être aussi saisi en l'absence d'ordonnance du juge – : ce dernier statue par décision motivée, sans recours (art. 161-1). Les parties privées peuvent renoncer à cette possibilité.
– Il y a en outre des **exceptions** à la règle de l'expertise non contradictoire : ex. en matière de fraudes (C. consom., art. L. 215-9), ainsi que pour l'expertise concernant les *intérêts civils* (art. 10, al. 2, C. pr. pén. ; l'expert doit donc convoquer les parties, conformément à l'art. 160, C. pr. civ.) ; de même, à la demande de l'intéressé, on le verra, pour l'indemnisation pour évaluer le préjudice après détention provisoire (art. 149).

C. Opérations d'expertise

1. La décision qui ordonne l'expertise doit préciser la mission de l'expert (art. 158)

Il ne peut s'agir d'une mission générale, constituant une délégation des pouvoirs du juge d'instruction ; ainsi jugée, par ex., dans une affaire, à propos d'une analyse psychocriminologique imprécise, inspirée du « profilage ». Mais il est possible de demander à l'expert d'envisager la culpabilité de la personne mise en examen et son accessibilité à la sanction pénale. Les conclusions de l'expert excédant sa mission sont annulées.

2. L'expert doit remplir sa mission en liaison avec le juge ayant ordonné l'expertise en le tenant au courant du déroulement des opérations (art. 161, al. 3)

L'expert peut demander à être éclairé sur une question échappant à sa spécialité : le juge peut l'autoriser à s'adjoindre une personne qualifiée, nommément désignée lui (non par l'expert lui-même : nullité), laquelle rédigera un rapport qui sera annexé au rapport d'expertise (art. 162). Au cours de l'expertise, les parties peuvent réclamer qu'il soit prescrit à l'expert d'effectuer certaines recherches ou d'entendre une personne susceptible de fournir des renseignements d'ordre technique (art. 165). L'expert a le pouvoir de procéder à l'ouverture ou à la réouverture des scellés (art. 163).

3. Les experts ont le pouvoir d'interroger des personnes (art. 164)

a) Pour les experts en général

– Pour leur mission, ils peuvent recevoir des déclarations de toute personne autre que la personne mise en examen, le témoin assisté ou la partie civile.

– Avec l'autorisation du juge d'instruction (à défaut nullité, et d'ordre public car touchant à l'organisation judiciaire) et l'accord des intéressés (à défaut nullité, pouvant être invoquée par toutes les parties : ainsi jugé pour l'audition de la partie civile invoquée par la personne mise en examen), ils peuvent recevoir les déclarations de la personne mise en examen, du témoin assisté ou de la partie civile : ces déclarations sont recueillies l'avocat convoqué, sauf renonciation écrite ; elles peuvent l'être aussi à l'occasion d'un interrogatoire ou d'une déposition devant le juge d'instruction, en présence de l'expert.

a) Pour les experts médecins ou psychologues chargés d'examiner *la personne mise en examen, le témoin assisté ou la partie civile* : ils peuvent poser des questions à ces personnes, et cela hors la présence du juge et des avocats (art. 164, al. 3), y compris, selon la chambre criminelle et s'agissant de la personne mise en examen, sur les faits qui lui sont reprochés.

La chambre criminelle a jugé que la personne mise en examen étrangère a droit à l'assistance gratuite d'un interprète en application de l'art. 6, § 1 et 3, Conv. EDH.

D. Résultats de l'expertise

1. L'expert signe son rapport et mentionne les noms et qualités des personnes qui l'ont éventuellement assisté

Il doit déposer son rapport dans le **délai fixé** par la décision, sauf prorogation (à défaut, l'expert peut être remplacé et sanctionné disciplinairement ; art. 161) ; la violation de ce délai n'est pas une cause de nullité si elle n'a pas porté atteinte aux droits de la défense. Si ce délai excède un an, le juge peut demander un *rapport d'étape*, notifié aux parties, qui peuvent adresser à l'expert et au juge leurs observations en vue du rapport définitif (art. 161-2).

En outre, le juge peut demander le dépôt d'un *rapport provisoire*, avant le rapport définitif. Un tel rapport est obligatoire si le ministère public le requiert ou si une partie en fait la demande lorsqu'elle est informée de la décision ordonnant l'expertise. Dans le délai fixé par le juge, qui ne peut être inférieur à 15 jours, ou, pour une expertise comptable ou financière, à un mois, le procureur de la République et les parties privées adressent à l'expert et au juge les observations que leur inspire ce rapport, au vu desquelles l'expert dépose son rapport définitif ; en l'absence d'observations, le rapport provisoire devient le rapport définitif (art. 167-2).

Si plusieurs experts ont été désignés et sont d'avis différents, chacun indique son opinion motivée. Avec l'accord du juge d'instruction, les experts peuvent communiquer directement leurs conclusions aux OPJ exécutant la commission rogatoire, au procureur de la République et aux avocats des parties (art. 166, dernier al.).

2. Le juge d'instruction donne connaissance des conclusions du rapport aux parties et à leurs avocats

Avec convocation selon les règles de l'art. 114, ou par LRAR, ou télécopie avec récépissé à l'avocat, ou, quand la personne est détenue, par le chef d'établissement. Les avocats des parties peuvent obtenir, sur leur demande, copie de l'intégralité du rapport, y compris sous forme numérique. Le juge d'instruction peut aussi notifier au *témoin assisté* les conclusions des experts qui le concernent (art. 167).

Le juge fixe un délai aux parties, pour présenter des observations, ou formuler une demande de *complément d'expertise* ou de *contre-expertise* (quoique non partie à la procédure, le témoin assisté a ce même droit) qui doit être déposée dans les formes de l'art. 81, al. 10 (art. 167, al. 3). Le délai imparti ne peut être inférieur à 15 jours, ou, pour une expertise comptable ou financière, à un mois. Ensuite, on ne peut fonder de demande de contre-expertise, de complément d'expertise ou de nouvelle expertise sur le même objet, même par une demande d'acte (art. 82-1), sauf élément nouveau (art. 167, al. 3) ; toutefois, la chambre criminelle juge que les parties peuvent demander un complément d'expertise ou une contre-expertise à la chambre de l'instruction chargée du règlement de la procédure. Pendant le délai, le dossier de la procédure est à la disposition des conseils.

Le juge d'instruction ne peut rejeter la demande que par une décision motivée, dans le mois de sa réception (pour le témoin assisté, il n'est pas tenu de rendre une ordonnance motivée s'il estime que la demande n'est pas justifiée, sauf si ce témoin demande à être mis en examen : art. 167, dernier al.) ; il faut une ordonnance motivée aussi si le juge commet un seul expert quand une partie a demandé la désignation de plusieurs. L'ordonnance ouvre *appel* (art. 186). Si le juge ne statue pas dans le mois, la partie peut recourir à la saisine directe du président de la chambre de l'instruction, qui décide dans les 8 jours, par ordonnance sans recours, s'il y a lieu ou non de saisir la chambre de l'instruction (pour l'appel, v. cette question).

Quand les conclusions de l'expertise peuvent conduire à un non-lieu fondé sur un trouble psychique ou neuropsychique ayant aboli le discernement ou le contrôle des actes de la personne (art. 122-1, al. 1, C. pén.), elles sont notifiées à la partie civile, en présence de l'expert (présence obligatoire en matière criminelle, si l'avocat de la partie civile la demande) ; celle-ci a 15 jours pour présenter des observations ou demander un complément d'expertise ou une contre-expertise. La contre-expertise demandée est de droit, et doit être accomplie par deux experts au moins (art. 167-1).

3. Le juge n'est pas lié par les conclusions de l'expert

En vertu du principe de l'intime conviction (v. les preuves).

§ 9 - Le dossier de personnalité

La loi prévoit (art. 81, al. 6 à 11) :

A. Une enquête sur la personnalité, et sur la situation matérielle, familiale ou sociale de la personne mise en examen

Situation que le juge d'instruction peut faire vérifier, en demandant qu'on l'informe sur les mesures propres à favoriser l'insertion sociale de la personne ; la mesure est obligatoire lorsque le juge d'instruction envisage le placement en détention

provisoire d'un majeur de moins de 21 ans, si la peine encourue ne dépasse pas 5 ans. Cette enquête, selon la jurisprudence, n'est pas une expertise (le serment à prêter, en cas de déposition à l'audience, est donc celui des témoins).
L'art. 81 rend cette enquête facultative en matière délictuelle. Mais, en matière de crime, la jurisprudence est parvenue à un résultat comparable en décidant que le juge peut clore son information lorsqu'il l'estime complète, même si l'enquête n'a pas eu lieu.

B. Un examen médical et psychologique, et toutes autres mesures utiles

Cet examen, selon la jurisprudence, et une expertise (le serment à prêter est donc celui des experts).
Les parties peuvent demander qu'il soit procédé à l'un des examens ou mesures ci-dessus, par une demande écrite et motivée, faisant l'objet d'une déclaration au greffier du juge d'instruction (art. 81, al. 9 et 10). Si le juge n'entend pas faire droit à la demande, il rend une ordonnance motivée, au plus tard dans le mois de la réception de la demande ; à défaut, la partie peut recourir à la saisine directe du président de la chambre de l'instruction, qui décide, dans les 8 jours (ordonnance sans recours), s'il y a lieu ou non de saisir la chambre de l'instruction (art. 81, al. 11).
Les parties ne peuvent plus demander ces mesures à l'expiration d'un délai de 3 mois (un mois s'il y a un détenu) à compter de l'avis de fin d'information ; elles peuvent renoncer à ce délai, leur avocat convoqué (art. 175, al. 4, 8).

§ 10 - Les procédures spéciales en matière de criminalité et délinquance organisées

En cette matière (v. la liste des infractions indiquée à propos de l'enquête préliminaire, art. 706-73, ex. trafic de stupéfiants, terrorisme), et *en dehors des particularités indiquées notamment au sujet des perquisitions nocturnes*, deux procédures spéciales sont prévues. Utilisées en dehors du cas de la criminalité organisée, elles sont illégales, le juge voudrait-il les fonder sur son pouvoir, consacré à l'art. 81, de procéder à tous les actes qu'il juge utiles à la vérité (cf. CEDH, 20 déc. 2005, *Wisse*).

A. L'infiltration

Lorsque les nécessités de l'instruction le justifient (art. 706-81 et s. : v. la question traitée à propos de l'enquête préliminaire. Outre les infractions visées à l'art. 706-73, l'infiltration concerne aussi les délits en matière de propriété intellectuelle visés à l'art. 706-1-2, l'escroquerie en bande organisée et les délits en matière de corruption et trafic d'influence visés à l'art. 706-1-3).

B. La sonorisation et fixation d'images de certains lieux

Lorsque les nécessités de l'information l'exigent (art. 706-96 et s). Outre les infractions visées à l'art. 706-73, ces opérations concernent aussi l'escroquerie en bande organisée et les délits en matière de corruption et trafic d'influence visés à l'art. 706-1-3.
Le juge d'instruction peut autoriser la police judiciaire, par commission rogatoire, à mettre en place, *sans le consentement des intéressés*, un dispositif technique pour l'enregistrement de paroles prononcées dans des **lieux ou véhicules privés ou publics** (ainsi du parloir d'une prison, pour les propos tenus par une personne mise

en examen avec ses visiteurs) et pour la fixation d'images de personnes dans un **lieu privé**. Pour cela, le juge d'instruction peut autoriser l'introduction dans un véhicule ou un lieu privés, même la nuit ; toutefois, pour une *opération nocturne dans un lieu d'habitation, l'autorisation est délivrée par le JLD*, saisi par le juge d'instruction ; les règles sont les mêmes pour procéder à la désinstallation du dispositif (art. 706-96, al. 2). Des agents qualifiés pour effectuer les installations techniques peuvent être requis (art. 706-99).

Le dispositif ne peut être mis en place dans les lieux visés aux art. 56-1, 2 et 3 et 100-7 (domicile ou cabinet d'un avocat, d'un bâtonnier, locaux du conseil de l'Ordre des avocats et des caisses de règlement pécuniaire des avocats, locaux d'une entreprise de presse et assimilées, cabinet d'un médecin, notaire, avoué, huissier, bureau ou domicile d'un député ou sénateur, cabinet ou domicile d'un magistrat), ni dans le véhicule d'une personne visée à l'art. 100-7 (député, sénateur, avocat, magistrat).

Le juge d'instruction doit rendre une ordonnance *motivée* autorisant les opérations (il est suffisant d'affirmer que la sonorisation « peut » permettre d'identifier des complices) *et* une commission rogatoire spéciale, à peine de nullité.

Les décisions sont prises pour *4 mois maximum*, mais peuvent être renouvelées, avant la fin de la précédente autorisation (art. 706-98). Le juge doit préciser cette durée, à peine de nullité s'il en a résulté une atteinte aux droits de l'intéressé, il doit identifier les véhicules ou les lieux visés, préciser l'infraction qui justifie les opérations (art. 706-97).

Un procès-verbal est dressé de chacune des opérations de mise en place du dispositif technique et des opérations de captation, fixation et enregistrement, avec indication de leurs dates et heures ; les enregistrements sont placés sous scellés (art. 706-100). Un autre procès-verbal transcrit les paroles (au besoin traduites par un interprète) ou décrit les images qui sont utiles à la manifestation de la vérité (ne doivent donc pas figurer au dossier les « séquences de la vie privée étrangère aux infractions en cause » : Cons. const., 2 mars 2004).

Les enregistrements sonores ou audiovisuels sont détruits après les délais de prescription de l'action publique (art. 706-102).

C. Les mesures conservatoires sur les biens

Pour garantir le paiement des amendes, l'indemnisation des victimes et l'exécution d'une confiscation, le *JLD*, sur requête du procureur de la République, peut ordonner des mesures conservatoires sur les biens, même immobiliers, même indivis, de la personne mise en examen (« gel des avoirs »). La condamnation vaudra validation des saisies conservatoires et inscription définitive des sûretés ; une décision de non-lieu, de relaxe ou d'acquittement, ainsi que l'extinction de l'action publique ou de l'action civile emporteront mainlevée (art. 706-103). Nonobstant le silence du texte, un appel devant la chambre de l'instruction est possible (Ch. mixte, 11 déc. 2009, *Bull. ch. mixte* n° 1).

Section 6 › LES COMMISSIONS ROGATOIRES

La commission rogatoire est un acte par lequel un juge d'instruction délègue ses pouvoirs (**« délégation judiciaire »**) à un autre magistrat ou à un officier de police judiciaire, à l'effet de faire procéder à sa place à un ou plusieurs actes d'information (art. 81, al. 4, 151 à 155, C. pr. pén.).

Les commissions rogatoires sont *indispensables*, en droit, en raison des règles de compétence territoriale (toutefois élargie en cas de nécessité, v. les transports sur les lieux ; v. aussi pour les actes à accomplir hors du ressort, § 1), et, en fait, de l'encombrement des cabinets d'instruction, en partie à cause du déclenchement de l'action par la constitution de partie civile.
Mais elles présentent un *danger* : le magistrat instructeur risque de n'être plus qu'une simple juridiction d'instruction, abandonnant à des auxiliaires présentant moins de garanties son rôle d'agent d'information.
Pour les nécessités de l'instruction, auditions, interrogatoires ou confrontations peuvent être effectués en plusieurs points du territoire reliés par télécommunications (visio-conférence ; art. 706-71).
Il peut y avoir, en application d'une Convention internationale, *commission rogatoire internationale* aux autorités de l'État étranger (ex. Conv. europ. d'entraide judiciaire en matière pénale, 20 avr. 1959, art. 3 et s. ; pour la Conv. de Schengen, 19 juin 1990, v. art. 40, autorisant à continuer l'observation sur le territoire d'un autre État). La chambre criminelle a jugé qu'en raison de la souveraineté de l'État étranger requis, la régularité de leur exécution à l'étranger ne peut être contrôlée par le juge français, sauf violation des droits de la défense ou d'un principe général du droit, alors que le juge français peut contrôler l'exécution en France d'une commission rogatoire d'une autorité étrangère. Lorsqu'un juge d'instruction peut assister aux actes d'exécution de la commission rogatoire qu'il a délivrée aux autorités étrangères, il ne peut procéder lui-même à ces actes.

§ 1 - Personnes pouvant recevoir commission rogatoire

Peuvent recevoir commission rogatoire :

- tout juge d'instruction ;
- tout juge du tribunal auquel est attaché le juge d'instruction ;
- tout officier de police judiciaire compétent, sauf pour les actes précisés plus bas : art. 152, al. 2. Ex. commissaires de police ; certains sont spécialisés dans ce rôle, dans les grandes villes, et sont appelés « commissaires aux délégations judiciaires ». Une CR peut être délivrée à un commissaire divisionnaire de groupe d'intervention régional. S'il appartient à un ressort différent de celui du juge d'instruction, l'OPJ doit en aviser le procureur de la République dont il relève ; une omission n'est toutefois pas cause de nullité, en l'absence d'atteinte aux intérêts des parties.
- des *agents des douanes*, pour certaines infractions – infractions douanières, infractions en matière de contributions indirectes, escroquerie à la TVA, etc., et les infractions connexes – (art. 28-1, VI), des *agents des services fiscaux* s'agissant de la fraude fiscale des art. 1741 et 1743, CGI (art. 28-2, I et IV).

Le juge d'instruction peut se transporter sans greffier ni procès-verbal pour diriger l'exécution d'une commission rogatoire, s'il ne procède pas lui-même à des actes d'instruction. Il peut alors ordonner la prolongation de la *garde à vue* prononcée au titre de la CR (art. 152, dernier al.).
Hors de son ressort, le juge d'instruction peut commettre le juge d'instruction compétent, ou même directement l'OPJ compétent, y compris un OPJ ayant compétence nationale ; celui-ci peut déléguer à son tour (*subdélégation*). Et en cas d'urgence,

sur commission rogatoire expresse, les OPJ peuvent opérer sur tout le territoire national. Les OPJ sont tenus d'être assistés d'un OPJ de la circonscription, *si le magistrat le décide*. L'OPJ délégué peut se faire assister par des OPJ placés sous son autorité.

§ 2 - Domaine de la commission rogatoire

A. Domaine quant aux faits

Celui qui reçoit la commission rogatoire ne peut avoir, en principe, plus de pouvoirs que celui qui la délivre. En conséquence, la commission rogatoire intervient dans les limites de la *saisine in rem* du juge d'instruction.

La commission rogatoire suppose dès lors une *infraction déterminée*, celle correspondant aux faits dont le juge est saisi : c'est **l'interdiction des commissions rogatoires générales**, délivrées pour une série indéterminée d'infractions (art. 151, al. 3). Mais la commission peut être donnée, *pour une infraction déterminée, pour tous les actes à accomplir* se rattachant directement à la répression de l'infraction ou, par conséquent, pour des recherches propres à déterminer les circonstances dans lesquelles l'infraction a été commise.

Toutefois, si les OPJ découvrent des *infractions nouvelles*, étrangères aux faits dont le juge est saisi, ils doivent en informer le magistrat instructeur et peuvent informer le procureur de la République. Ils ont alors le pouvoir, selon la jurisprudence, de procéder à des vérifications sommaires urgentes pour apprécier leur vraisemblance, voire de procéder à des investigations sur ces faits, en ouvrant une procédure *distincte* de la commission rogatoire, enquête préliminaire ou, en cas de flagrance, enquête de flagrance : « enquête incidente » (Ass. plén., 22 nov. 2002, *Bull. crim.* n° 2).

B. Domaine quant aux actes

1. Il est de règle que tout *acte d'information* peut faire l'objet d'une commission rogatoire (ex. : audition de témoins, perquisition, saisie, écoutes) : le magistrat ou l'OPJ commis a *tous les pouvoirs du juge d'instruction* (art. 152).

Mais **l'interrogatoire** et la *confrontation* de la personne mise en examen ne peuvent être confiés qu'à l'un des **magistrats** de l'ordre judiciaire énumérés (*non à un OPJ* ; toutefois, on l'a vu, il a été jugé que celui-ci peut entendre comme témoin une personne mise en examen dans une autre affaire pour des faits distincts) ; et l'OPJ ne peut procéder à l'*audition de la partie civile* ou du *témoin assisté* qu'*à la demande* de ces personnes (et la personne nommément visée par une plainte et qui n'est pas témoin assisté ne peut être entendue par un OPJ que si elle y consent, comme on l'a vu) ; mais s'il y a des raisons plausibles de la soupçonner, une partie civile peut être placée en garde à vue par l'OPJ. De même, la **mise en examen** ne peut être déléguée qu'à un autre juge d'instruction (art. 154-2).

La délivrance des *mandats* ne peut faire l'objet d'une commission rogatoire, ni, selon la jurisprudence, la désignation d'expert et la notification aux parties d'une expertise.

2. En conséquence :

• Celui qui est commis est soumis, pour les actes qu'il accomplit, aux conditions de régularité correspondantes (v. *supra*) : perquisitions, saisies, interceptions des correspondances télécommuniquées, etc. Pour certains agents des douanes, v. art. 28-1, VI ; pour certains agents des services fiscaux, v. art. 28-2, IV.

Spécialement, le témoin cité est tenu de comparaître, de prêter serment et de déposer. À défaut, le magistrat peut le contraindre par la force publique (art. 153. En l'absence d'excuse, amende de 3 750 € : art. 434-15-1, C. pén.). S'il n'existe aucune raison plausible de soupçonner qu'elle a commis ou tenté de commettre une infraction, la personne ne peut être retenue que le temps strictement nécessaire à son audition (art. 153, al. 1). Pour les témoins protégés, v. cette question.

• Pour les nécessités de l'exécution de la CR, l'OPJ peut exercer le droit de communication par réquisitions pour des renseignements informatiques (art. 60-2, al. 1), et, avec l'autorisation du juge d'instruction, procéder à leur conservation (art. 60-2, al. 2). Le refus est incriminé (art. 99-4). V. *supra*, les enquêtes.

• L'OPJ peut faire procéder aux prélèvements externes prévus par l'art. 55-1 (art. 154-1). V. *supra*, les enquêtes.

• L'OPJ peut recourir, si c'est nécessaire pour l'exécution de la commission rogatoire, à la **garde à vue** d'une personne à l'encontre de laquelle il existe une ou plusieurs raisons plausibles de soupçonner qu'elle a commis ou tenté de commettre une infraction (*mêmes garanties que dans l'enquête de police*). L'OPJ doit informer le juge d'instruction dès le début de la garde à vue (art. 154 ; à défaut, nullité). Pour la prolongation de la garde à vue par le juge d'instruction en cas de transport, v. ci-dessus (art. 152, dernier al.) ; pour les prolongations (ici par le juge d'instruction) et les droits de la personne (examen médical, avocat) en matière de criminalité et délinquance organisées, art. 706-88, v. l'enquête.
Les personnes gardées à vue au titre d'une CR **n'ont pas à prêter serment** ; mais le fait qu'elles aient prêté serment n'est pas une cause de nullité (art. 153, dernier al.).
La personne est présentée au juge d'instruction avant l'expiration des 24 heures ; une autorisation écrite de prolongation peut être donnée, jusqu'à 24 heures, par le juge d'instruction (du lieu d'exécution de la mesure) ; à titre exceptionnel, l'autorisation peut être donnée sans présentation (ex. éloignement géographique) ; c'est le juge d'instruction qui exerce, pendant l'instruction, les pouvoirs confiés au procureur de la République par les art. 63-1 et s. pendant les enquêtes de police.

§ 3 - Formes de la commission rogatoire

La commission rogatoire indique la nature de l'infraction pour laquelle elle est délivrée, elle est datée et signée par le magistrat et revêtue de son sceau (art. 151).
Elle fixe le *délai* à l'issue duquel elle doit lui être retournée, avec les procès-verbaux correspondants ; à défaut, elle est délivrée le temps nécessaire à son accomplissement, les procès-verbaux devant être transmis dans les 8 jours de la fin des opérations. Selon la jurisprudence, le dépassement du délai n'a pas d'incidence sur la régularité des actes effectués.
La commission rogatoire n'est versée au dossier que lorsque les procès-verbaux afférents ont été reçus par le juge d'instruction. La chambre criminelle décide en conséquence que l'avocat d'une partie ne peut se plaindre que le dossier mis à sa disposition en prévision d'un interrogatoire, d'une confrontation ou d'une audition n'ait pas contenu la copie d'une commission rogatoire en cours d'exécution.

Section 7 › LA CLÔTURE DE L'INSTRUCTION

§ 1 - Actes préalables à la clôture

A. Avis de fin d'information (du juge d'instruction aux parties et au témoin assisté)

1. La reddition de l'avis

Dès que l'instruction lui paraît terminée, le juge d'instruction (au 1er janv. 2011, le *collège de l'instruction*) en **avise** les parties (n'a pas cette qualité l'individu en fuite et renvoyé devant la juridiction de jugement : art. 134, al. 3), le *témoin assisté* et leurs avocats, verbalement (avec émargement au dossier), ou par LR ou, pour l'avocat, télécopie avec récépissé ou courriel avec trace écrite (art. 803-1) ; pour la personne détenue, l'avis peut aussi être notifié par le chef d'établissement (art. 175). L'avis de fin d'information est un acte *interruptif de la prescription de l'action publique*.

Selon la jurisprudence, l'accomplissement d'un nouvel acte d'information après cet avis le rend caduc et un second avis est donc nécessaire. À l'inverse un nouvel avis ne fait pas courir le délai dont il sera question plus bas s'il ne s'ensuit aucun acte d'instruction postérieur au premier avis, sauf si le premier n'avait été notifié qu'à la partie, et non à son avocat. Mais ni le dessaisissement au profit d'un autre juge, ni la jonction de l'information à une autre procédure ne font revivre le délai pour les actes de procédure antérieur à l'avis de fin d'information.

Parallèlement le juge (au 1er janv. 2011, le *collège de l'instruction*) par une *ordonnance de soit-communiqué transmet le dossier de l'instruction au procureur de la République* (art. 175).

Lorsque le juge d'instruction envisage de déclarer la personne mise en cause irresponsable en raison d'un trouble psychique ou neuropsychique ayant aboli son discernement, il en informe le procureur de la République et en avise les parties (art. 706-119).

La chambre criminelle a jugé que si l'avis n'a pas été rendu comme il aurait dû l'être avant l'ordonnance de renvoi (y compris en l'absence pure et simple d'avis), celle-ci n'est pas nulle pour autant : l'intéressé en retire le droit d'invoquer les nullités éventuelles de l'instruction devant la juridiction de jugement.

2. Les conséquences de l'avis

• Sauf si elles y ont renoncé, leur avocat convoqué (art. 175, al. 8), les parties ont un **délai de 3 mois** (ramené à **un mois** s'il y a une personne placée en détention provisoire) à compter du lendemain de l'envoi de l'avis de fin d'information (le délai ne court qu'à partir d'une notification régulière), pour *adresser des observations écrites* au juge d'instruction (notamment tendant à la saisine de la chambre de l'instruction pour que ce soit elle qui se prononce sur l'éventuelle irresponsabilité pour trouble mental), dont copie est communiquée au procureur de la République, ou *demander des mesures et présenter des requêtes* selon les art. 81, al. 9, 82-1, 156, al. 1, 173, al. 3 (examen médical, examen psychologique ou toutes autres mesures utiles, auditions, interrogatoires, transport sur les lieux, production de pièces, expertise, **nullité**) ; la jurisprudence admet également que, pendant ce délai, une demande tendant à ce

que soit constatée la prescription de l'action publique est possible. Pour le *témoin assisté*, la règle ne vaut que pour les requêtes en nullité (art. 175, dernier al.).
Pendant ce même délai, le *procureur de la République* adresse ses *réquisitions motivées* au juge d'instruction (notamment tendant à la saisine de la chambre de l'instruction pour que ce soit elle qui se prononce sur l'éventuelle irresponsabilité pour trouble mental) – au 1er janv. 2011, le *collège de l'instruction* –, dont copie est adressée aux avocats des parties par LR, télécopie avec récépissé ou courriel avec trace écrite (art. 175, al. 2) : c'est le **réquisitoire définitif**.
Ce délai n'est pas interrompu par la décision du président de la chambre de l'instruction de suspendre l'instruction, ni suspendu par une constitution de partie civile incidente.

• À l'issue de ce premier délai, s'ouvre un **nouveau délai d'un mois** (de **10 jours** si une personne est détenue), à compter du lendemain de la communication des réquisitions ou observations, pour adresser au juge (au 1er janv. 2011, au *collège de l'instruction*) des réquisitions ou des observations *complémentaires* (art. 175, al. 5). Ici encore les parties peuvent renoncer à ce délai, leur avocat convoqué (art. 175, al. 8).

• À l'issue du délai de 3 mois (ou un mois), les demandes précitées ne sont plus recevables, de même que les requêtes en nullité (art. 175, al. 4), *les parties auraient-elles ignoré l'irrégularité dénoncée* : c'est la **purge des nullités**.
Mais cette forclusion n'empêche pas les parties de demander l'accomplissement d'actes d'instruction à la chambre de l'instruction saisie du règlement de la procédure (par ex. une demande de complément d'expertise, de nouveaux actes d'information, etc.), même en l'absence d'appel contre le refus du juge d'instruction de procéder à ces actes ; elle n'empêche pas non plus la chambre de l'instruction saisie de la régularité de la procédure (v. chap. 4) de relever un moyen de nullité. De même, au stade du jugement, la forclusion n'empêche pas les parties de demander un supplément d'information, ni d'invoquer la prescription de l'action publique, exception d'ordre public (Crim., 20 janv. 2009, *Bull. crim.* n° 21).
À l'issue du délai d'un mois (ou 10 jours), le juge d'instruction (au 1er janv. 2011, le *collège de l'instruction*) peut rendre son **ordonnance de règlement**, même s'il n'a pas reçu d'observations ou de réquisitions (art. 175, al. 6) : c'est un pouvoir qui va dans le sens de *l'indépendance* du juge d'instruction par rapport au parquet.

• Même en cas de *réouverture de l'instruction*, le premier avis conserve son effet et prive les parties de la possibilité d'invoquer la nullité d'actes qui lui sont antérieurs.

B. Demande des parties au juge d'instruction

Si l'avis indiqué ci-dessus 1 *n'a pas été donné* (et seulement dans ce cas), un moyen est prévu pour diminuer la durée des instructions en hâtant la clôture de l'information : la personne mise en examen, la partie civile, et, bien qu'il ne soit pas partie à l'instruction, le *témoin assisté* peuvent *demander au juge d'instruction* (au 1er janv. 2011, au *collège de l'instruction*) *de prononcer le renvoi ou la mise en accusation devant la juridiction de jugement, ou de prononcer un non-lieu* (art. 175-1) :

1. Soit à l'expiration du *délai prévisible d'achèvement de l'information, indiqué par le juge d'instruction* (v. l'interrogatoire de première comparution et les auditions de la partie civile), à compter, pour la personne mise en examen, de la mise en examen, pour le témoin assisté, de la première audition ou, pour la partie civile, de la constitution de partie civile ;

2. Soit quand aucun acte d'instruction n'a été accompli **pendant 4 mois**.
Le juge a alors un délai d'*un mois* pour répondre ;

• Il peut faire droit à la demande ;

• Mais *s'il ne répond pas dans ce délai*, ou *s'il déclare* (par ordonnance motivée) *qu'il y a lieu de poursuivre l'instruction*, la personne mise en examen, le témoin assisté ou la partie civile peut, dans les 5 jours de la notification de la décision, ou à l'expiration d'un délai d'un mois, recourir à la saisine directe du *président de la chambre de l'instruction*, qui décide *dans les 8 jours* s'il y a lieu ou non de saisir la chambre de l'instruction (ordonnance sans recours) : art. 175-1 et 207-1 ; mais l'expiration de ce délai ne dessaisit pas le juge d'instruction : il peut rendre une ordonnance de renvoi. Si le juge a déclaré poursuivre son information, une nouvelle demande peut être faite après 6 mois.

C. Initiative du président de la chambre de l'instruction

Après 3 mois depuis le placement en détention provisoire, celle-ci étant toujours en cours et l'avis de fin d'information n'ayant pas été délivré, le président de la chambre de l'instruction peut saisir cette juridiction, d'office, à la demande du ministère public ou de la personne mise en examen (pas de la partie civile), afin qu'elle examine *l'ensemble de la procédure*. C'est alors la chambre de l'instruction qui peut ordonner le règlement de la procédure, y compris partiel, notamment en prononçant un ou plusieurs non-lieux à l'égard d'une ou de plusieurs personnes (art. 221-3, II, 8°).
Cette procédure peut se reproduire 6 mois après l'arrêt de la chambre de l'instruction, si l'instruction est toujours en cours et que lors de la première saisine, la chambre n'a pas ordonné le règlement (art. 223-1, II, dern. al.).

§ 2 - La décision de clôture

Le juge d'instruction (au 1er janv. 2011, le *collège de l'instruction*) statue, sans être lié par le réquisitoire définitif du ministère public, par une **ordonnance de règlement**, dite « de clôture », qui le **dessaisit** (mais si, avant la décision de clôture, un appel a été formé contre une ordonnance du juge d'instruction, il doit être examiné par la chambre de l'instruction). Il peut y avoir ordonnance de renvoi, de mise en accusation devant la cour d'assises, de non-lieu, ou en cas de faits commis sous l'emprise d'un trouble psychique ayant aboli le discernement, une ordonnance d'irresponsabilité pénale pour cause de trouble mental, ou encore de transmission des pièces.

A. Ordonnance de renvoi

C'est l'ordonnance par laquelle le juge d'instruction déclare qu'il y a des charges constitutives d'infraction (cf. art. 176). Le juge peut décider un renvoi **partiel**, c'est-à-dire pour certaines seulement des personnes mises en examen, ou pour certains seulement des faits dont il est saisi ; la personne ayant fait l'objet d'un *renvoi partiel* et qui n'est pas mise en examen pour d'autres faits, est entendue, on l'a vu, comme *témoin assisté* (art. 182). Il y a renvoi, selon le cas :

1. Devant le tribunal correctionnel en cas de délit

Art. 179. *L'ordonnance met fin à la détention provisoire, à l'assignation à résidence avec surveillance électronique ou au contrôle judiciaire, sauf ordonnance distincte et motivée* (même pour un mineur) *du juge d'instruction* (au 1er janv. 2011, du *collège de l'instruction*) par laquelle il décide de maintenir l'une de ces mesures jusqu'à la comparution en jugement. Si un mandat d'arrêt a été décerné, il conserve sa force exécutoire ; ce n'est pas le cas du mandat de recherche et du mandat d'amener, mais le juge d'instruction peut délivrer un mandat d'arrêt (art. 179, al. 2).

Le maintien en détention provisoire doit être justifié par les éléments de l'espèce : empêcher les pressions sur les témoins ou les victimes, ainsi que leur famille, mettre fin à l'infraction ou prévenir son renouvellement, protéger le « prévenu », garantir son maintien à la disposition de la justice.

L'ordonnance précise, s'il y a lieu, que le prévenu bénéficie des règles sur les « repentis ».

Si le tribunal correctionnel n'a pas commencé à examiner l'affaire au fond dans les 2 mois du renvoi, le prévenu en détention est remis en liberté, sauf à titre exceptionnel, par jugement motivé indiquant les raisons de droit ou de fait qui empêche le jugement, auquel cas le tribunal peut ordonner une prolongation pour 2 mois ; cette décision peut être renouvelée une fois ; s'il n'est pas jugé à l'issue de cette nouvelle prolongation, le prévenu est remis en liberté (art. 179, al. 5 ; la chambre criminelle a précisé que ce délai se calcule de quantième à quantième : ex. pour une ordonnance du 22 déc. 2000, le délai expire le 22 févr. 2001 à 24 heures).

L'ordonnance de renvoi devenue définitive **couvre**, on l'a vu, **les vices de la procédure** (art. 179, dernier al.).

L'ordonnance de renvoi informe la personne qu'elle doit signaler ses changements d'adresse par LRAR, et que toute notification ou citation faite à la dernière adresse déclarée sera réputée faite à sa personne (pour limiter les jugements par défaut : art. 179-1).

L'omission, par le juge, dans l'ordonnance de renvoi, de faits dont il était saisi peut être réparée par la juridiction de jugement : elle renvoie l'affaire à une audience ultérieure et transmet le dossier au ministère public, habilité à saisir le juge d'instruction de réquisitions pour les faits sur lesquels il n'a pas statué. De même, si le renvoi concerne une personne qui n'a pas été préalablement mise en examen, il y a lieu à renvoi à une audience ultérieure, et transmission du dossier au procureur de la République par la juridiction de jugement, aux fins de régularisation de la procédure par le juge d'instruction.

2. Devant le tribunal de police ou la juridiction de proximité

Si les faits constituent une contravention pour laquelle on aurait saisi à tort le juge d'instruction (ou après « contraventionnalisation »).

Art. 178. L'ordonnance de renvoi devenue définitive **couvre**, on l'a vu, **les vices de la procédure** (art. 178, al. 2). Même règle que ci-dessus pour les changements d'adresse. Pour les *mineurs*, v. art. 9, al. 2, 2°, Ord. 1945.

3. Devant juge des enfants ou le tribunal pour enfants dans le cas où ceux-ci sont compétents

Le renvoi doit se faire devant le tribunal pour enfants s'il s'agit d'un mineur âgé de 16 ans révolus, si la peine encourue est égale ou supérieure à 7 ans (art. 9, al. 2, 3°, Ord. 1945).

B. Ordonnance de mise en accusation devant la cour d'assises en cas de crime

L'ordonnance de mise en accusation contient notamment l'exposé et la qualification des faits ; elle précise, s'il y a lieu, que l'accusé bénéficie des règles sur les « repentis » (art. 181, al. 3) ; quand elle est devenue définitive, elle couvre les vices de la procédure (art. 181, al. 4).

Le contrôle judiciaire et l'assignation à résidence avec surveillance électronique continuent de produire leur effet (art. 181, al. 5). De même, si l'accusé est en détention provisoire, le mandat de dépôt conserve sa force exécutoire ; l'accusé reste détenu jusqu'à son jugement par la cour d'assises, sauf mise en liberté, ou non-comparution devant la cour dans l'année (sauf prolongations, v. ci-dessous) ; v. la procédure en cour d'assises. Si un mandat d'arrêt a été décerné, il conserve sa force exécutoire ; ce n'est pas le cas du mandat de recherche et du mandat d'amener, mais le juge d'instruction peut délivrer un mandat d'arrêt (art. 181, al. 7).

Le dossier est transmis au procureur de la République.

Pour les personnes renvoyées pour *délit connexe*, détention provisoire, assignation à résidence et contrôle judiciaire prennent fin, sauf prolongation jusqu'à comparution par décision spéciale et motivée, et s'agissant de la détention pour 6 mois maximum (art. 181, al. 6) ; ici encore c'est *le juge d'instruction* (au 1er janv. 2011, le *collège de l'instruction*), ou la chambre de l'instruction, non le JLD, qui ordonne le maintien en détention. V. pour le placement en détention provisoire par la cour d'assises, la procédure en cour d'assises (art. 367, al. 3).

L'accusé détenu qui n'a pas comparu devant la cour dans *l'année de l'ordonnance définitive de mise en accusation* (ou de son placement postérieur en détention provisoire) est remis en liberté, sauf si l'audience sur le fond n'a pu débuter dans ce délai ; à titre exceptionnel, la chambre de l'instruction peut prolonger la détention provisoire pour 6 mois, prolongation renouvelable une fois : à défaut, l'accusé est remis en liberté (art. 181, al. 8 et 9).

C. Ordonnance de non-lieu

Art. 177. Cette ordonnance est rendue si les faits ne constituent pas une infraction (les éléments de l'infraction ne sont pas réunis), ou si l'auteur est inconnu, ou s'il n'y a pas de charges suffisantes contre la personne mise en examen. En cas de non-lieu motivé par la contrainte, l'erreur de droit, l'ordre de la loi ou de l'autorité, la légitime défense, l'état de nécessité, ou par le décès de la personne mise en examen, l'ordonnance précise s'il existe des charges suffisantes établissant que l'accusé a commis les faits (art. 177, al. 2). Un non-lieu **partiel** peut être décidé (art. 182, al. 1).

• La personne mise en examen et bénéficiant du non-lieu est libérée si elle était placée en détention provisoire. L'ordonnance met fin à l'assignation à résidence avec surveillance électronique et au contrôle judiciaire. Si un cautionnement avait été versé, les sommes correspondantes sont en principe restituées (art. 142-2, 142-3). De même, le non-lieu emporte mainlevée des mesures conservatoires qu'en matière de criminalité organisée le JLD a pu prononcer (art. 706-103, al. 3).

• *Sur demande* de la personne bénéficiant du non-lieu, le juge d'instruction, ou, *avec l'accord de la personne*, d'office ou à la demande du ministère public, *peut* ordonner la publication de la décision de non-lieu ou d'un communiqué. Si le juge ne fait pas droit à la demande de la personne, il rend une ordonnance motivée, qui est susceptible d'appel devant la chambre de l'instruction (art. 177-1).

• Si l'instruction a été ouverte sur constitution de partie civile, on l'a vu, le juge d'instruction peut prononcer contre la partie civile une amende civile d'un montant maximum de 15 000 € ; l'ordonnance ouvre appel (art. 177-2).

• Après non-lieu, l'intéressé peut demander une indemnité au titre des frais non payés par l'État, à la charge de l'État (mais pouvant être mise à la charge de la partie civile quand l'action publique a été mise en mouvement par celle-ci) : art. 800-2, R. 249-2 et s.

• L'ordonnance de non-lieu a un caractère en principe irrévocable si le non-lieu est fondé sur une *raison de droit* (v. la chose jugée). S'il est fondé sur des *raisons de fait* (ex. insuffisance des charges), il ne peut y avoir **réouverture de l'information, sauf sur charges nouvelles** (art. 188 et 189 ; il peut s'agir, selon la jurisprudence, de charges qui étaient déjà connues des parties civiles. En outre, cette réouverture ne peut être provoquée à l'encontre de la personne mise en examen **que par le ministère public** (art. 190) : c'est le réquisitoire à fin de reprise. **Elle ne peut donc pas être provoquée par la partie civile** ; mais la partie civile (qui peut faire une démarche pour obtenir du parquet cette réouverture) ne souffre pas de cette solution ; elle peut faire appel du non-lieu (si elle forme seule ce recours, elle remet aussi en question le sort de l'action publique), ou agir au civil, sans que l'ordonnance de non-lieu ait alors autorité de chose jugée au civil (v. l'action civile). Et elle peut naturellement se constituer pour une infraction différente, ex. pour usage de faux après non-lieu pour le faux. Même en cas de *réouverture de l'instruction*, le premier avis de fin d'information conserve son effet et prive les parties de la possibilité d'invoquer la nullité d'actes qui lui sont antérieurs.

• Sauf réouverture de l'instruction, le non-lieu s'oppose à toute nouvelle poursuite pour les mêmes faits, sous quelque qualification que ce soit. La jurisprudence a étendu le bénéfice de cette règle, qui ne vise selon les textes que la personne mise en examen, à toute personne qui a été « mise en cause » au cours de l'instruction ; la notion demeure toutefois imprécise, mais désigne, par ex., celle qui a été nommément visée dans la plainte avec constitution de partie civile, ou le témoin assisté. De même, toute citation directe pour les mêmes faits est exclue s'agissant non seulement de la personne mise en examen, mais aussi des personnes qui ont « fait l'objet » de l'instruction (notion à son tour imprécise). V. *infra* p. 327.

D. Ordonnance d'irresponsabilité pénale pour cause de trouble mental

Avant une réforme intervenue en 2008 sous la pression du *lobby* des victimes, l'existence, au moment des faits, d'un trouble psychique ayant aboli le discernement justifiait une décision de non-lieu. Depuis cette date, lorsque le juge d'instruction estime qu'il existe contre la personne mise en examen des charges suffisantes, et sauf s'il rend une ordonnance de transmission des pièces à la chambre de l'instruction (v. *infra* E), il rend en pareil cas une ordonnance d'irresponsabilité pénale pour cause de trouble mental, dans laquelle il précise quelles sont ces charges (art. 706-120, al. 2).

Cette ordonnance met fin à la détention provisoire, à l'assignation à résidence avec surveillance électronique et au contrôle judiciaire (art. 706-121).

E. Ordonnance de transmission des pièces

Si à la suite de l'avis de fin d'information, le procureur de la République ou une partie privée a demandé que la chambre de l'instruction soit saisie pour statuer elle-même sur l'éventuelle existence d'un trouble psychique ayant aboli le discernement, et s'il estime qu'il existe des raisons plausibles d'un tel trouble, le juge d'instruction rend une ordonnance de transmission des pièces aux fins de saisine de celle-ci ; il peut aussi rendre une telle ordonnance d'office (art. 706-120, al. 1).

Sauf décision contraire du juge, cette ordonnance ne met fin ni à la détention provisoire, ni à l'assignation à résidence avec surveillance électronique ni au contrôle judiciaire, qui se prolongent jusqu'à l'audience de la chambre de l'instruction ; la chambre de l'instruction doit statuer dans les 6 mois de l'ordonnance de transmission des pièces en matière criminelle, de 4 mois en matière correctionnelle, à défaut de quoi la personne mise en examen est remise en liberté (art. 706-121, al. 2).

Devant la chambre de l'instruction, la personne mise en examen comparaît en personne si son état le lui permet, avec l'assistance obligatoire d'un avocat ; les débats sont publics, sauf huis clos décidé en raison de l'ordre ou des mœurs. La personne mise en examen est interrogée par le président de la chambre de l'instruction, avec possibilité pour le procureur général et les avocats des parties de lui poser des questions. Les experts sont obligatoirement entendus, et il en est de même, sur décision du président, des témoins cités par le ministère public ou les parties ; les parties et leurs avocats peuvent leur poser des questions (art. 706-122).

Si la chambre de l'instruction estime qu'il existe des charges suffisantes contre la personne mise en examen et qu'il a existé au moment des faits un trouble psychique ou neuro-psychique ayant aboli le discernement, elle rend un *arrêt de déclaration d'irresponsabilité pénale pour cause de trouble mental*. Outre une éventuelle hospitalisation d'office (art. 706-135), cette décision lui permet de prononcer une ou plusieurs *mesures de sûreté* à l'encontre de l'intéressé : interdiction d'entrer en relation avec la victime, de paraître dans certains lieux, etc. (art. 706-135). À la demande de la partie civile, elle renvoie l'affaire devant le tribunal correctionnel pour qu'il statue sur la seule action civile (art. 706-125, 3°).

POUR ALLER PLUS LOIN

EXEMPLES DE SUJETS D'EXAMEN DONNÉS :

Dissertations :

- Le secret de l'instruction
- L'indépendance du juge d'instruction dans la conduite de l'information
- Instruction et protection des libertés individuelles
- Personne mise en examen et témoin assisté

Chapitre 4 > LES POUVOIRS ET LES DEVOIRS DU JUGE D'INSTRUCTION ET DU JUGE DES LIBERTÉS ET DE LA DÉTENTION CONCERNANT LA LIBERTÉ DE LA PERSONNE POURSUIVIE

> L'essentiel

On observera que si l'institution du JLD a transféré à celui-ci nombre des prérogatives anciennes du juge d'instruction, ce dernier conserve pourtant, en dehors même de la conduite de l'instruction, des pouvoirs quant à la liberté de la personne mise en examen : il peut ordonner le contrôle judiciaire, l'assignation à résidence avec surveillance électronique, maintenir la personne en détention provisoire jusqu'à sa comparution devant le tribunal, décider la mise en liberté. Le JLD, pour décider la détention provisoire ou sa prolongation, doit être saisi par le juge d'instruction, dont l'avis aura de l'importance (dans certains cas, cependant, on le verra, il est saisi par le procureur de la République).

Le principe est que la personne mise en examen, parce qu'elle est présumée innocente, ***reste libre*** *: à ce titre, le contrôle judiciaire, l'assignation à résidence avec surveillance électronique et la détention provisoire sont des* décisions exceptionnelles *(art. 137).*

Section 1 > LE CONTRÔLE JUDICIAIRE

Art. 137, 137-2, 4, et 138 à 143, R. 16 et s., C. pr. pén. Pour les mineurs, art. 10-2, Ord. 2 févr. 1945.

C'est une institution destinée à concilier la liberté individuelle (en évitant l'incarcération – quoique le contrôle judiciaire puisse s'appliquer à une personne morale, v. ci-dessous) et la protection sociale (en imposant un contrôle à la personne mise en examen, par des obligations ou des restrictions de liberté).

Le contrôle judiciaire a été conçu (pour les personnes physiques) comme un substitut de la détention provisoire : en réalité, il s'applique souvent à des *personnes mises en examen* qui eussent été auparavant laissées en liberté totale ; il remplace donc plutôt la liberté que la détention.

§ 1 - Conditions du contrôle judiciaire

A. Règles générales

• La **peine encourue** doit être un emprisonnement ou une peine plus grave (il est donc exclu à l'encontre d'une personne mise en examen pour simple contravention).

• Le contrôle judiciaire est décidé par le *juge d'instruction* (au 1er janvier 2001, par *le collège de l'instruction*), après réquisitions du procureur de la République, ou par le *JLD s'il est saisi* (art. 137-2, 138 ; pour l'interdiction d'activité d'avocat, cependant, v. ci-dessous, § 2, A), en tout état de l'instruction (art. 139). Le magistrat doit rendre une ordonnance, sans débat contradictoire ; un appel est possible par la personne mise en examen (et le ministère public ; mais pas par l'administration des douanes) ; il en est de même pour les modifications du contrôle, et le refus de sa mainlevée, v. ci-après. Les juridictions d'instruction apprécient souverainement la nécessité du placement ou du maintien sous contrôle judiciaire, mais elles doivent préciser ce qui la justifie (*nécessités de l'instruction, mesure de sûreté* : art. 137). Si le juge d'instruction ne suit pas les réquisitions du procureur tendant au placement sous contrôle judiciaire, il rend dans les 5 jours une ordonnance motivée (à défaut, le procureur peut dans les 10 jours saisir directement la chambre de l'instruction ; de même si le JLD, saisi par le juge d'instruction, ne rend pas d'ordonnance dans les 10 jours ; art. 82, al. 4 et 5).

Une chambre de l'instruction, appelée au cours d'une procédure à statuer sur un contrôle judiciaire (par ex. à modifier ses modalités), peut **se réserver le contentieux** de celui-ci pour la suite de l'instruction, dépossédant ainsi le juge d'instruction de cette prérogative.

Pour la phase du jugement, v. ces procédures.

B. Règles particulières aux mineurs

En matière correctionnelle, pour le mineur âgé *de 13 ans à 16 ans,* le contrôle judiciaire suppose une peine d'emprisonnement encourue supérieure ou égale à *7 ans*, ramenée à une peine supérieure ou égale à *5 ans s'il a déjà fait l'objet de mesures éducatives ou d'une condamnation à une sanction éducative ou à une peine* (Ord. 2 févr. 1945, art. 10-2 III).

Pour tous les mineurs, le contrôle judiciaire est décidé par une ordonnance motivée du juge des enfants, du juge d'instruction ou du JLD, après *débat contradictoire*. Le magistrat notifie oralement au mineur les obligations imposées et les conséquences en cas de non-respect, avocat et représentants légaux convoqués (Ord. 2 févr. 1945, art. 10-2, II).

§ 2 - Effets du contrôle judiciaire

A. Règles générales

Au titre du contrôle judiciaire, **une ou plusieurs obligations** peuvent être imposées à la personne mise en examen ; le juge peut *à tout moment modifier* ces obligations, en *ajoutant* une ou plusieurs obligations nouvelles, ou en *supprimant* tout ou partie des obligations, ou en *dispensant* d'exécuter certaines obligations, occasionnellement ou temporairement (art. 139).

Ces obligations rappellent largement le régime du sursis avec mise à l'épreuve (v. Mémento de *Droit pénal général*) : mais elles interviennent ici avant toute condamnation. Elles sont énumérées par l'art. 138 et leur choix relève du pouvoir souverain d'appréciation du juge :

1) Ne pas sortir de certaines limites territoriales, ex. obligation de ne pas quitter le territoire national (ce qui n'est pas contraire à la Conv. EDH).

2) Ne s'absenter de son domicile ou de la résidence fixée par le juge d'instruction ou le JLD que dans des conditions déterminées par ce juge (pour l'assignation à résidence avec surveillance électronique, v. *infra* sect. 2).

3) Ne pas se rendre en certains lieux, ou ne se rendre que dans les lieux déterminés par le juge : il a donc été jugé qu'il peut y avoir interdiction de fréquenter un lieu de culte, ou de se rendre à des réunions de toute nature. Cette interdiction ne peut s'étendre à des lieux hors du territoire de la République, en raison du principe de territorialité de la loi pénale : mais on peut interdire la sortie de France, v. ci-dessus 1.

4) Informer le juge de tout déplacement au-delà de limites déterminées.

5) Se présenter périodiquement à certains services, associations ou autorités.

6) Répondre aux convocations de toute autorité, de toute association ou de toute personne qualifiée désignée par le juge et se soumettre aux mesures de contrôle sur l'activité professionnelle ou l'assiduité à un enseignement, aux *mesures socio-éducatives* destinées à favoriser son insertion sociale et à prévenir le renouvellement de l'infraction.

7) Remettre tous documents d'identité, notamment le passeport.

8) S'abstenir de conduire certains véhicules, remettre son permis de conduire (sauf, le cas échéant, pour son activité professionnelle) ; la jurisprudence a jugé que la privation du permis ne s'impute pas sur celle prononcée ensuite par la condamnation.

9) Ne pas recevoir ou rencontrer certaines personnes ; la décision doit préciser ces personnes, et les rapports entre elles et les faits, mais une désignation nominative n'est pas nécessaire. Si la personne mise en examen est soumise à l'interdiction de rencontrer la victime, le juge en avise celle-ci, ainsi que son avocat si la victime est partie civile (art. 138-1).

10) Se soumettre à un traitement, notamment aux fins de désintoxication (on rapprochera de cette mesure l'injonction de se soumettre à une mesure d'injonction thérapeutique : CSP, art. L. 3424-1).

11) Fournir un *cautionnement* (en espèces ou par chèque certifié), fixé compte tenu des ressources et charges, et divisé en deux parties : l'une garantissant la représentation de la personne mise en examen, et l'autre garantissant, dans cet ordre, le paiement des réparations *(même en l'absence de constitution de partie civile)* et celui des amendes. Cette mesure est possible même pour une personne en liquidation judiciaire. Le juge peut tenir compte de l'organisation par la personne elle-même de son insolvabilité pour apprécier ses ressources. La décision détermine les sommes affectées à chacune des deux parties du cautionnement. V. art. 142 et R. 19 et s. La partie du cautionnement affectée à la garantie des droits de la victime peut être versée par *provision*, avec ou sans l'accord de la personne mise en examen, selon les cas (art. 142-1).

12) Ne pas exercer telles *activités professionnelles ou sociales,* si l'infraction a été commise dans l'exercice ou à l'occasion de l'exercice de ces activités *et s'il est à redouter qu'une nouvelle infraction soit commise* (cette constatation est nécessaire) ; il peut s'agir de la même infraction ou d'une autre.
Sont exclus de l'interdiction les mandats électifs, et les responsabilités syndicales ; mais cette exclusion ne vise que les fonctions électives publiques de nature politique (et non, par exemple, les fonctions de président du conseil d'administration ou d'administrateur d'un office public d'HLM, même exercée par le titulaire d'un mandat électif, ou celles de d'administrateur d'établissement public, ou de conseiller prud'hommes).
Il peut y avoir interdiction par exemple d'administrer une société, même à l'étranger, une association sportive, de se livrer à des expérimentations sur personne humaine ; l'interdiction peut jouer pour les fonctions de commissaire aux comptes, même si les faits ont été commis en qualité d'expert-comptable ; l'activité d'**avocat** (conseil et défense) peut être interdite, mais par le **conseil de l'Ordre**, saisi par le juge d'instruction ou le JLD ; seul ce conseil a ce pouvoir, ainsi que celui de mettre fin au contrôle judiciaire ; mais le juge d'instruction peut maintenir ce contrôle.

13) Ne pas émettre de chèques autres que de retrait ou certifiés.

14) Ne pas détenir ou porter une arme.

15) Constituer des sûretés, qui ont la même finalité que le cautionnement ; il est possible de les affecter en totalité à la garantie des droits des victimes ; art. 142, R. 24 et s.

16) Justifier de sa contribution aux charges familiales.

17) En cas d'infraction commise contre son conjoint, son concubin ou son partenaire lié par un pacte civil de solidarité, ou contre ses enfants ou les enfants de ce dernier, résider hors du domicile ou de la résidence du couple et, le cas échéant, s'abstenir de paraître dans ce domicile ou cette résidence ou à leurs abords immédiats, ainsi que, si nécessaire, faire l'objet d'une prise en charge sanitaire, sociale ou psychologique. Ce texte peut s'appliquer à l'ancien conjoint, concubin ou partenaire ; le domicile est alors celui de la victime (v. art. D. 32-29, D. 32-30).
Si l'action publique est exercée à l'encontre d'une **personne morale**, le juge d'instruction peut placer celle-ci sous contrôle judiciaire, en la soumettant à une ou plusieurs obligations : dépôt de cautionnement (un cautionnement de 50 millions F a été imposé à une société, une cargaison de pétrole ayant été déversée en mer après naufrage), constitution de sûretés, et, si les mesures suivantes sont encourues comme peines, interdiction d'émettre des chèques, interdictions professionnelles, placement sous contrôle d'un mandataire de justice (art. 706-45).

B. Règles particulières aux mineurs

Le contrôle peut comprendre une ou plusieurs obligations (art. 10-2, Ord. 2 févr. 1945) :

1) Se soumettre à des mesures de protection, d'assistance, de surveillance et d'éducation.

2) Respecter les conditions d'un placement ex. en centre éducatif de la protection judiciaire de la jeunesse (ex. centre éducatif fermé), pour une durée de 6 mois au plus, ne pouvant être renouvelée qu'une fois, pour 6 mois au plus.

En matière *correctionnelle*, pour le mineur *âgé de 13 à 16 ans*, le contrôle judiciaire ne peut comporter que l'obligation ci-dessus relative au centre éducatif ; il est placé dans un *centre éducatif fermé*.

3) Accomplir un stage de formation civique.

4) Suivre de façon régulière jusqu'à sa majorité une scolarité ou une formation professionnelle.

§ 3 - Sanction du contrôle judiciaire

A. Règles générales

Si la personne mise en examen se soustrait volontairement à ses obligations, le *juge d'instruction* peut décerner contre elle un mandat d'amener ou d'arrêt. Il peut aussi *saisir le JLD* ; ce juge peut décerner alors un mandat de dépôt, aux fins de placement en **détention provisoire**, et cela **quelle que soit la durée de la peine d'emprisonnement encourue** (art. 141-2). La procédure est la même que pour le placement en détention provisoire (mais la motivation selon l'art. 144 n'est pas nécessaire). Si la personne se soustrait au contrôle alors qu'elle est renvoyée devant la juridiction de jugement (en dehors du cas de renvoi en cour d'assises), le procureur de la République peut saisir le JLD aux fins de mandat d'arrêt ou d'amener, ou de détention provisoire (art. 141-2, al. 2).
Lorsque la détention provisoire fait suite à la révocation d'un contrôle judiciaire, alors que l'intéressé avait déjà été placé en détention provisoire pour les mêmes faits, la durée cumulée des détentions ne peut excéder de plus de 4 mois la durée maximale ordinaire de la détention provisoire en matière correctionnelle ou criminelle ; si la peine encourue est inférieure à 3 ans d'emprisonnement, la durée totale des détentions est au maximum de 4 mois (art. 141-3).
En cas de violation du contrôle judiciaire imposé à une *personne morale*, des sanctions pénales sont prévues (art. 706-45, dernier al.).

B. Règles particulières à certains mineurs

Art. 11-2, Ord. 2 févr. 1945. Pour les mineurs âgés **de 13 à 16 ans**, la détention provisoire ordonnée en cas de non-respect du contrôle judiciaire ne peut excéder une durée de :
– *15 jours,* renouvelable une fois ;
– ou *un mois,* renouvelable une fois, s'il s'agit d'un délit puni de 10 ans d'emprisonnement.
S'il y a eu plusieurs révocations du contrôle judiciaire, la durée cumulée de la détention ne peut excéder un mois dans le premier cas, deux mois dans le second.

§ 4 - Fin du contrôle judiciaire

A. Règlement de l'instruction

L'ordonnance de règlement de l'instruction met un terme au contrôle judiciaire (art. 177 : non-lieu ; art. 179 : ordonnance de renvoi, sauf décision contraire ; art. 706-121, 706-126 : ordonnance d'irresponsabilité pénale pour cause de trouble mental), à l'exception de l'ordonnance de mise en accusation (art. 181, al. 5). L'appel contre l'ordonnance de non-lieu ne remet pas en cause la fin du contrôle judiciaire.

B. Mainlevée du contrôle judiciaire

Pour ordonner la **mainlevée** du contrôle judiciaire, c'est le juge d'instruction (au 1er janv. 2011, *le collège de l'instruction*) qui est compétent, non le JLD (mais pour l'interdiction provisoire d'exercer la profession d'avocat, seul le Conseil de l'Ordre des avocats a le pouvoir d'y mettre fin). La mainlevée peut être décidée à tout moment (art. 140) :

- soit d'office ;
- soit sur les réquisitions du procureur de la République ;
- soit sur demande de la personne mise en examen, par déclaration au greffe, pouvant se faire, si cette personne réside hors du ressort, par LRAR (art. 148-6 ; pas par lettre au juge d'instruction ou, si elle est détenue pour une autre cause, par l'intermédiaire du chef de l'établissement pénitentiaire, après avis du procureur de la République : le juge d'instruction statue dans les 5 jours de la réception de la demande (point de départ : cette réception, même s'il y a eu retard dans la communication au parquet).

– Si le juge ne statue pas dans ce délai, la personne peut recourir à la saisine directe de la chambre de l'instruction, qui se prononce dans les 20 jours : art. 140 (si la demande est *manifestement irrecevable*, le président de cette chambre peut décider par ordonnance motivée sans recours, qu'il n'y pas lieu de statuer : art. 148-8). Mais si le juge statue, même tardivement, sans que la personne ait usé de ce droit, celle-ci pourra faire appel, mais non saisir directement la chambre de l'instruction ; inversement, si la chambre de l'instruction a statué sur une demande de mainlevée en en étant directement saisie, elle peut déclarer irrecevable l'appel formé contre l'ordonnance de refus de mainlevée du juge d'instruction.

– Si cette chambre ne statue pas dans ce délai, il y a mainlevée de plein droit, sauf si des vérifications ont été ordonnées (art. 140).

Il en est de même quand la chambre, infirmant une décision du juge d'instruction et prononçant le contrôle judiciaire ou modifiant les obligations imposées, s'est *réservée le contentieux* de cette mesure.

– Après l'instruction, ces pouvoirs appartiennent à la juridiction saisie (pour les délais, v. art. 148-2).

Section 2 › L'ASSIGNATION À RÉSIDENCE AVEC SURVEILLANCE ÉLECTRONIQUE

Art. 142-5 à 142-13, D. 32-3 et s.

Antérieurement considérée comme une modalité d'exécution du contrôle judiciaire en cas d'interdiction de s'absenter de son domicile ou de la résidence fixée par le juge, l'assignation à résidence a été érigée en institution autonome par la loi du 24 nov. 2009. Faisant à son tour exception au principe du maintien en liberté de la personne mise en examen, elle ne peut être ordonnée que *pour les nécessités de l'instruction* ou à titre de *mesure de sûreté*, si les obligations d'un contrôle judiciaire sont insuffisantes (art. 137).

Elle est donc plus sévère que celui-ci, mais moins grave que la détention provisoire, à laquelle elle propose une alternative ; elle peut toutefois être prononcée à l'endroit d'un *mineur.*

§ 1 - Conditions de l'assignation a résidence avec surveillance électronique

• L'assignation à résidence ne peut être ordonnée qu'avec **l'accord de la personne mise en examen**, ou à sa **demande** (l'avocat convoqué : art. D. 32-8, D. 32-26).

• La **peine encourue** doit être un *emprisonnement d'au moins 2 ans* ou une peine plus grave.

• L'assignation à résidence est décidée par ordonnance motivée du *juge d'instruction* ou du *JLD* (art. D. 32-10). Le juge statue après un *débat contradictoire,* en principe en audience publique, organisé comme en matière de détention provisoire (art. D. 32-7 ; v. *infra*, sect. 3), sauf dans le cas où elle intervient en réponse à une demande de mise en liberté déposée par un détenu (art. 142-6).

• L'assignation à résidence est une **mesure alternative à la détention provisoire** (art. 142-12).

§ 2 - Durée de l'assignation a résidence avec surveillance électronique

• La durée ordinaire est de *6 mois,* avec prolongations possibles de chacune 6 mois, dans la limite d'un placement d'une durée maximale totale de *2 ans* (art. 142-7).

• L'assignation à résidence prend fin avec l'ordonnance de non-lieu (art. 177) ; il en est de même en cas de renvoi (art. 179), sauf décision du juge de la maintenir jusqu'à la comparution devant la juridiction de jugement, sa durée totale ne pouvant excéder *2 ans* (art. D. 32-23). En revanche, l'ordonnance de mise en accusation n'y met pas un terme, sauf décision contraire du juge (art. 181, D. 32-24) ; elle ne peut alors durer plus de *2 ans* (art. D. 32-24).

• La *mainlevée* peut en avoir lieu à tout moment, d'office, sur réquisitions du procureur de la République ou à la demande de la personne mise en examen, selon la même procédure que pour la mainlevée du contrôle judiciaire (obligation notamment de répondre par ordonnance motivée dans les 5 jours de la demande, ou saisine directe de la chambre de l'instruction : art. 142-8, 142-12, D. 32-19).

• L'assignation à résidence peut être enfin *révoquée,* aux fins de placement en détention provisoire par le JLD, quelle que soit la durée de l'emprisonnement encouru, lorsque l'intéressé se soustrait volontairement aux obligations qui l'accompagnent (art. 142-8, al. 2, D. 32-20, D. 32-21 ; pour le mineur, Ord. 2 févr. 1945, art. 11). Lorsque la révocation intervient alors que la personne avait déjà été placée en détention provisoire pour les mêmes faits, la durée cumulée des détentions ne peut excéder de plus de 4 mois la durée maximale ordinaire de la détention provisoire en matière correctionnelle ou criminelle ; si la peine encourue est inférieure à 3 ans d'emprisonnement, la durée totale des détentions est au maximum de 4 mois (art. 142-8, D. 32-21)

La durée de l'assignation à résidence s'impute sur la durée de la peine privative de liberté qui sera éventuellement prononcée par la juridiction de jugement (art. 142-11).

§ 3 - Effets de l'assignation a résidence avec surveillance électronique

• L'assignation oblige la personne mise en examen à demeurer à son domicile ou dans une résidence fixée par le juge et à ne s'en absenter qu'aux conditions et pour les motifs déterminés par lui (art. 142-5 ; pour un mineur il peut s'agir d'un centre éducatif, sauf fermé : art. D. 32-26). Elle s'exécute sous le régime du *placement sous surveillance électronique*, permettant de détecter à distance la présence ou l'absence de l'intéressé au lieu fixé. Si la personne est mise en examen pour une infraction punie *de plus de 7 ans* d'emprisonnement et pour laquelle *le suivi socio-judiciaire est encouru*, l'assignation peut être exécutée sous le régime du *placement sous surveillance électronique mobile*, avec port d'un dispositif intégrant un émetteur qui permet de localiser l'intéressé où qu'il se trouve (art. 142-5, al. 3) ; le placement sous surveillance électronique mobile est également possible si la personne est mise en examen pour des violences ou des menaces punies d'au moins 5 ans d'emprisonnement commises à l'encontre de son conjoint, concubin ou partenaire « pacsé », contre ses enfants ou ceux de son conjoint, concubin ou partenaire « pacsé » ; ces dispositions s'appliquent également si la personne mise en examen est l'ancien conjoint, concubin ou partenaire « pacsé » de la victime (art. 142-12-1, créé L. 9 juill. 2010).
En outre, la personne peut être astreinte aux *obligations et interdictions d'un contrôle judiciaire* (art. 142-5, al. 4 ; v. *supra* sect. 2).
L'intéressé est inscrit dans un registre spécial tenu par l'administration pénitentiaire (art. D. 32-14). Si la mise en examen concerne une infraction visée à l'art. 706-47 (ex. meurtre d'un mineur accompagné d'un viol, proxénétisme à l'égard d'un mineur, etc.), il peut être enregistré, sur décision du juge d'instruction, dans le *fichier* judiciaire national des infractions sexuelles ou violentes (art. 706-53-2, 5° ; pour le retrait des informations, v. art. 706-53-4).

• Les obligations qui assortissent le placement peuvent être *à tout moment modifiées*, en *ajoutant* une ou plusieurs obligations nouvelles, ou en *supprimant* tout ou partie des obligations, ou en *dispensant* d'exécuter certaines obligations, occasionnellement ou temporairement (art. 142-8, renvoyant à l'art. 139 ; art. D. 32-16). Avec l'accord du juge d'instruction, les horaires de présence au lieu fixé peuvent être modifiés, en faveur de l'intéressé, par le chef d'établissement pénitentiaire ou par le directeur du service pénitentiaire d'insertion et de probation (art. 142-9 ; v. aussi art. D. 32-16, dern. al.) ou, pour un mineur, le directeur interrégional de la protection judiciaire de la jeunesse (art. D. 32-28) ; mais le juge peut annuler ces modifications (art. D. 32-18).

• En cas de décision de non-lieu, de relaxe ou d'acquittement définitive, la personne soumise à assignation à résidence a droit à une *indemnisation* selon les modalités des art. 149 à 150 (compétence du premier président de la cour d'appel ; art. 142-10) : v. *infra*, section 3, §7.

Section 3 › LA DÉTENTION PROVISOIRE

Art. 137, 137-1, 3 et 4, 141-2 et 3, 143-1, 144 à 150, C. pr. pén. Art. 11, 11-1 et 2, Ord. 2 févr. 1945 pour les mineurs.
C'est l'incarcération de la *personne mise en examen*, pouvant durer pendant l'instruction préparatoire, et même jusqu'au jugement irrévocable. Depuis la réforme apportée par la loi du 15 juin 2000, qui a retiré ce pouvoir au juge d'instruction, **elle est ordonnée par le juge des libertés et de la détention**.
Ici aussi, comme en matière de contrôle judiciaire, une chambre de l'instruction qui infirme une décision du juge des libertés et de la détention peut se **réserver le contentieux** de la détention provisoire pour la suite de la procédure : l'intéressé est alors privé du double degré de juridiction.

§ 1 - Généralités

A. Utilité

C'est une mesure de précaution :

• **Pour la justice :**
– la détention empêche la fuite et la continuation de l'activité criminelle ;
– elle limite le danger de disparition des indices (ex. dans une procédure pour escroquerie ou abus de confiance, la personne souhaiterait rentrer chez elle pour « classer ses papiers »), le risque de corruption des témoins ;
– elle est utile pour l'instruction, car elle met la personne mise en examen à la disposition constante du juge ;
– elle garantit l'exécution de la peine privative de liberté.

• **Pour les témoins**, dont la sécurité serait parfois menacée sans la détention provisoire de la personne mise en examen ;

• Parfois **pour la personne mise en examen** elle-même, contre la colère du public ;

• **Pour l'opinion**, peu favorable au maintien en liberté de personnes dangereuses.

B. Inconvénients

• **Pour toute personne mise en examen :**
– la détention provisoire contredit le principe du maintien en liberté fondé sur la présomption d'innocence ; est interdite, sans l'accord de l'intéressé, la diffusion de l'image d'une personne en détention provisoire (art. 35 *ter*, L. 29 juill. 1881) ;
– mais le détenu bénéficie de règles favorables : ainsi des délais sont raccourcis (ex. pour le droit pour la personne mise examen de recourir à la saisine directe de la chambre de l'instruction après le dernier acte d'instruction, art. 221-2, v. la chambre de l'instruction ; pour le retour du dossier par le procureur de la République à la fin de l'instruction ; pour les observations, demandes d'acte ou requêtes après l'avis de fin d'information) ; le tribunal correctionnel ne peut statuer à juge unique (art. 398-1) ; la décision de jugement doit intervenir plus tôt (art. 397-3, 397-4) ;

• **Pour la personne mise en examen innocente :** la détention provisoire cause un préjudice parfois matériel, en tout cas moral.

C. Principe de liberté

Dans les systèmes rigoureux, la détention de la personne mise en examen est largement admise (système du Code d'instruction criminelle, pour la personne dite alors « *l'inculpé* »). Les systèmes libéraux admettent plus facilement la liberté.

• Dans le Code de procédure pénale, **la liberté de la personne mise en examen est la règle** : « *La personne en examen, présumée innocente, reste libre* » (art. 137). La succession rapide des réformes montre la difficulté du problème : l'importante loi du 9 mars 2004 est la dix-huitième en la matière depuis le Code de procédure pénale et elle a été suivie par 3 autres ; une loi de 1993, qui sur ce point n'est pas entrée en application, prévoyait de confier la décision de *détention provisoire* non plus au juge d'instruction, mais à une *formation collégiale* : mais la décision d'une telle juridiction risque de peser comme un préjugement.
La L. du 15 juin 2000 a institué un **juge des libertés et de la détention**, distinct du juge d'instruction, qui est en principe saisi par le juge d'instruction, et qui dans la plupart des cas a seul compétence, sur demande du juge d'instruction, pour décider du *placement* en détention provisoire, de la *prolongation* de la mesure, de la *révocation du contrôle judiciaire* ou de l'assignation à résidence avec surveillance électronique (on sait que pour le *maintien en détention lors du renvoi*, c'est le *juge d'instruction* qui décide).
Les éventuelles demandes de mise en liberté seront adressées au juge d'instruction, qui peut y faire droit : en cas de refus, c'est le JLD qui décide ; **un seul magistrat du siège suffit donc pour la mise en liberté, alors qu'il en faut deux pour décider la détention provisoire**, **sauf dans le cas visé** plus haut : *en matière criminelle et pour les délits punis de 10 ans d'emprisonnement*, si le juge d'instruction, saisi de réquisitions du procureur aux fins de détention, estime que celle-ci n'est pas justifiée et ne transmet donc pas le dossier au JLD, il rend une ordonnance motivée ; le procureur peut alors, pour des motifs légaux de sécurité et d'ordre, saisir directement le JLD en vue de la détention ; *si celui-ci ordonne la détention, ce sera donc contre la décision du juge d'instruction* (art. 137-4, dernier al.).

• La personne mise en examen reste donc libre, sauf à être placée en détention provisoire, *à titre exceptionnel* (art. 137, 143-1, 144), en raison des *nécessités de l'instruction* ou à titre de *mesure de sûreté*. Comme c'est la liberté qui est la règle, *c'est la détention, non la mise en liberté, qui doit être motivée*. Le ministère public doit, s'il requiert le placement ou le maintien en détention provisoire, le faire par réquisitions écrites et motivées (art. 82, al. 3 ; mais il a été jugé qu'à défaut, l'ordonnance du juge d'instruction décidant la détention provisoire est régulière).
Lorsque le juge d'instruction, ne suivant pas les réquisitions du procureur de la République tendant au placement en détention provisoire, ne transmet pas le dossier au JLD, il doit statuer sans délai par ordonnance motivée (art. 137-4).

D. Le projet de réforme du Code de procédure pénale

Avec la disparition du juge d'instruction et du JLD, la compétence pour décider du placement en détention provisoire serait attribuée, au cours de l'enquête judiciaire pénale, au juge de l'enquête et des libertés et pour décider de sa prolongation au tribunal de l'enquête et des libertés.

§ 2 - Conditions de la détention provisoire

En toute matière, la détention provisoire reste une mesure **facultative** pour les juges.
La détention provisoire suppose l'ouverture d'une **instruction**, et ne peut être décidée qu'**en matière criminelle ou correctionnelle**, avec des limites dans ce dernier cas. La possibilité d'un placement en détention provisoire dépend de nombreux facteurs : âge de la personne mise en examen, nature de l'infraction, peine encourue, antécédents de la personne, situation familiale de celle-ci…
On ne confondra donc pas la détention provisoire (« préventive », jusqu'en 1970) et d'autres mesures privatives de liberté, comme la garde à vue (qui peut intervenir au cours d'une instruction), l'emprisonnement ou la réclusion criminelle.
Pour la phase du jugement, v. ces procédures.
On distinguera les conditions générales de la détention provisoire, exigées pour les majeurs comme pour les mineurs, et les conditions particulières à ces deux catégories de personnes.

A. Conditions générales

1. Caractère insuffisant du contrôle judiciaire ou de l'assignation à résidence avec surveillance électronique

L'ordonnance par laquelle le JLD décide d'un placement en détention provisoire (ou de sa prolongation) doit énoncer des considérations de droit et de fait (par référence à des éléments précis et circonstanciés résultant de la procédure) sur le caractère insuffisant d'un contrôle judiciaire ou d'une assignation à résidence avec surveillance électronique pour atteindre les objectifs poursuivis par le juge, et ce à peine de nullité (art. 137-3, 144) : possible seulement « à titre exceptionnel » (art. 137), la détention provisoire doit apparaître comme « l'unique moyen » d'y parvenir (art. 144). Mais cette motivation n'est pas nécessaire, selon la jurisprudence, quand le juge d'instruction a renvoyé devant la juridiction de jugement. Une personne peut, pour les mêmes faits, être mise en détention provisoire après avoir été placée sous contrôle judiciaire en cas de *circonstances nouvelles*, telle l'amélioration de son état de santé faisant craindre un renouvellement de l'infraction.

2. Motifs de la détention provisoire

L'ordonnance par laquelle le JLD décide d'un placement en détention provisoire (ou de sa prolongation) doit énoncer en outre le **motif de la détention, parmi ceux limitativement énumérés à l'art. 144** (art. 137-3) :

1) conserver les preuves ;

2) empêcher les pressions sur les témoins ou les victimes, ou sur leur famille ;

3) empêcher une concertation frauduleuse entre personnes mises en examen et leurs coauteurs ou complices ;

4) protéger la personne mise en examen,

5) garantir son maintien à la disposition de la justice ;

6) mettre fin à l'infraction ou de prévenir son renouvellement ;

7) en matière de **crime**, mettre fin à un trouble exceptionnel et persistant à l'ordre public provoqué par la gravité de l'infraction, les circonstances de sa commission ou de l'importance du préjudice qu'elle a causé. Ce trouble ne peut résulter du seul retentissement médiatique de l'affaire.
Les motifs 2 et 3 permettent au procureur de la République, en cas de crime ou de délit puni de 10 ans d'emprisonnement, après ordonnance du juge d'instruction ne suivant pas ses réquisitions de détention, de saisir directement le JLD, comme on l'a vu plus haut (art. 137-4, dernier al.).
Si, après placement en détention provisoire, ces conditions ne sont plus remplies, le juge d'instruction (au 1er janv. 2011, *le collège de l'instruction*) ou le JLD doit ordonner la mise en liberté (art. 144-1, al. 2).

B. Conditions spéciales aux majeurs

La personne mise en examen (art. 143-1) :

1) **encourt** une peine **criminelle**,

2) ou encourt une peine correctionnelle d'une durée égale ou supérieure à 3 ans d'emprisonnement,

3) ou se soustrait volontairement aux obligations du contrôle judiciaire ou d'une assignation à résidence avec surveillance électronique (art. 143-1, dernier al., 141-2, 142-8, al. 2, D. 32-20). Dans ce cas, *la motivation indiquée ci-dessus n'est pas nécessaire* : il suffit de constater le manquement au contrôle. Le juge d'instruction, qui peut décerner mandat d'arrêt ou d'amener, peut aussi saisir le JLD aux fins de placement en détention provisoire, et le JLD peut décerner un mandat de dépôt en vue de la détention provisoire, *quelle que soit la durée de l'emprisonnement encouru.*
S'il s'agit du placement en détention provisoire (ou de la prolongation de la détention) d'une personne faisant connaître, lors de son interrogatoire par le juge d'instruction avant la saisine du JLD, qu'elle exerce à titre exclusif *l'autorité parentale sur un mineur âgé de 16 ans au plus* ayant chez elle sa résidence, il faut faire rechercher par les services ou personnes visées à l'art. 81, al. 7, toutes mesures propres à éviter que la santé, la sécurité et la moralité du mineur ne soient en danger ou les conditions de son éducation ne soient gravement compromises. Cette règle, toutefois, ne s'applique pas en cas de crime, de délit commis contre un mineur, de non-respect des obligations du contrôle judiciaire (art. 145-5).
Pour les majeurs de moins de 21 ans au moment de la commission de l'infraction, si la peine encourue ne dépasse pas 5 ans (selon la jurisprudence, on ne doit pas tenir compte d'une éventuelle récidive pour déterminer ce seuil), une vérification préalable de la situation de la personne est obligatoire (art. 81, al. 7) ; toutefois, il en est autrement si ces diligences ont déjà été prescrites par le ministère public sur le fondement de l'art. 41, al. 6, les textes lui en faisant obligation ; même pour les autres intéressés, on s'efforce de développer des « enquêtes sociales rapides », pour éviter la détention.

C. Conditions spéciales aux mineurs

Art. 11, Ord. 2 févr. 1945.

1) **Il faut que la détention provisoire soit indispensable, ou qu'il soit impossible de prendre toute autre disposition.**

2) **Pour les mineurs âgés de 16 ans révolus** la détention provisoire est possible dans trois cas :
– **peine criminelle** encourue ;
– **peine correctionnelle encourue égale ou supérieure à 3 ans ;**
– inexécution du contrôle judiciaire ou d'une assignation à résidence avec surveillance électronique.

3) **Pour les mineurs âgés de 13 ans révolus et de moins de 16 ans** (la détention provisoire est impossible au-dessous de 13 ans), la détention provisoire est possible dans deux cas :
– peine criminelle encourue ;
– inexécution du contrôle judiciaire prononcé (v. le contrôle judiciaire, qui suppose ici que le mineur a déjà fait l'objet de mesures éducatives ou d'une condamnation, et encourt une peine d'emprisonnement égale ou supérieure à 5 ans) ou d'une assignation à résidence avec surveillance électronique.
Avant la décision de placement d'un mineur en détention provisoire, ou de prolongation de cette détention, la Protection judiciaire de la jeunesse doit être consultée (art. 81, al. 7, Ord. 2 févr. 1945, art. 12) ; mais la jurisprudence écarte la règle si certains des faits imputés ont été commis après l'âge de 18 ans, ou si l'intéressé est devenu majeur au moment où il est statué sur sa détention ; à défaut, il y a mise en liberté. Lorsque le JLD est saisi, il peut prononcer une mesure de liberté surveillée à titre provisoire, ou une mesure de garde provisoire (art. 11, dernier al., Ord. 2 févr. 1945).

§ 3 - Garanties de procédure

On précisera la procédure conduisant à la décision de détention provisoire (qu'il s'agisse d'un placement *ab initio*, ou d'un placement consécutif à la révocation d'un contrôle judiciaire ou d'une assignation à résidence avec surveillance électronique, selon la jurisprudence), puis la procédure appelée « référé-liberté ».

A. La décision de placement en détention provisoire

Art. 145. *Le juge des libertés et de la détention*, saisi par une ordonnance du juge d'instruction (au 1er janv. 2011, du *collège de l'instruction*) ou, pour un mineur, du juge des enfants (ou dans certains cas, on l'a vu, par des réquisitions du procureur de la République) tendant au placement en détention provisoire (avec une notice du juge d'instruction comportant des renseignements sur les faits motivant la poursuite, les antécédents judiciaires de l'intéressé et sa personnalité, destinée au chef de l'établissement pénitentiaire : v. art. D. 32-1), fait comparaître devant lui la personne mise en examen, assistée de son avocat si celui-ci a déjà été désigné ; il peut recueillir les observations de l'intéressé, et lui faire connaître son intention (le JLD peut se déplacer sur tout le territoire : art. 137-1 et 93).

1. Information de la personne mise en examen sur ses droits

S'il envisage d'ordonner la détention provisoire, le JLD informe la personne que sa décision ne pourra intervenir qu'après un **débat contradictoire**, sauf circonstance insurmontable empêchant la comparution de la personne mise en examen (ex. jurisprudentiels : barrages routiers, hospitalisation) ; il l'informe aussi de son **droit de demander un délai pour préparer sa défense**, et de son **droit à l'assistance d'un avocat** (choisi ou commis d'office, et avisé par tout moyen et sans délai) ; l'avocat peut consulter le dossier et s'entretenir librement avec la personne. Mais c'est donc la convocation de l'avocat qui est obligatoire, non sa présence. Si l'avocat a été convoqué pour un interrogatoire au fond, alors qu'il s'agissait de statuer sur une ordonnance concernant la détention provisoire, l'ordonnance du JLD est nulle (Crim., 20 mai 2008, *Bull. crim.* n° 125, à propos d'une prolongation de la détention provisoire) ; il en est de même en l'absence de l'avocat non convoqué, qui porte nécessairement atteinte aux intérêts de la personne placée en détention (Crim., 4 déc. 2007, *Bull. crim.* n° 297, à propos d'une prolongation).

2. Débat contradictoire

• Le débat contradictoire a lieu dans le cabinet du JLD : développement par le ministère public de ses réquisitions écrites (mais sa présence n'est pas obligatoire lorsque le JLD prononcera sa décision : Crim., 28 avr. 2009, *Bull. crim.* n° 78), observations de la personne mise en examen (le procès-verbal n'a pas à mentionner les questions auxquelles elle a répondu), et le cas échéant de son avocat, la présence de forces de surveillance étant selon la jurisprudence possible ; la chambre criminelle admet que le débat peut avoir lieu ailleurs, par exemple dans une maison d'arrêt. Il a été jugé qu'après ce débat, le procureur de la République ne peut rester seul avec le juge et le greffier, mais qu'il le peut si c'est seulement pour retirer des dossiers à consulter ensuite. Pour la détention provisoire d'une personne détenue pour une autre cause, le débat peut avoir lieu par visioconférence, avec enregistrement audiovisuel ou sonore (art. 706-71, al. 3). Le débat n'est pas nécessaire pour le rejet d'une demande de mise en liberté.

• Si la personne mise en examen est *majeure*, le débat a lieu et le juge statue en **audience publique** (le fait que la porte du cabinet soit fermée serait, selon la jurisprudence, sans incidence), sauf décision contraire du juge, faisant droit à une demande du ministère public, de la personne mise en examen ou de son avocat lorsque leur opposition est permise, à savoir :

– en matière de criminalité et délinquance organisée (uniquement pour les infractions de l'art. 706-73) ;

– si la publicité est de nature à entraver les investigations (ex. la présence de complices) ;

– si elle est de nature à porter atteinte à la présomption d'innocence ;

– si elle est de nature à porter atteinte à la sérénité des débats ou à nuire à la dignité de la personne ou aux intérêts d'un tiers.

Le JLD recueille les observations du ministère public, de la personne et son avocat, et statue sur l'opposition par ordonnance motivée, *sans recours* (la personne mise en examen ne peut notamment contester cette décision à l'occasion de son appel contre l'ordonnance qui a ordonné son placement en détention provisoire : Crim., 15 avr. 2008, *Bull. crim.* n° 99) ; le juge d'instruction a pu indiquer dans l'ordonnance par laquelle il a saisi le JLD les raisons pour lesquelles la publicité lui paraît devoir être écartée (art. 137-1, al. 4). Si le JLD y fait droit, le débat a lieu en audience de cabinet ; il en est de même si la personne mise en examen est mineure.

3. Incarcération provisoire

• **Si un délai a été demandé pour préparer la défense**, le JLD ne peut donc ordonner immédiatement un placement en détention provisoire ; mais il peut, par ordonnance motivée, sans appel, prescrire **l'incarcération de la personne mise en examen**, qui ne peut dépasser **4 jours ouvrables** (ex. du mercredi au lundi) ; dans ces limites, le JLD apprécie librement la date du débat et la nécessité de l'incarcération. Ensuite, il y a débat contradictoire comme ci-dessus (mais pour ce **débat différé**, et selon la jurisprudence, *les règles sur la convocation de l'avocat et la communication du dossier citées à propos des garanties de la défense ne sont pas applicables*). L'incarcération provisoire sera le cas échéant imputée sur la durée de la détention provisoire (ex. pour le calcul des délais limitant cette détention, et pour l'imputation sur la peine).

• **L'incarcération provisoire** est également possible, pour la même durée, afin de permettre au juge d'instruction de procéder à des vérifications susceptibles de permettre le placement sous contrôle judiciaire plutôt qu'en détention provisoire ; un référé-liberté contre l'ordonnance qui prescrit l'incarcération est possible (v. *infra*, B).

B. La procédure appelée « référé-liberté » (art. 187-1)

1. Saisine du président de la chambre de l'instruction

En cas d'**appel** d'une ordonnance de *placement en détention provisoire*, interjeté par la personne mise en examen ou par le procureur de la République **au plus tard le jour suivant la décision**, cette personne ou le procureur peut demander au *président de la chambre de l'instruction* d'*examiner immédiatement son appel*.

a) *Cette demande doit être formée en même temps que l'appel*, à peine d'irrecevabilité. Déclaration d'appel et demande peuvent être constatées par le juge d'instruction à l'issue du débat contradictoire organisé par le JLD pour le placement en détention provisoire. La transmission du dossier au président de la chambre de l'instruction peut se faire par télécopie.

b) Sur sa demande, l'avocat de la personne mise en examen présente des observations orales devant le président de la chambre de l'instruction, qui statue en audience de cabinet ; le ministère public, qui est avisé de l'audience, peut prendre des réquisitions (l'avocat a la parole en dernier).

c) Le président de la chambre de l'instruction statue au plus tard dans les *3 jours ouvrables* suivant la demande, par une ordonnance *non motivée*, sans recours (la personne mise en examen ne peut, notamment, en demander l'annulation à la chambre de l'instruction à l'occasion de l'appel contre la décision de placement en détention provisoire).

d) Le président de la chambre de l'instruction peut *infirmer* la décision du juge, en ordonnant la remise en liberté, ou en décidant un contrôle judiciaire ou une assignation à résidence avec surveillance électronique à la place de la détention provisoire ; la chambre de l'instruction est alors *dessaisie* de l'appel contre l'ordonnance de placement en détention provisoire. Sinon, *il ne peut confirmer* l'ordonnance : il doit renvoyer l'examen de l'appel à la chambre de l'instruction (dans ce cas il peut participer à la décision collégiale, selon la chambre criminelle).

Cette procédure est prévue pour les ordonnances de *placement* en détention provisoire, mais non pour les ordonnances de *prolongation* de cette détention (Crim., 4 mai 2004, pourvoi n° 04-81081).

2. Saisine de la chambre de l'instruction

La personne qui forme le recours peut aussi demander à ce qu'il soit *directement examiné par la chambre de l'instruction* : il est alors statué au plus tard le 5e jour ouvrable (art. 187-2).

§ 4 - Placement en détention provisoire

A. Saisine du juge des libertés et de la détention

• En principe, le JLD est saisi par une ordonnance *motivée* du juge d'instruction – au 1er janv. 2011, du *collège de l'instruction* – (art. 137-1, al. 4), ou, pour les mineurs, par ce juge ou par le juge des enfants (Ord. 2 févr. 1945, art. 11) – le *maintien* en détention lors du *renvoi*, on l'a vu, est ordonné, lui, par le *juge d'instruction*. Le juge saisit le JLD d'office ou sur réquisitions du procureur de la République (art. 137-4) ; dans ce dernier cas, si le juge d'instruction, estimant que la détention provisoire est injustifiée, refuse de saisir le JLD, il doit statuer sans délai par une ordonnance motivée portée immédiatement à la connaissance du procureur.

• En matière de *crime* ou pour les *délits punis de 10 ans d'emprisonnement*, le procureur de la République peut alors saisir lui-même *directement* le JLD, sauf renonciation : il faut que ses réquisitions aient annoncé cette intention et qu'elles soient motivées par l'un des motifs visés aux 4° à 7° de l'art. 144 (v. *supra* § 1) ; si le JLD y fait droit, il en résulte la caducité de l'ordonnance par laquelle le juge d'instruction a éventuellement ordonné un placement sous contrôle judiciaire (art. 137-4, al. 2).
Il a été jugé que les réquisitions du ministère public tendant à un placement en détention provisoire et prises à l'encontre d'une personne qui n'a pas encore été mise en examen valent réquisitions de mise en examen (Crim., 9 nov. 2005, 2 arrêts, *Bull. crim.* n° 290).

B. Décision du juge des libertés et de la détention

Le JLD prescrit le placement en détention provisoire par ordonnance motivée, rendue après le débat contradictoire ci-dessus évoqué (la présence du procureur de la République au moment où le JLD prononce son ordonnance est facultative : Crim., 28 avr. 2009, *Bull. crim.* n° 78 ; même solution en cas de prolongation : Crim., 12 mai 2009, *Bull. crim.* n° 91), à peine de nullité (Crim., 4 juin 2009, *Bull. crim.* n° 113). L'ordonnance est notifiée à la personne mise en examen, avec remise de sa copie intégrale (art. 137-3).
Le JLD doit statuer dans les 10 jours de sa saisine ; à défaut, le procureur de la République peut saisir directement la chambre de l'instruction (art. 82, al. 5).
On a vu aussi qu'un **mandat de dépôt** est en outre *décerné par le JLD :* c'est l'*ordre donné par le JLD au chef de l'établissement pénitentiaire* de recevoir et de retenir la personne mise en examen à l'encontre de laquelle a été rendue une ordonnance aux fins de placement en détention provisoire (art. 122, dernier al.).

Après remise en liberté, un nouveau placement en détention provisoire est possible, si des circonstances nouvelles le justifient. Mais si le mandat de dépôt vient à être annulé et l'intéressé par conséquent remis en liberté, le juge d'instruction peut délivrer un mandat d'amener et le JLD ordonner de nouveau un placement en détention provisoire, sans qu'il soit nécessaire qu'il existe des circonstances nouvelles ; mais si le JLD estime que son ordonnance est nulle, il ne peut y substituer une nouvelle ordonnance, la chambre de l'instruction ayant seule compétence pour statuer sur les nullités.

Le JLD peut refuser le placement en détention provisoire. Ce refus peut s'accompagner d'un placement sous contrôle judiciaire (art. 145, al. 3) ou d'une assignation à résidence avec surveillance électronique (art. 142-12).

§ 5 - Durée de la détention provisoire

L'art. 144-1, al. 1, C. pr. pén. dispose que la détention provisoire ne peut excéder une durée « *raisonnable* », au regard de la gravité de faits et de la complexité des investigations ; mais pour l'appréciation de cette durée, il y a lieu de tenir compte aussi des incidents procéduraux dont l'intéressé est pour partie responsable (Crim., 12 juin 1997, *Bull. crim.* n° 233).

On reconnaît là la notion de « délai raisonnable » de la Conv. EDH (art. 5, § 3), rattachée par la CEDH à la présomption d'innocence, dans lequel toute personne détenue a le droit d'être jugée, comme il a été dit plus haut à propos de la réforme de l'instruction ; décidant que la durée raisonnable doit être appréciée au cas par cas, suivant les « circonstances de la cause », appréciées de façon concrète (le risque de fuite, par ex., ne doit pas être induit seulement de la gravité des peines encourues : CEDH, 27 juin 1968, *Neumeister*), la CEDH, dans plusieurs décisions, a jugé que des détentions avaient dépassé ce délai (ex., pour une détention prolongée plus d'un an après la clôture de l'instruction, dans une affaire de vols à main armée) ; mais elle a pu estimer aussi qu'une durée de 2 ans et 7 mois a été raisonnable : il en résulte que cette casuistique engendre *l'insécurité juridique*. La cour européenne a précisé toutefois que la persistance de raisons plausibles de soupçonner la personne arrêtée d'avoir commis une infraction « au bout d'un certain temps – *sic* – ne suffit plus », et que les autorités nationales compétentes doivent apporter une « diligence particulière » à la poursuite de la procédure (ex. CEDH, 31 juill. 2001, *Zannouti*). La chambre criminelle considère que l'appréciation du caractère raisonnable, question de fait, relève de l'appréciation souveraine des juges du fond (ex. Crim., 3 juin 2003, *Bull. crim.* n° 111).

Les maximums de la durée de la détention provisoire sont déterminés par la loi, mais cette détention peut prendre fin par la *mise en liberté* : ce sont les deux questions à étudier.

A. Les maximums légaux

Les délais se comptent de quantième à quantième (ex. : 4 mois à compter du 25 juillet : le délai expire le 25 novembre à 0 heure). La chambre criminelle a jugé que le JLD ne peut fixer par avance une durée de détention inférieure aux maxima légaux (Crim., 21 nov. 2006, *Bull. crim.* n° 291) ; de même, lorsqu'il écarte une demande de prolongation, elle ne lui reconnaît pas le droit d'ordonner une mise en liberté immédiate, la détention devant aller, selon elle, jusqu'au terme du délai en cours. Les délais sont décomptés en cas de *mandat d'arrêt*, qui est un titre de détention, à partir de la date d'écrou, et en cas de *mandat d'amener*, qui ne l'est pas, à partir du placement en détention provisoire.

Si le JLD se trompe sur la durée d'une prolongation de la détention provisoire, la chambre de l'instruction, saisie d'un appel, ne peut annuler cette décision et doit seulement corriger cette erreur, en ramenant la durée à celle prévue par la loi (Crim., 20 mai 2008, *Bull. crim.* n° 124).

La Cour de cassation juge que les durées de périodes de détention provisoire effectuées dans des procédures distinctes ne se cumulent pas, même en cas de jonction desdites procédures.

En cas de **modification de la qualification** en cours d'information (le crime se révèle n'être qu'un délit : art. 146 ; le délit être un crime : art. 118), la détention provisoire est soumise aux règles découlant de la nouvelle qualification (ex. pour la durée). Dans le cas de l'art. 146, le juge d'instruction (au 1er janv. 2011, *le collège de l'instruction*) saisit le JLD aux fins du maintien de la détention provisoire (le JLD statue dans les 3 jours), ou prescrit la mise en liberté assortie ou non du contrôle judiciaire. La jurisprudence estime que le titre initial de détention reste valable ; dans le cas de l'art. 118, le texte le précise expressément. Lorsque la modification de la qualification résulte d'une *correctionnalisation légale*, la chambre criminelle juge l'art. 146 inapplicable : le titre initial de détention conserve sa valeur et est soumis de plein droit aux règles correspondantes, sans qu'il soit nécessaire de saisir le JLD (Crim., 7 juin 2006, *Bull. crim.* n° 158).

1. En matière criminelle

a) Pour les majeurs

• La détention provisoire a pour **maximum 1 an** ; des **prolongations** sont possibles, chacune pour *6 mois* maximum, après un débat contradictoire et droit à un délai pour préparer la défense (art. 145-2), sauf circonstances imprévisibles et insurmontables (ex. grève du personnel pénitentiaire).

Mais *après un an*, les décisions de prolongation de la détention provisoire ou de rejet d'une demande de mise en liberté doivent comporter une *motivation supplémentaire* (art. 145-3) : les indications qui justifient la poursuite de l'information (ex. complexité des faits, attitude de la personne), et *le délai prévisible d'achèvement de l'information* ; mais il n'est pas nécessaire que l'ordonnance de prolongation indique la nature des investigations auxquelles le juge d'instruction a l'intention de procéder si cette indication risque d'entraver leur « accomplissement » – comprendre : leur efficacité – (art. 145-3).

Comme on l'a vu, l'accusé qui n'a pas comparu devant la cour d'assises dans l'année du renvoi définitif ou du placement ultérieur en détention provisoire est remis en liberté, sauf prolongations à titre exceptionnel (art. 181, al. 8 et 9).

• **La détention** (art. 145-2, al. 2) :

– **ne peut dépasser 2 ans**, *si la peine encourue est inférieure à 20 ans* de réclusion ou détention criminelles (le maximum est de 3 ans si l'un des faits constitutifs de l'infraction a été commis hors du territoire national) ;

– **ne peut dépasser 3 ans**, *dans les autres cas* (le maximum est de 4 ans si l'un des faits constitutifs de l'infraction a été commis hors du territoire national) ;

– **ne peut dépasser 4 ans** si la personne est poursuivie pour *plusieurs crimes contre les personnes ou la nation, ou pour un crime de trafic de stupéfiants, terrorisme, proxénétisme, extorsion de fonds ou un crime commis en bande organisée.*
À titre exceptionnel, ces durées peuvent être **prolongées de 4 mois** (la décision pouvant être *renouvelée une fois*) par la chambre de l'instruction, saisie par le JLD, si les investigations du juge d'instruction doivent être poursuivies et si la mise en liberté de la personne causerait un risque d'une particulière gravité pour la sécurité des personnes et des biens (art. 145-2, al. 3 ; nécessité d'indiquer ici aussi ce qui justifie la prolongation de l'instruction et son délai prévisible d'achèvement) ; dans certains cas la détention peut donc atteindre 4 ans et 8 mois.
V. la procédure en cour d'assises pour le cas de **renvoi en cour d'assises**, pour la détention provisoire de l'accusé et des personnes renvoyées pour délits connexes, avant les débats, pendant, et après condamnation (art. 181, v. les ordonnances de règlement ; ces personnes peuvent être laissées libres, mais dans certains cas le mandat de dépôt est mis à exécution, ex., après condamnation, pendant l'instance d'appel, jusqu'à ce que la durée de la détention provisoire ait atteint celle de la peine prononcée : art. 367, al. 2) ; les limites de durée ci-dessus ne s'appliquent que jusqu'à l'ordonnance de règlement (art. 145-2, dernier al.) ; mais en cas d'appel de l'ordonnance de renvoi en cour d'assises, si la chambre de l'instruction ordonne un supplément d'information, la détention provisoire se poursuit.
– en cas de **révocation du contrôle judiciaire** ou d'une assignation à résidence pour une personne antérieurement en détention provisoire pour les mêmes faits, le total de la détention ne peut dépasser de plus de 4 mois les durées maximales prévues ci-dessus (art. 141-3, 142-8). Mais la jurisprudence a précisé qu'on n'a pas à tenir compte de la durée de la détention accomplie avant révocation du contrôle.

b) Pour les mineurs (art. 11 et 11-1, Ord. 2 févr. 1945)
• **entre 16 et 18 ans** (art. 11, al. 14) : comme pour les majeurs, **1 an maximum,** *avec prolongations possibles* pour 6 mois au maximum (mais la durée totale ne peut dépasser 2 ans).

• **entre 13 ans et 16 ans** (art. 11, al. 13) : **6 mois maximum** *; une seule prolongation possible*, à titre exceptionnel, pour 6 mois (la chambre criminelle juge que cette détention n'est pas contraire à la Conv. EDH).
Ces limitations ne s'appliquent que jusqu'à l'ordonnance de règlement (art. 11, al. 15). En cas de **révocation du contrôle judiciaire** pour un mineur antérieurement en détention provisoire pour les mêmes faits, la durée cumulée des détentions provisoires ne peut excéder de plus d'un mois le maximum prévu (art. 11-1).

2. En matière correctionnelle

a) Pour les majeurs
Il faut distinguer deux catégories de personnes (art. 145-1).

• **La durée est de 4 mois** pour la personne qui n'a *pas déjà été condamnée pour crime ou délit de droit commun à une peine criminelle ou à une peine d'emprisonnement sans sursis de plus d'un an* **et** *qui n'encourt qu'une peine inférieure ou égale à 5 ans* (ex. abus de biens sociaux) – si l'une de ces conditions, cumulatives, fait défaut, la durée peut donc être supérieure à 4 mois. Le point de départ est le jour de l'ordonnance de placement en détention provisoire.

– *Pour la peine antérieure prononcée*, la chambre criminelle a jugé que l'on doit tenir compte même d'une peine prescrite, mais non d'une condamnation par une décision étrangère (à l'exception des juridictions d'un État membre de l'Union européenne : art. 132-23-1, C. pén.) ;
– *Pour la peine encourue* : elle a jugé qu'on ne doit pas tenir compte de la récidive, ni du cumul obligatoire de certaines peines avec d'autres, ni des causes d'atténuation de la peine relevant de la juridiction de jugement.

• Pour les autres (déjà condamnées pour crime ou délit de droit commun à une peine criminelle ou à un emprisonnement sans sursis de plus d'un an, **ou** qui encourent une peine de plus de 5 ans) : le JLD peut, à titre exceptionnel (ordonnance motivée, après débat contradictoire, avocat), **prolonger la détention pour un maximum de 4 mois**, cette décision pouvant être **renouvelée**, mais la détention **ne pouvant excéder un an**. Cette durée est portée à **2 ans** si l'un des faits constitutifs de l'infraction a été commis hors du territoire national, ou si la personne, poursuivie pour trafic de stupéfiants, terrorisme, proxénétisme, extorsion de fonds ou crime commis en bande organisée, encourt une peine égale à 10 ans d'emprisonnement (art. 145-1, al. 2) ; elle est portée à **3 ans** pour le délit d'association de malfaiteurs en vue d'actes de terrorisme (art. 706-24-3).
À titre exceptionnel, la durée de deux ans peut être **prolongée de 4 mois** par la chambre de l'instruction, saisie par le JLD, si les investigations du juge d'instruction doivent être poursuivies et si la mise en liberté de la personne causerait un risque d'une particulière gravité pour la sécurité des personnes et des biens (art. 145-1, dernier al.).

• Lorsque la détention provisoire **dépasse 8 mois**, les décisions de prolongation de la détention provisoire ou de rejet d'une demande de mise en liberté doivent comporter une *motivation supplémentaire* (comme en matière criminelle, après un an) : les indications qui justifient la poursuite de l'information, et le délai prévisible d'achèvement de l'information. Il n'est pas nécessaire que l'ordonnance indique la nature des investigations auxquelles le juge d'instruction envisage de procéder si cette indication risque d'entraver leur « accomplissement » – comprendre : leur efficacité – (art. 145-3).

• En cas de *révocation du contrôle judiciaire* ou de l'assignation à résidence pour une personne antérieurement en détention provisoire pour les mêmes faits, la durée cumulée des détentions provisoires ne peut excéder de plus de 4 mois les durées maximales prévues ci-dessus, ou 4 mois si la peine encourue est inférieure aux durées visées à l'art. 143-1 (3 ans ou 5 ans selon le cas). Art. 141-3.
Les règles de l'art. 145-1 sur la durée de la détention provisoire ne s'appliquent pas à l'étranger objet d'une demande d'*extradition* : la durée est celle des conventions internationales ou du C. pr. pén. (v. art. 696-18 et s. ; Crim., 27 mars 2001, *Bull. crim.* n° 79).
Pour les prolongations possibles en cas de renvoi devant le tribunal correctionnel (art. 179), v. les ordonnances de règlement.

b) Pour les mineurs

• **Mineurs de 16 ans au moins** (art. 11, Ord. 1945) :
– *1 mois maximum si la peine encourue ne dépasse pas 7 ans* ; une seule prolongation est possible, à titre exceptionnel (après débat contradictoire), pour un mois maximum (art. 11, al. 11, Ord. 2 févr. 1945) ;

– *dans les autres cas* : *4 mois*, comme pour les majeurs, avec possibilités de prolongations après débat contradictoire, mais avec un *maximum d'un an en tout* (art. 11, al. 12).
En cas de *révocation du contrôle judiciaire* pour un mineur antérieurement en détention provisoire pour les mêmes faits, la durée cumulée des détentions ne peut excéder de plus d'un mois les durées indiquées (art. 11-1).

• **Mineurs de 13 à 16 ans**, en cas de révocation du contrôle judiciaire (art. 11-2) : la durée de la détention ne peut excéder **15 jours** (elle est renouvelable une fois), ou **un mois** s'il s'agit d'un délit puni de 10 ans d'emprisonnement (elle est renouvelable une fois).
Si plusieurs révocations du contrôle judiciaire interviennent, la durée cumulée de la détention ne peut dépasser un mois dans le premier cas, deux mois dans le second.

3. L'ordonnance de prolongation

• La prolongation doit intervenir avant l'expiration des délais (il n'est toutefois pas obligatoire d'attendre, pour décider la prolongation, le dernier jour du délai). Mais la notification de l'ordonnance, elle, peut être tardive, la seule conséquence étant un recul du point de départ du délai d'appel ; de même un vice dans la notification ne rend pas nulle l'ordonnance de prolongation.

• La chambre criminelle admet que le JLD puisse *mettre sa décision en délibéré*, dès lors qu'il statue avant l'expiration du titre de détention.

• Les prolongations au-delà d'un an ou de 8 mois (selon la matière criminelle ou correctionnelle) supposent le même *débat contradictoire* que le placement en détention provisoire (art. 145-1, al. 2, et 145-2, al. 1 ; Ord. 2 févr. 1945, art. 11, al. 11, 12, 13 ; le cas échéant vidéoconférence, avec enregistrement audiovisuel ou sonore, art. 706-71, al. 3), avec avocat (mais convoqué ici comme pour les interrogatoires, art. 114, al. 2, et non par tout moyen : art. 145-1, al. 2, 145-2, al. 1) sauf renonciation expresse et préalable, et sauf circonstance imprévisible et insurmontable (ex. jurisprudentiels : grève du personnel pénitentiaire, ou du barreau, barrages routiers empêchant l'extraction de l'intéressé). Un entretien entre le ministère public et le JLD avant l'audience relative à la prolongation n'est pas une cause de nullité, selon la chambre criminelle.

• *Contre l'ordonnance de prolongation, l'appel est possible* : la chambre de l'instruction doit, sauf vérifications ordonnées, ou circonstances imprévisibles et insurmontables, statuer « dans les plus brefs délais » et au plus tard dans les 15 jours ; sinon il y a mise en liberté de plein droit (art. 194, al. 3). Ce délai est prolongé de 5 jours en cas de demande de comparution personnelle (art. 199, dernier al.). Il peut être prorogé selon l'art. 801 (s'il expire par ex. un samedi). Mais la chambre de l'instruction n'a pas à respecter ces délais si l'appel, tardif, est donc de toute manière irrecevable.

B. La mise en liberté

Il faut préciser la façon dont est prise la décision, puis faire état des effets de la mise en liberté.

1. Décision de mise en liberté

Le juge d'instruction (au 1er janv. 2011, *le collège de l'instruction*) ou, s'il est saisi, le JLD (art. 137-1), doit ordonner la mise en liberté immédiate dès que les conditions de la détention ne sont plus remplies (art. 144-1, al. 2). La chambre de l'instruction peut également décider la mise en liberté (art. 201, 207, 221-3, II, 1°). On a vu plus haut *les règles applicables en cas d'ordonnance de renvoi*. Pour les demandes de mise en liberté adressées à une *juridiction de jugement*, v. art. 148-1 et 148-2 ; pour un accusé, la décision est prise par la cour d'assises pendant la session, dans les autres cas par la chambre de l'instruction (la demande de mise en liberté est toujours recevable tant que la condamnation n'est pas définitive).

a) Décision du juge d'instruction (du collège de l'instruction) ou du juge des libertés et de la détention

La mise en liberté peut être décidée par le juge d'instruction (par le collège de l'instruction) :

• soit **d'office**, après avis (qui peut être seulement oral), pas nécessairement conforme, du procureur de la République (art. 147) ;

• soit **à la demande du procureur de la République ;** sauf s'il ordonne la mise en liberté, le juge d'instruction doit, dans les 5 jours des réquisitions, transmettre le dossier, avec son avis motivé, au JLD, qui statue dans un délai de 3 jours ouvrables (art. 147, al. 2) ;

• soit sur demande de la personne en détention provisoire ou de son avocat (art. 148).

La demande est adressée au juge d'instruction, qui communique le dossier au procureur de la République aux fins de réquisitions (aucun délai n'étant fixé par le texte, la chambre criminelle estime qu'il revient à la conscience du juge d'y procéder dans « le plus bref délai » : Crim., 25 mars 1985, *Bull. crim.* n° 122). La demande est faite par déclaration au greffe (par LRAR en cas de résidence hors du ressort de la juridiction), ou au chef d'établissement pour la personne détenue (art. 148-6, 7 et 8) ; elle ne peut se faire par lettre, ni par un mémoire déposé au greffe, ni par conclusions à l'audience. Ici, la chambre criminelle juge que le débat contradictoire prévu pour le placement en détention n'est pas nécessaire (Crim., 26 févr. 2003, *Bull. crim.* n° 55 ; mais si le juge l'organise, ce n'est évidemment pas une cause de nullité) – ce que certains estiment contraire à la Conv. EDH ; mais la personne peut faire appel du rejet.

– Le juge d'instruction *décide la mise en liberté* ;

– *sinon*, dans les 5 jours de la communication du dossier au procureur (ce jour non compté), *il transmet la demande, avec son avis motivé, au JLD*, qui statue dans un délai 3 jours ouvrables. Ce délai n'est pas sanctionné par le C. pr. pén. : mais un délai de 7 jours a été considéré comme n'étant pas excessif au regard de l'art. 5, § 3 et 4 Conv. EDH (Crim., 25 mars 1985, préc.). Lorsqu'il n'a pas encore été statué sur une précédente demande de mise en liberté ou sur l'appel d'une précédente ordonnance refusant la mise en liberté, ces délais ne commencent à courir qu'à compter de la décision rendue par la juridiction compétente (art. 148, al. 3).

L'ordonnance du JLD doit être motivée en droit et en fait (art. 137-3, 148) ; exemples de motivation du rejet d'une demande : intéressé évadé au moment des faits, revenu en France sous une fausse identité, sans garantie de représentation ; intéressé ayant exercé des recours cause de la prolongation. Le rejet de la demande doit faire apparaître le caractère insuffisant du contrôle judiciaire (Crim., 26 févr. 2008, *Bull. crim.* n° 50).

Même en matière criminelle, certaines personnes mises en examen demandent leur liberté par exemple tous les lundis matin, ou même tous les jours ; rien ne les empêche même de faire plusieurs demandes quotidiennes (lorsque plusieurs demandes sont faites, le juge d'instruction peut statuer, dans les délais, par une décision unique : art. 148, al. 3) : c'est pourquoi la chambre de l'instruction peut statuer sur des demandes sur lesquelles le juge ne s'est pas encore prononcé (v. la chambre de l'instruction). Si plusieurs appels sont formés contre une seule ordonnance, la chambre de l'instruction n'a à statuer que sur le premier (Crim., 3 nov. 1994, *Bull. crim.* n° 348, pour une personne ayant formé 10 appels contre une même ordonnance).

– *Si le JLD ne statue pas dans les 5 jours* (hypothèse à ne pas confondre avec celle où il statue, mais par une ordonnance notifiée avec retard, seul le point de départ du délai d'appel étant alors repoussé : Crim., 12 avr. 2005, *Bull. crim.* n° 124) : la personne mise en examen, ou le procureur de la République, peut recourir à la saisine directe de la *chambre de l'instruction* ; celle-ci doit, sauf vérifications ordonnées, statuer dans les 20 jours (non compris le jour du dépôt de la demande de mise en liberté), sinon il y a mise en liberté de droit (art. 148, al. 5). Si la demande est *manifestement irrecevable*, le président de cette chambre peut décider par ordonnance motivée sans recours, qu'il n'y pas lieu de statuer sur cette demande (art. 148-8).

– *Si le JLD refuse* (si la détention excède un an en matière criminelle et 8 mois en matière correctionnelle, le refus doit comporter des justifications particulières et le délai prévisible d'achèvement de l'information, sauf exception, art. 145-3), *l'appel est possible* devant la chambre de l'instruction (v. cette question). Celle-ci doit, sauf vérifications ordonnées ou circonstances imprévisibles et insurmontables (ex. jurisprudentiel : grève du personnel pénitentiaire s'opposant à l'extraction de la personne ayant demandé à comparaître), statuer dans les plus brefs délais et au plus tard dans les 15 jours (art. 194, al. 3) ; selon la jurisprudence, ce délai part du lendemain de la transcription de l'acte d'appel sur le registre public de l'art. 502. Si elle ne statue pas dans le délai, il y a *mise en liberté de droit* (le délai est de 20 jours en cas de comparution personnelle ordonnée ou demandée : art. 199, dern. al., même si ensuite l'intéressé renonce à comparaître).

Le JLD qui refuse la mise en liberté peut prononcer, sans débat contradictoire, une **assignation à résidence avec surveillance électronique** (art. 142-6, al. 2, D. 32-13).

• **Le référé-détention**

Si une ordonnance de mise en liberté est rendue par le JLD ou le juge d'instruction (au 1er janv. 2011, par *le collège de l'instruction*) contrairement aux réquisitions du procureur de la République, elle est immédiatement notifiée à ce magistrat : elle ne peut être exécutée dans les 4 heures de la notification, sauf non-opposition par le procureur (art. 148-1-1, al. 1 et 3). Le procureur peut faire appel et *en même temps* saisir **le Premier président de la cour d'appel** d'un référé-détention *afin de faire déclarer l'appel suspensif* (art. 187-3) : l'ordonnance ne peut être mise à exécution avant décision du Premier président et, le cas échéant, de la chambre de l'instruction, sauf non-opposition du procureur ; en l'absence de référé-détention dans les 4 heures, il y a mise en liberté (art. 148-1-1, al. 2).

La jurisprudence étend le domaine du référé-détention au cas où le JLD ordonne une mise en liberté après avoir été saisi d'une demande de prolongation de la détention provisoire qu'il rejette (Crim., 7 avr. 2009, *Bull. crim.* n° 70).

Le Premier président statue au plus tard le 2e jour ouvrable, par une ordonnance motivée, sans recours (art. 187-3) ; pendant cette durée, la personne reste détenue ; l'avocat peut, à sa demande, présenter des observations orales lors d'une audience de cabinet, le ministère public pouvant prendre des réquisitions. À défaut, il y a mise en liberté. Si le magistrat juge manifestement nécessaire le maintien en détention (fondé sur au moins deux des critères de l'art. 144), il ordonne la suspension jusqu'à ce que la chambre de l'instruction statue sur l'appel. La chambre doit se prononcer au plus tard dans les 10 jours de l'appel (art. 187-3) : à défaut, il y a mise en liberté.

b) Décision de la chambre de l'instruction

• Si la personne mise en examen et détenue **n'a pas comparu devant le juge d'instruction depuis 4 mois**, elle peut recourir à la saisine directe de la chambre de l'instruction pour demander sa mise en liberté (mais il conserve la possibilité de saisir le juge d'une nouvelle demande de mise en liberté) ; la chambre de l'instruction doit statuer dans les 20 jours : sinon, il y a mise en liberté de droit sauf si des vérifications concernant la demande ont été ordonnées (art. 148-4). Il a été jugé que la personne perd ce droit si elle refuse de déférer aux convocations du juge d'instruction et que constitue une *comparution* la participation à une « parade d'identification », mais pas celle devant le JLD. N'est pas compté dans le délai de 4 mois le jour du dernier interrogatoire ; le délai peut être prorogé selon l'art. 801, par exemple s'il expire un samedi. Si la demande est *manifestement irrecevable*, le président de cette chambre peut décider par ordonnance motivée sans recours, qu'il n'y pas lieu de statuer sur cette demande (art. 148-8).

• Pour la mise en liberté accordée *d'office par la chambre de l'instruction*, v. la chambre de l'instruction.

Les *juridictions de jugement* appelées à statuer pour une personne non encore jugée en 1er ressort doivent le faire dans les 10 ou 20 jours selon qu'elles sont du 1er ou du 2e degré ; le délai est de 2 mois si la personne est en instance d'appel, de 4 mois si elle a formé un pourvoi en cassation (art. 148-2).

2. Effets de la mise en liberté

Il y a mise en liberté, à charge pour la personne de se représenter à tous les actes de la procédure. Mais la mise en liberté peut être assortie de mesures de *contrôle judiciaire* (art. 148, al. 4 ; ex. cautionnement) ou d'une assignation à résidence avec surveillance électronique (art. 142-12).

Lorsque la mise en liberté peut faire courir un risque à la victime, le contrôle judiciaire comporte l'interdiction de rencontrer la victime ou d'entrer en contact par quelque moyen que ce soit avec celle-ci, qui en est avisée (art. 144-2).

Une *nouvelle détention provisoire pour les mêmes faits* peut être ordonnée, on l'a vu, en cas de *circonstances nouvelles* justifiant l'incarcération selon les art. 143-1 et 144.

Pour les **mineurs**, la mise en liberté s'accompagne des mesures éducatives ou de liberté surveillée appropriées, sauf décision motivée du magistrat (art. 11, al. 10, Ord. 2 févr. 1945).

§ 6 - Régime de la détention provisoire

La détention provisoire est subie dans les *maisons d'arrêt*, avec séparation par rapport aux condamnés (ex. quartier spécial) : art. 714 ; pour les *mineurs*, dans un quartier ou un établissement spécial (art. D. 53, al. 3) ; l'isolement de nuit est prescrit s'il est possible ; pour les *mineurs de 13 à 16 ans* : en établissement garantissant l'isolement complet d'avec les majeurs ; présence d'éducateurs (art. 11, al. 9, Ord. 1945).

A. Régime normal

• En raison de la présomption d'innocence, le régime de la détention provisoire est plus doux que le régime des condamnés (pour les dispenses dont ils bénéficient, v. art. D. 61 et s., les visites et correspondances, art. D. 64, D. 65). Il y a en principe placement en cellule individuelle (il ne peut être dérogé à cette règle que sur demande de l'intéressé, ou si sa personnalité justifie qu'il ne soit pas laissé seul, ou si c'est nécessaire pour le travail ou la formation professionnelle ou scolaire) ; dans le cas d'une cellule collective, celle-ci doit être adaptée au nombre de personnes détenues, qui doivent être aptes à cohabiter, leur sécurité et leur dignité étant assurées (art. 716, D. 53 et s.). Les détenus jouissent d'une plus grande liberté de communication avec l'extérieur, pour l'exercice de la défense, ex. visites (art. 715-1, D. 66 et s.).

• Des *autorisations de sortie sous escorte* peuvent être accordées à titre exceptionnel (art. 148-5 ; la chambre criminelle juge qu'un pourvoi n'est pas recevable contre le refus).

• Après un mois à compter du placement en détention provisoire, le juge d'instruction qui entend *refuser un permis de visite* à un « membre de la famille » de la personne détenue ne peut le faire que par une décision écrite, et motivée par les nécessités de l'instruction. Le demandeur peut déférer cette décision au président de la chambre de l'instruction, qui statue dans les 5 jours, par décision écrite et motivée, sans recours (art. 145-4) : on a calculé que dans un ressort comprenant vingt cabinets d'instruction, chaque juge d'instruction ayant par exemple vingt personnes mises en examen détenues, chaque famille de cinq personnes pourrait donc, par des demandes quotidiennes, amener le président de la chambre de l'instruction à faire, en les motivant, 2000 réponses tous les jours…

B. Aggravation possible : interdiction de communiquer

• Le juge peut prescrire une *interdiction de communiquer*, pour 10 jours, renouvelable une fois pour la même durée ; le régime n'empêche pas de communiquer avec son avocat : la mesure est peu utilisée (art. 145-4, D. 56).

• Le juge d'instruction ou le JLD peut prescrire, par ordonnance motivée, un **placement à l'isolement** du détenu, afin de le séparer des autres, s'il est indispensable aux nécessités de l'information, cette mesure pouvant être renouvelée à chaque prolongation de la détention ; la décision du juge d'instruction (pas du JLD ?) peut être l'objet d'un recours devant le président de la chambre de l'instruction (art. 145-4-1, D. 56-1, D. 283-1-2 à D. 283-1-4). Le placement à l'isolement n'est pas possible pour un mineur de 16 ans (art. D. 56-1, dern. al.). Il peut y être mis fin d'office, à la demande du procureur de la République, du chef de l'établissement pénitentiaire ou du détenu (art. 56-1, al. 3).

§ 7 - Conséquences de la détention provisoire après décision

A. En cas de décision de non-lieu, de relaxe ou d'acquittement devenue définitive

La personne ayant fait l'objet d'une détention provisoire (y compris à l'occasion d'une procédure d'extradition) a droit, à sa demande, à réparation intégrale du *préjudice moral et matériel* (ex. jurisprudentiels : licenciement, troubles psychiques, choc psychologique, conditions de détention, impossibilité d'apporter son aide à une épouse malade) que lui a causé (nécessité d'une causalité certaine et exclusive, mais le comportement procédural de l'intéressé ne peut être pris en considération) cette détention, indépendamment de la responsabilité de l'État du fait du fonctionnement défectueux de la justice (art. 149 et s., R. 26 et s.). Toutefois l'indemnisation n'est pas due si la décision a pour seul fondement l'irresponsabilité au sens de l'art. 122-1, C. pén. – trouble psychique ou neuropsychique ayant aboli discernement ou contrôle des actes –, une amnistie postérieure à la détention, ou la prescription de l'action publique après libération si la personne était détenue pour autre cause, ou si la personne a fait l'objet de cette détention pour s'être librement et volontairement accusée ou laissé accuser à tort en vue de faire échapper l'auteur des faits aux poursuites (art. 149) ; il en est de même, selon la jurisprudence, si la personne est condamnée pour un délit connexe au crime pour lequel elle est acquittée.

Lorsque la décision de non-lieu, relaxe ou acquittement est notifiée, l'intéressé est avisé de son droit et de la procédure, et peut demander une expertise contradictoire pour évaluer le préjudice (art. 149, al. 2).

La demande doit intervenir dans les 6 mois de la décision (le délai ne court que si la personne, lors de la notification, a été avisée de son droit : art. R. 26, dernier al.)

La réparation est allouée par décision motivée du *Premier président de la cour d'appel du ressort* qui peut allouer en référé une provision (art. R. 39) ; les débats ont lieu en audience publique, sauf opposition du requérant (art. 149, 2, al. 2). La décision peut faire l'objet d'un recours dans les 10 jours, devant la *Commission nationale de réparation des détentions*, qui statue sans recours, sauf excès de pouvoir (art. 149-3, R. 26 et s.).

La réparation est à la charge de l'État, sauf son recours contre un dénonciateur de mauvaise foi ou un faux témoin qui aurait provoqué la détention ou sa prolongation (art. 150).

B. En cas de condamnation à une peine privative de liberté

La durée de la détention provisoire doit être **intégralement déduite** de la durée de la peine prononcée sans sursis ou de la peine à subir après confusion : il y a imputation de plein droit. Il en est de même si la détention a été ordonnée dans une procédure suivie pour les mêmes faits que ceux ayant donné lieu à condamnation, si celle-ci a été ensuite annulée (art. 716-4, C. pr. pén.). De même sont déduites, on l'a vu, la privation de liberté en exécution d'un mandat d'amener ou d'arrêt, et l'incarcération provisoire de 4 jours, mais non la garde à vue.

POUR ALLER PLUS LOIN

EXEMPLE DE SUJET D'EXAMEN DONNÉ :

Dissertation :

- Convention de sauvegarde des droits de l'homme et des libertés fondamentales et détention provisoire

Chapitre 5 › LA CHAMBRE DE L'INSTRUCTION

› L'essentiel

La chambre de l'instruction (autrefois la chambre d'accusation) est la tour de contrôle de l'instruction. Elle est la juridiction d'appel contre les ordonnances du juge d'instruction ou du juge des libertés et de la détention, elle est chargée de contrôler la régularité des actes d'instruction accomplis, dont elle peut prononcer la nullité. En outre, grâce à son pouvoir de révision, elle peut revoir la totalité d'une instruction, après exercice, éventuellement, de son pouvoir d'évocation.

Le président de la chambre de l'instruction exerce des pouvoirs qui lui sont propres, afin de lutter contre les intentions dilatoires des parties ou de veiller au bon fonctionnement des cabinets d'instruction.

Les arrêts de la chambre de l'instruction peuvent faire l'objet d'un pourvoi en cassation.

Section préliminaire › GÉNÉRALITÉS

§ 1 - La chambre de l'instruction

Dans l'instruction, la chambre de l'instruction elle-même peut intervenir à plusieurs titres (art. 191 et s., C. pr. pén.) :

Comme **juridiction d'appel** à l'égard des ordonnances du juge d'instruction et du juge des libertés et de la détention : elle exerce alors un *pouvoir de réformation* (v. sect. 1).

Dans certains cas, on l'a vu, il peut y avoir **saisine directe de la chambre de l'instruction**, ex. :

A. Par toutes les parties et les témoins assistés

• pour la requête en nullité (art. 173) : la chambre de l'instruction exerce alors un *pouvoir d'annulation* (v. sect. 2) ;

• après 4 mois (ou 2 mois selon le cas, v. sect. 3) depuis le dernier acte d'instruction (art. 221-2) ;

B. Par la personne mise en examen

• faute par le juge d'instruction d'avoir statué dans les délais prévus :
– mise en liberté (art. 148, al. 5) ;
– mainlevée du contrôle judiciaire (art. 140, al. 3) ;
– mainlevée de l'assignation à résidence avec surveillance électronique (art. 142-8) ;
– expertise (art. 167, al. 4) ;

• après 4 mois sans comparution (art. 148-4) ou 4 mois sans acte d'instruction (art. 221-2) ;

C. Par le procureur de la République

– quand il n'est pas fait droit à ses réquisitions tendant à l'accomplissement d'un acte d'instruction (art. 82, al. 5) ;
– quand le JLD ne rend pas d'ordonnance dans les 10 jours de sa saisine (art. 82, al. 5) ;
– quand le JLD ne répond pas dans les 3 jours à une demande de mise en liberté (art. 148, al. 5).
V. aussi, en matière de dessaisissement, art. 705-2, 706-78, 706-111.

D. Par le président de la chambre de l'instruction

– 4 mois après le dernier acte d'instruction (art. 221-1, v. sect. 3) ;
– 3 mois après un placement en détention provisoire, la détention étant toujours en cours et l'avis de fin d'information n'ayant pas été rendu (art. 221-3).

§ 2 - Le président de la chambre de l'instruction

A. Saisine directe du président de la chambre de l'instruction

Dans certains cas, il peut y avoir, on l'a vu, de même que pour la chambre de l'instruction, saisine directe du président :

• par les parties, faute pour le juge d'instruction d'avoir statué dans les délais prévus :
– sur des demandes d'actes (art. 81, dernier al., 82-1, al. 2) ;
– sur une exception de prescription de l'action publique (art. 82-3) ;
– en matière d'expertise (art. 156, al. 2, 161-1, al. 2) ;
– après le délai prévu pour l'achèvement de la procédure (art. 175-1, al. 2) ;

• par les avocats des parties (à propos de la communication du dossier, art. 114, al. 9) ;

• par le témoin assisté, après le délai prévu pour l'achèvement de la procédure (art. 175-1, al. 2) ;

• v. aussi, en cas d'autorisation de recueillir des déclarations d'une personne sans que son identité apparaisse dans le dossier, art. 706-60, al. 2.

B. Le président de la chambre d'instruction a des pouvoirs propres (art. 219 et s.)

• il s'assure du bon fonctionnement de l'instruction (art. 220), ex. pour éviter les retards, grâce à l'état semestriel des affaires en cours dans chaque cabinet d'instruction (art. 221) ;

• il peut saisir la chambre de l'instruction, ex. après 4 mois sans acte d'instruction (art. 221-1), ou après 3 mois d'une détention provisoire toujours en cours, alors que l'avis de fin d'information n'a pas été délivré (art. 221-3) ;

• en cas d'appel d'une ordonnance autre que de règlement et en cas de requête en annulation, il peut s'opposer à la continuation de l'instruction (art. 187 ; décision sans recours) ;

• en cas de saisine directe de la chambre de l'instruction :
– sur demande manifestement irrecevable de mainlevée de contrôle judiciaire ou de mise en liberté pour la détention provisoire, il peut décider qu'il n'y a pas lieu de statuer (art. 148-8, al. 2) ;
– en cas d'absence de réponse du juge d'instruction à des demandes, ou d'absence d'acte d'instruction pendant 4 mois, il décide s'il y a lieu ou non de saisir la chambre de l'instruction (art. 81, dernier al., 82-1, 82-3, 156, 221-2) ;

• il joue un rôle de *filtre* pour contrecarrer les demandes dilatoires :
– en cas d'appel d'une ordonnance non visée par les textes, ou d'appel hors délai ou devenu sans objet, ou pour décider s'il y a lieu de saisir la chambre de l'instruction d'une demande d'acte (art. 186, dernier al., 186-1 : v. l'appel, sect. 1) ; il constate également un éventuel désistement de l'appel (art. 186, dernier al.) ;
– en cas de requête en annulation : il peut la déclarer irrecevable dans des cas limitativement énumérés (art. 173, dernier al. ; v. les nullités, sect. 2) ;
– en cas de demande pour l'achèvement de la procédure (art. 175-1), il décide s'il y a lieu ou non de saisir la chambre de l'instruction (art. 207-1 : v. la clôture de l'instruction) ;
– en cas de volonté des parties de saisir la chambre de l'instruction après 4 mois sans acte d'instruction, il décide s'il y a lieu ou non de la saisir (art. 221-2).

• il statue sur les décisions du juge d'instruction sur demande de remise de pièces par l'avocat à son client (v. cette question, chap. 2) ;

• il statue sur la décision du juge d'instruction ou du JLD de soumettre un détenu à l'isolement (art. 145-4-1) ;

• il statue sur la décision du juge d'instruction de refuser un permis de visite (art. 145-4) ;

• il statue sur la décision du juge d'instruction refusant certaines demandes en matière d'expertise (art. 161-1) ;

• il statue sur la décision du JLD d'autoriser un témoignage anonyme (art. 706-60) ;

• il peut en cas d'urgence délivrer mandat d'amener, d'arrêt ou de recherche ; il peut ordonner l'incarcération provisoire (art. 201, al. 3) ;

• pour le référé-liberté, v. la détention provisoire ;

• il visite les maisons d'arrêt et vérifie les détentions provisoires (art. 222 et 223).

Sur la délégation de ses pouvoirs par le président de la chambre de l'instruction, v. art. 219, al. 3.

Il faut étudier le pouvoir de réformation de la chambre de l'instruction en cas d'appel contre les ordonnances du juge d'instruction et du juge des libertés et de la détention, le pouvoir d'annulation de la chambre de l'instruction en cas d'irrégularités commises pendant l'instruction, les autres pouvoirs et les décisions de cette juridiction, la procédure devant la chambre de l'instruction, et le pourvoi en cassation contre ses décisions.

Section 1 › LE POUVOIR DE RÉFORMATION EN CAS D'APPEL CONTRE LES ORDONNANCES DU JUGE D'INSTRUCTION ET DU JUGE DES LIBERTÉS ET DE LA DÉTENTION

L'appel doit être étudié dans ses conditions et ses effets.

§ 1 - Conditions

A. Nature de l'ordonnance

L'ordonnance doit être une *ordonnance juridictionnelle*, par ex. :

• **Au début de l'instruction** : l'ordonnance de *refus d'informer*.

• **Pendant l'instruction** :
– l'ordonnance de placement ou de maintien en détention provisoire ;
– l'ordonnance statuant sur une demande de mise en liberté.

• **À la fin de l'instruction** :
– l'ordonnance de *soit-communiqué ;*
– l'ordonnance de *non-lieu.*

B. Qui peut faire appel ?

Art. 88-2, 185 à 186-3, 177-1 et 177-2, C. pr. pén. ; art. 24, Ord. 2 févr. 1945

1. Principes

Alors que le droit d'appel du ministère public est général (v. 4), celui des parties privées est borné par une liste de cas énumérés par le Code de procédure pénale (v. 2, 3), la jurisprudence considérant que cette différence n'est pas contraire au principe de l'égalité des armes (Crim., 21 nov. 2007, *Bull. crim.* n° 288).

a) En conséquence, s'agissant des parties privées, la chambre criminelle affirme régulièrement le caractère limitatif de leur appel : elle voit dans cet appel un « **droit exceptionnel** », « qui ne comporte aucune extension », et dont on ne peut « s'autoriser pour faire juger, à (son) occasion, des fins de non-recevoir (ou formuler des demandes) étrangères à son unique objet » (*c'est la règle dite de « l'unique objet »*). Ainsi, sur appel d'un refus de mise en liberté, la personne mise en examen ne peut alléguer l'irrégularité du réquisitoire ou de la désignation du juge d'instruction ; sur appel d'un placement en détention provisoire, l'irrégularité d'une perquisition ou autres actes ; sur appel d'un placement sous contrôle judiciaire, l'inexistence des infractions reprochées ou l'irrecevabilité de la constitution de partie civile. La jurisprudence a toutefois écarté la règle en admettant qu'à l'occasion d'un appel ayant un autre objet, l'appelant puisse évoquer l'incompétence du juge d'instruction, l'abrogation d'une loi ou l'irrégularité d'une extradition ; de même, lorsque le juge d'instruction refuse au procureur de la République un placement sous contrôle judiciaire ou la saisine du JLD aux fins de placement en détention provisoire à propos d'une personne qui n'est pas encore mise en examen, l'appel du procureur transmet à la chambre de l'instruction la question de la mise en examen (Crim., 2 sept. 2005, *Bull. crim.* n° 213) ; également, à l'occasion d'un appel de la partie civile contre une ordonnance de non-lieu, la chambre de l'instruction peut relever l'irrecevabilité de sa constitution (Crim., 3 mai 2007, *Bull. crim.* n° 116).

b) La chambre criminelle a néanmoins étendu l'appel à des ordonnances figurant dans le Code de procédure pénale : ainsi pour l'ordonnance par laquelle, en matière de criminalité organisée, le JLD autorise des mesures conservatoires sur les biens de la personne mise en examen, celle-ci peut saisir la chambre de l'instruction (Ch. mixte, 11 déc. 2009, *Bull. ch. mixte* n° 1). Elle a jugé de même pour des ordonnances extérieures à ce Code, au bénéfice de personnes « désignées » dans l'ordonnance, auxquelles celle-ci faisait grief, en se fondant sur l'argument du « principe général du double degré de juridiction » : Crim., 10 janv. 1980, *Bull. crim.* n° 18, en matière d'urbanisme, pour une ordonnance décidant l'interruption de travaux ; Crim., 24 févr. 1981, *Bull. crim.* n° 69, à propos du plan de sécurité du travail ; Crim., 5 mars 1985, *Bull. crim.* n° 101, pour une ordonnance rejetant une immunité diplomatique ; Crim., 22 mai 2001, *Bull. crim.* n° 131, pour le rejet d'une requête en nullité de l'extradition.

c) S'il est fait appel d'une ordonnance *non visée par les textes*, ou hors délai, ou sans objet (art. 186, dernier al.), *le président de la chambre de l'instruction* rend une *ordonnance de non-admission, sans recours* (c'est un moyen de lutte contre les appels dilatoires). Contre ces ordonnances sans recours, la chambre criminelle admet toutefois le pourvoi en cassation s'il y a excès de pouvoir ou risque d'excès de pouvoir. Mais selon la chambre criminelle, le président n'est pas tenu de rendre une telle ordonnance et la chambre de l'instruction est alors saisie de l'appel.

d) Dans des cas particuliers, un « recours » est prévu, ex. pour la fermeture d'établissement pendant l'instruction en matière de stupéfiants (art. 706-33) et de proxénétisme (art. 706-36).

e) Parfois l'appel est ouvert à un *tiers* à la procédure : il en est ainsi à propos de la restitution des objets placés sous main de justice au cours de l'instruction (art. 99, al. 5), à propos de l'ordonnance par laquelle le juge d'instruction ordonne une saisie sur des biens pouvant faire l'objet, en cas de condamnation, d'une confiscation prescrite par le Code pénal (art. 706-148, 706-150, 706-153, 706-158, créés L. 9 juill. 2010) – ces textes ouvrent un recours sans le dénommer expressément appel.

2. La personne mise en examen

Elle peut faire appel (art. 186) :

a) Contre l'ordonnance par laquelle le juge d'instruction statue sur sa compétence (art. 186, al. 3). Statue sur la compétence l'ordonnance de dessaisissement d'un juge d'instruction pour un autre juge d'un tribunal différent.

b) Contre l'ordonnance statuant sur la recevabilité d'une constitution de partie civile (art. 87).

c) Contre l'ordonnance de placement sous contrôle judiciaire, ou de modification du contrôle judiciaire (art. 139), ou rejetant une demande de mainlevée même partielle du contrôle judiciaire (art. 140), ou maintenant le contrôle judiciaire à la fin de l'instruction (art. 179, al. 3).

d) Contre l'ordonnance qui ordonne une assignation à résidence avec surveillance électronique (art. 142-6) ou qui prononce sa prolongation (art. 142-7) ou qui la maintient à la fin de l'instruction (art. 179, al. 3) ;

e) Contre l'ordonnance de placement en détention provisoire (art. 137-3), ou de prolongation de la détention provisoire (art. 137-3, 145-1, 145-2), ou de maintien en détention provisoire à la fin de l'instruction (art. 179, al. 3), ou rejetant une demande de mise en liberté (art. 137-3, 148), ou contre un mandat de dépôt, qui « fait corps » avec l'ordonnance de placement en détention provisoire (Crim., 1er mars 1994, *Bull. crim.* n° 81) ; à l'occasion de l'appel d'une ordonnance rejetant une demande de mise en liberté, la personne ne peut invoquer l'irrégularité de l'ordonnance initiale de placement, qu'elle aurait dû invoquer à l'appui de l'appel contre cette ordonnance (Crim., 7 déc. 2004, *Bull. crim.* n° 309).

f) Contre l'ordonnance par laquelle le juge d'instruction refuse une demande en matière d'expertise, notamment un complément d'expertise ou une contre-expertise ; il en est de même lorsqu'il désigne un seul expert, alors que la partie en avait demandé plusieurs (art. 167, al. 4) ;

g) Contre l'ordonnance de mise en accusation devant la cour d'assises (art. 181).

h) Contre l'ordonnance de renvoi devant le tribunal correctionnel, si la personne mise en examen estime que les faits constituent un crime qui aurait dû être renvoyé devant la cour d'assises ; l'appel est également possible en cas de cosaisine, si l'ordonnance ne comporte pas la cosignature des juges cosaisis (art. 186-3).
Dans les autres cas de renvoi, l'appel est irrecevable, de même qu'en cas de renvoi devant le tribunal de police ou le tribunal pour enfants : la raison de cette règle est que la confirmation du renvoi par la chambre de l'instruction pèserait trop sur la personne mise en examen. L'appel est cependant possible si l'ordonnance contient des décisions même implicites contre lesquelles l'appel est ouvert (on parle alors d'« **ordonnance complexe** » ; ex. jurisprudentiels : ordonnance de renvoi statuant sur la compétence du juge d'instruction) ; mais l'appel est irrecevable, on l'a vu, si la personne n'a pas usé de la faculté de saisir le président de la chambre de l'instruction en cas d'absence de réponse à une demande d'actes.

i) Après non-lieu, contre l'ordonnance refusant la publication de la décision (art. 177-1).

j) Contre l'ordonnance par laquelle le juge d'instruction refuse le bénéfice d'une amnistie (Crim., 17 mai 1955, *Bull. crim.* n° 248).

k) Ici *seulement sur décision favorable du président de la chambre de l'instruction*, par ordonnance motivée (art. 186-1) contre l'ordonnance rejetant une demande d'examen médical ou psychologique ou autres mesures utiles (art. 81, al. 9) ou une demande d'audition ou d'interrogatoire d'une partie, d'audition d'un témoin (en précisant son identité), d'une confrontation, d'un transport sur les lieux, de production d'une pièce par une partie ou de tout autre acte utile à la manifestation de la vérité (art. 82-1), contre l'ordonnance déniant la prescription de l'action publique (art. 82-3). Le président de la chambre de l'instruction décide, dans les 8 jours, par ordonnance *sans recours*, sauf excès de pouvoir (ex. appel ouvert par un autre texte), s'il y a lieu ou non de saisir la chambre de l'instruction de l'appel (art. 186-1). Il y a là une sorte de filtre, qui est un moyen de lutter contre les appels dilatoires.

l) Pour les mesures provisoires concernant un mineur, v. art. 24, al. 2, Ord. 2 févr. 1945.

Le témoin assisté ne peut pas faire appel, puisqu'il n'est pas une partie : mais en cas d'appel d'une ordonnance de non-lieu, il peut, par l'intermédiaire de son avocat, faire valoir ses observations (orales ou écrites) devant la chambre de l'instruction (art. 197-1).

3. La partie civile

Elle peut faire appel (art. 186, 186-1) :

a) Contre les ordonnances ci-dessus, a), f) et j) ; mais **non, notamment, contre les ordonnances relatives à la liberté** *de la personne mise en examen ou au contrôle judiciaire.*

b) Contre l'ordonnance de refus d'informer.

c) Contre l'ordonnance de non-lieu (ce qui remet en question non seulement les intérêts civils, mais aussi l'action publique). La partie civile, toutefois, doit justifier d'un préjudice résultant directement de l'infraction poursuivie. L'appel est recevable même pour des faits non dénoncés par la partie civile.

d) Contre l'ordonnance ordonnant un complément de consignation en matière d'expertise (art. 88-2).

e) Contre l'ordonnance prononçant, après non-lieu, une amende civile pour constitution de partie civile abusive (art. 177-2).

f) Contre toutes les ordonnances faisant grief à ses intérêts civils. Ex. jurisprudentiels : ordonnance d'irrecevabilité, ordonnance de recevabilité d'une autre partie civile, ordonnance prescrivant une consignation, ordonnance de renvoi avec omission de statuer, mais pas contre l'ordonnance de mise en accusation devant la cour d'assises.

g) Contre *l'ordonnance de renvoi devant le tribunal correctionnel*, la partie civile ne peut faire appel que si elle estime que les faits constituent un crime qui aurait dû être renvoyé devant la cour d'assises (art. 186-3).

4. Le ministère public

Art. 185. Le procureur de la République et le procureur général peuvent faire appel contre *toutes les ordonnances juridictionnelles* du juge d'instruction ou du JLD (ex. jurisprudentiels : ordonnance de placement sous contrôle judiciaire, refus du juge d'instruction de procéder à certains actes), même si elles ont été rendues conformément à ses réquisitions, ou si elles n'ont pas été précédées de réquisitions. La chambre criminelle affirme souvent qu'il peut faire appel « contre toutes les décisions rendues en matière de détention provisoire », en se fondant sur les « principes généraux du droit » (ex. Crim., 6 juill. 1993, *Bull. crim.* n° 241).
L'appel du ministère public saisit la chambre de l'instruction, sans que son président puisse, ici, jouer un rôle de filtre.
L'administration des douanes ne peut faire appel en matière de détention provisoire ou de contrôle judiciaire.
Pour le *référé-détention* en cas d'appel, v. cette question.

C. Délais

Le délai *expirant* un samedi, dimanche, jour férié ou chômé, est prorogé jusqu'au 1er jour ouvrable suivant (art. 801). Mais si ce n'est pas le cas, ces jours ne sont pas décomptés du délai.
En cas d'appel après le délai, le président de la chambre de l'instruction rend une ordonnance de non-admission, *sans recours* (art. 186, dern. al.).

1. Personne mise en examen et partie civile

L'appel doit être formé dans les *10 jours* à partir de la signification ou de la notification régulière de l'ordonnance, verbalement avec émargement, ou par LR (art. 186, al. 4). Si la notification est faite par LR, le délai court à compter de l'envoi (soit la date de remise du pli à la poste), et non de la réception ; *en l'absence de notification, ou en cas de vice dans la notification, le délai ne court pas* et l'appel est donc recevable à tout moment.
Le délai court du lendemain du jour de la notification, et expire le dernier jour à la fermeture du greffe. Il peut être prolongé en cas de *force majeure* (ex. présentation tardive de la LR en raison d'une défaillance des services postaux).

2. Procureur de la République (art. 185, al. 2)

Appel dans les 5 jours à compter de la notification de l'ordonnance : le greffier doit lui donner avis de toutes les ordonnances non conformes à ses réquisitions écrites (art. 183, al. 5 ; cet avis peut résulter du prononcé de la décision en présence du procureur : Crim., 10 mars 2009, *Bull. crim.* n° 52) ; pour une ordonnance conforme aux réquisitions, la jurisprudence en déduit que le délai part du jour de l'ordonnance.
En cas d'appel par la personne mise en examen d'une ordonnance de mise en accusation, le procureur a un délai d'appel incident de 5 jours de plus à compter de cet appel (art. 185, al. 3).

3. Procureur général

Appel dans les 10 jours à partir de l'ordonnance (art. 185, al. 4).

D. Forme

Déclaration au greffe du tribunal auquel appartient le juge d'instruction ou le JLD (mais l'appel auprès du greffe du JLD est jugé cependant recevable), par l'appelant (pour un détenu, par l'intermédiaire du chef de l'établissement pénitentiaire), l'avocat ou un fondé de pouvoir spécial ; une lettre ne suffit pas. Mais la déclaration d'appel d'une ordonnance de placement en détention provisoire et la demande de référé-liberté peuvent être constatées par un procès-verbal du juge d'instruction. L'appel du procureur général est signifié aux parties.
En cas d'appel irrégulier, on peut le réitérer dans les délais.

§ 2 - Effets

L'appel produit un effet suspensif, et un effet dévolutif.

A. Effet suspensif

Le délai est lui-même suspensif, sauf le délai d'appel du procureur général.

1. L'appel suspend l'exécution de l'ordonnance, sauf dans deux cas :

a) S'il s'agit d'une décision favorable à la liberté de la personne mise en examen (en matière de contrôle judiciaire ou de détention provisoire), sauf en cas de référé-détention, v. cette question.

b) S'il s'agit de l'appel contre l'ordonnance de non-lieu par la partie civile seule : la personne mise en examen détenue est alors mise en liberté.

2. Mais l'instruction continue

Et cela le cas échéant jusqu'au règlement (comme lorsque la chambre de l'instruction est directement saisie en application des art. 81, al. 11, 82-1, 156, al. 2, 167, al. 4, 173, v. plus haut) : art. 187 ; le dossier est établi en double.
Dans deux cas, cependant, le juge d'instruction ne peut poursuivre l'instruction :
– en cas de décision contraire du président de la chambre de l'instruction (*sans recours*) ;
– en cas d'appel contre une ordonnance de règlement.

B. Effet dévolutif

• La chambre de l'instruction est saisie (*pour les pouvoirs de la chambre de l'instruction, la procédure et les délais,* v. sect. 3 et 4). Ici, l'effet dévolutif de l'appel, limité, restreint du même coup les pouvoirs de la chambre de l'instruction (sur la règle dite de *l'unique objet* de l'appel, v. la remarque ci-dessus sur le caractère limitatif des cas d'appel), sauf dans le cas ci-dessous de l'appel de la partie civile contre une ordonnance de non-lieu. Mais en cas d'appel de la personne mise en examen même seule contre l'ordonnance de mise en accusation devant la cour d'assises, la chambre peut modifier les qualifications du juge d'instruction, y compris en les aggravant.
En matière de détention provisoire, l'effet dévolutif de l'appel permet à la chambre de l'instruction de corriger les insuffisances de l'ordonnance attaquée, par ex. en substituant d'autres motifs de placement à ceux visés par le JLD (Crim., 19 janv. 2010, *Bull. crim.* n° 8) ; il en est de même en cas de prolongation trop longue : elle doit ramener sa durée au maximum légal (Crim., 20 mai 2008, *Bull. crim.* n° 124).

• *L'appel de la partie civile contre une ordonnance de non-lieu* saisit la chambre de l'instruction de *l'action civile* **et même de l'action publique** (ex. Crim., 17 sept. 2003, *Bull. crim.* n° 167), même s'il n'y a pas d'appel du ministère public, même si ensuite la partie civile se désiste devant la chambre de l'instruction.
Cet effet de l'appel de la partie civile contre une ordonnance de non-lieu est donc très différent de l'effet de l'appel de la partie civile contre un *jugement de relaxe*, cet appel ne pouvant concerner que les intérêts civils (v. les voies de recours). Mais il faut pour cela que la partie civile justifie d'un préjudice résultant directement de l'infraction (Crim., 27 juin 1995, *Bull. crim.* n° 236). Et la partie civile ne peut se constituer pour des faits nouveaux devant la chambre de l'instruction, sauf indivisibilité (Crim., 19 déc. 1995, *Bull. crim.* n° 386).
En cas d'appel d'un non-lieu, l'avocat du *témoin assisté* peut faire valoir ses observations (art. 197-1), orales ou écrites.

• L'effet dévolutif n'empêche pas la chambre de l'instruction d'augmenter le montant de l'amende civile pour constitution abusive.

Section 2 › LE POUVOIR D'ANNULATION EN CAS D'IRRÉGULARITÉS COMMISES PENDANT L'INSTRUCTION

Les sanctions des irrégularités peuvent être de nature diverse.

- **Nullités** des actes irréguliers (art. 170 à 174, 802, C. pr. pén.) ;
- *Sanctions disciplinaires ;*
- *Sanctions pénales* (ex. violation de domicile en cas de perquisition illégale, art. 432-8, C. pén.) ;
- *Dommages-intérêts*, alloués par l'État, qui a un recours contre le juge en cas de faute personnelle.

Seront étudiées ici **les nullités** (cas, mise en œuvre, effets).

§ 1 - Cas de nullités

A. Règles dont la violation peut être sanctionnée d'une nullité

• La chambre criminelle juge que la nullité ne s'attache qu'à la violation d'une *règle de procédure pénale*, non à celle d'une disposition d'une autre nature (Crim., 7 avr. 2009, *Bull. crim.* n° 67, à propos de la violation d'un art. du CGCT).

• De même elle considère que la violation d'une règle d'origine réglementaire ne peut être sanctionnée de nullité, au motif, curieux, que la procédure pénale relève du domaine de la loi.

• Les actes qui peuvent faire l'objet d'un appel ne peuvent être contestés par la voie d'une requête en nullité (art. 173, al. 4). La Cour de cassation étend la règle aux cas où un pourvoi en cassation est ouvert (Crim., 11 oct. 1990, *Bull. crim.* n° 338). Dans ce prolongement, la chambre criminelle a jugé que lorsqu'une procédure a fait l'objet d'un recours particulier, la régularité des pièces qui en sont issues ne peut être contestée ensuite par une requête en nullité prétendant reprendre les mêmes arguments (Crim., 12 juill. 2006, *Bull. crim.* n° 201 : contestation de la décision du JLD autorisant le recours à un témoignage anonyme puis requête en nullité contre le procès-verbal d'audition de ce témoin).

B. Nullités « textuelles »

Il est des règles qui sont prescrites « à peine de nullité ». Exemples : pouvoir de la douane judiciaire (art. 28-1 ; pour les agents du fisc, art. 28-2), règles sur les perquisitions (art. 56, 56-1, 56-2, 57 et 59, 76, 706-24 et 706-28, 706-35), vérifications d'identité (art. 78-3), droit de communication (art. 60-1), conditions de la mise en examen (art. 80-1), demandes de certains actes par les parties pendant l'instruction (art. 82-1, al. 1), écoutes téléphoniques d'un parlementaire, d'un avocat ou d'un magistrat (art. 100-5, 100-7), ordonnance et arrêt de mise en accusation (181, 215), formalités de la convocation par procès-verbal (art. 393, dernier al.), « plaider coupable » (art. 495-14), exploit (art. 565), récusation d'un juge (art. 669), demande d'entraide judiciaire internationale (art. 694-3), mandat d'arrêt européen (art. 695-27), extradition (art. 696-10, 696-26, 696-36) ; en matière de criminalité et délinquance organisées (ex. terrorisme, stupéfiants) : perquisitions de nuit, art. 706-92 et 93 (v. aussi art. 706-28 pour les stupéfiants) ; formalités pour l'infiltration (art. 706-81 et 83 ; cf. art. 706-32, 706-35-1, 706-47-3).
La nullité suppose cependant que la violation de la règle **a porté atteinte aux intérêts de la partie qu'elle concerne** (art. 802) : c'est le principe « Pas de nullité sans grief ». V. cependant *infra* D.

C. Nullités « virtuelles » (art. 171 et 802)

Il y a nullité quand la méconnaissance d'une **formalité substantielle** prévue par le Code de procédure pénale ou toute autre disposition de procédure pénale **a porté atteinte aux intérêts de la partie qu'elle concerne**. C'est le principe « *Pas de nullité sans grief* ».

Ex. : il n'y a pas nullité si la méconnaissance de la règle substantielle, ex. sur la convocation de l'avocat, n'a pas porté atteinte aux intérêts de la partie, l'avocat n'ayant pas été gêné dans sa mission ; pas de nullité si l'atteinte au secret de l'instruction, concomitante à l'accomplissement d'un acte de procédure, n'a causé aucune atteinte aux droits des parties. Même solution : pour la renonciation à invoquer une nullité en l'absence de l'avocat ; pour les règles de perquisition. V. aussi, devant la juridiction de jugement, le fait qu'une personne ait prêté serment à tort, mais sans atteinte aux droits de la défense.

Mais selon la jurisprudence, certaines irrégularités portent en elles le grief, en sorte qu'elles impliquent l'annulation. Ex. : l'absence de notification de ses droits à une personne placée en garde à vue ; l'absence d'enregistrement audiovisuel d'un mineur au cours de sa garde à vue ; le maintien d'une personne en garde à vue alors que cette mesure est incompatible avec son état de santé (Crim., 27 oct. 2009, *Bull. crim.* n° 176) ; l'absence de convocation de l'avocat à l'interrogatoire de son client ; la violation de la règle selon laquelle la défense a toujours la parole en dernier.

On rappellera que, d'après la chambre criminelle, les preuves administrées par les parties privées et obtenues de façon *déloyale*, voire *illicite* (obtention par la commission d'une infraction) ne peuvent pas être annulées : acquises au dossier, elles devraient seulement faire l'objet d'un débat contradictoire (ex. Crim., 21 janv. 2010, *Bull. crim.* n° 16).

La partie envers laquelle une formalité substantielle a été méconnue peut **renoncer expressément** à s'en prévaloir, l'avocat convoqué : la procédure est alors régularisée (art. 172).

D. Violation d'une règle d'ordre public

Dans ce cas il y a **nullité même en l'absence de grief**. Exemples jurisprudentiels : organisation, composition, compétence des juridictions, publicité des audiences, compétence de l'OPJ, avertissement du droit à l'assistance d'un avocat, désignation par l'OPJ d'une personne qualifiée, audition d'une partie civile par un expert non autorisé par le juge d'instruction, règle édictée dans l'intérêt d'une bonne administration de la justice, dépassement de la durée de la garde à vue, retard de notification des droits.

E. Théorie de l'inexistence

La chambre criminelle applique parfois la théorie de l'inexistence, pour contourner certaines règles : ainsi de l'inexistence d'un titre de détention provisoire pour permettre à la chambre de l'instruction d'échapper au principe de l'effet dévolutif de l'appel (Crim., 4 janv. 1983, *Bull. crim.* n° 3), de l'inexistence d'un réquisitoire, en raison de l'absence de signature, pour conclure à son absence radicale (Crim., 6 juin 1988, *Bull. crim.* n° 249).

§ 2 - Mise en œuvre des nullités

Peuvent agir (art. 170) :

A. Le juge d'instruction

Mais il ne peut annuler lui-même l'acte irrégulier : il doit saisir la **chambre de l'instruction**, après avoir pris l'avis du procureur de la République et avoir informé les parties.

B. Le procureur de la République

Il présente une requête à la chambre de l'instruction aux fins d'annulation et en informe les parties.

C. La chambre de l'instruction

Lorsque la chambre de l'instruction est saisie par une partie d'une requête en nullité portant sur un ou plusieurs actes, elle ne peut statuer sur une question étrangère au contentieux de l'annulation dont elle est exclusivement saisie, selon la *règle dite de l'unique objet*, comme en matière d'appel (Crim., 27 févr. 2001, *Bull. crim.* n° 49).
La chambre peut prononcer une nullité *d'office* (v. sect. 3).
Lorsque la nullité invoquée concerne une pièce provenant d'une autre instruction et jointe au dossier (par ex. un procès-verbal), la chambre d'instruction doit effectuer un contrôle effectif de cette pièce, en se faisant communiquer, au besoin, toutes les pièces de l'autre procédure utiles à ce contrôle (Crim., 7 déc. 2005, *Bull. crim.* n° 327), et en répondant par des motifs propres (Crim., 19 déc. 2007, *Bull. crim.* n° 317). Cette solution vaut aussi lorsque la pièce jointe provient d'une procédure administrative, comme une procédure fiscale (revirement : Crim., 31 janv. 2006, *Bull. crim.* n° 30).

D. Les parties et les témoins assistés

1. Les conditions de la requête en nullité

a) L'irrégularité ne peut être invoquée que par la partie que l'acte « concerne » (art. 171, 802). La jurisprudence, classiquement, en concluait qu'elle ne pouvait demander l'annulation d'un acte lui ayant été étranger : par ex. Primus ne pouvait contester la perquisition effectuée chez Secondus, quand bien même on lui opposait les résultats de cette opération (les pièces découvertes étaient invoquées contre lui).
À la suite de **l'arrêt Matheron**, de la CEDH (29 mars 2005), la chambre criminelle juge désormais qu'une partie peut obtenir la nullité d'un acte dont un tiers a été l'objet si cet acte a **porté atteinte à ses intérêts** (Crim., 6 sept. 2006, *Bull. crim.* n° 208 : personne mise en examen contestant la régularité d'un contrôle d'identité pratiqué sur un tiers qui, à cette occasion, l'a dénoncée comme coupable de l'infraction pour laquelle elle a été mise en examen). Il en est de même si la règle méconnue touche à *l'organisation judiciaire* (Crim., 17 janv. 2006, *Bull. crim.* n° 19 : conditions de l'audition d'une partie civile par un expert contestées par la personne mise en examen et atteinte au pouvoir du juge d'instruction).
Ce droit de contester un acte dont un tiers a été l'objet vaut aussi lorsque les pièces correspondantes proviennent d'une *autre instruction* (hypothèse de l'arrêt

Matheron : jonction à une instruction n° 2 de procès-verbaux d'écoutes téléphoniques effectuées lors d'une instruction n° 1 ; v. Crim., 8 juin 2006, *Bull. crim.* n° 166, à propos de la nullité d'une commission rogatoire effectuée lors de l'instruction n° 1 et à l'origine de l'ouverture de l'instruction n° 2).

b) Les parties peuvent se heurter à une **forclusion** dans plusieurs cas.

• La personne mise en examen doit faire état des moyens de nullité des *actes antérieurs à son interrogatoire de première comparution ou de cet interrogatoire même* **dans les 6 mois** de la notification de sa mise en examen, sauf si elle ne pouvait pas les connaître ; il en est de même pour les moyens pris de la nullité des actes accomplis avant chacun de ses interrogatoires ultérieurs. Cette règle vaut pour tout moyen de nullité (même pour l'absence de désignation du juge d'instruction : Crim., 6 déc. 2005, *Bull. crim.* n° 315) ; mais la chambre de l'instruction conserve le pouvoir d'annuler les actes d'un juge d'instruction manifestement incompétent (Crim., 24 oct. 2007, *Bull. crim.* n° 253).
Cette forclusion vaut pour la *partie civile* et le *témoin assisté* à compter de leur première audition puis de leurs auditions ultérieures (art. 173-1).

• Comme vu précédemment, après 3 mois (1 mois s'il y a un détenu) à compter de l'envoi de l'avis de fin d'information, les parties et les témoins assistés ne sont plus recevables à présenter une requête en nullité, sauf pour des actes postérieurs (art. 175, al. 4) ou caducité de l'avis (v. cette question) ; ils peuvent renoncer à invoquer ce délai, leur avocat convoqué (al. 8).

• Les parties doivent veiller à la **concentration des moyens de nullité** :
– *Tous les moyens* pris de la nullité de la procédure doivent être proposés *en même temps*, sauf pour ceux que les parties ne pouvaient pas encore connaître (art. 174). Selon la jurisprudence, la forclusion vaut même pour les parties *non encore dans la procédure* au moment de la requête, si elles ont été avisées de la date de l'audience à laquelle sera examinée la régularité de la procédure. Sont donc irrecevables les moyens relatifs à des actes antérieurs à un précédent arrêt de la chambre de l'instruction statuant sur une requête aux fins d'annulation (Crim., 22 mars 2000, *Bull. crim.* n° 130), sans préjudice du droit pour cette juridiction de les relever d'office (v. *infra* sect. 3). Lorsqu'une partie a introduit une requête en nullité, elle peut invoquer de nouveaux moyens de nullité par mémoire jusqu'à la veille l'audience (Crim., 6 mai 2009, *Bull. crim.* n° 86).
– en cas de pluralité de parties, le rejet de la demande de l'une d'elles vaut aussi pour les autres : d'où la nécessité, pour chaque avocat, en cas de contestation d'un acte par l'une des parties, d'étudier immédiatement l'ensemble du dossier, pour éviter la validation d'autres actes.

2. Les modalités de saisine de la chambre de l'instruction

a) Si elle estime qu'une nullité a été commise, la partie peut saisir directement la chambre de l'instruction, par requête *motivée*. La déclaration est faite au greffe de la chambre de l'instruction, à peine d'irrecevabilité, constatée, datée et signée par le greffier ; pour un détenu, cette déclaration peut être faite auprès du chef d'établissement, qui la constate, la date et la signe (v. art. 173, al. 3). Une simple lettre d'un avocat, à laquelle est jointe une requête en annulation est irrecevable. Mais la CEDH considère que les juges nationaux ne doivent pas faire preuve d'un

« formalisme excessif » (*sic*) dans l'application de ces exigences procédurales (CEDH 26 juill. 2007, Walchli).

Il est à remarquer que le témoin assisté, qui n'est pas partie à l'instruction, a le même droit (art. 173, al. 3). La chambre criminelle a donc dû lui reconnaître la possibilité de former un pourvoi en cassation contre l'arrêt de la chambre de l'instruction (Crim., 21 juin 2005, 1er arrêt, *Bull. crim.* n° 181) : non partie, voilà qu'il exerce une voie de recours…

b) En cas de requête déposée par une partie privée, *dans les 8 jours* de la réception du dossier par le greffe de la chambre de l'instruction, son président, s'il constate que la requête est *irrecevable* en application des règles ci-dessus (c'est-à-dire si les formalités de la requête n'ont pas été observées, ou si l'appel était possible, ou si l'on n'a pas proposé tous les moyens de nullité en même temps, ou si la requête n'était pas motivée, ou en raison de l'avis de fin d'information : art. 173), rend une *ordonnance d'irrecevabilité, non susceptible de recours sauf,* a précisé la jurisprudence, s'il commet *un excès de pouvoir,* ou s'il y a *risque d'excès de pouvoir* rendant possible un pourvoi en cassation. Le président de la chambre de l'instruction joue ici un rôle de *filtre* pour lutter contre les requêtes dilatoires. Le dossier est alors renvoyé au juge d'instruction.

Si la requête est *recevable*, le président doit la transmettre à la chambre (art. 173, al. 5), qui statue *dans les 2 mois* (art. 194, al. 2) ; mais ce délai n'a pas de sanction, selon la jurisprudence.

Le président de la chambre de l'instruction est seul compétent pour décider une éventuelle suspension de l'information, par une ordonnance sans recours (art. 187, al. 2).

E. Pouvoirs de la juridiction de jugement après clôture de l'information

• *Devant la cour d'assises,* l'ordonnance de *mise en accusation* par le juge d'instruction, devenue définitive, **purge** les vices de l'instruction (art. 181, al. 4).

• **Devant le tribunal correctionnel** (art. 385), *le tribunal de police* (art. 522, al. 3) et la *juridiction de proximité* :

– Si le tribunal est saisi par un *renvoi du juge d'instruction* ou de la *chambre de l'instruction* : le tribunal ne peut constater la nullité de la procédure (l'ordonnance de renvoi du juge d'instruction, devenue définitive, **purge** les vices de la procédure : art. 178 et 179, derniers al.). Cependant, si l'ordonnance de renvoi a été rendue sans que les conditions de l'art. 175 aient été respectées (v. la clôture de l'instruction), les parties peuvent soulever les nullités devant le tribunal (art. 385, al. 3). Mais selon la jurisprudence, le juge ne peut soulever d'office une nullité, même d'ordre public sauf si elle affecte la compétence ; cette interdiction vaut même en matière de presse, sauf la violation de l'art. 50, L. 29 juill. 1881.

Si l'ordonnance ou l'arrêt qui a saisi le tribunal n'a pas été porté à la connaissance des parties, ou si l'ordonnance n'a pas été rendue selon les règles de l'art. 184, le tribunal renvoie la procédure au ministère public, pour faire saisir la juridiction d'instruction aux fins de régularisation (art. 385, al. 2). Mais l'art. 385 ne concerne pas le cas de *l'omission de statuer* de la juridiction d'instruction sur la totalité des faits dont elle était saisie : la juridiction de jugement peut renvoyer l'examen de l'affaire à une audience ultérieure, en transmettant le dossier au ministère public, pour qu'il saisisse le juge d'instruction de réquisitions sur les faits omis, ce dernier ayant alors le devoir de statuer sur eux (Crim., 21 nov. 2007, *Bull. crim.* n° 288).

– Si le tribunal est saisi par *citation directe* ou par *comparution immédiate*, il statue sur la nullité de la procédure antérieure (art. 385, al. 4).

Toutes les exceptions de nullité doivent être présentées *avant toute défense au fond* (art. 385, al. 6 ; les conclusions peuvent être déposées avant le début de l'audience), et pas seulement en cours de plaidoirie. L'exigence vaut même pour les nullités substantielles, sauf celles affectant la compétence (Crim., 10 déc. 2003, *Bull. crim.* n° 243).

• **Devant la cour d'appel**, il est trop tard pour soulever une nullité après débat au fond devant les premiers juges, sauf si le prévenu été jugé contradictoirement dans le cas de l'art. 410.

§ 3 - Effets des nullités

A. Portée de l'annulation

La chambre de l'instruction décide si l'annulation de l'acte ou des actes viciés doit ou non s'étendre à la procédure ultérieure (« l'**ensuivi** »), en tout ou en partie (art. 174, al. 2).

La nullité atteint des actes postérieurs à l'acte nul s'ils ont leur *support nécessaire* dans celui-ci. Ainsi la nullité d'une perquisition n'affecte pas l'acte de poursuite si celui-ci se fonde sur d'autres éléments que ceux obtenus lors de cette opération ; la nullité d'une garde à vue est sans effet sur la mise en examen postérieure de l'intéressé reposant sur des charges sans rapport avec la garde à vue. Inversement, par ex., la nullité d'une perquisition implique celle du procès-verbal d'audition d'un témoin qui a été entendu sur les pièces saisies lors de celle-ci.

L'annulation vaut *pour toutes les parties*, sauf cassation après pourvoi de certaines parties seulement.

B. Conséquences de l'annulation

Sur les pouvoirs de chambre de l'instruction en cas d'annulation (évoquer, ou renvoyer l'affaire), v. ci-après sect. 3.

• Les actes annulés sont retirés du dossier (mais pas les écritures des parties, ex. mémoires) et classés au greffe de la cour d'appel. Les actes ou pièces partiellement annulés sont cancellés, après établissement d'une copie. On ne peut en tirer aucun renseignement contre les parties : l'interdiction s'étend à tout procédé qui pourrait reconstituer la substance de l'acte annulé, à peine de poursuites disciplinaires pour l'avocat et les magistrats. Mais le juge d'instruction reste saisi ; il peut procéder à une nouvelle mise en examen d'une personne dont le nom a été cancellé, s'il ne puise aucun renseignement dans les actes annulés. Et l'interdiction s'applique lorsqu'il s'agit d'une annulation intervenue dans une *procédure différente* (revirement : Crim., 16 mai 2007, *Bull. crim.* n° 130).

• dans le cas particulier de l'annulation d'une mise en examen, l'intéressé en retire la qualité de témoin assisté à compter de son interrogatoire de première comparution (art. 174-1).

Section 3 › LES AUTRES POUVOIRS ET LES DÉCISIONS DE LA CHAMBRE DE L'INSTRUCTION

La chambre de l'instruction peut exercer un pouvoir de contrôle de régularité de la procédure, un contrôle d'opportunité.

§ 1 - Contrôle de régularité

En dehors du cas que l'on vient de voir, où elle statue à la demande du parquet, des parties ou du témoin assisté qui l'ont saisie d'une requête en annulation, la chambre de l'instruction, en application de l'art. 206, peut examiner **d'office** la *régularité* de la procédure, **lorsqu'elle est saisie de la totalité du dossier** (Crim., 19 juin 1996, *Bull. crim.* n° 263), c'est-à-dire quand elle statue sur le règlement de la procédure, quand elle évoque l'affaire (v. plus bas) ou lorsqu'elle en a été saisie à l'initiative de son président (art. 223-1 : détention provisoire depuis 3 mois, toujours en cours, et absence d'avis de fin d'information).

Ce pouvoir de la chambre de l'instruction n'en confère aucun, en revanche, aux parties privées : l'article 206 précise que, quant à elles, elles n'échappent pas pour autant aux forclusions éventuelles qui les concerne (art. 173-1, 174 et 175 : v. *supra* § 2, D). Aussi, en toute matière, y compris criminelle, en dépit du fait que la chambre de l'instruction est saisie de la totalité du dossier, elles ne peuvent invoquer des moyens de nullité qu'elles auraient dû soulever antérieurement ou qui l'ont déjà été par elles (Crim., 10 juill. 2002, *Bull. crim.* n° 152). Et si une partie n'a pas usé de ce droit, elle ne peut faire grief à la chambre de l'instruction de n'avoir pas exercé son pouvoir de relever d'office une nullité (Crim., 12 juill. 2006, *Bull. crim.* n° 201).

Évidemment, et à l'inverse, la forclusion opposée aux parties n'interdit pas à la chambre de l'instruction de soulever d'office les nullités correspondantes sur le fondement de l'art. 206 (Crim., 6 mai 2003, *Bull. crim.* n° 92).

Lorsqu'elle contrôle la régularité de la procédure, la chambre de l'instruction peut aussi statuer sur la validité des actes de l'enquête préliminaire ou de flagrance.

Lorsque la chambre de l'instruction statue sur le *règlement d'une procédure* (par ex. en cas d'appel contre une ordonnance de règlement), tous les moyens de nullité doivent lui être proposés : il ne pourra plus en être fait état devant la chambre criminelle, en cas de pourvoi, sauf celles que les parties n'ont pu connaître et sous réserve du droit pour la Cour de cassation, à son tour, de les soulever d'office (art. 595).

À la condition qu'elle prononce une *annulation*, la chambre de l'instruction peut (art. 206, 207 ; v. aussi art. 221-3, II) :

- user de l'*évocation* (avec les pouvoirs indiqués *plus loin*), cette évocation pouvant n'être que partielle, pour ne procéder qu'à certains actes avant de renvoyer le dossier au juge d'instruction ;
- ou *renvoyer* la procédure au même juge d'instruction, ou à tel autre, pour poursuivre l'information.

§ 2 - Contrôle d'opportunité et pouvoir de révision

La chambre de l'instruction contrôle aussi l'opportunité des mesures décidées par le juge d'instruction (le *collège de l'instruction*, au 1er janvier 2011), et peut donc procéder à une révision de la procédure, exercer un contrôle de régularité de la procédure, un contrôle d'opportunité. Il faut distinguer ces pouvoirs selon qu'il s'agit de la détention provisoire ou de toute autre matière, et en cas d'appel d'une ordonnance de règlement.

A. En matière de détention provisoire

– La chambre de l'instruction *ne peut évoquer* : quand la chambre de l'instruction statue sur l'appel contre une ordonnance en matière de détention provisoire, le procureur général fait sans délai retour du dossier au juge d'instruction, que la chambre de l'instruction ait ou non confirmé la décision, ou qu'elle l'ait infirmée en ordonnant mise en liberté ou maintien en détention, ou décerné mandat de dépôt ou d'arrêt (art. 207, al. 1). Les décisions en matière de détention provisoire continuent donc de relever du juge d'instruction et du JLD.
– Mais, selon l'art. 207, al. 1, la chambre de l'instruction peut, par *mention expresse*, décider qu'elle se **réserve le contentieux de la détention ;** elle sera alors seule compétente pour statuer sur les demandes de liberté et sur les prolongations. Les dispositions de l'art. 145-1 (débat contradictoire devant le JLD) ne sont pas applicables alors devant la chambre de l'instruction (Crim., 26 oct. 2004, *Bull. crim.* n° 253) ; plus encore, une chambre de l'instruction peut placer ainsi en détention provisoire une personne mise en examen alors qu'il n'a pas été possible, devant le JLD, de procéder au débat contradictoire (Crim., 12 févr. 2008, *Bull. crim.* n° 33).
La réserve du contentieux par la chambre de l'instruction est également possible en matière de contrôle judiciaire ou d'assignation à résidence sous surveillance électronique, lorsqu'elle ordonne une de ces mesures ou la modifie, après avoir infirmé la décision du juge d'instruction ou du JLD (art. 207, al. 1).
– En cas d'appel contre une ordonnance de *refus de mise en liberté*, la chambre peut, lors de l'audience, se saisir de toute demande de mise en liberté sur laquelle le juge d'instruction (au 1er janvier 2011, le collège de l'instruction) ou le JLD n'a pas encore statué, et se prononcer à la fois sur l'appel et sur cette demande, que les demandes aient été adressées avant ou après l'appel : cela permet de lutter contre les demandes systématiques et dilatoires (art. 207, al. 4).

B. En toute autre matière (art. 207, al. 2)

Lorsque la chambre de l'instruction statue en toute autre matière que la détention provisoire, elle a des pouvoirs étendus, dans deux sortes d'hypothèses :

a) Si elle infirme l'ordonnance.

b) Ou s'il y a saisine directe de la chambre de l'instruction, dans l'un des cas suivants :
• à la suite d'une demande de certaines mesures par les parties (art. 81, dernier al.) ou par le ministère public (art. 82 dernier al.), ou d'une demande de certains actes par les parties (art. 82-1, al. 2), ou d'un refus d'expertise (art. 156, al. 2) ou du rejet d'une demande de complément d'expertise ou de contre-expertise (art. 167, al. 4) : art. 207, al. 2.

• ou d'une demande des parties pour l'achèvement de la procédure (art. 207-1) ;

• après 4 mois depuis le dernier acte d'instruction :

– 4 mois depuis le dernier acte d'instruction nécessaire à la manifestation de la vérité : le président de la chambre de l'instruction peut saisir la chambre (art. 221-1) ;
– 4 mois depuis le dernier acte d'instruction (**2 mois**, pour la personne mise en examen placée en **détention provisoire**) : les parties peuvent recourir à la saisine directe de la chambre de l'instruction ; le président peut décider dans les 8 jours, par ordonnance motivée, sans recours, qu'il n'y a pas lieu de saisir la chambre de l'instruction. Si, *dans les 2 mois* du renvoi du dossier au juge d'instruction, aucun acte n'a été accompli (un mois pour la personne mise en examen en détention provisoire), la chambre de l'instruction peut de nouveau être saisie (art. 221-2).

c) Ou sur saisine décidée par son président :
après 3 mois depuis le placement en détention provisoire, celle-ci étant toujours en cours et l'avis de fin d'information n'ayant pas été délivré, le président de la chambre de l'instruction peut saisir cette juridiction, d'office, à la demande du ministère public ou de la personne mise en examen (pas de la partie civile), afin qu'elle examine *l'ensemble de la procédure*.
Si la détention se prolonge au-delà des 6 mois qui suivent un premier arrêt et si l'avis de fin d'information n'est toujours pas rendu, cette procédure peut être reprise par le président de la chambre de l'instruction (art. 221-3, II, dern. al.).

d) Pouvoirs de la chambre de l'instruction :
Dans tous ces cas, la chambre de l'instruction :
• peut *renvoyer* au juge d'instruction ou à tel autre – mais elle ne peut donner alors d'injonction à celui-ci, sauf dans le cas particulier de l'art. 221-3 (v. art. 221-3, II, 5°) ;

• dans le cas de demande des parties pour l'achèvement de la procédure, art. 175-1 et de saisine par le président de la chambre de l'instruction, la chambre de l'instruction peut *ordonner le renvoi* devant la juridiction de jugement ou la *mise en accusation* devant la cour d'assises ou rendre un arrêt de non-lieu (art. 207-1, al. 2) ; elle a le même pouvoir de procéder au règlement de la procédure dans le cas de l'art. 221-3 (art. 221-3, II, 8°) ;

• ou peut user de l'**évocation** (art. 207, al. 2, 221-1, 221-2, al. 3 et 5, 221-3, II, 3 ; évocation *partielle* possible : art. 207, al. 2, 221-3, II, 4° : elle procède à certains actes et renvoie au juge d'instruction) ; mais il en résulte que le juge d'instruction est alors **dessaisi** : une même information ne peut être conduite à la fois par un juge d'instruction et un conseiller chargé du supplément d'information (Crim., 6 janv. 2004, *Bull. crim.* n° 2). La chambre devient seule compétente pour prendre les décisions juridictionnelles, ex. sur la prolongation de la détention provisoire. Lorsqu'elle évoque, la chambre de l'instruction doit respecter le *principe du contradictoire* (art. prél.) en mettant les parties en mesure débattre de la décision qu'elle s'apprête à prendre (Crim., 19 sept. 2006, *Bull. crim.* n° 224, à propos d'un non-lieu consécutif à l'évocation)
L'évocation lui permettant de *s'emparer de la totalité de la procédure*, elle se met en position d'exercer son **pouvoir de révision.** La chambre de l'instruction peut alors :
• ordonner, selon une appréciation qui est souveraine, d'office ou à la demande du procureur général ou d'une partie, tout acte d'information complémentaire utile ou une information complémentaire (**supplément d'information** : arrêt de plus ample informé), par l'un de ses membres ayant concouru à sa décision (Crim., 6 janv. 2004, *Bull. crim.* n° 1) ou un juge d'instruction qu'elle délègue – il n'a alors

aucun pouvoir juridictionnel – (art. 201, al. 1, 205, 208 ; même le juge initialement chargé de l'instruction : Crim., 15 sept. 2004, *Bull. crim.* n° 208). Mais le magistrat désigné, même si c'est le président de la chambre de l'instruction lui-même, ne peut ordonner la détention provisoire à l'occasion du supplément d'information (Crim., 8 nov. 1990, *Bull. crim.* n° 374). La chambre de l'instruction ne peut se contenter de confirmer ensuite l'ordonnance de non-lieu qu'elle avait antérieurement annulée (Crim., 10 mai 2005, *Bull. crim.* n° 143) ; la chambre criminelle a jugé qu'un supplément d'information était possible sans évocation préalable (Crim., 11 juill. 2007, *Bull. crim.* n° 184) ;

• ordonner, même d'office (ministère public entendu), la *mise en liberté* de la personne mise en examen détenue (art. 201, al. 2) ; mais elle *doit* le faire si la détention résulte d'un titre nul ou « inexistant » (Crim., 10 mai 1995, *Bull. crim.* n° 168) ;

• ordonner la détention provisoire, le contrôle judiciaire de la personne mise en examen ou l'assignation à résidence sous surveillance électronique (en cas d'*urgence*, le président de la chambre de l'instruction peut décerner mandat d'arrêt, d'amener ou de recherche, ordonner l'arrestation provisoire pour 4 jours au plus jusqu'à la réunion de la chambre – art. 201, al. 3 ; 142-12) ;

• statuer d'office, pour la personne mise en examen, sur tous les chefs, même sur ceux distraits par ordonnance de renvoi devant le tribunal correctionnel ou de police (art. 202), ex. en cas de non-lieu partiel (Crim., 2 oct. 2001, *Bull. crim.* n° 195) ; ce pouvoir n'est pas limité par l'effet dévolutif (Crim., 1er déc. 1999, *Bull. crim.* n° 285) ;

• ordonner :
– *quant aux infractions :* de *nouvelles poursuites* pour infractions principales ou infractions unies par un lien de *connexité* (art. 202, al. 1) non visées par le juge d'instruction ; la chambre de l'instruction peut, sans ordonner de nouvelle information, statuer sur les chefs de poursuites compris dans les faits pour lesquels la personne a été mise en examen (art. 202, al. 2), et modifier leur qualification (ex. meurtre au lieu de complicité d'assassinat). Mais elle ne peut statuer sur des faits dont le juge d'instruction n'était pas saisi, sauf à ordonner un supplément d'information (Crim., 12 avr. 2005, *Bull. crim.* n° 126) ;
– *quant aux personnes :* des *mises en examen nouvelles* (pour des infractions résultant du dossier, art. 204, y compris à l'occasion d'une réouverture de l'instruction sur charges nouvelles : Crim., 16 nov. 1999, *Bull. crim.* n° 256 ; mais si ces faits n'ont pas été compris dans les mises en examen faites par le juge d'instruction, elle doit ordonner un supplément d'information, Crim., 9 janv. 1990, *Bull. crim.* n° 15 : possibilité de renvoyer pour meurtre une personne mise en examen pour coups mortels). Ce pouvoir cesse en cas de non-lieu (même partiel) définitif (art. 204, al. 2).

C. En cas d'appel contre une ordonnance de règlement

La chambre de l'instruction rend :

1. Un arrêt de non-lieu

Si les éléments constitutifs de l'infraction ne sont pas réunis, ou si les charges ne sont pas suffisantes (212). Les personnes mises en examen et placées en détention provisoire sont remises en liberté ; l'arrêt met fin au contrôle judiciaire et à l'assignation à résidence sous surveillance électronique.

Sur demande de la personne mise en examen (pas du témoin assisté : Crim., 6 mars 2007, *Bull. crim.* n° 68), ou, avec son accord, d'office ou à la demande du ministère public introduite avant que la chambre de l'instruction ait rendu sa décision de non-lieu (même arrêt), la chambre de l'instruction *peut* ordonner la publication de l'arrêt de non-lieu, ou d'un communiqué ; la décision de refus doit être motivée (art. 212-1).

Si l'information a été ouverte sur constitution de partie civile abusive ou dilatoire, la chambre peut, à l'issue des 20 jours de la communication des réquisitions du procureur général à la partie civile et à son avocat, prononcer contre la partie civile une amende jusqu'à 15 000 € (art. 212-2).

2. Un arrêt de renvoi (motivé)

Si les charges sont suffisantes pour faire traduire la personne mise en examen devant la juridiction de jugement, devant le tribunal correctionnel en cas de délit, ou devant le tribunal de police ou la juridiction de proximité en cas de contravention (art. 213).

3. Un arrêt de mise en accusation (motivé)

Si les faits constituent un crime (art. 214, 215) ; notification par LR. La chambre de l'instruction peut saisir la cour d'assises des infractions connexes (art. 214, al. 1).

Si l'accusé est en détention provisoire, le mandat de dépôt conserve sa force exécutoire (art. 215, al. 2, renvoyant à l'art. 181 ; en réponse à une demande de mise en liberté, les juges n'ont pas à motiver leur décision selon l'art. 145-3 : Crim., 5 janv. 1999, *Bull. crim.* n° 122).

Pour les personnes renvoyées seulement pour délit connexe, v. art. 181, al. 6.

La personne mise en examen devient alors **l'accusé**.

• Si l'accusé n'est *pas détenu* (jamais incarcéré, ou mis en liberté) : il sera convoqué au greffe de la cour d'assises ; si l'accusé ne se présente pas, sans motif légitime, le président de la cour d'assises peut décerner mandat d'arrêt (art. 272-1 ; v. la procédure en cour d'assises).

• Si l'accusé est *détenu* : il est conduit à la maison d'arrêt voisine de la cour d'assises (art. 269) : le mandat de dépôt conserve sa force exécutoire jusqu'à la comparution devant celle-ci (art. 181, al. 7). S'il n'a pas comparu devant cette cour dans l'année de la mise en accusation définitive, il est immédiatement remis en liberté, sauf, à titre exceptionnel, prolongation de la détention provisoire par la chambre de l'instruction, pour une durée de 6 mois, cette prolongation pouvant être renouvelée une fois (art. 181, al. 8 et 9).

Section 4 › LA PROCÉDURE DEVANT LA CHAMBRE DE L'INSTRUCTION

Longtemps de type *inquisitorial*, cette procédure reste rapide ; mais elle est désormais *en partie soumise au principe du contradictoire et de l'oralité ;* et s'est atténué un ancien trait de la procédure inquisitoriale : si cette procédure est *en principe secrète pour le public* (les débats se déroulent en principe en chambre du conseil), la publicité peut être aujourd'hui souvent admise, étant même, parfois, de règle.

§ 1 - Avant l'audience

Le procureur général met l'affaire en état *dans les 10 jours* de la réception du dossier (*48 h* en matière de détention provisoire) : art. 194 (règle non prescrite à peine de nullité).

A. Notification et dossier

Notification est faite (art. 197) par le procureur général (lettre recommandée) *aux parties* (pour la personne détenue, par le chef d'établissement), *au témoin assisté* (art. 197-1) et *aux avocats* (ou, pour les avocats, par télécopie avec récépissé ou courriel : art. 803-1), de la date de l'audience, avec, pour les avocats, un exposé complet des questions qui seront débattues à l'audience (Crim., 2 mars 2004, pourvoi 03-83066), à peine de nullité : envoi de la lettre *5 jours* avant l'audience, *48 h* en matière de détention provisoire, ces délais étant calculés en y incluant les jours non ouvrables mais non compris le jour d'envoi et le jour de l'audience. Ils doivent être observés *à peine de nullité*, sauf en cas d'absence d'atteinte aux intérêts du demandeur.
Pendant ces délais, le **dossier**, complet (ce qui n'englobe pas les réquisitions du procureur général, qui peuvent être déposées jusqu'à la veille de l'audience, mais englobe les nouvelles pièces parvenues à la connaissance de la chambre de l'instruction avant l'examen de l'appel : Crim., 19 sept. 2006, pourvoi 06-85657), est déposé au greffe de la chambre de l'instruction et tenu à la disposition des avocats (pour *l'avocat de la partie civile* : seulement si la constitution n'a pas été contestée, ou si la contestation a été rejetée ; comp. avec les règles devant le juge d'instruction). Mais des documents pièces à conviction ne font pas partie du dossier (Crim., 9 janv. 1996, *Bull. crim.* n° 7), ni le mandement d'une commission rogatoire en cours d'exécution.
La *copie du dossier* peut être délivrée aux avocats, mais ne peut être rendue publique (la personne mise en examen qui a renoncé à l'assistance d'un avocat ne peut obtenir cette copie : et cette règle n'est pas contraire à la Conv. EDH : Crim., 4 janv. 1995, *Bull. crim.* n° 1 ; cf. CEDH, 21 sept. 1993, *Kremzow*. Même solution pour la partie civile : CEDH, 14 juin 2005, *Menet*, invoquant la protection du secret de l'instruction).

B. Mémoires

En vertu de l'art. 198, les parties et leurs avocats peuvent produire des mémoires, déposés au greffe (pas nécessairement par l'avocat lui-même : ex. par sa secrétaire ; s'agissant d'un détenu, il peut adresser son mémoire par LRAR, par télécopie ou par l'intermédiaire du chef de l'établissement pénitentiaire : Crim., 13 juin 2007, *Bull. crim.* n° 159 : arrêt rendu au visa de l'art. 6, §1, CEDH et de l'art. prél., C. pr. pén.), et communiqués au plus tard la veille de l'audience au *ministère public* et aux *autres parties* (cette limite n'est pas modifiée par le fait que ce jour est férié : Crim., 19 sept. 1995, *Bull. crim.* n° 273 ; un mémoire tardif – ainsi de celui déposé le jour même de l'audience – est irrecevable : Crim., 30 mars 2005, *Bull. crim.* n° 104).

Lorsque la personne mise en examen comparaît devant la chambre de l'instruction, elle peut verser, au cours de l'audience, les pièces qu'elle juge utiles à sa défense (Crim., 12 déc. 2006, *Bull. crim.* n° 308 : visa de l'art. prél., C. pr. pén.).
Dans l'hypothèse de l'appel contre une ordonnance de non-lieu, le *témoin assisté*, par l'intermédiaire de son avocat, peut faire valoir ses observations devant la chambre de l'instruction (art. 197-1). Faute de précision du texte, la jurisprudence juge que ces observations peuvent être verbales ou écrites, sous la forme, dans ce dernier cas, d'un mémoire, qui doit respecter, alors, les exigences de l'art. 198 (Crim., 25 juin 2002, *Bull. crim.* n° 143). Mais le témoin assisté n'étant pas une partie pour autant, il ne saurait former un pourvoi en cassation contre l'arrêt de la chambre de l'instruction (Crim., 21 juin 2005, arrêts n° 2 et 3, *Bull. crim.* n° 181 ; mais pour les nullités, v. cette question).

§ 2 - L'audience

A. Le délai de la décision

1. En cas d'appel de la personne mise en examen

En matière de détention provisoire, la chambre de l'instruction se prononce au plus tard (art. 194, al. 3) dans les *10 jours* de l'appel, pour une ordonnance de *placement* en détention provisoire, dans les *15 jours* dans les autres cas, sauf vérifications ordonnées, ou circonstances imprévisibles et insurmontables (ce n'est pas le cas d'une erreur de manipulation de télécopie, mais c'est le cas d'une grève des services pénitentiaires, ou d'une défaillance dans l'acheminement du courrier) : à défaut, la personne est mise en liberté.
Les délais sont prolongés de 5 jours (donc 15 et 20 jours) dans le cas de *comparution personnelle demandée* (art. 199, dernier al.), même si ensuite la personne mise en examen renonce à sa comparution, même si la comparution a été refusée ; v. ci-dessous.
Les délais partent du lendemain de la transcription de la déclaration d'appel du détenu sur le registre du greffe de la juridiction de l'art. 502. Ils sont prolongés s'ils expirent un jour non ouvrable.
Mais en cas de pluralité d'appels contre une seule ordonnance, on l'a vu, la chambre de l'instruction n'a à statuer que sur le premier.

2. En cas d'appel contre une ordonnance de mise en accusation

La chambre de l'instruction statue dans les 4 mois : à défaut, la personne détenue est mise en liberté (art. 186-2).

3. Cas particulier

Quand la chambre de l'instruction est saisie directement à la suite d'une demande d'acte ou d'expertise au juge d'instruction (en application des art. 81, dernier al., 82-1, al. 2, 156, al. 2, 167, al. 4), *ou d'une requête en nullité* (tous les moyens pris de nullité doivent être proposés à la chambre de l'instruction), elle statue *dans les 2 mois* à compter de la transmission du dossier au procureur général (art. 194, al. 2 ; selon la jurisprudence, le délai n'a pas de sanction).

B. Déroulement de l'audience

1. Comparution personnelle des parties

La décision d'ordonner la comparution personnelle relève des attributions de la chambre de l'instruction ; mais dans un cas particulier, ce pouvoir est attribué à son président.

a) La chambre de l'instruction :
– **peut** ordonner cette comparution (art. 199, al. 4) **;** sauf dans les cas où cette comparution est de droit, v. ci-dessous, la décision d'ordonner ou de refuser la comparution personnelle est discrétionnaire : un pourvoi en cassation est irrecevable ; la règle n'est pas contraire à la Conv. EDH (ex. à propos du refus opposé à une partie civile : Crim., 8 déc. 2009, *Bull. crim.* n° 206) ; mais la chambre de l'instruction qui rejette une demande de mise en liberté ne peut entendre la partie civile sans ordonner la comparution de toutes les parties (Crim., 18 déc. 1996, *Bull. crim.* n° 476).
– **doit** ordonner la comparution personnelle de la *personne mise en examen* en matière de *détention provisoire*, quand la *personne mise en examen* ou son avocat fait une *demande de comparution personnelle* (art. 199, al. 6 ; la demande doit être présentée en même temps que la déclaration d'appel ou la demande de mise en liberté – dans le même acte, et non dans une lettre séparée, même agrafée à la déclaration d'appel). La chambre de l'instruction peut statuer en l'absence de l'intéressé en cas de circonstances imprévisibles et insurmontables (comme une grève des établissements pénitentiaires), si la décision ne peut être différée (Crim., 17 mars 2009, *Bull. crim.* n° 56).
Toutefois, en cas d'appel d'une ordonnance rejetant une demande de mise en liberté, le président de la chambre de l'instruction peut *refuser la comparution personnelle* si l'intéressé a comparu devant la chambre *moins de 4 mois auparavant* ; décision sans recours ; art. 199, al. 6.
La vidéoconférence peut être utilisée, avec possibilité d'enregistrement audiovisuel ou sonore (art. 706-71, al. 3).

b) Lorsque la chambre de l'instruction est saisie par une ordonnance de transmission du dossier en raison du **trouble mental** de la personne mise en examen, son président ordonne la comparution personnelle de l'intéressé si son état le permet. Le président agit d'office, à la demande de la *partie civile*, du ministère public ou de la personne mise en examen (art. 706-122).

2. Caractère public ou non des débats

a) Les débats se déroulent en principe en **chambre du conseil** (art. 199, al. 1). Il a été jugé, toutefois, que peuvent être présents des membres des forces de l'ordre pour des raisons de sécurité, d'autres magistrats, des auditeurs de justice, mais non des avocats étrangers à la cause ; l'irrégularité ne vicie la procédure que si elle a porté atteinte aux droits de la défense. Et la publicité visée par la Conv. EDH ne concerne que le bien-fondé de l'accusation, et non par ex. une demande de mise en liberté.

b) Exceptions :
– **sur demande de la personne majeure mise en examen** (ou de son avocat) formulée dès l'ouverture des débats, ceux-ci se déroulent (et l'arrêt est rendu) *en audience publique*, sauf si la publicité est de nature à entraver les investigations ou à nuire à

la dignité de la personne ou aux intérêts d'un tiers ; l'arrêt sur ce point est lui-même rendu en chambre du conseil et il n'est susceptible de pourvoi en cassation qu'en même temps que l'arrêt portant sur la demande principale (art. 199, al. 2). Mais le prononcé de l'arrêt n'exige pas la présence de la personne mise en examen.
La demande de publicité dans ce cas ne peut émaner de la partie civile, qui ne peut donc se pourvoir contre l'arrêt rejetant cette demande.
Si la chambre de l'instruction statue publiquement en dehors de toute demande en ce sens, la nullité n'est encourue que si la publicité a causé un grief à la personne mise en examen (Crim., 15 févr. 2006, pourvoi 05-86969).
– **en matière de détention provisoire**, si la personne mise en examen est majeure, les débats se déroulent et l'arrêt est rendu, de droit, en *audience publique* (art. 199, al. 2).
Mais le ministère public, la personne mise en examen et la partie civile, ou leurs avocats, peuvent, avant l'ouverture des débats, s'opposer à la publicité, si elle est de nature à entraver les investigations, à porter atteinte à la présomption d'innocence ou à la sérénité des débats, ou à nuire à la dignité de la personne ou aux intérêts d'un tiers, ou encore si l'instruction porte sur des faits relevant de la criminalité organisée. La chambre de l'instruction statue par un arrêt rendu en chambre du conseil, susceptible de pourvoi en même temps que l'arrêt sur la demande principale.
La chambre de l'instruction statue en chambre du conseil si la personne mise en examen est mineure ou si la partie civile s'oppose à la publicité dans des cas où, devant une juridiction de jugement, elle pourrait demander le huis clos.
– dans le cas de la transmission de la procédure pour cause de **trouble mental**, les débats se déroulent et l'arrêt est rendu, de droit, *en audience publique*, sauf si la publicité peut nuire à l'ordre ou aux mœurs (art. 706-122, al. 2).

3. Ordre des débats

• Après le **rapport** du conseiller (indispensable, à peine de nullité), le procureur général et les avocats des parties sont entendus (la partie civile peut participer aux débats, même sur la détention provisoire). En cas d'appel d'une ordonnance de non-lieu, le **témoin assisté** peut, par l'intermédiaire de son avocat, on l'a vu, faire valoir ses observations (art. 197-1).
Selon la jurisprudence, les *principes généraux du droit* imposent que la personne mise en examen ou son avocat aient la parole en dernier. Cependant la règle ne joue pas si le ministère public demande le non-lieu (Crim., 3 mai 1990, *Bull. crim.* n° 167) ; et il faut entendre en dernier la personne mise en examen ou son avocat : pas nécessairement les deux.
La délibération a lieu hors la présence du procureur général, des parties, des avocats et du greffier. *L'arrêt* est rendu, *sauf dans les cas vus ci-dessus*, en **chambre du conseil** (art. 199, al. 1 : mais il n'y a pas annulation en cas d'arrêt rendu en public, en l'absence de grief, si les débats ont eu lieu en chambre du conseil). L'arrêt peut être rendu par le président ou un des conseillers, même en l'absence des deux autres. La présence du ministère public au prononcé n'est pas requise.

• Lorsque la chambre de l'instruction est saisie après transmission de la procédure en raison du *trouble mental* possible de la personne mise en examen, la procédure est comparable à celle se déroulant devant une juridiction de jugement. Le président procède à l'interrogatoire de celle-ci, si elle est présente ; les experts sont entendus, voire les témoins cités par les parties lorsque leur audition est nécessaire pour établir s'il existe des charges suffisantes. Le procureur général, les avocats de la personne mise en examen et de la partie civile peuvent poser des questions à la personne mise en examen, à la partie civile, aux témoins et aux experts ; la personne mise en examen et la partie civile ont le même pouvoir par l'intermédiaire du président. L'instruction à l'audience terminée, l'avocat de la partie civile est entendue, le procureur général prend ses réquisitions et la personne mise en examen ainsi que son avocat présentent leurs observations. Des répliques sont possibles, mais la personne mise en examen et son avocat ont toujours la parole en dernier (art. 706-122).

Section 5 › LE POURVOI EN CASSATION CONTRE LES ARRÊTS DE LA CHAMBRE DE L'INSTRUCTION

Un pourvoi en cassation est possible, contre certains arrêts de la chambre de l'instruction, pour des parties différentes selon les cas (art. 567-2, 570 et 571, 574, 574-1, 575, C. pr. pén. ; sur les règles générales du pourvoi en cassation, v. le pourvoi en cassation). Le *témoin assisté*, non partie à la procédure, ne peut se pourvoir en cassation, on l'a vu, contre ces arrêts ; mais le droit qui lui est reconnu de saisir la chambre de l'instruction d'une requête en annulation implique, on l'a vu aussi, qu'il puisse se pourvoir contre l'arrêt rendu par celle-ci.
Il faut distinguer trois types d'arrêts.

§ 1 - Arrêts préparatoires, interlocutoires ou d'instruction

Le pourvoi n'est immédiatement recevable que si *l'arrêt met fin à la procédure*, ou dans l'intérêt de *l'ordre public*, ou d'une *bonne administration de la justice* (ex. après un refus d'expertise) ; sinon, il n'est possible qu'en même temps que le pourvoi contre l'arrêt portant sur la demande principale (art. 571, al. 7, renvoyant à l'art. 570).

Le pourvoi n'est pas immédiatement recevable contre un arrêt de la chambre de l'instruction qui rejette une demande d'acte d'instruction (art. art. 571, al. 7, renvoyant à l'art. 570, al. 3) ; en cas de pourvoi contre l'arrêt de la chambre de l'instruction saisi d'une requête en annulation, le *président de la chambre criminelle* déclare si le pourvoi est ou non immédiatement recevable (art. 571, al. 8 ; ce texte n'est pas applicable à l'arrêt de la chambre de l'instruction admettant la recevabilité de la partie civile : Crim., 13 janv. 2004, *Bull. crim.* n° 8).

§ 2 - Arrêts sur la liberté de la personne mise en examen

Le pourvoi n'est possible que pour le procureur général, et la personne mise en examen (art. 567, 567-2 ; mais le pourvoi de celle-ci contre la décision ordonnant sa mise en liberté avec contrôle judiciaire n'est pas recevable, faute d'intérêt). La cassation d'un arrêt de chambre de l'instruction infirmant une ordonnance de maintien en détention provisoire entraîne réincarcération de l'intéressé.

§ 3 - Arrêts sur le fond

A. Le procureur général

Il peut se pourvoir contre tous ces arrêts, mais seulement pour ce qui concerne l'action publique (ex. arrêt de non-lieu).

B. La personne mise en examen

Elle peut se pourvoir :
• contre *l'arrêt de mise en accusation* devant la cour d'assises (art. 574-1) ;

• contre *l'arrêt de renvoi devant le tribunal correctionnel ou de police, mais seulement si l'arrêt statue sur la compétence ou contient des dispositions définitives* que le tribunal ne peut modifier (art. 574 ; ex. jurisprudentiels : renvoi de la personne mise en examen après appel de la seule partie civile contre une ordonnance de non-lieu, renvoi devant le tribunal correctionnel après appel contre une ordonnance de mise en accusation ; ces conditions ne sont pas exigées pour le pourvoi du procureur général). La personne ne peut se pourvoir contre l'arrêt de renvoi admettant la recevabilité de l'action civile, car cette décision n'a pas un caractère définitif (la juridiction de jugement pourra conclure à l'irrecevabilité), ni contre l'arrêt confirmant une ordonnance du juge d'instruction refusant de nouvelles mises en examen, ni contre un arrêt en matière de dessaisissement au profit d'une juridiction spécialisée (art. 706-78 ; Crim., 19 janv. 2005, *Bull. crim.* n° 24). Elle ne peut se pourvoir, faute d'intérêt, contre un arrêt constatant l'extinction de l'action publique, ex. par prescription.

C. La partie civile

Elle peut se pourvoir (art. 575) :
• ou bien s'il y a *pourvoi du ministère public* (par exemple contre un arrêt de non-lieu) ;

• ou bien, même seule :
– contre *l'arrêt de non-informer* (c'est-à-dire de refus d'informer, à ne pas confondre avec l'arrêt de non-lieu) ;
– contre *l'arrêt d'irrecevabilité de l'action civile ;*
– contre *l'arrêt admettant une exception mettant fin à l'action publique*. Exemples : prescription ; ce n'est pas le cas d'un arrêt de non-lieu fondé sur la démence de la personne poursuivie, ni de celui qui retient un fait justificatif ;
– contre l'arrêt prononçant *l'incompétence* de la juridiction saisie ;
– contre l'arrêt *omettant de statuer* sur l'un des faits imputés à la personne mise en examen (par ex. un arrêt de non-lieu) ;
– contre l'arrêt ne satisfaisant pas aux *conditions de forme essentielles à son existence légale*, ex. arrêt de non-lieu omettant de répondre à une articulation essentielle, arrêt rendu par la chambre de l'instruction sans avoir procédé à l'audition obligatoire d'experts ;
– en matière d'*atteinte aux droits individuels* (C. pén., art. 224-1 à 5, 432-4 à 6 ; ex. séquestration).
La partie civile ne peut se pourvoir contre l'arrêt confirmant une ordonnance du juge d'instruction refusant de nouvelles mises en examen. Elle ne peut se pourvoir seule contre l'arrêt déclarant son appel irrecevable en l'absence de grief.

Ces règles qui limitent les pourvois des parties civiles ne sont pas incompatibles avec la Conv. EDH (CEDH, 3 déc. 2002, *Berger* ; cf. Crim., 23 nov. 1999, *Bull. crim.* n° 268). Mais le Conseil constitutionnel les a jugés **contraires à la constitution,** en ce qu'elles apportent une restriction injustifiée aux droits de la défense (Cons. const., 23 juill. 2010, 2010-15/23 QPC), en sorte que l'art. 575 a cessé d'être applicable.

• En matière d'infractions de presse, les droits de la partie civile sont plus étendus (L. 29 juill. 1881, art. 58).

Quand la Cour de cassation annule un arrêt de chambre de l'instruction statuant sur appel d'une ordonnance de règlement, elle renvoie devant une autre chambre de l'instruction.

Quand la Cour de cassation annule un arrêt autre que ceux ci-dessus, la compétence de la chambre de l'instruction de renvoi est limitée à la solution du contentieux qui a motivé la saisine, sauf décision contraire de la Cour de cassation.

POUR ALLER PLUS LOIN

EXEMPLES DE SUJETS D'EXAMEN DONNÉS :

Dissertations :

- Le président de la chambre de l'instruction
- L'appel contre les ordonnances du juge d'instruction et du juge des libertés et de la détention
- Les nullités de l'instruction

Titre 4

LE JUGEMENT

La procédure de jugement (chap. 1) aboutit à une décision, qui peut dans certains cas être l'objet d'une voie de recours (chap. 2), et qui acquiert enfin l'autorité de la chose jugée (chap. 3).

Chapitre 1 › LA PROCÉDURE DE JUGEMENT

› L'essentiel

Devant toutes les juridictions de jugement, la procédure obéit aux principes de publicité et d'oralité.
Devant le tribunal correctionnel, le tribunal de police ou la juridiction de proximité, ou encore les juridictions pour mineurs existent des procédures de jugement rapide, telles que l'ordonnance pénale ou la comparution sur reconnaissance préalable de culpabilité (« plaider coupable »), qui permettent de désengorger les juridictions, mais ne présentent pas toujours les mêmes garanties, pour la défense, que la procédure de jugement ordinaire.
La procédure devant la cour d'assises respecte au contraire scrupuleusement ces garanties.
Si en principe l'audience se déroule en présence de la personne poursuivie, la juridiction peut aussi statuer en son absence, selon la procédure par défaut.

Section 1 › LES CARACTÈRES GÉNÉRAUX DE LA PROCÉDURE DE JUGEMENT

La procédure de jugement (dite parfois : « instruction définitive », « à l'audience », et jugement) est *en principe* (car on verra que certaines procédures simplifiées n'ont pas tous ces caractères) publique, orale, et contradictoire : elle se différencie donc assez largement de la procédure d'instruction, bien que celle-ci, on l'a vu, ait évolué dans ce sens.

§ 1 - Procédure publique

A. Les principes

La publicité, qui est de principe, est assurée (art. 306, 400, 512, 535, 601) :
– par la **publicité de l'audience** (le public est admis à y assister) ;
– par la **reproduction des débats** dans la presse ;
– par le **prononcé de la décision** en audience publique.

Ce principe peut permettre, en cas de doute sur les conditions dans lesquelles une audience s'est tenue, de présumer que la publicité a été respectée (Crim., 12 févr. 2003, *Bull. crim.* n° 33).

Il faut toutefois distinguer la publicité nécessaire à l'administration d'une bonne justice, et les indiscrétions (de la presse, notamment) qui nuisent parfois au déroulement normal du procès et justifient le principe du secret de l'enquête et de l'instruction, ainsi que les limites à la publicité de l'audience.

La chambre criminelle a décidé, on l'a vu, qu'il n'y a pas nullité s'il n'est pas établi ni même allégué que l'irrégularité (décision en chambre du conseil au lieu de l'audience publique) ait porté atteinte aux intérêts du demandeur.

La publicité de la justice permet de contrôler l'exercice du pouvoir judiciaire. La Conv. EDH la rattache à la notion de *procès équitable* (art. 6, § 1).

B. Les limites

1. Limites à la publicité de l'audience

• La CEDH considère que la publicité des débats n'est pas un principe absolu (ex. CEDH 26 sept. 1995, *Diennet*). L'art. 6, § 1, Conv. EDH fait effectivement réserve des intérêts de la moralité, de l'ordre public, de la sécurité nationale, de l'intérêt des mineurs, de la protection de la vie privée, enfin de l'intérêt de la justice elle-même. De même, la cour européenne juge que l'absence de débats publics en deuxième ou troisième instance peut se justifier, s'il y a eu publicité en première instance.

• Devant les juridictions régionales de la rétention de sûreté, la publicité des débats n'intervient qu'à la demande du condamné (art. 706-53-15).

• La juridiction peut décider le **huis clos**, si la publicité de l'affaire peut être dangereuse pour l'ordre ou les mœurs (devant la cour d'assises : art. 306), pour l'ordre, la sérénité des débats, la dignité de la personne ou les intérêts d'un tiers (devant la cour d'appel, le tribunal correctionnel, le tribunal de police et la juridiction de proximité : art. 400, 512 et 535) ; cette condition est nécessaire : la publicité étant le principe, il ne suffit pas qu'une partie ou son avocat demande le huis clos. La condition n'est toutefois pas nécessaire dans les cas suivants.
Selon l'article 306, al. 3, dans les affaires de *viol*, de *tortures et actes de barbarie accompagnés d'agressions sexuelles*, le huis clos *devant la cour d'assises* est *de droit* (sans qu'il soit donc nécessaire de préciser le caractère dangereux de la publicité), sur demande de la *victime partie civile* ou de l'une des victimes parties civiles (ou de la partie civile représentant la victime ou de l'avocat) – mais non de la partie civile non victime, la victime étant décédée, ni de la victime non partie civile. Le huis clos est de droit même si un coaccusé est poursuivi uniquement pour d'autres crimes ; son étendue, totale ou partielle, est laissée à l'appréciation de la victime (victime souhaitant la présence de la presse). La CEDH admet que l'intéressé peut renoncer à la publicité des audiences. La Cour de cassation a jugé que ces dispositions ne sont pas contraires à la Conv. EDH. Elles valent devant la cour d'assises d'appel, même si la victime n'a pas fait appel de la décision sur l'action civile (art. 380-6 ; Crim., 28 sept. 2005, *Bull. crim.* n° 243).
Dans les autres cas, devant la cour d'assises, le huis clos ne peut être ordonné que si la victime partie civile (ou l'une des victimes parties civiles) ne s'y oppose pas (art. 306, al. 3).
La cour d'assises peut ordonner le huis clos avant la lecture de l'arrêt de renvoi (Crim., 27 juin 2007, *Bull. crim.* n° 181).
Il a été jugé que le huis clos peut être partiel quant aux personnes (par ex. uniquement pendant l'audition de la victime).
Ces règles s'appliquent devant la cour d'assises des mineurs ou le tribunal pour enfants si la personne poursuivie, *mineure au moment des faits*, est devenue majeure au jour de l'ouverture des débats, si elle le demande, sauf s'il existe un autre accusé ou prévenu mineur ou qui, devenu majeur, s'oppose à cette demande (art. 306, dernier al., 400, dernier al.).

• Le président peut faire *expulser* la personne qui trouble l'ordre de l'audience (art. 321, 404, 512, 535).

• Le président peut *interdire l'accès* de la salle aux mineurs ou à certains d'entre eux (art. 306, 402, 512, 535).

• La publicité est restreinte devant le *tribunal pour enfants* (art. 14, Ord. 2 févr. 1945) et la *cour d'assises des mineurs* (art. 20, al. 8, Ord. 2 févr. 1945) : ex. pas de journalistes ; le majeur traduit devant cette juridiction ne bénéficie donc plus de la publicité (v. les juridictions pour mineurs) ; devant le *tribunal de police* ou le *juge de proximité* en cas de contravention commise par un mineur (art. 21, al. 1, Ord. 2 févr. 1945 ; pour le cas du mineur devenu majeur, v. ci-dessus).
Devant ces juridictions pour mineurs, seuls peuvent assister aux audiences : les proches parents du mineur, le tuteur ou curateur représentant ou assistant le mineur, la victime, constituée ou non partie civile, les témoins, les membres du barreau, les représentants des sociétés de patronage, les délégués à la liberté surveillée (art. 14, Ord. 2 févr. 1945) ; la jurisprudence a étendu cette liste au tuteur ou curateur représentant ou assistant des majeurs protégés parties civiles. Devant le *juge des enfants*, les débats ont lieu en chambre du conseil ; mais si un mineur de 16 ans révolus encourt une peine égale ou supérieure à 7 ans d'emprisonnement, le jugement est rendu en audience publique (art. 8, dern. al., Ord. 2 févr. 1945) ; la règle a été étendue par la jurisprudence à la cour d'*appel*.

• Est prohibée dès l'ouverture de l'audience l'utilisation d'*appareils photographiques ou d'enregistrement sonore*, caméras, télévision ; sur demande, le président peut autoriser les prises de vue quand les débats ne sont pas commencés, avec l'accord des parties et du ministère public (art. 38 *ter*, L. 29 juill. 1881 : amende de 4 500 € ; pour la cour d'assises, art. 308 : amende de 18 000 €). V. cependant la procédure en cour d'assises, pour certaines possibilités d'enregistrement.
Pour la constitution d'*archives historiques* de la justice, *l'enregistrement audiovisuel et sonore* des audiences publiques (et seulement de ces audiences) est possible, à certaines conditions (L. 11 juill. 1985, aujourd'hui art. L. 221-1 et s., C. patr., décr. 15 janv. 1986, cf. procès *Barbie*), d'office (avis de la commission consultative des archives audiovisuelles de la justice), ou sur requête d'une partie ou du ministère public adressée au premier président de la cour d'appel pour les juridictions du ressort de la cour d'appel (la décision n'est pas soumise à débat contradictoire : Crim., 17 févr. 2009, *Bull. crim.* n° 40). L'enregistrement est communicable à des fins historiques ou scientifiques dès que l'instance a pris fin par une décision définitive ; en dehors de ce cas, la reproduction ou la diffusion de l'enregistrement doit être autorisée par le président du TGI de Paris, sauf s'il s'agit d'un procès pour *crime contre l'humanité* (C. patr., art. L. 222-1, cf. procès *Barbie* ; procès *Touvier* ; procès *Papon*, TGI Paris, 2005).

• En dehors des juridictions militaires (v. CJM), les juridictions de jugement de l'art. 697 C. pr. pén. (cour d'assises et tribunal correctionnel en matière militaire) peuvent ordonner le huis clos s'il y a risque de divulgation d'un secret de la défense nationale (art. 698-9).

• Est débattue la question de l'accès des caméras dans les tribunaux ; le risque est que les débats soient perturbés, voire faussés.

2. Limites à la reproduction des débats dans la presse

• Cette reproduction est prohibée pour *certains délits* (art. 39, L. 29 juill. 1881 ; ex. : diffamation pour les cas où la preuve de la vérité des faits par le diffamateur n'est pas admise, IVG) ;

• Il est interdit de publier des informations relatives aux affaires de **mineurs** ; le jugement peut être publié, mais le mineur ne peut être désigné, même sous ses initiales, dès lors qu'il est identifiable : art. 39 *bis*, L. 29 juill. 1881, art. 14, Ord. 2 févr. 1945 ;

• Il est interdit de publier des *actes non encore lus* à l'audience (art. 38 ; art. 14, Ord. 2 févr. 1945) ;

• La publication dans la presse doit toujours être faite *fidèlement et de bonne foi* (art. 41, al. 4, L. 29 juill. 1881).

§ 2 - Procédure orale

On entend, même s'ils ont déjà été entendus, le prévenu ou l'accusé, les témoins, les experts. La liberté de parole est assurée par l'immunité des discours prononcés devant les tribunaux (art. 41, al. 3, L. 2 juill. 1881) et par ordre ou autorisation de la loi.
Le principe d'oralité joue à plein devant la cour d'assises. Il est parfois moins strictement respecté devant le tribunal correctionnel.
Pour les personnes atteintes de surdité, v. art. 345 et 408.

§ 3 - Procédure contradictoire

• La procédure d'audience suppose en principe la *présence* du prévenu ou de l'accusé (cf. Conv. EDH, art. 6, § 3, c). Mais même si le prévenu est absent sans excuse, la juridiction doit entendre son avocat présent (Ass. plén., 2 mars 2001, *Bull. ass. plén.* n° 6, arrêt rendu entre autres au visa de l'art. 6, § 1 et § 3, c, Conv. EDH ; cf. ex. CEDH, 23 nov. 1993, *Poitrimol*, pour la cour d'appel, CEDH, 13 févr. 2001, *Krombach*, pour la cour d'assises, à propos de l'ancienne procédure de contumace) ; encore faut-il que l'avocat demande à plaider ; la juridiction peut renvoyer l'affaire si elle estime la comparution nécessaire. Sinon, si le prévenu ou l'accusé est absent, s'ouvre la *procédure par défaut* devant le tribunal de police, le juge de proximité, ou le tribunal correctionnel, en principe (*pour le jugement réputé contradictoire*, v. l'opposition), la cour d'assises. Un **interprète** est désigné si c'est nécessaire (art. 344, 407, 535). Mais, tout prévenu ayant droit à une telle assistance gratuite pour s'entretenir dans une langue qu'il comprend avec son avocat (Conv. EDH, art. 6, § 3, e), cette intervention de l'interprète ne se limite pas à la seule audience : elle vaut également avant celle-ci, afin que l'intéressé puisse préparer utilement sa défense (Crim., 29 juin 2005, *Bull. crim.* n° 199).

• Les débats sont cependant *réputés contradictoires* si le prévenu ou l'accusé, troublant l'ordre, est expulsé, ou si le prévenu ou l'accusé détenu refuse de quitter la prison.

• *La présence d'un défenseur* (cf. art. 6, § 3, c, Conv. EDH) :
– est *obligatoire en cour d'assises* (art. 274, 275 : avocat, ou, à titre exceptionnel, parent ou ami), les juridictions régionales de la rétention de sûreté (art. 706-53-15) ; elle l'est également pour les *majeurs protégés* poursuivis (art. 706-116) et les *mineurs* poursuivis (Ord. 2 févr. 1945, art. 4-1) ; elle l'est aussi lors de la procédure de *comparution sur reconnaissance préalable de culpabilité* (art. 495-8). Lorsque l'assistance de l'avocat est obligatoire, la communication du dossier à la personne poursuivie ne s'impose pas (Cour EDH, 19 déc. 1989, *Kamasinski*).

– est *facultative devant le tribunal correctionnel* (art. 417, sauf infirmité compromettant la défense) et *le tribunal de police* ou *le juge de proximité* ; si le prévenu demande à être assisté et ne choisit pas d'avocat, le président en commet un d'office (art. 417). En l'absence de l'avocat choisi, la personne poursuivie peut refuser l'assistance de l'avocat de permanence et réclamer le renvoi de l'audience à une date ultérieure : le tribunal doit motiver son éventuel refus (Crim., 24 mai 2006, *Bull. crim.* n° 147, visant l'art. 6, § 3, Conv. EDH ; cf. CEDH, 9 avr. 1984, *Goddi*).

Il est à remarquer qu'à la différence de ce qui est admis dans la phase de l'instruction préparatoire, *lors de la phase de jugement*, même le prévenu ou l'accusé *non assistés d'un avocat*, s'ils ne peuvent accéder personnellement au dossier – l'art. R. 155, C. pr. pén. vise les parties en général – peuvent obtenir la délivrance de copies, depuis un revirement de jurisprudence intervenu en 1996 (Crim., 12 juin 1996, 2 arrêts, *Bull. crim.* n° 248, visant l'art. 6, Conv. EDH ; cf. Cour EDH, 18 mars 1997, *Foucher*, à propos d'un prévenu cité devant le tribunal de police) ; à la cour d'assises, l'accusé et la partie civile, ou leurs avocats, peuvent faire prendre copie à leurs frais de toutes les pièces (art. 280, C. pr. pén.).

• Le ministère public et les avocats des parties peuvent, en demandant la parole au président, **poser directement des questions** au prévenu (à l'accusé devant la cour d'assises), à la partie civile, aux témoins, et à toutes les personnes appelées à la barre. Le prévenu (l'accusé devant la cour d'assises) et la partie civile peuvent également poser des questions par l'intermédiaire du président (art. 312, 442-1, 536). Mais le président a la police de l'audience et la direction des débats (art. 309, 401, 535). Ces règles, tout en ne rendant pas obligatoire « l'interrogatoire croisé », rappellent la *cross-examination* de la procédure anglo-saxonne – mais qui ne connaît pas l'instruction.

• Quand un *mineur est victime de faits volontaires*, un administrateur *ad hoc* doit être désigné si les intérêts du mineur ne sont pas suffisamment protégés par ses représentants légaux (art. 706-50 et 51, R. 53 et s., R. 216 et 216-1). Une règle comparable existe pour les majeurs protégés, s'il existe des raisons plausibles de présumer (*sic*) que le curateur ou le tuteur du majeur poursuivi ont été ses coauteurs ou ses complices ou si tuteur ou curateur ont été victimes du majeur protégé (art. 706-114).

Section 2 › LES PROCÉDURES EN MATIÈRE DE DÉLITS ET DE CONTRAVENTIONS

Le nombre des délits et contraventions est tel qu'il a fallu créer des procédures permettant de limiter l'intervention du tribunal de police, de la juridiction de proximité, et du tribunal correctionnel. On étudiera ces procédures simplifiées, avant de décrire la procédure ordinaire. Il est évident que les premières respectent moins les droits de la défense que la seconde.

Sous-section 1 › Les procédures simplifiées

On fera d'abord état de la procédure administrative instituée pour certaines contraventions, sans intervention du juge ni comparution, puis de la procédure de l'ordonnance pénale, pour les contraventions et certains délits, procédure sans comparution également, enfin, pour certains délits, de la procédure de comparution sur reconnaissance préalable de la culpabilité (dite souvent le « plaider coupable »). On ne confondra pas ces procédures supposant l'exercice de l'action publique, avec la possibilité, bien différente, pour le procureur de la République, de recourir à certaines mesures (ex. la composition pénale), sans exercer l'action publique.

§ 1 - La procédure sans saisine de la juridiction en matière de contraventions

Pour certaines contraventions, il est prévu une procédure sans comparution, simplifiée, **sans même que la juridiction soit saisie** ; il s'agit d'une procédure **administrative** : celle de **l'amende forfaitaire**, ou de la **transaction par l'indemnité forfaitaire**. Mais, évidemment, rien n'interdit au ministère public d'exercer l'action publique selon la procédure de droit commun.
Le paiement de ces amendes **éteint l'action publique** : *il n'y a pas de condamnation,* et donc pas de premier terme de récidive (art. 529).
Ces procédés administratifs d'accélération sont nécessaires (cf. l'envoi automatique de documents) ; ils évitent les longueurs du procès pénal – mais ils en ignorent les garanties : on ne peut pas tout avoir (v. le Mémento de *Criminologie et science pénitentiaire* sur le danger de trop banaliser la sanction des contraventions, qui sont souvent le signe d'un mépris des devoirs sociaux et donc de l'inadaptation sociale : on connaît l'expression populaire « J'ai attrapé une contravention »).

A. Pour certaines contraventions des 4 premières classes

Art. 529 et s., R. 48-1 et s., mod. décr. 31 mai, 18 juin, 8 juill. 2010. Ces règles ne sont pas applicables si l'on constate simultanément une autre contravention ne pouvant donner lieu à amende forfaitaire (art. 529, al. 2).
Exemples (art. R. 48-1) :

- contraventions au C. route, avec perte des points du permis ou non (pour certaines de ces contraventions, v. B) ;
- certaines contraventions en matière de transport et de circulation (ex. assurance obligatoire des véhicules) ;
- certaines contraventions en matière d'environnement (C. pén., art. R. 632-1 ; C. envir. : ex. parcs nationaux, réserves naturelles ; v. aussi C. for.) ;
- certaines contraventions en matière de protection ou de contrôle des animaux (ex. divagation d'animal pouvant être dangereux, art. R. 622-2, C. pén. ; v. aussi C. rur.) ;
- certaines contraventions réprimées par le Code des postes et communications électroniques ;
- certaines contraventions réprimées par le Code de la santé publique.

Le contrevenant paie l'**amende forfaitaire** (montant : art. R. 49 ; de 4 à 135 € selon la catégorie de contravention) entre les mains de l'agent verbalisateur au moment de la constatation, ou, auprès du service indiqué sur l'avis de contravention, par timbre-amende, ou chèque à l'ordre du Trésor public (art. A. 37 et s., C. pr. pén.)

dans les *45 jours* de la constatation de l'infraction ou de l'envoi ultérieur de l'avis (art. 529-1). Cet avis peut être envoyé après constatation de la contravention par appareil automatique (art. 529-11).

Il peut aussi, dans ce délai, formuler une *requête en exonération* auprès du service indiqué, qui est transmise au parquet (art. 529-2).

À défaut de paiement ou de requête, il y a **amende forfaitaire majorée** de plein droit (son montant est fixé par l'art. R. 49-7, C. pr. pén. : de 7 à 375 €, selon les contraventions), recouvrée au profit du Trésor public grâce à un titre rendu exécutoire par le ministère public (art. 529-2, al. 2). Le contrevenant reçoit un avis l'invitant à payer l'amende forfaitaire majorée (art. 530).

B. Pour certaines contraventions au Code de la route de 2e, 3e et 4e classe

1. Règles générales

Sauf pour le stationnement dangereux, gênant ou abusif (art. 529-7 ; R. 49-8-5), est prévue une **amende forfaitaire minorée** si le contrevenant verse immédiatement l'amende minorée à l'agent verbalisateur, en espèces ou par chèque, ou la paie, par timbre-amende sur la carte de paiement (v. art. A. 37-1 et s.), ou par chèque avec la carte de paiement, dans les 3 jours de la constatation, ou dans les 15 jours de l'avis ultérieur (art. 529-7 et 8, C. pr. pén. ; montant : 22 à 90 € selon la catégorie de contravention, art. R. 49-9). Cet avis peut être envoyé après constatation de la contravention par appareil automatique (art. 529-11).

À défaut de paiement, le contrevenant doit *l'amende forfaitaire ordinaire*, dans les conditions ci-dessus (art. 529-8, al. 2). Le contrevenant a un délai de 45 jours pour payer ou formuler une *requête en exonération* auprès du service ; à défaut de paiement ou de requête, l'amende est *majorée* de plein droit (art. 529-9, al. 2).

La chambre criminelle a jugé que, malgré l'absence de condamnation, l'inobservation des règlements que la contravention caractérise peut être un élément de l'homicide par imprudence.

2. Règles particulières à certaines contraventions

En matière de vitesse maximale, de distance de sécurité, d'usage de voies réservées et de signalisation d'arrêt, la *requête en exonération* visée ci-dessus n'est recevable que s'il y a **consignation préalable** d'un montant égal à l'amende forfaitaire (ou bien plainte pour vol, destruction du véhicule, usurpation de plaque d'immatriculation, ou la désignation du conducteur lors de la contravention, avec les documents correspondants) : art. 529-10. Le contrevenant paie comme ci-dessus, ou par télépaiement (art. A. 37-7, al. 2, ex. l'internet).

C. Pour les contraventions de non-paiement d'un péage sur autoroute ou ouvrage routier

Il peut y avoir **transaction** entre l'exploitant et le contrevenant, éteignant l'action publique, contre le versement d'une **indemnité forfaitaire** et de la somme due au titre du péage et, le cas échéant, au titre du droit départemental de passage, le tout étant acquis à l'exploitant (art. 529-6, L. 12 juill. 2010). Ce versement doit intervenir

dans les 2 mois de l'envoi de l'avis de paiement, sauf protestation auprès de l'exploitant, transmise au ministère public. À défaut, **l'amende forfaitaire majorée** est perçue par le Trésor public en vertu d'un titre rendu exécutoire par le ministère public (art. 529-6, III).
Ces règles ne sont pas applicables si parmi les infractions simultanément constatées, l'une au moins est une contravention ne pouvant donner lieu à transaction (art. 529-6, I).

D. Pour certaines autres contraventions des 4 premières classes à la police des services publics de transport

Ex. transport ferroviaire, art. 529-3 et s. Il peut semblablement y avoir **transaction**, éteignant l'action publique : le contrevenant verse une **indemnité forfaitaire** (et le cas échéant la somme due au titre du transport), acquise à l'exploitant, immédiatement ou dans les 2 mois, ou, dans ce délai, formule une *protestation* auprès de l'exploitant, qui la transmet au ministère public ; à défaut, il y a **amende forfaitaire majorée** (art. 529-5 ; montant : art. R. 49-7).
Ces règles ne sont pas applicables si parmi les infractions simultanément constatées, l'une au moins est une contravention ne pouvant donner lieu à transaction (art. 529-3, al. 2).
À défaut de paiement immédiat, les agents agréés de l'exploitant sont habilités à relever l'identité et l'adresse du contrevenant, l'opération pouvant être suivie d'une vérification d'identité (art. 529-4, II).

E. Dans les 4 cas ci-dessus

S'il y a amende forfaitaire majorée, le contrevenant doit, dans les 30 jours, payer, ou adresser une *réclamation* motivée au ministère public (avec, dans le cas des règles particulières ci-dessus B, 2), versement d'une consignation préalable d'un montant égal à celui de l'AFM, ou les documents visés par l'art. 529-10) ; la réclamation annule le titre exécutoire pour l'amende contestée (art. 530).
Dans le cas du rejet de la requête prévue à l'art. 529-2, de la protestation prévue à l'art. 529-5 ou 529-6, III, ou de la réclamation prévue à l'art. 530, le ministère public, s'il ne renonce pas aux poursuites, peut utiliser la procédure de jugement ordinaire ou la procédure simplifiée de l'**ordonnance pénale** (v. § 2) ; en cas de condamnation, le montant de l'amende ne peut être inférieur, selon le cas, à l'amende forfaitaire, à l'indemnité forfaitaire, ou à l'amende forfaitaire majorée : art. 530-1, al. 2, ce qui n'interdit pas, en cas de retour à la procédure ordinaire de jugement, d'accorder une dispense de peine ; dans les cas des règles particulières indiquées ci-dessus B, 2), le montant est augmenté de 10 % (art. 530-1, al. 3). Il y a là une exception au pouvoir du juge d'abaisser la peine : mais comme le juge peut, dans les limites de l'amende forfaitaire et du maximum encouru, proportionner l'amende à la gravité des faits, la Cour de cassation juge que ces règles ne sont pas contraires à la Conv. EDH.

§ 2 - Les ordonnances pénales

A. L'ordonnance pénale en matière de contravention

En matière de contravention, et en dehors même de l'amende forfaitaire, on *évite souvent la comparution du prévenu* par la procédure de l'*ordonnance pénale*, qui, avec celle de l'amende forfaitaire, fait que la procédure ordinaire devant la juridiction devient subsidiaire ; ces deux procédures aboutissent à un paiement de l'amende sans comparution dans plus de 90 % des cas.

L'ordonnance pénale est une *procédure simplifiée,* mais qui demeure judiciaire (art. 524 et s., R. 42 et s.) ; en cas de condamnation, seules une *amende* et une ou plusieurs peines complémentaires peuvent être prononcées.

1. Domaine

Cette procédure peut être utilisée :

– en cas de défaut de paiement de l'amende forfaitaire majorée, s'il y a réclamation (v. ci-dessus) ;

– et pour **toute contravention** (même en cas de récidive : art. 524), *à l'initiative du ministère public* (art. 525, al. 1), *si le juge estime qu'un débat contradictoire est inutile* (art. 525, al. 3) ; cette procédure est *facultative* : le ministère public peut y renoncer jusqu'à l'expiration du délai d'opposition.

Cette procédure, toutefois, *ne peut pas être utilisée* (art. 524) :

• en cas de contravention prévue par le Code du travail ;

• en cas de contravention de **5e classe** commise par un **mineur ;**

• si la victime use de la citation directe.

2. Procédure

Le juge statue par une **ordonnance pénale**, relaxant ou condamnant à une amende ou à une ou plusieurs des peines complémentaires encourues, avec la qualification des faits et, en cas de condamnation, le montant de l'amende et l'indication de la ou des peines complémentaires ; mais **la motivation n'est pas obligatoire** (art. 525, 526).

• Le ministère public peut faire **opposition** dans les 10 jours par déclaration au greffe du tribunal (art. 527, al. 1). À défaut, l'ordonnance est notifiée au prévenu par LRAR et exécutée (art. 527, al. 2).

• Mais le prévenu condamné a **30 jours** pour payer (le paiement met fin à l'action publique), ou pour faire *opposition* (au greffe, par lettre ou par déclaration verbale du contrevenant, ou un avocat ou un fondé de pouvoir spécial, art. R. 45, C. pr. pén.). Le délai de 30 jours ne comprend pas le jour d'envoi de la notification par LRAR ; il expire le dernier jour à 24 heures (Crim., 23 juin 1987, *Bull. crim.* n° 262). Mais si le prévenu n'a pas reçu la notification, l'opposition est recevable jusqu'à expiration des 30 jours à partir de la connaissance (obtenue par tout moyen) de la condamnation et des délais et formes de l'opposition (art. 527, al. 5).

À défaut de paiement ou d'opposition dans le délai, l'amende est recouvrée. En cas d'opposition, l'affaire vient à l'audience de la juridiction, qui suit les règles de la procédure ordinaire (nécessité de répondre aux arguments développés à l'appui de l'opposition) ; mais si la décision est rendue par défaut, elle n'est pas susceptible d'opposition (art. 528 ; seul un pourvoi en cassation est possible : ex. Crim., 5 janv. 2010, *Bull. crim.* n° 1).

• L'ordonnance à laquelle il n'a pas été formé d'opposition a *les effets d'un jugement* (c'est une différence avec l'amende ou l'indemnité forfaitaires), sauf qu'elle **n'a pas l'autorité de la chose jugée à l'égard de l'action civile** (art. 528-1 ; v. la chose jugée).

• La victime peut **citer directement** le contrevenant devant le tribunal de police ou la juridiction de proximité – *même après l'ordonnance* – : dans ce cas, la juridiction statue sur les intérêts civils seulement (art. 528-2).

B. L'ordonnance pénale pour certains délits et contraventions connexes

Cette procédure simplifiée, *sans comparution*, peut être choisie par le ministère public, avec des renseignements suffisants (art. 495 et s., R. 41-3 et s.), pour certains délits et contraventions connexes (art. 495) :

• les délits du C. route, et les contraventions connexes prévues par ce Code ;

• les délits en matière de réglementation des transports terrestres ;

• les délits prévus au titre IV du livre IV du Code de commerce pour lesquels une peine d'emprisonnement n'est pas encourue (ex. : vente sans facture, refus de communiquer ses conditions générales de vente) ;

• le délit d'usage de stupéfiants réprimé par l'art. L. 3421-1, CSP ;

• le délit d'occupation en réunion des espaces communs ou des toits d'un immeuble collectif d'habitation réprimé par l'art. L. 126-3, CCH ;

• certains délits de contrefaçon réprimés par le Code de la propriété intellectuelle et commis au moyen d'un service de communication au public en ligne (art. 495-6-1).

Cette procédure est toutefois **exclue** pour un prévenu *mineur* au jour de l'infraction, ou si la victime a demandé des dommages-intérêts au cours de l'enquête, ou usé de la *citation directe* avant l'ordonnance prévue ici, ou si le délit a été commis *en même temps* qu'une contravention ou qu'un délit d'homicide par imprudence ou d'atteinte par imprudence à l'intégrité de la personne (art. 495).

Le président, s'il n'estime pas qu'un débat contradictoire est utile, ou qu'un emprisonnement devrait être prononcé (auxquels cas il renvoie au ministère public), statue sans débat, par **ordonnance motivée** (art. 495-2). Il ne peut, en cas de condamnation, prononcer qu'une amende et une ou plusieurs des peines complémentaires encourues (art. 495-1 et 2).

Le ministère public peut faire **opposition** dans les **10 jours**, le prévenu dans les **45 jours** à compter de la date d'envoi de la LRAR ou de son information par le procureur de la République (mais si le prévenu n'a pas reçu la LRAR, l'opposition est recevable jusqu'à expiration des 30 jours à partir de la connaissance – par tout moyen – de la condamnation et des délais et formes de l'opposition). En cas d'opposition, l'affaire est portée devant le tribunal correctionnel, qui pourra alors prononcer un emprisonnement ; le prévenu peut toutefois renoncer à son opposition, l'ordonnance pénale reprenant force exécutoire (art. 495-3). Sur opposition du prévenu contre l'ordonnance, le jugement par défaut n'est pas susceptible d'opposition (art. 495-4).

L'ordonnance sans opposition a **l'autorité de la chose jugée au pénal, mais pas au civil** (art. 495-5). Si la partie civile cite directement l'auteur devant le tribunal correctionnel alors que l'ordonnance pénale a acquis l'autorité de la chose jugée, le tribunal, composé du seul président, ne statue que sur les intérêts civils (art. 495-6).

§ 3 - La comparution sur reconnaissance préalable de la culpabilité

On dit souvent le « *plaider coupable* » (art. 495-7 et s.). La procédure, introduite par la L. 9 mars 2004, permet de gagner du temps ; elle rappelle le *plea bargaining* anglo-saxon, mais en partie seulement, car elle n'admet pas le marchandage de la peine devant le juge du siège.

A. Domaine

– Cette procédure peut jouer pour des délits punis à titre principal d'une **amende** ou d'un **emprisonnement inférieur ou égal à 5 ans** (art. 495-7) : elle est donc possible dans de nombreux cas.

– La procédure peut s'appliquer à toute personne **reconnaissant les faits** (aveu) qui lui sont reprochés, convoquée à cette fin par le procureur de la République ou déférée devant lui par convocation par procès-verbal ou comparution immédiate (art. 495-7). Au cours de l'enquête, la police ne peut s'assurer que l'intéressé est disposé à accepter cette procédure.

– La procédure est **exclue pour les mineurs, l'homicide par imprudence,** les délits de presse, les délits politiques, les délits dont la procédure de poursuite est prévue par une loi spéciale – délits forestiers, fraudes fiscales, etc. – (art. 495-16).

B. Procédure

Si le procureur de la République estime qu'une instruction n'est pas nécessaire, il peut recourir à cette procédure, **d'office, à la demande de l'intéressé ou de son avocat** (art. 495-7). Le prévenu qui, pour l'un des délits indiqués plus loin, a été cité directement ou convoqué en justice peut, par LRAR au procureur, indiquer qu'il reconnaît les faits et demander l'application de cette procédure ; si le procureur convoque le prévenu et son avocat, la citation ou la convocation sont caduques, sauf si la personne refuse ensuite les propositions, ou si le président du TGI refuse l'homologation, en cas de refus intervenant plus de 10 jours avant la date de l'audience ; ces dispositions ne sont pas applicables en cas de renvoi devant le tribunal par le juge d'instruction – au 1er janv. 2011, le collège de l'instruction – (art. 495-15).

Lorsqu'il recourt à la procédure de comparution sur reconnaissance préalable de culpabilité, le procureur de la République ne peut, parallèlement, saisir le tribunal correctionnel selon l'un des procédés de l'art. 388 (citation directe, comparution immédiate, etc.) – Crim., 29 oct. 2006, *Bull. crim.* n° 219. Mais il peut revenir à l'un de ces modes ordinaires de saisine si, après délivrance d'une convocation en vue d'une comparution sur reconnaissance préalable de culpabilité, il se ravise ayant renoncé à proposer une peine (Crim., 29 oct. 2008, *Bull. crim.* n° 244).

Souvent abusivement rapprochée de la composition pénale, la procédure de comparution sur reconnaissance préalable de culpabilité en est fort différente : c'est une procédure de jugement, qui présuppose par conséquent, à l'inverse de la composition pénale, un déclenchement de l'action publique. Mais, dans une hypothèse comme dans l'autre, les pouvoirs du ministère public sont très importants. Dans le cas du « plaider coupable », ils vont jusqu'à lui permettre de *s'immiscer dans la fonction de jugement* au point de minorer le rôle de l'autorité de jugement (impossibilité de modifier la proposition). C'est une *nouvelle manière de juger*, sans précédent, et préoccupante.

1. Proposition du procureur de la République

Le procureur propose à la personne d'exécuter une ou plusieurs des peines principales ou complémentaires encourues (art. 495-8).
– **Pour l'emprisonnement** : la durée proposée *ne peut dépasser un an, ni excéder la moitié de la peine encoure* ; l'emprisonnement peut être assorti du sursis total ou partiel.
Le procureur peut proposer l'une des mesures d'aménagement de l'art. 712-6 (placement à l'extérieur, semi-liberté, fractionnement, suspension, placement sous surveillance électronique, libération conditionnelle).
– **Pour l'amende** : le montant proposé ne peut dépasser l'amende encourue. Elle peut être assortie du sursis.

2. Assistance de l'avocat

Déclarations de la personne et proposition du procureur sont faites en présence de l'avocat de l'intéressé (la personne ne peut renoncer à cette assistance). L'avocat peut consulter sur-le-champ le dossier (art. 495-8).
La personne peut s'entretenir avec son avocat hors la présence du procureur. Elle peut demander un délai de **10 jours** pour faire connaître sa décision (art. 495-8, dern. al.) ; si elle demande ce délai, le procureur peut la présenter devant le JLD aux fins de placement sous contrôle judiciaire, d'assignation à résidence avec surveillance électronique ou de placement en détention provisoire (art. 495-10).

3. Contrôle judiciaire, assignation à résidence avec placement sous surveillance électronique et détention provisoire

Le JLD peut ordonner un *contrôle judiciaire*, une *assignation à résidence avec placement sous surveillance électronique* ou, à titre exceptionnel et si l'une des peines proposées est égale ou supérieure à deux mois d'emprisonnement ferme avec exécution immédiate, la *détention provisoire* jusqu'à nouvelle comparution devant le procureur dans un délai compris entre 10 et 20 jours ; à défaut, ces mesures prennent fin (art. 495-10).

4. Acceptation par la personne et décision du juge

Art. 495-9. Si la personne accepte la peine proposée, elle est aussitôt présentée devant le président du TGI. Celui-ci, en audience publique, entend la personne et son avocat, mais *la présence d'un représentant du parquet n'est pas obligatoire*. **Il ne peut modifier la proposition**, ayant comme seul pouvoir celui d'accepter ou de refuser la ou les peines proposées : en cela la procédure diffère du marchandage anglo-saxon (*bargaining*). Il statue le *jour même*, par ordonnance motivée. *L'ordonnance d'homologation a les effets d'un jugement de condamnation* (art. 495-11, al. 2) ; elle est immédiatement exécutoire ; en cas d'emprisonnement ferme, il y a incarcération immédiate ou convocation devant le JAP.
Cette procédure ne peut donc aboutir qu'avec l'accord de l'intéressé, d'un magistrat du siège et du parquet.

5. Appel

Le condamné peut faire appel de l'ordonnance, et s'il fait appel le ministère public peut faire appel incident (art. 495-11, al. 3 ; des juges du fond ont admis aussi l'appel principal du ministère public, en vertu de son droit d'appel général reconnu par l'art. 497). En cas d'appel du condamné seul, la cour évoque et statue au fond, sans pouvoir prononcer une peine plus sévère que celle homologuée (art. 520-1).

6. Non-acceptation, ou refus d'homologation

Si la personne n'accepte pas la proposition, ou si le président refuse l'homologation, le procureur saisit le tribunal ou requiert l'ouverture d'une information. Si la personne a été déférée devant le procureur, celui-ci peut la retenir jusqu'à sa comparution, qui doit avoir lieu le jour même (en cas d'impossibilité, il y a détention provisoire) ; cela même si la personne a demandé un délai et a déjà été placée en détention provisoire par le JLD comme vu précédemment (art. 495-12).

Dans ces cas de non-acceptation ou de refus d'homologation, le procès-verbal ne peut être transmis à la juridiction d'instruction ou de jugement. Ni le ministère public ni les parties ne peuvent faire état des déclarations faites au cours de la procédure (art. 495-14, al. 2), car les aveux de la personne ont pu ne pas refléter la réalité ; la juridiction de jugement ne peut davantage en faire état (Crim., 17 sept. 2008, *Bull. crim.* n° 192).

7. Droits de la victime

Si la victime est identifiée, elle est invitée à comparaître en même temps que l'auteur des faits, le cas échéant avec son avocat, devant le président du TGI, pour se constituer partie civile ; elle peut faire appel de l'ordonnance. Si elle n'a pu le faire, elle peut citer l'auteur des faits à l'audience du tribunal correctionnel, qui statue sur les seuls intérêts civils (art. 495-13).

On remarquera que si la victime s'est constituée partie civile devant le juge d'instruction avant l'ordonnance d'homologation, la procédure du « plaider coupable » ne peut être utilisée.

Sous-section 2 › La procédure ordinaire

Il faut examiner les différents procédés de saisine du tribunal correctionnel ou du tribunal de police ou de la juridiction de proximité, les règles concernant l'audience, et le jugement.

§ 1 - La saisine du tribunal

Plusieurs procédés sont prévus (art. 388 et s., 531 à 533, C. pr. pén.). Le choix entre certains d'entre eux se fait selon que l'affaire est plus ou moins complexe, et plus ou moins grave, par exemple nécessitant la détention provisoire.

A. Le renvoi

La décision émane d'une juridiction d'instruction.

B. La citation directe

Art. 551. Il s'agit d'un acte d'huissier, à l'initiative du ministère public ou d'une administration habilitée (parfois d'une autorité administrative indépendante : pour la

Halde, v. L. 30 déc. 2004, art. 11-3) ou de la partie civile (s'il s'agit d'une personne morale, la citation désigne l'organe qui la représente légalement). La citation doit indiquer la date et l'heure de l'audience : elle est donc nulle si elle mentionne vendredi 6 mars alors que le 6 mars est un lundi (mais les juges ne peuvent relever d'office la nullité). Si la citation directe émane de la partie civile, le tribunal peut ordonner une consignation, à peine d'irrecevabilité (art. 392-1) ; mais il n'y a pas irrecevabilité si le tribunal omet de fixer le montant de la consignation ou le délai de versement.
Vaut citation la **convocation en justice**, sur instructions du procureur, par greffier ou OPJ ou APJ, ou, en cas de détention, par le chef d'établissement (art. 390-1 ; *adde* art. L. 470-4-3, C. com.).
Dans ces deux cas (art. 390-1, 552) : le *délai de comparution* est d'au moins 10 jours (il est augmenté hors de la France métropolitaine).

C. L'avertissement

Saisissent le tribunal l'avertissement adressé par le ministère public suivi de **comparution volontaire** du prévenu (art. 389), ou la **comparution volontaire** même non précédée d'un avertissement (mais la comparution volontaire suppose au préalable la mise en mouvement de l'action publique) ; **l'acceptation** par le prévenu, cité pour un délit devant le tribunal correctionnel, d'être jugé pour un autre délit (à défaut d'acceptation, la procédure est irrégulière).

D. La saisine d'office

La juridiction peut se saisir d'office dans certains cas (ex. certaines infractions d'audience, v. l'action publique).

E. La convocation par procès-verbal et la comparution immédiate, pour le tribunal correctionnel

Art. 393 à 397-6, C. pr. pén. La victime doit être avisée par tout moyen de la date de l'audience (art. 393-1).
Ces procédures **ne sont pas applicables aux mineurs**, ni aux délits de presse, ni aux délits **politiques**, ni aux infractions dont la procédure de poursuite est prévue par une *loi spéciale*, ex. forêts, pêche, contributions indirectes, infractions d'audience (mais ne sont pas visés les délits douaniers, ni les délits militaires). Art. 397-6.
Ces procédures présupposent que l'intéressé ait été **déféré** au *procureur de la République* – par ex. à l'issue d'une garde à vue pratiquée au cours d'une enquête de flagrance – (art. 393). Si le procureur estime alors qu'*une instruction n'est pas nécessaire*, il l'informe de son droit à l'assistance d'un avocat (qui peut consulter le dossier et communiquer librement avec le client), et déclenche l'une des deux procédures suivantes (sans pouvoir parallèlement requérir l'ouverture d'une information pour les mêmes faits : Crim., 20 févr. 2007, *Bull. crim.* n° 52).

1. Convocation par procès-verbal (art. 394)

Cette procédure est possible que le délit soit flagrant ou non. Le procureur invite le prévenu libre à comparaître devant le tribunal, dans un délai de **10 jours** minimum (sauf renonciation en présence de l'avocat) à **2 mois** maximum. La notification (des faits, des lieu, date et heure de l'audience) vaut citation à personne.

Le procureur, s'il l'estime utile, peut demander au JLD d'ordonner le *contrôle judiciaire* ou *l'assignation à résidence avec surveillance électronique* : ce magistrat procède à l'audition du prévenu, avec avis à l'avocat pour observations. Si le prévenu se soustrait aux obligations du contrôle judiciaire ou à une assignation à résidence, le procureur de la République peut saisir le JLD pour qu'il décerne mandat d'arrêt ou d'amener, et décide d'un éventuel placement en détention provisoire (art. 394, dern. al.).

2. Comparution immédiate (art. 395 et s.)

a) Domaine

Cette procédure est possible dans 2 cas : 1) si le maximum de l'emprisonnement est **au moins égal à 2 ans**, et s'il apparaît au procureur que les charges sont suffisantes et l'affaire en état d'être jugée ; la procédure peut s'appliquer à une autre infraction, punie de moins de 2 ans, et poursuivie concurremment ; 2) ou en cas de **délit flagrant**, pour lequel le maximum de l'emprisonnement prévu est **au moins égal à 6 mois.**

La peine encourue est déterminée sans tenir compte de la récidive (Crim., 19 févr. 2002, *Bull. crim.* n° 33).

b) Procédure

Dans ces deux cas, si le procureur estime que les éléments justifient une comparution immédiate, le prévenu comparaît *le jour même* devant le tribunal, après sa conduite sous escorte (art. 395, al. 3) :

• *Si le prévenu y consent* (son accord doit être recueilli en présence de l'avocat), et si l'affaire est en état, il est alors jugé le jour même (art. 397).

Si la réunion du tribunal est impossible le jour même (art. 396 ; la preuve de cette impossibilité n'incombe par au ministère public) : 1) Le procureur qui estime *la détention provisoire nécessaire* peut traduire le prévenu devant le JLD pour décision, non susceptible d'appel – ni de recours : Crim., 1er prés., 1er févr. 2006, *Bull. crim.* n° 1 – (audition du prévenu, avec avis à l'avocat pour observations). Si la détention provisoire est décidée, il y a *saisine du tribunal* et comparution au plus tard le 3e jour ouvrable suivant : à défaut, liberté d'office. 2) Si le juge estime que *la détention provisoire n'est pas nécessaire*, il peut ordonner un *contrôle judiciaire* ou *une assignation à résidence avec surveillance électronique*, et le procureur procède par convocation par procès-verbal ; si le prévenu se soustrait aux obligations du contrôle judiciaire ou de l'assignation à résidence, le procureur de la République peut saisir le JLD pour qu'il décerne mandat d'arrêt ou d'amener, et décide d'un éventuel placement en détention provisoire (art. 396, dernier al.).

• *Si le prévenu ne consent pas à être jugé le jour même*, ou si l'affaire n'est pas en état, le tribunal entend les observations des parties et de leur avocat, et renvoie à une prochaine audience : celle-ci doit avoir lieu dans un délai de *2 semaines minimum* (sauf renonciation expresse du prévenu), et de *6 semaines maximum*. Si la peine encourue dépasse 7 ans d'emprisonnement, le prévenu peut demander le renvoi à une audience qui doit avoir lieu dans un délai compris entre 2 et 4 mois (art. 397-1, al. 2). Le prévenu peut demander un supplément d'information (art. 397-1, al. 3).

• Le tribunal, à la demande des parties ou d'office, peut décider de procéder à un supplément d'information ; s'il estime que les faits sont complexes, il peut aussi, plus radicalement, renvoyer le dossier au procureur de la République pour saisine d'un juge d'instruction (art. 397-2). La décision de renvoyer le dossier n'est pas susceptible d'appel (Crim., 29 oct. 2008, *Bull. crim.* n° 218).

• Le placement ou le maintien sous contrôle judiciaire ou en assignation à résidence ou en détention provisoire peut être décidé par le tribunal. Si le prévenu se soustrait aux obligations du contrôle judiciaire ou de l'assignation à résidence, les mêmes dispositions que celles précédemment indiquées en pareil cas sont applicables (art. 397-3, al. 1). En cas de détention provisoire, le jugement au fond doit intervenir *dans les 2 mois de la comparution* (ce délai est porté à 4 mois si la peine encourue dépasse 7 ans d'emprisonnement : art. 397-3, al. 3 et 4) : à défaut, mise en liberté s'il n'y a pas d'autre cause de détention.

• En cas de condamnation à *l'emprisonnement sans sursis*, la détention provisoire peut être ordonnée (ou maintenue) quelle que soit la durée de la peine. En cas d'*appel*, la cour doit statuer dans les 4 mois : à défaut, mise en liberté s'il n'y a pas d'autre cause de détention (mais il n'y a pas nullité de la procédure) : art. 397-4.
La juridiction peut décerner un *mandat d'arrêt* contre le prévenu quelle que soit la durée de la peine prononcée (différence avec le cas général visé par l'art. 465, v. sous-sect. 2).
En matière de *criminalité ou délinquance organisées*, quand la personne a été déférée devant le procureur de la République, si celui-ci saisit le tribunal pour comparution immédiate, le prévenu peut demander le renvoi de l'affaire : l'audience devra avoir lieu dans un délai compris entre 2 et 4 mois, quelle que soit la peine encourue (art. 706-106, al. 2).

• Deux procédures spéciales sont prévues devant les **juridictions pour mineurs** (on l'a vu par exemple pour la publicité).
– La comparution du mineur à délai rapproché
En matière correctionnelle : si sont suffisantes les investigations sur la personnalité du mineur (accomplies par exemple dans une précédente procédure : cas des mineurs multirécidivistes), et inutiles les investigations sur les faits, le procureur de la République peut, à tout moment de la procédure, requérir du juge des enfants qu'il ordonne la comparution du mineur devant le tribunal pour enfants ou la chambre du conseil, dans un délai compris *entre un et 3 mois* (art. 8-2, Ord. 2 févr. 1945).
– La présentation immédiate du mineur

1) Mineurs de *16 à 18 ans* encourant un emprisonnement égal ou supérieur à *1 ans en cas de flagrance*, ou à égal ou supérieur à *3 ans dans les autres cas* (art. 14-2, II, Ord. 2 févr. 1945) ;

2) Mineurs de *13 à 16 ans* encourant un emprisonnement compris *entre 5 et 7 ans* (art. 14-2, VI, Ord. 2 févr. 1945).
Si les investigations sur leur personnalité ont été accomplies dans une procédure antérieure de moins d'un an (ex. mineurs multirécidivistes), et si des investigations sur les faits ne sont pas nécessaires, les mineurs peuvent être poursuivis devant le tribunal pour enfants ; l'audience a lieu dans un délai de 10 jours à un mois, pour les mineurs de 16 à 18 ans, de 10 jours à deux mois pour les mineurs de 13 à 16 ans. Contrôle judiciaire et, pour les mineurs de 16 à 18 ans, détention provisoire sont possibles ordonnés par le juge des enfants (art. 14-2, IV, Ord. 2 févr. 1945). Si le tribunal estime que l'affaire n'est pas en état, il peut renvoyer à une prochaine audience,

qui doit avoir lieu dans le délai d'un mois, avec recours possible à un supplément d'information, ou renvoyer le dossier au ministère public aux fins d'ouverture d'une information (art. 14-2, V, Ord. 2 févr. 1945).

§ 2 - L'audience

Si le tribunal correctionnel n'a pas commencé à examiner au fond dans les 2 mois du renvoi, le prévenu en détention, on l'a vu, est remis en liberté, sauf à titre exceptionnel, par jugement motivé, auquel cas le tribunal peut ordonner une prolongation pour 2 mois ; cette décision peut être renouvelée une fois ; s'il n'est pas jugé à l'issue de cette nouvelle prolongation, le prévenu est remis en liberté (art. 179, al. 4 et 5).

On étudiera la comparution, puis les débats.

A. La comparution

À noter que les représentants légaux d'un mineur poursuivi doivent déférer à la convocation devant le juge des enfants, le tribunal pour enfants ou la cour d'assises des mineurs (amende civile jusqu'à 3 750 € : art. 10-1, Ord. 2 févr. 1945).

1. La comparution du prévenu devant le tribunal correctionnel

a) Le prévenu cité à personne ou ayant connaissance de la citation doit comparaître **en personne ;** s'il ne comparaît pas, sans excuse reconnue valable par la juridiction, il est jugé par **jugement contradictoire à signifier**, sauf demande à être jugé en son absence (art. 410. Il a été jugé que n'est pas une excuse un certificat médical imprécis, mais que peut être une excuse la lettre parvenue après les débats mais avant le prononcé de la décision, invoquant des difficultés de circulation ayant empêché le prévenu d'arriver à temps). Mais si un avocat se présente, même sans mandat de représentation (Crim., 23 oct. 2007, *Bull. crim.* n° 251), pour assurer la défense du prévenu non comparant ni excusé, **la juridiction doit l'entendre** (art. 410, al. 3 ; cf. Ass. plén., 2 mars 2001, *Bull. crim.* n° 56. Cf. Conv. EDH, art. 6, § 3, c) : l'avocat peut déposer des conclusions écrites auxquelles les juges doivent répondre, et non pas seulement faire des observations orales (Crim., 12 déc. 2010, *Bull. crim.* n° 310) ; la décision est alors **contradictoire** (ex. Crim., 12 déc. 2010, préc.). Pour le cas d'un état de santé déficient, v. art. 416.

Pour limiter la procédure de jugement en l'absence du prévenu (v. le défaut et l'opposition) : lorsque le prévenu cité à personne ou ayant connaissance de la citation ne comparaît pas, sans excuse valable, alors qu'il encourt un emprisonnement égal ou supérieur à 2 ans, le tribunal peut ordonner le renvoi de l'affaire, et, par décision spéciale et motivée, décerner *mandat d'amener ou d'arrêt* (art. 410-1).

Le prévenu arrêté est retenu dans les services de police ou de gendarmerie, 24 heures au maximum (avec droit de faire prévenir un proche, et examen médical). La personne est conduite devant le procureur de la République, qui, après vérification d'identité, la présente au JLD. Celui-ci peut ordonner contrôle judiciaire, assignation à résidence ou (après débat contradictoire) détention provisoire (art. 135-2 ; 142-12) ; un appel est possible. S'il y a détention provisoire, la personne doit comparaître au plus tard **dans le mois** devant le tribunal correctionnel (art. 410-1). Des règles spéciales sont prévues si le prévenu est trouvé à plus de 200 km.

b) Le prévenu peut demander par lettre à être jugé en son absence en étant représenté par un avocat, quelles que soient la peine encourue et les conditions de sa citation (art. 411).
En ce cas, l'avocat est entendu, et le prévenu est alors jugé *contradictoirement* (l'avocat doit donc être présent à l'audience : seraient irrecevables des écritures adressées par voie postale). Cependant, le tribunal peut estimer la comparution nécessaire : il l'ordonne alors pour une audience ultérieure, le ministère public citant à nouveau le prévenu ; le prévenu qui ne répond pas à cette citation peut être jugé contradictoirement si son avocat est présent et entendu ; le tribunal peut aussi renvoyer de nouveau l'affaire. Si l'avocat n'est pas présent, le prévenu est jugé par jugement contradictoire à signifier (art. 411).

2. La comparution du prévenu devant le tribunal de police ou la juridiction de proximité

Le prévenu peut se faire représenter pour une contravention punie seulement d'amende, art. 544, al. 2 (l'avocat du prévenu n'est pas tenu de produire un pouvoir spécial).
En cas de poursuites contre une *personne morale*, on a vu, à propos de l'action publique, que l'action publique est dirigée contre la personne morale prise en la personne de son représentant. Les représentants du personnel sont avisés de la date d'audience (C. pén., art. 131-49, R. 131-53).

3. La comparution de la partie civile et des personnes civilement responsables

Ces personnes peuvent toujours se faire **représenter** (art. 415, 424). Il a été jugé que le prévenu ne peut se prévaloir de l'absence de confrontation avec la partie civile dont le refus de comparaître en personne est justifié par les menaces de représailles que le prévenu a exercées sur la victime.
La constitution de partie civile peut se faire à l'audience si elle n'a pas déjà été faite : mais elle doit alors se faire avant les réquisitions au fond du ministère public (art. 421).
On a vu, à propos de l'action civile, que lorsque le tribunal correctionnel, le tribunal de police ou le juge de proximité a déjà été saisi de l'action publique et que la victime agit par voie d'**intervention**, la victime (ou son avocat) peut envoyer avant l'audience une simple *lettre recommandée* avec AR ou par *télécopie* (qui doit parvenir au tribunal 24 heures au moins avant l'audience) si elle demande la restitution d'objets saisis ou des dommages-intérêts (art. 420-1, C. pr. pén). La juridiction n'est pas saisie par des conclusions déposées au greffe.
On a vu aussi qu'avec l'accord du procureur de la République, la victime peut formuler sa *demande au cours de l'enquête de police* auprès d'un OPJ ou d'un APJ. Si la juridiction est par la suite saisie, cette demande *vaut constitution de partie civile* (art. 420-1, al. 2).
Dans ces deux cas la partie civile *n'est pas tenue de comparaître* (art. 420-1, al. 2).

B. Les débats

La procédure est ici moins formaliste qu'en matière criminelle (art. 398 et 398-1 et 2, et art. 406 et s., 534 et s.).

1. Tribunal correctionnel siégeant à juge unique

Le juge du *tribunal de police* et le *juge de proximité* sont des *juges uniques*, alors que le *tribunal correctionnel* siège en principe à *trois juges*. Mais le tribunal correctionnel, dans de multiples cas, siège à juge unique, ce qui permet de faire juger les affaires plus rapidement ; cela est prévu pour des délits nombreux, et qui comptent parmi les plus fréquemment commis (le total des cas représente 70 % des audiences correctionnelles, parfois davantage). On indiquera ces cas, puis les exceptions à la règle.

a) Cas où le tribunal correctionnel siège à juge unique

Sont jugés à juge unique les délits suivants *sauf dans les cas indiqués plus loin* (art. 398-1) :

• délits de chèques et de cartes de paiement (sauf en matière de falsification) ;

• délits prévus par le Code de la route ; si le délit a été commis *à l'occasion de la conduite d'un véhicule* : imprudence ayant entraîné une incapacité totale de travail de plus de 3 mois, ou de 3 mois ou moins avec circonstance aggravante (ex. en cas de manquement délibéré à l'obligation de prudence), délit de mise en danger (art. 223-1, C. pén.), délit de fuite (art. 434-10, C. pén.) ;

• port ou transport d'armes de la 6e catégorie réprimés par l'art. L. 2339-9, C. défense ;

• violences ayant entraîné une ITT de plus de 8 jours (selon les art. 222-11 et 12, 1° à 15°, C. pén.), ou une incapacité inférieure, avec certaines aggravations (art. 222-13, 1° à 15°).

• appels téléphoniques malveillants réitérés ou agressions sonores (art. 222-16, C. pén.) ;

• menace d'un crime ou d'un délit contre les personnes (art. 222-17 et 18, C. pén.) ; menace d'un crime contre les personnes ou les biens proférée à l'égard de certaines personnes (art. 433-3, al. 1 et 2, C. pén.) ; occupation en réunion des parties communes et des toits d'un immeuble collectif d'habitation (art. L. 126-3, CCH) ;

• exhibition sexuelle (art. 222-32, C. pén.) ; racolage public (art. 225-10-1, C. pén.) ;

• abandon de famille (art. 227-3, 227-4, C. pén.) ;

• non-représentation d'enfant et autres atteintes à l'exercice de l'autorité parentale (art. 227-5 à 227-11, C. pén.) ;

• vol simple, ou aggravé selon l'art. 311-4, 1° à 11°, filouterie (art. 313-5, C. pén.), détournement de gage ou d'objet saisi (art. 314-5, 314-6, C. pén.), recel simple (art. 321-1, C. pén.), délit de dégradation sans danger pour les personnes (art. 322-1 à 322-4, C. pén.), occupation irrégulière du terrain d'autrui (art. 322-4-1, C. pén.) ;

• menace de dégradation dangereuse pour les personnes (art. 322-12 et 13, C. pén.) ;

• divulgation de fausse information telle qu'une fausse « alerte à la bombe » (art. 322-14, C. pén.) ;

• intrusion dans un établissement scolaire (art. 431-22 à 431-24, C. pén.) ;

• outrage (art. 433-5, C. pén.), rébellion (art. 433-6 à 433-8, al. 1, C. pén.) et provocation à la rébellion (art. 433-10, C. pén.) ;

• sévices ou actes de cruauté envers les animaux (art. 521-1, C. pén.) ;

• usage de stupéfiants (art. L. 3421-1, C. sant. publ.) ;

• délits réprimés par le Code de l'environnement, en matière de chasse, de pêche en eau douce, de pêche maritime, de protection de la faune et de la flore ;

• délits en matière de réglementation des transports terrestres, certains délits prévus par le C. rur., le C. for., le C. urb.

• certaines contrefaçons réprimées par le Code de la propriété intellectuelle, lorsqu'elles sont commises au moyen d'un service de communication au public en ligne ;

• **tous** les délits pour lesquels **l'emprisonnement n'est pas encouru, sauf les délits de presse**.

b) Exceptions

Même pour les délits énumérés, le tribunal siège **en formation collégiale** dans cinq cas (art. 398-1, dern. al., 398-2) :

• si le prévenu est en *détention provisoire* lors de sa comparution à l'audience ;

• si le prévenu est poursuivi selon la *procédure de comparution immédiate* ;

• si les délits sont *connexes* à des délits ne faisant pas partie de l'énumération ;

• si le tribunal estime, d'office ou à la demande des parties ou du ministère public, que la *complexité* de l'affaire ou l'importance de la peine susceptible d'être prononcée le justifie (décision sans recours).

Si le tribunal siégeant en collège constate que la qualification retenue dans sa saisine relève du juge unique, l'affaire *peut* être renvoyée devant le tribunal siégeant à juge unique, ou être jugée *par le seul président*. Dans le cas où, à l'inverse, c'est le juge unique qui constate que l'affaire relève du tribunal en collège, il la renvoie à cette formation (art. 398-2).

Lorsque le tribunal correctionnel siège à juge unique, **il ne peut prononcer une peine d'emprisonnement sans sursis supérieure à 5 ans** (art. 398-2, dern. al.).

Il faut relever que, dans certains cas, *le tribunal ne statuant que sur des intérêts civils*, l'audience est tenue par le *président* seulement : ex. en cas de renvoi sur l'action civile, art. 464, al. 4 (l'audience peut aussi être tenue par le juge délégué aux victimes : art. D. 47-6-3) ; l'ordonnance pénale, art. 495-6 ; le « plaider coupable », art. 495-9.

2. Déroulement des débats

Art. 406 et s. Pour le huis clos, v. *supra* les caractères généraux de la procédure de jugement.

• Les exceptions tirées de la **nullité** de la procédure antérieure doivent être présentées *avant toute défense au fond* (oralement, ou par dépôt de conclusions au greffe), même pour les nullités substantielles touchant à l'ordre public, sauf celles affectant la compétence (v. les nullités dans l'instruction). Le tribunal correctionnel a qualité pour statuer sur la nullité de la procédure, sauf s'il a *été saisi par renvoi du juge*

d'instruction ou de la chambre de l'instruction, en raison de **la purge des nullités** qui résulte de ces décisions ; mais, même dans ce dernier cas, il peut statuer, on l'a vu, si l'ordonnance ou l'arrêt qui a saisi le tribunal n'a pas été porté à la connaissance des parties, ou si l'ordonnance n'a pas été rendue selon les règles de l'art. 184 ou l'a été en violation de l'art. 175 : le tribunal renvoie alors la procédure au ministère public, pour faire saisir la juridiction d'instruction aux fins de régularisation. Art. 385.
C'est aux parties qu'il appartient de soulever l'exception de nullité : le juge ne peut relever d'office les nullités même substantielles touchant à l'ordre public, sauf celles qui concernent la compétence.

• Si le tribunal est saisi par une ordonnance de renvoi d'un juge d'instruction qui a omis de statuer sur certains des faits dont il était saisi, il peut renvoyer à une audience ultérieure et transmettre le dossier au ministère public pour que celui-ci adresse au juge d'instruction des réquisitions visant les faits sur lesquels ce dernier doit alors statuer (Crim., 4 mars 2004, *Bull. crim.* n° 57 ; 21 nov. 2007, *Bull. crim.* n° 288).

• Interrogatoire du prévenu.

• **Administration des preuves :** ex. audition des témoins (v. le témoignage) ; après chaque déposition, le président, le ministère public et les avocats des parties posent les questions qu'ils jugent nécessaires (art. 454, al. 1) ; sur les questions que peuvent poser le ministère public, les avocats des parties, le prévenu, la partie civile (art. 442-1), v. *supra* le principe du contradictoire ; lecture des procès-verbaux.
Si nécessaire, l'audition des témoins, des parties civiles et des experts en plusieurs points du territoire peut se faire par vidéoconférence, avec possibilité d'enregistrement audiovisuel ou sonore (art. 706-71, al. 2) ; de même pour l'examen des demandes de mise en liberté ; de même pour l'interrogatoire du prévenu devant le tribunal de police ou la juridiction de proximité s'il est détenu pour autre cause (art. 706-71, al. 3). Ce procédé ne porte pas atteinte au droit à un procès équitable s'il ne place pas la défense dans une position de désavantage « substantiel » (*sic*) par rapport aux autres parties (CEDH, 5 oct. 2006, *Viola*).

• Demande de la partie civile.

• **Réquisitions du ministère public ;** le ministère public doit être présent aux débats même si la juridiction ne se prononce que sur l'action civile, sauf s'il s'agit d'une audience de renvoi pour statuer sur cette action, le tribunal étant alors composé du seul président (art. 464, al. 4) ou du juge délégué aux victimes (art. D. 47-6-3).

• Défense du prévenu, et, le cas échéant, du civilement responsable.
Des **répliques** sont ensuite permises, mais le prévenu ou son avocat doivent avoir **la parole en dernier** s'ils le demandent (même pour un incident, s'il n'est pas joint au fond), sauf si seuls des intérêts civils sont en jeu. Mais celui qui parle en dernier peut être le prévenu *ou* l'avocat (l'un ou l'autre suffit) ; toutefois, il faut donner la parole au prévenu qui la demande après la plaidoirie de son avocat.
L'ordre de parole n'est pas prescrit à peine de nullité, selon la jurisprudence, sauf pour la règle permettant au prévenu ou à son avocat d'avoir la parole le dernier.

• Le tribunal vérifie sa **compétence** (il doit statuer sur l'exception d'incompétence présentée par le prévenu).

• Il peut modifier la **qualification** (faits juridiques) des faits (faits matériels) dont il est saisi, à la condition que les droits de la défense soient respectés (ex. Crim.,

20 janv. 2009, *Bull. crim.* n° 19 ; le changement de qualification ne peut donc pas être décidé lors du délibéré si le prévenu n'a pas été averti de cette possibilité et en mesure d'y répondre ; selon la CEDH, la solution dépend du point de savoir si la modification procède ou non d'un « élément intrinsèque à l'accusation » : CEDH, 24 oct. 1996, *de Salvador Torres* ; 25 mars 1999, *Pelissier*), et à la condition qu'il ne soit rien changé ni ajouté aux faits matériels tels qu'ils ont été retenus dans l'acte de saisine (principe de la saisine *in rem*), *sauf acceptation du prévenu* ; ex. on ne peut sans donner la possibilité au prévenu de se défendre le condamner comme complice après l'avoir initialement désigné comme auteur (Crim., 12 sept. 2001, *Bull. crim.* n° 177) ; on ne peut, sans son acceptation, condamner pour omission de secours le prévenu poursuivi pour violences intentionnelles, ou pour abus de confiance le prévenu poursuivi pour recel. Les juges ne peuvent requalifier d'office lorsqu'ils statuent par défaut.
Les débats ne sont clos que par le prononcé du jugement.

§ 3 - Le jugement

A. Rédaction, prononcé et rectification du jugement

• Le jugement doit être motivé (art. 485).
Parfois la loi exige une *motivation spéciale*, ex. pour l'emprisonnement sans sursis prononcé contre un majeur, pour l'emprisonnement même avec sursis prononcé contre un mineur, dans certains cas pour l'interdiction du territoire prononcée contre un étranger. Pour le reste, le nombre des affaires est tel qu'il est souvent difficile, pour les juges, de détailler leurs motifs ; il faut pourtant qu'ils se gardent de la tentation de s'inspirer trop du réquisitoire du parquet ; et il y a aussi le danger – la chose n'est pas particulière au monde judiciaire – d'« écrire le dispositif avant les motifs » (Rodière).
Certaines juridictions ont pris la curieuse habitude de ne motiver leur décision qu'en cas d'appel ; cette pratique a été condamnée par la Cour européenne des droits de l'homme, comme contraire aux droits de la défense, l'intéressé étant privé de la possibilité d'interjeter appel en connaissance de cause (CEDH, 24 juill. 2007, *Baucher*).

• Le jugement est *prononcé publiquement* (même si les débats ont eu lieu à huis clos). La lecture peut être limitée au dispositif, et faite en l'absence des autres magistrats du siège ayant participé aux débats (mais le ministère public doit être présent).

• Le jugement est prononcé *immédiatement, ou après délibéré* (le tribunal peut accorder des renvois : art. 462) ; peuvent assister au délibéré, avec voix consultative, des magistrats stagiaires. On ne peut rendre de jugement « collectif », par motivation commune, concernant plusieurs procédures différentes.

• La juridiction (ou celle du lieu de détention) peut procéder à la rectification des **erreurs matérielles** que contiendrait le jugement (art. 710, C. pr. pén.), et interpréter sa décision, mais sans porter atteinte à la chose jugée (v. l'autorité de la chose jugée). Exemple d'erreur purement matérielle : dommages-intérêts de 70 000 €, plus 70 000 €, font un total de 140 000 €, et non de 80 000 €.
Mais n'est pas erreur purement matérielle la mention d'une condamnation à « 10 mois d'emprisonnement dont 12 mois avec sursis avec mise à l'épreuve pendant 3 ans »,

au lieu de « 18 mois d'emprisonnement dont… » ; de même pour la modification du nombre des prévenus condamnés à des dommages-intérêts ; de même pour un arrêt retenant, pour une infraction grave, 5 ans d'emprisonnement (mention des notes d'audience) au lieu des 5 mois prononcés par le tribunal dans un jugement définitif. Pour un exemple pour la cour d'assises, v. l'autorité de la chose jugée.

B. Contenu du jugement

• Le jugement sur le fond peut être :
– d'**ajournement** du prononcé de la peine (art. 132-58, C. pén., 469-1, C. pr. pén. ; v. Mémento de *Droit pénal général*) ;
– de **dispense de peine** (art. 132-58, C. pén., 469-1, C. pr. pén. ; v. Mémento de *Droit pénal général*) ;
– d'**exemption de peine** (ex. art. 422-1, art. 450-2, C. pén., 468, C. pr. pén. ; v. Mémento de *Droit pénal général*) ;
– de **relaxe** (art. 470) ; le tribunal n'est pas lié, on l'a vu, par la qualification donnée à la prévention, mais il ne peut relaxer qu'autant qu'il a vérifié que les faits ne constituent aucune infraction ;
– de **condamnation** (art. 464). Le tribunal ne peut retenir la culpabilité sans prononcer simultanément une peine, sauf dispense de peine ou ajournement de son prononcé (art. 464, al. 1 ; ex. Crim., 11 févr. 2009, *Bull. crim.* n° 36). Pour l'amende, son paiement par le condamné dans le mois du prononcé du jugement emporte une diminution de 20 %, dans une limite maximale de 1 500 € (art. 707-2). En cas de condamnation à une peine de confiscation portant sur un bien qui n'est pas sous main de justice, le tribunal peut ordonner la saisie du bien confisqué, afin de garantir l'exécution de la peine (art. 484-1, créé L. 9 juill. 2010).

• Les **frais de justice** (art. R. 91 et s., C. pr. pén.) sont à la charge de l'État, qui n'a pas de recours contre le condamné (art. 800-1, C. pr. pén. ; les juges ne peuvent mettre les dépens de l'action civile à la charge du condamné) ; mais les droits fixes de procédure (art. 1018 A, CGI, ex. 90 € pour le tribunal correctionnel, sauf majoration pour le prévenu défaillant) ne sont pas des frais de justice. Le prévenu relaxé peut demander une indemnité pour les frais non payés par l'État, à la charge de l'État (mais pouvant être mis à la charge de la partie civile si l'action publique a été mise en mouvement par elle) : art. 800-2, R. 249-2 et s.

• En cas de *relaxe*, de *dispense de peine*, d'*ajournement de peine*, de *condamnation avec sursis ou à l'amende* : la personne en détention provisoire est *remise en liberté immédiatement*, même s'il y a appel (art. 471).

• Après avoir statué sur l'action publique, le tribunal peut *renvoyer l'affaire à une date ultérieure pour statuer sur l'action civile* (le renvoi est de droit s'il est demandé par la partie civile) : art. 464, al. 4. Mais un sursis à statuer indéterminé serait irrégulier.

• En cas de *condamnation, d'exemption de peine, de dispense ou d'ajournement* de peine, **la partie civile** peut *obtenir des* **dommages-intérêts**. Si elle ne peut obtenir indemnisation par la CIVI, la victime peut solliciter une *aide au recouvrement* de ses dommages-intérêts (art. 706-15-1) ; en l'absence de paiement des sommes dues dans les 2 mois de la décision définitive sur les dommages-intérêts, elle peut, dans un délai d'un an, saisir le fonds de garantie des victimes d'actes de terrorisme et d'autres infractions d'une demande d'aide au recouvrement : le fonds lui verse ces sommes ou une provision et agit contre les responsables civils (C. ass., art. L. 422-8 et s.). La victime est informée de ce droit à l'audience (art. 474-1).

Elle peut obtenir également le remboursement des frais non payés par l'État (art. 475-1) ; mais la règle ne vaut que pour la partie civile et les organismes tiers payeurs intervenant à l'instance (par ex. une caisse primaire d'assurance maladie), non pour une autre partie seulement intervenante, même subrogée ; cette condamnation ne peut être prononcée que contre l'auteur de l'infraction non contre un civilement responsable, ni contre l'assureur du prévenu, ni contre la partie civile.

• Mais en cas de *relaxe*, la partie civile, si elle a *mis en mouvement l'action publique* (et seulement dans ce cas : ex. pas si le tribunal a été saisi par ordonnance de renvoi du juge d'instruction), et si son *comportement fautif* est constaté (mauvaise foi, action téméraire), peut *être condamnée pour abus de constitution de partie civile à des dommages-intérêts* envers le prévenu si celui-ci en a fait la demande (art. 472 ; un préjudice résulte nécessairement du fait d'être attrait devant une juridiction répressive). La règle n'est applicable ni devant le tribunal de police ni devant le juge de proximité.

En cas de *citation directe abusive ou dilatoire*, le tribunal peut prononcer contre la partie civile une *amende civile* (maximum 15 000 € : art. 392-1).

C. Particularités concernant le jugement d'ajournement, et certains jugements de condamnation

Renvoi : pour le jugement de *relaxe* dans une poursuite pour *infraction non intentionnelle* (ex. homicide par imprudence) et la possibilité pour le juge d'accorder réparation civile, à certaines conditions, art. 470-1, se reporter à la question traitée à propos de *l'extinction de l'action civile*.

1. L'ajournement de peine

Il y a déclaration de culpabilité (la chambre criminelle admet que la déclaration de culpabilité peut être implicite ; elle résulte de la décision d'ajournement). Mais l'ajournement de peine n'est *pas une condamnation* (ex. il ne suspend pas le droit de visite du parent déclaré coupable par exemple d'abandon de famille).

L'ajournement suppose que les conditions de la *dispense de peine* (art. 132-58, C. pén. : reclassement du coupable, réparation du dommage, cessation du trouble causé par l'infraction) sont seulement *en voie de réalisation* (art. 132-60 et s., C. pén.).

L'ajournement peut être *pur et simple*, ou *avec mise à l'épreuve* (pour les personnes physiques), avec *exécution provisoire*, ou (sauf pour les mineurs) *avec injonction* (v. Mémento de *Droit pénal général* ; ex. C. minier, art. 144-1).

Pour les mineurs, le tribunal pour enfants peut ordonner l'ajournement de la mesure éducative comme de la peine, s'il considère « *que les perspectives d'évolution de la personnalité du mineur le justifient* » (art. 20-7, al. 2, Ord. 2 févr. 1945).

• L'ajournement simple ou avec mise à l'épreuve implique la *présence* du prévenu (pour l'ajournement simple, présence du représentant de la personne morale prévenue) : C. pén., art. 132-60, 132-63 ; la règle est d'ordre public.

• *À l'audience de renvoi*, il pourra y avoir dispense, ou prononcé de la peine, ou nouvel ajournement – mais *pas de relaxe* : la culpabilité est acquise – ; la décision doit intervenir au plus tard un an après le premier ajournement (art. 132-62, C. pén. ; 6 mois pour les mineurs : art. 20-7, Ord. 2 févr. 1945) ; mais même après il est admis par la jurisprudence, pour éviter les manœuvres dilatoires, que le tribunal peut statuer. Avec l'accord du procureur de la République, et après ajournement avec mise à l'épreuve, le JAP peut 30 jours avant l'audience, prononcer lui-même une dispense de peine après débat contradictoire (art. 132-65, al. 1).

• Si le prévenu ne comparaît pas à l'audience où il doit être statué sur la peine, sans excuse ni demande de renvoi, la décision est contradictoire (v. l'appel, pour le point de départ du délai d'appel).

• En cas d'appel sur l'ajournement, la cour ne peut renvoyer au tribunal le soin de fixer la peine, ni statuer de nouveau sur la culpabilité ; en cas d'appel par le ministère public, la cour doit statuer sans égard à la date prévue par le tribunal.

• En cas de pourvoi en cassation, l'effet suspensif du pourvoi empêche la cour d'appel de statuer sur la peine.
En dehors de l'ajournement, il ne peut y avoir de sursis à statuer indéterminé, on l'a vu : ce serait une interruption du cours de la justice. Pour les *intérêts civils*, v. ci-dessus pour le renvoi à une date ultérieure ; la juridiction peut aussi, si elle n'a pas encore tous les éléments d'appréciation du préjudice, accorder une provision à la victime, et désigner un expert. La possibilité, parfois, de surseoir pour les intérêts civils rend importante la distinction de la peine et de la mesure de réparation civile ; ex. de mesure mixte : la démolition d'une construction sans permis qui, mesure intéressant l'ordre public, ne peut faire l'objet d'un sursis à statuer, bien que son caractère réparateur l'empêche de constituer une peine alternative à l'emprisonnement.

2. Jugement de condamnation à un an au moins d'emprisonnement sans sursis

• En cas de condamnation à un an au moins d'emprisonnement sans sursis, pour *délit de droit commun* ou militaire (comme en cas de renvoi au ministère public, le fait se révélant être un crime), le tribunal correctionnel peut décerner un **mandat de dépôt ou d'arrêt**, selon que le condamné en liberté est présent ou non (art. 465, 469, al. 2). Mais lorsque les faits ont été commis en état de récidive, un tel mandat peut être délivré quelle que soit la durée de la peine d'emprisonnement prononcée ; il doit l'être à l'audience en matière d'infractions sexuelles ou de violence, sauf décision contraire du tribunal (art. 465-1).

• En cas de procédure de *comparution immédiate*, le mandat d'arrêt peut être décerné contre le prévenu quelle que soit la durée de l'emprisonnement prononcé (v. la comparution immédiate).

• Pour un prévenu détenu, le tribunal peut ordonner le maintien de la détention, sans avoir à renouveler la mesure (art. 464-1).

D. Pouvoirs du JAP après condamnation

Renvoi :

• Après condamnation définitive pour délit de droit commun à un emprisonnement ferme de 6 mois au plus, y compris en cas de sursis partiel ou après révocation d'un sursis, le JAP peut ensuite modifier la décision de la juridiction par l'octroi d'un sursis avec travail d'intérêt général ou en imposant une peine de jours-amende (art. 132-57, C. pén., 747-2, C. pr. pén.).

• En cas de condamnation d'une personne non incarcérée à un emprisonnement inférieur ou égal à deux ans – un an pour un récidiviste – (ou s'il reste à subir cette durée), on remet au condamné présent un avis de convocation à comparaître devant le JAP dans un délai de 30 jours, pour déterminer les modalités de la peine ; de même en cas de condamnation avec sursis avec mise à l'épreuve ou avec TIG ou à une peine de TIG, avec convocation devant le service pénitentiaire d'insertion et de probation (art. 474).

Section 3 › LA PROCÉDURE EN COUR D'ASSISES

La procédure ordinaire se déroule en présence de l'accusé ; si celui-ci est absent, il est jugé par défaut.

§ 1 - La procédure ordinaire

C'est une procédure **complexe** et **formaliste.** Il n'existe aucune nullité *textuelle*, mais il y a des *règles substantielles* ; toutefois, il n'y a nullité que si l'irrégularité a porté atteinte aux intérêts de la partie qu'elle concerne (v. l'instruction). Et les nullités concernant la procédure *antérieure* à l'ouverture des débats (et donc pas, par exemple, pour une nullité entachant la composition de la cour) et *non purgées par l'ordonnance de mise en accusation devenue définitive* doivent être invoquées dès que le jury de jugement est définitivement constitué : ensuite, il est trop tard (art. 305-1). V. le pourvoi en cassation.

La détention provisoire de l'accusé et des personnes renvoyées pour délits connexes :

Ces personnes peuvent avoir été laissées en liberté. Le président de la cour d'assises peut décerner un mandat d'arrêt si, sans motif légitime, l'accusé ne se présente pas au jour fixé pour l'interrogatoire préalable (art. 272-1).

Si la personne est détenue, elle peut, avant sa comparution, demander sa mise en liberté à la chambre de l'instruction (pour une demande au cours de la session, à la cour d'assises) : art. 148-1.

Si la personne libre se soustrait au contrôle judiciaire ou à l'assignation à résidence avec surveillance électronique, le procureur de la République peut saisir le JLD, qui peut décerner mandat d'arrêt ou d'amener, ou ordonner la détention provisoire : art. 141-2, 142-8.

• L'accusé qui n'a pas comparu devant la cour dans *l'année de la décision définitive de mise en accusation* s'il est détenu (sinon, du placement ultérieur en détention provisoire) est remis en liberté, sauf si l'audience sur le fond n'a pu débuter dans ce délai ; toutefois, à titre exceptionnel, la chambre de l'instruction peut prolonger la détention provisoire pour 6 mois, prolongation renouvelable une fois (art. 181, al. 8 et 9 ; le fait que le détenu exécute une peine privative de liberté pour d'autres faits ne suspend pas la détention provisoire ; la prolongation ne peut être justifiée par les difficultés récurrentes de fonctionnement de la juridiction appelée à statuer au fond : Crim., 2 sept. 2009, *Bull. crim.* n° 148). Mais, pour autant, dès lors que l'accusé comparaît dans l'année, la cour peut renvoyer l'affaire à une session ultérieure.

• *Pendant le déroulement des débats,* la cour peut décerner mandat de dépôt ou d'arrêt :
– si la personne se soustrait au contrôle judiciaire ou à l'assignation à résidence avec surveillance électronique ;
– ou si la détention est l'unique moyen d'assurer sa présence lors des débats ou d'empêcher les pressions sur les victimes ou les témoins (art. 142-12, 272-1).
Si la personne comparaît détenue, elle peut demander sa mise en liberté à la cour à tout moment (art. 272-1, dernier al.).

• *Après l'arrêt,* tant que celui-ci n'est pas définitif (art. 367, al. 2 et 3) :
– si *l'accusé* est condamné à une peine privative de liberté non couverte par la détention provisoire, le mandat de dépôt est mis à exécution (ou, si l'accusé est détenu, continue de produire ses effets, sauf mise en liberté).
– pour les *personnes renvoyées pour délits connexes et non détenues,* la cour peut mettre à exécution l'ordonnance si la peine prononcée est supérieure ou égale à un an.
On étudiera le déroulement de la procédure dans l'ordre chronologique, depuis ce qui précède l'audience jusqu'à la sentence.

A. Avant l'audience

Art. 269 et s., C. pr. pén.

1. Notification a été faite à l'accusé de l'ordonnance ou de l'arrêt de mise en accusation ; pour l'accusé détenu, la décision de mise en accusation peut être notifiée par le chef d'établissement (art. 183, al. 2, 215, al. 3).

2. Quand la décision de mise en accusation est définitive, l'accusé détenu est **transféré** à la maison d'arrêt voisine de la cour d'assises (art. 269) ; si l'accusé libre, convoqué, ne se présente pas au greffe au jour fixé, sans motif légitime, le président de la cour d'assises peut (par décision motivée) décerner mandat d'arrêt (art. 272-1). Les *pièces à conviction* sont remises au greffe.

3. Le président de la cour d'assises ou un assesseur, dans le plus bref délai après l'arrivée de l'accusé à la maison d'arrêt, ou au jour fixé pour l'accusé libre, procède à l'**interrogatoire** de l'accusé (art. 272, 272-1). Si l'accusé n'a pas encore d'avocat, il en choisit un (art. 274) ; sinon, un avocat est désigné d'office mais « à titre exceptionnel », le président peut autoriser l'accusé à prendre pour conseil un de ses parents ou amis (art. 275 ; v. plus loin l'avertissement qui lui est donné). *Les débats ne peuvent s'ouvrir moins de 5 jours après l'interrogatoire,* sauf renonciation de l'accusé ou de son avocat (art. 277). L'avocat peut prendre connaissance du dossier sur place (art. 278) ; accusé, partie civile, ou leurs avocats, peuvent prendre copie, gratuitement ou à leurs frais selon les cas, des pièces de la procédure (art. 279, 280).

4. Le président vérifie la **mise en état de l'affaire** ; si l'instruction ne paraît pas complète, il ordonne une information supplémentaire, obéissant aux règles de l'instruction (art. 283 et s.), ou renvoie à une autre session (art. 287) ; en effet, le *principe de continuité des débats* en cour d'assises s'oppose à l'interruption de la procédure, sauf repos des membres de la cour, de la partie civile et de l'accusé (art. 307).

5. Signification est faite à l'accusé, l'avant-veille de l'ouverture des débats au plus tard, de la liste du jury de session (v. l'organisation de la cour d'assises), sans les adresses (art. 282).

6. Dès que possible, et 24 heures au moins avant l'ouverture des débats, le ministère public et la partie civile signifient à l'accusé, et l'accusé au ministère public et à la partie civile, la **liste des témoins** qu'ils désirent faire entendre ; le nom des **experts** est également signifié (art. 281).

B. Ouverture de l'audience

Art. 288 et s.

1. La **cour** fait son entrée (art. 293).

2. L'accusé comparaît « *libre* », c'est-à-dire sans menottes (pour éviter de le faire paraître coupable), mais entre deux gendarmes (pour éviter l'évasion) : art. 318. Si l'accusé refuse de comparaître et n'obtempère pas à la sommation qui lui est faite, il peut être amené de force devant la cour. Le président peut ordonner que les débats auront lieu en son absence (v. art. 319 à 320-1).

3. Interrogatoire d'identité de l'accusé par le président (art. 294).

4. On constitue le **jury de jugement**, pour chaque affaire (art. 295 et s.) : tirage au sort, sur la *liste de session*, de la *liste de jugement* (pour les désignations des jurés, et pour la cour d'assises sans jury pour certains crimes, v. l'organisation de la cour d'assises).
L'accusé ou son avocat a droit à **5 récusations**, l'accusation à **4** (récusations ne devant pas être motivées) quand la cour d'assises statue en premier ressort (respectivement 6 et 5 quand elle statue en appel). Le jury de jugement est formé lorsque sont tirés au sort les noms de **9 jurés** (ou **12** quand la cour statue en appel) non récusés (il faut tirer au sort des jurés supplémentaires, qui devront assister aux débats, pour le cas où des jurés seraient empêchés). Art. 297 à 302.
Si la disposition des lieux le permet, les jurés siègent à côté des membres de la cour (art. 303).

5. Les jurés prêtent serment (art. 304).
V. le texte du serment art. 304 (les jurés jurent, notamment, de se « décider avec l'impartialité et la fermeté qui conviennent à un homme probe et libre », de se « rappeler que l'accusé est présumé innocent et que le doute doit lui profiter »).
Les jurés ont donc des devoirs :

- être *attentifs* (donc par exemple ne pas dormir, en ronflant ; mais les yeux clos ne prouvent pas le sommeil) ;

- *ne communiquer avec personne* pendant l'audience, sauf entre eux et avec la cour ; ils ne peuvent demander d'éclaircissements ou poser des questions à l'accusé ou aux témoins qu'avec la permission du président (art. 311, al. 1) ; il ne peut pas y avoir d'entretien avec le ministère public pendant une suspension d'audience si cette communication a pu exercer une influence illégale sur l'opinion des jurés. L'interdiction joue seulement si l'entretien est relatif à l'affaire : un juré peut dire bonjour à l'avocat, ou demander un renseignement sur une infraction (indépendante de l'affaire) dont il a été personnellement victime ; un juré peut poser une question au témoin pour obtenir un éclaircissement ; des propos spontanément adressés aux jurés par des tiers ne sont pas une communication illégale ;

• ne pas faire connaître leur opinion *prématurément* (art. 311), par exemple en applaudissant à la fin du réquisitoire ; il faut analyser les propos du juré en fonction du contexte ;

• conserver le *secret* des délibérations (ex. ne pas les communiquer à un journal, même au prétexte de révéler des infractions).
Les jurés doivent assister à toutes les audiences de la cause.

6. Un avertissement est adressé au défenseur si celui-ci n'est pas un avocat, mais un parent ou ami de l'accusé : ne « rien dire contre sa conscience ou le respect dû aux lois », « s'exprimer avec décence et modération » (art. 323).

7. Appel des témoins (art. 324). Les témoins se retirent ensuite dans une pièce qui leur est réservée, car ils déposeront séparément, sauf confrontations (art. 325).

8. Lecture de **la décision de renvoi** : le président invite l'accusé et les jurés à écouter avec attention (quand la cour statue en appel, lecture des questions posées et des réponses faites lors de la procédure en premier ressort, et de la décision : art. 327 ; mais pas des questions subsidiaires devenues sans objet). La lecture est une formalité indispensable : ex. est insuffisante la mention relatant que le président a invité l'accusé à écouter avec attention cette lecture.

C. Les débats

Art. 306 et s. Pour le huis clos, v. les caractères généraux de la procédure de jugement.

1. Principes gouvernant les débats

a) L'enregistrement sonore et audiovisuel

Dès l'ouverture de l'audience est prohibé tout d'appareil d'enregistrement, de caméra, d'appareils photographiques (avant l'audience, v. art. 38 *ter* L. 1881, cité à propos du principe de publicité de la procédure de jugement). Mais le président peut ordonner que les débats fassent l'objet d'un enregistrement sonore. Il peut aussi, à la demande de la victime ou de la partie civile, ordonner que leurs auditions feront l'objet d'en enregistrement audiovisuel. Ces enregistrements pourront être *utilisés devant la cour* jusqu'au prononcé de l'arrêt (y compris lors des délibérations), et devant la cour en appel, la commission de révision de la Cour de cassation, la Cour de cassation saisie d'une demande en révision, la juridiction de renvoi (art. 308 ; les enregistrements sont placés sous scellés).

b) L'oralité

Les débats sont soumis à **l'oralité**. On doit en principe entendre par exemple les témoins, les experts, même s'ils ont déjà été entendus à l'instruction. Avant la déposition d'un témoin, le président ne peut lire le procès-verbal d'audition de ce témoin à l'instruction, ni projeter un film avec témoignage. Cependant, le président peut lire la déposition faite pendant l'instruction par un témoin victime d'un malaise pendant sa déposition au cours des débats, les parties ayant renoncé à l'audition, la déposition d'un témoin non comparant en l'absence d'observations des parties, ou citer de mémoire un court passage du rapport d'expert avant l'audition de celui-ci.

Pour les questions que peut poser le ministère public, les avocats des parties, et, par l'intermédiaire du président, l'accusé et la partie civile, v. le principe du contradictoire (art. 312).

c) Le pouvoir discrétionnaire du président

Pendant les débats, *le président de la cour d'assises* a (indépendamment de ses pouvoirs de direction des débats et de police : art. 309) un **pouvoir discrétionnaire** (art. 310) lui permettant de prescrire tout ce qu'il juge utile à la découverte de la vérité, dès lors que la mesure ne contrevient pas à la loi ; en effet, en vertu de la règle de **continuité des débats** en cour d'assises (art. 307), la procédure ne peut être suspendue pour recourir à des mesures d'instruction ; mais les débats peuvent être suspendus pour le repos des parties (à défaut, il peut y avoir atteinte au droit à un procès équitable : CEDH, 19 oct. 2004, *Makhfi*). Le président peut refuser d'ordonner la projection d'une cassette vidéo déjà versée à la procédure, refuser de joindre une coupure de presse au dossier ; il peut ordonner l'audition de personnes non citées comme témoins, la diffusion de l'enregistrement audiovisuel d'un témoignage, faire donner lecture du rapport d'enquête sociale, verser aux débats des documents relatifs au passé judiciaire de l'accusé. La défense qui estime que l'acte ne relève pas du pouvoir discrétionnaire peut saisir la cour (le président et ses assesseurs).

Il y a cependant des **limites** à ce pouvoir discrétionnaire :

- En raison de la *liberté de la défense* (ex. le président ne peut communiquer des pièces au jury sans offrir de les communiquer à l'accusé et à son défenseur ni de les soumettre à débat contradictoire).
- En raison du principe de l'oralité, qui s'impose au président même dans l'exercice de son pouvoir discrétionnaire.
- Du fait du *but même de ce pouvoir* : le président ne peut dispenser de l'accomplissement d'une formalité qui n'ajourne pas les débats.

d) Les magistrats assesseurs

Ils ont, pendant les débats, un rôle assez effacé ; ils interviennent cependant pour statuer sur un incident contentieux (art. 316), pour prononcer les huis clos (art. 306), pour condamner un juré ou un témoin défaillant (art. 326).

2. Déroulement des débats

La Cour européenne des droits de l'homme a jugé que la durée excessive des débats, engendrant la fatigue de l'accusé, de son avocat, des jurés et des juges, ne répond pas aux exigences du procès équitable, et notamment des droits de la défense et de l'égalité des armes (v. CEDH, Makhfi, préc.)

Le ministère public et les avocats des parties peuvent poser *directement* des questions aux accusés, aux parties civiles, aux témoins et à toutes personnes appelées à la barre ; l'accusé et la partie civile ont le même pouvoir, mais *par l'intermédiaire du président* (art. 312).

Le ministère public peut prendre au cours des débats les réquisitions qu'il juge utile ; la cour lui en donne acte et délibère (art. 313). L'accusé, la partie civile et leurs avocats peuvent déposer des conclusions, sur lesquelles la cour (non son président, serait-ce au nom de son pouvoir discrétionnaire) est tenue de statuer (art. 315) : demande de « donné acte ».

a) Interrogatoire de l'accusé

Cet interrogatoire est parfois critiqué, car il peut faire figure d'accusation, alors que le président doit rester impartial, sans manifester d'opinion sur la culpabilité (art. 328, al. 2), de même que les assesseurs et les jurés (art. 311, al. 2). Exemples : ne pas demander à l'accusé « Vous ne pensez pas que vous niez l'évidence et que vous avez une position insoutenable ? » ; mais on peut rappeler une condamnation définitive antérieure, ou lire un extrait de casier judiciaire, ou communiquer le plan des lieux du crime.

N'est pas illégale la phrase : « Je vous informe que les débats se poursuivront jusqu'au verdict vous condamnant ou vous acquittant », malgré les protestations de la défense après les mots « vous condamnant ».

N'est pas une opinion sur la culpabilité, à propos des meurtres objet de l'accusation : « C'est horrible, ça », ni (dans une question par un assesseur à un expert), « coup de couteau sournois ». Au contraire, est une manifestation d'opinion sur la culpabilité : « Quel que soit le mobile, l'accusé a commis deux crimes odieux et abominables ». L'interdiction s'applique aussi à la *rédaction des questions* (v. D) : ne pas distribuer aux jurés, dès le début des débats, la feuille des questions avec la formule de la décision sur la culpabilité ; ne pas viser, pour la complicité, des questions sur les faits principaux comme étant résolues affirmativement. De même pour la lecture des questions : ne pas lire, à la fin des débats, une question subsidiaire sur la date des faits, comportant l'affirmation de la culpabilité.

Avant, pendant ou après l'audition d'un témoin ou l'interrogatoire d'un accusé, le président peut faire retirer un ou plusieurs accusés, en leur indiquant ensuite ce qui s'est passé en leur absence (art. 339).

Si l'accusé récuse son défenseur, le président peut en commettre un autre d'office. Si l'accusé récuse systématiquement ces défenseurs, le président lui donne la parole.

Devant la *cour d'assises des mineurs,* le président peut ordonner que l'accusé mineur se retire, pendant tout ou partie des débats, mais seulement après l'interrogatoire des accusés (Ord. 2 févr. 1945, art. 20, al. 9).

b) Audition des témoins

Art. 331 et s. Elle peut intervenir après ou avant l'interrogatoire de l'accusé.

On entend d'abord, en principe, les témoins de l'accusation. Les témoins prêtent **serment** (art. 331) : « Jurez de parler sans haine et sans crainte, de dire toute la vérité, rien que la vérité » (ou termes équivalents, selon la religion ou la conscience du témoin ; si l'on ne veut pas dire « Je le jure », on peut dire « Je m'engage et promets »). L'omission de « toute » ne modifie pas la substance du serment ; mais il ne faut pas omettre « rien que la vérité », ni « parler sans haine et sans crainte ». Le témoin dépose en principe sur les faits reprochés à l'accusé, sur sa personnalité ou sa moralité (art. 331, al. 5) ; mais tout témoin acquis aux débats doit prêter serment, même un historien qui ne dépose pas sur des faits qu'il a personnellement constatés (Ass. plén., 11 juin 2004, *Bull. ass. plén.* n° 1).

Une déposition faite sans serment peut être renouvelée avec serment : l'irrégularité est couverte. L'audition d'un témoin ayant prêté serment et se constituant partie civile pendant son audition peut se poursuivre si les parties ne s'y opposent pas.

Certains témoins sont *reprochables* : ils déposent sans serment (art. 335 à 337 ; v. le témoignage). Ce sont essentiellement le père, la mère, les ascendants des accusés, les descendants, les frères et sœurs, les alliés au même degré, le conjoint, même après divorce. Sont donc reprochables les frères et sœurs du conjoint de l'accusé, mais non le conjoint de son frère ou de sa sœur – il y a beau-frère et beau-frère –, ni le cousin ni l'oncle.

Des coaccusés dans un même débat ne peuvent témoigner les uns contre les autres ; mais ils le peuvent et prêtent serment s'ils ne comparaissent pas devant les mêmes juges (ex. parce que, n'ayant pas fait appel, ils ont été condamnés définitivement). Cependant, selon la Cour européenne des droits de l'homme, une condamnation ne peut se fonder exclusivement sur leurs déclarations, faites avant le procès, alors qu'ils n'ont pas témoigné au cours de celui-ci (CEDH, 5 déc. 2002, *Craxi* : violation de l'art. 6, § 1 et § 3, d, Conv. EDH).

Les témoins déposent séparément (art. 331, al. 1 ; règle non applicable aux parties civiles) ; mais ensuite, cette exigence respectée, ils peuvent être confrontés. Le témoin dépose sans être interrompu (art. 331, al. 4 ; ex. par le président lisant une attestation du témoin), sauf le pouvoir du président quant à la police de l'audience. Le président peut autoriser le témoin à s'aider de documents (art. 331). Il peut, avant, pendant ou après l'audition d'un témoin, faire retirer un ou plusieurs accusés, en leur indiquant ensuite ce qui s'est passé en leur absence (art. 339).

Le témoin se retire après sa déposition (art. 334 ; sauf décision contraire du président). Le témoin qui a prêté serment et déposé ne peut ensuite être entendu sans serment et à titre de renseignement. On a vu que, malgré le principe d'oralité des débats, le président peut lire la déposition faite pendant l'instruction par un témoin qui est victime, au cours des débats, d'un malaise pendant sa déposition.

Pour les questions que peuvent poser le ministère public, les avocats des parties, l'accusé, la partie civile, v. le principe du contradictoire (art. 312).

Il peut être décidé de passer outre à l'audition de témoins non nécessaires à la manifestation de la vérité, par la cour, ou, si les parties renoncent à l'audition, par le président (cf. Conv. EDH, art. 6, § 3, d). Mais la Cour européenne des droits de l'homme considère que l'art. 6, § 1 et § 3, d) Conv. EDH implique qu'une occasion adéquate et suffisante soit donnée à la personne poursuivie de contester un témoignage à charge et d'en interroger l'auteur, au moment de la déposition ou plus tard (CEDH, 15 juin 1992, *Lüdi*) et que ces dispositions sont violées lorsqu'une condamnation se fonde, uniquement ou dans une mesure déterminante, sur les dépositions d'un témoin que, ni au stade de l'instruction ni pendant les débats, l'accusé n'a eu la possibilité d'interroger ou de faire interroger (CEDH, 19 déc. 1990, *Delta*).

c) Audition des experts

L'expert prête serment ; s'il est en même temps témoin, il suffit qu'il prête le serment de l'expert. Le devoir de ne pas manifester son opinion sur la culpabilité de l'accusé ne s'impose pas à l'expert, qui peut donc dire par exemple « Cet homme a tué ». Une partie ne peut être entendue comme expert (ex. pour une traduction).

En cas de pluralité d'experts, on peut entendre un seul d'entre eux s'ils ont le même avis.

d) Plaidoirie de l'avocat de la partie civile

e) Réquisitoire du ministère public

En raison du principe de l'oralité, le représentant du parquet n'a pas à faire connaître par avance la teneur de ses futures réquisitions à la défense (Crim., 29 sept. 2004, *Bull. crim.* n° 226).

f) Plaidoirie de l'avocat de la défense

Des répliques sont permises, mais l'accusé et son défenseur doivent avoir la parole les derniers s'ils le demandent, même dans le cas de réouverture des débats, même pour un incident contentieux.
Sauf pour cette dernière règle, l'ordre de parole n'est pas prescrit à peine de nullité.

g) Le président déclare que les débats sont terminés

h) Le dossier est déposé entre les mains du greffier

D. De la clôture des débats à la sentence

Art. 347 et s. Il faut faire état des questions en cour d'assises, décrire la délibération, puis préciser les conséquences de l'arrêt sur l'action publique et sur les dommages-intérêts.

1. Position et rédaction des questions

Les questions sont posées à la cour et au jury par le président, par écrit, sur la *« feuille des questions »*. Si la décision de renvoi retient un crime, les questions ne peuvent en viser plusieurs.
Le problème de la rédaction des questions a souvent obligé à approfondir la notion d'élément de l'infraction, de circonstance aggravante, etc.

• Les questions visent l'infraction, les circonstances aggravantes, les causes légales d'exemption ou de diminution de peine, résultant de la décision de mise en accusation ou révélées par les débats.
La formule : « L'accusé est-il coupable d'avoir… » (art. 349, C. pr. pén.) n'est pas sacramentelle : mais il faut des termes rigoureusement équivalents.

• *Causes d'« irresponsabilité » pénale* (dont certaines, en réalité, sont des causes de non-culpabilité).
Si sont invoqués comme moyen de défense un trouble psychique ou neuropsychique ayant aboli le discernement ou le contrôle des actes, une contrainte, une erreur sur le droit, l'ordre de la loi ou le commandement de l'autorité légitime, la légitime défense, l'état de nécessité, *deux questions* doivent être posées (art. 349-1) :

1) L'accusé a-t-il commis tel fait ?

2) L'accusé bénéficie-t-il pour ce fait de la cause d'irresponsabilité prévue par l'article… du Code pénal ?
Mais on n'a pas à poser de question sur le trouble psychique ou neuropsychique ayant seulement altéré le discernement, qui n'est pas une cause légale de diminution de peine.

• Des **questions spéciales** doivent être posées à propos de chaque circonstance aggravante (art. 350). Mais le président de la cour d'assises doit alors veiller au respect des droits de la défense en mettant celle-ci en mesure de présenter ses observations, avant le réquisitoire et les plaidoiries, si la circonstance aggravante n'était pas visée dans l'arrêt de renvoi (Crim., 16 janv. 2008, *Bull. crim.* n° 11, à propos d'un état de récidive ; 4 févr. 2009, *Bull. crim.* n° 28, pour la préméditation. Cf. art. 6, § 3, a) et b), Conv. EDH ; v. arrêt *Miraux*, cité *infra*).

• Des **questions subsidiaires** sont posées si les débats ont fait apparaître l'infraction sous un aspect différent (art. 351) ; ex. : il y a accusation pour meurtre ; puis, au cours des débats, naît un doute sur l'intention : il faut alors poser :
– une question principale pour le meurtre ;
– une question subsidiaire sur les violences volontaires ayant entraîné la mort sans l'intention de la donner, voire sur l'homicide par imprudence.
En l'absence d'intention, en effet, et à défaut de question subsidiaire, il faut acquitter, sans possibilité d'engager ensuite une autre poursuite, même en disqualifiant (v. la chose jugée).
Mais la Cour européenne des droits de l'homme juge que l'accusé doit pouvoir se défendre contre la qualification évoquée dans une question subsidiaire, si bien qu'il ne suffit pas de la poser juste avant que les débats soient clos et que le jury se retire pour délibérer, quand bien même cette qualification aurait été évoquée au cours de la procédure (CEDH, 26 sept. 2006, *Miraux*, à propos d'un accusé renvoyé pour tentative de viol et condamné pour viol : violation de l'art. 6, § 3, a) et b), Conv. EDH) ; opérant un revirement de jurisprudence, la chambre criminelle consacre désormais cette solution, en décidant que le président doit avertir les parties, avant les plaidoiries et réquisitions, de son intention de poser une question subsidiaire (Crim., 4 févr. 2009, *Bull. crim.* n° 28). On rappellera qu'en écartant une circonstance aggravante, on peut correctionnaliser un crime.

• Pour les *accusés de 16 à 18 ans*, et pour le cas où la culpabilité serait reconnue, il est posé à la *cour d'assises des mineurs* deux questions (art. 20, al. 11, Ord. 2 févr. 1945) : « Y a-t-il lieu d'appliquer à l'accusé une sanction pénale ? » (car même en cas de culpabilité la cour d'assises peut préférer prononcer une mesure d'éducation) ; « Y a-t-il lieu d'exclure l'accusé du bénéfice de la diminution de peine prévue à l'art. 20-2 ? » (de l'Ord. du 2 févr. 1945).

• Les questions doivent être posées *en fait*, non en droit (ex. : ne pas poser une question sur l'aggravation due à la commission en bande organisée, mais viser les circonstances matérielles de cette circonstance aggravante ; mais le mot « meurtre » est suffisant, car il exprime le fait de donner la mort à autrui avec intention.

• Les questions doivent être posées sous *forme simple*, et non complexe, pour que l'on puisse répondre par oui ou par non : il ne faut pas réunir dans une même question plusieurs infractions (ex. recel d'objets provenant de vols distincts), ou une infraction et une circonstance aggravante (*question cumulative*), ni introduire un choix entre plusieurs infractions dans une même question (*question alternative*), ni poser une seule question pour une circonstance aggravante personnelle pouvant concerner deux accusés (ex. préméditation), à la différence des circonstances aggravantes réelles. Mais pour une même infraction (ex. meurtre) on peut diviser les questions selon les éléments constitutifs du crime.
Ex. ne pas demander : « X… est-il coupable d'avoir intentionnellement donné la mort avec préméditation ? », mais :
1re question : « X… est-il coupable d'avoir intentionnellement donné la mort ? »
2e question : « L'a-t-il fait avec préméditation ? »
On ne peut en effet répondre exactement à la question complexe si l'on estime que la mort a été donnée intentionnellement, mais sans préméditation.

Autre exemple : ne pas demander « La séquestration a-t-elle duré un mois ou plus ? » (car on ne peut répondre par oui ou par non).
Le président donne lecture des questions, sauf si elles sont posées dans les termes de la décision de mise en accusation (il faut alors lire même celles qui seront déclarées ultérieurement sans objet, et les lire sans altération du sens), ou en cas de renonciation de la défense ; la dispense vaut même si l'arrêt n'est pas lu en audience publique – huis clos – (art. 348) – pour le respect des droits de la défense en cas de question spéciale ou subsidiaire, v. *supra*. Il lit l'instruction posant le principe de l'intime conviction (v. le texte dans l'art. 353), puis fait retirer l'accusé. L'audience est suspendue : la cour se retire pour délibérer (art. 354).
Si l'accusé est libre, le président lui enjoint de ne pas quitter le palais pendant la durée du délibéré (v. art. 354).

2. La délibération

Art. 355 et s. Elle a lieu *en chambre du conseil*, les juges et les jurés ne pouvant en sortir qu'après décision prise ; nul ne peut y pénétrer sans autorisation du président. Auditeurs de justice et magistrats en stage peuvent être autorisés à assister à la délibération.
Si, pendant la délibération, la cour juge nécessaire d'examiner le dossier, le président ordonne que l'on apporte celui-ci, alors en présence du ministère public, des avocats de l'accusé et de la partie civile (art. 347, al. 4).
La cour et le jury délibèrent sur la culpabilité, puis, en cas de réponse affirmative, sur la peine.
Il avait été envisagé d'imposer la *motivation* des décisions : la règle eût été difficile à mettre en œuvre, le principe demeurant l'intime conviction (ex. : qui aurait rédigé les motifs, et à quel moment ? Les motifs seraient rédigés après le dispositif, alors qu'ils doivent le fonder, on l'a rappelé à propos du jugement du tribunal correctionnel). Pour l'heure, *les réponses aux questions tiennent lieu de motivation pour les arrêts de la cour d'assises* : l'arrêt ne peut comporter d'autres énonciations (la chambre criminelle, en 1999, a cassé deux arrêts de cour d'assises qui avaient cru pouvoir analyser les faits, ou évoquer des éléments de la personnalité de l'accusé). Pourtant la Cour européenne des droits de l'homme juge que cette absence de motivation est contraire à l'art. 6, § 1, Conv. EDH (CEDH, 13 janv. 2009, *Taxquet*), mais la chambre criminelle n'en a cure (Crim., 14 oct. 2009, *Bull. crim.* n° 170 : la cour relève qu'il est suffisant que l'information préalable sur les charges fondant la mise en accusation ait été donnée et que le libre exercice des droits de la défense ainsi que le caractère public et contradictoire des débats aient été assurés).

a) Délibération sur la culpabilité

• La cour et le jury votent sur les différentes questions (bulletins écrits, scrutins séparés et secrets : art. 357) : fait principal, causes d'irresponsabilité pénale, circonstance aggravante, question subsidiaire, cause légale d'exemption ou de diminution de peine, la question d'inceste des art. 222-31-1 et 227-27-2 du Code pénal faisant l'objet d'une « question spécifique » – mais la réponse affirmative à la question principale rend la question subsidiaire sans objet (art. 356).

• La réponse à chaque question est constatée sur la feuille, en marge de la question, immédiatement après chaque scrutin (art. 358, al. 1).

• Les bulletins blancs ou nuls sont comptés comme favorables à l'accusé (art. 358, al. 2).

• Pour toute décision défavorable à l'accusé, ex. culpabilité, la **majorité** nécessaire (art. 359) est de :
– quand la cour d'assises statue **en premier ressort : 8 contre 4** au moins (soit les 2/3 au moins ; si les 3 magistrats ont voté pour la culpabilité, il faut donc en plus la majorité des jurés, 5 sur 9) : c'est le système dit de la « minorité de faveur ». Il y a donc acquittement s'il y a 7 voix pour la condamnation et 5 bulletins nuls.
– quand la cour d'assises statue **en appel : 10 voix contre 5** au moins (soit les 2/3 au moins ; si les 3 magistrats ont voté pour la culpabilité, il faut donc en plus la majorité des jurés, 7 sur 12). Il y a donc acquittement s'il y a 9 voix pour la condamnation et 6 bulletins nuls.

• La majorité exigée est constatée, mais l'on ne doit pas exprimer le nombre de voix (art. 360 ; donc, ne pas dire : « à l'unanimité »).

• Pour la cour d'assises sans jury (v. l'organisation de la cour d'assises), la majorité absolue suffit (art. 698-6 ; 4 voix au moins sur 7, ou 5 sur 9 en appel).

• Si des questions ont été posées sur les *causes d'irresponsabilité*, l'accusé est déclaré coupable s'il est répondu positivement à la 1re question (sur la culpabilité) et négativement à la seconde, non coupable s'il est répondu négativement à la 1re question, ou positivement à la seconde. Si elle a répondu positivement à la première et à la seconde question sur l'existence d'un trouble psychique et neuropsychique ayant aboli le discernement, il y a déclaration d'irresponsabilité pénale pour cause de trouble mental (art. 361-1).

b) Délibération sur la peine

Art. 362. Elle suppose évidemment une réponse affirmative sur la culpabilité. Le président lit au jury les art. 132-18 et 132-24, C. pén. (limites de l'abaissement de peines, et éléments à prendre en considération, v. ci-dessous) et, en cas de récidive, des art. 132-18-1 et 132-19-1 (« peines plancher »). La cour d'assises délibère sans désemparer sur la peine.
Il est possible de prononcer une peine inférieure à la peine encourue, en respectant les minimums (2 ans ou un an d'emprisonnement, selon que la peine encourue est la réclusion ou détention à perpétuité ou à temps) ; sont prises en compte les circonstances de l'infraction, la personnalité de son auteur, et, pour l'amende, ses ressources et charges.
Il peut dans certains cas y avoir culpabilité, mais exemption légale de la peine (v. Mémento de *Droit pénal général*).
Le vote a lieu par scrutins secrets, séparément pour chaque accusé ; la décision est prise à la majorité absolue des votants (7 voix au moins sur 12, 8 sur 15 en appel). Mais il faut **8 voix** au moins (10 en appel) pour prononcer le **maximum** *de la peine privative de liberté encourue*, même s'il s'agit d'une peine correctionnelle ; si ce maximum n'obtient pas cette majorité, on ne peut prononcer plus de 30 ans de réclusion (ou détention) si la peine encourue est perpétuelle, plus de 20 ans si la peine encourue est de 30 ans. Le quorum est le même pour le placement sous surveillance électronique mobile (art. 131-36-11, al. 2, C. pén.). Il faut préciser cette majorité dans la feuille des questions : il ne suffit pas de se référer à l'art. 362.

Si après deux tours de scrutin aucune peine ne réunit la majorité, on procède à un 3e tour en écartant la peine la plus forte proposée au tour précédent ; si alors, au 3e tour, aucune peine n'obtient la majorité, on procède à un 4e tour et ainsi de suite jusqu'à ce qu'une peine soit prononcée.
La majorité ordinaire (7 voix sur 12, ou 8 sur 15 en appel) suffit pour le maximum des peines autres que privatives de liberté, ex. interdiction des droits, pour la période de sûreté décidée par la cour, pour l'interdiction de séjour ; il en est de même pour la confusion des peines, pour le sursis lorsqu'il peut être prononcé.
La majorité ordinaire suffit aussi pour la *cour d'assises sans jury* (art. 698-6).
La cour d'assises délibère également sur les peines accessoires et complémentaires.
Pour les crimes visés à l'art. 706-53-13 (assassinat d'un mineur, viol aggravé, etc.), la cour d'assises se prononce en vue d'une éventuelle rétention de sûreté à l'issue de l'exécution de la peine.
Les réponses aux questions sont irrévocables (art. 365). Il est fait mention des décisions prises sur la feuille des questions (art. 364).
La cour rentre dans la salle ; le président fait comparaître l'accusé ; il lit publiquement l'arrêt (art. 366). *S'il n'y a pas acquittement,* le président avertit l'accusé de la possibilité de faire appel (si la cour statue en premier ressort) ou de se pouvoir en cassation, en lui indiquant les délais d'appel ou de pourvoi (art. 370).

3. Conséquences de l'arrêt au regard de l'action publique

• en cas de condamnation à une peine de confiscation portant sur un bien qui n'est pas sous main de justice, la cour peut ordonner la saisie du bien confisqué, afin de garantir l'exécution de la peine (art. 373-1, créé L. 9 juill. 2010).

• *En cas d'acquittement ou d'exemption de peine, ou en cas de condamnation à une peine autre qu'une peine privative de liberté, ou à une peine couverte par la détention provisoire* : l'accusé est libéré s'il n'est pas détenu pour une autre cause (art. 367, al. 1 ; un placement sous contrôle judiciaire est impossible en cas d'appel du ministère public : Crim., 29 sept. 2004, *Bull. crim.* n° 227).

• *Dans les autres cas,* le mandat de dépôt continue de produire ses effets (ou la cour décerne mandat de dépôt), même pendant l'instance d'appel ou de pourvoi (art. 367, al. 2).

• Contre la personne non détenue et renvoyée pour *délit connexe,* la cour peut décerner mandat de dépôt (décision spéciale et motivée) si la peine prononcée est supérieure ou égale à un an d'emprisonnement, si les éléments de l'espèce le justifient (art. 367, al. 3 ; cf. le mandat de dépôt ou d'arrêt que peut décerner le tribunal correctionnel, art. 465, v. le jugement par le tribunal correctionnel).

• En cas *d'acquittement* devenu définitif (absence d'appel, ou acquittement prononcé par la cour d'assises d'appel), **l'accusé ne pourra être repris ni accusé à raison des mêmes faits**, même si l'on change la qualification (art. 368 ; v. la chose jugée) : d'où l'utilité des questions subsidiaires.

4. Décisions sur les dommages-intérêts

C'est la cour (au sens étroit : le président et les assesseurs) qui statue seule, **sans le jury** (art. 371 ; de même, en cas d'agression sexuelle ou d'atteinte sexuelle commises par le titulaire de l'autorité parentale à l'encontre du mineur considéré, la cour se prononce seule sur le retrait de l'autorité parentale, art. 222-31-1, 227-28-2, qui est une mesure de caractère civil, non une peine). Mais les débats sont publics, sauf huis clos ordonné.

a) La cour statue sur les dommages-intérêts et restitutions pour la partie civile :
• en cas de condamnation ou d'exemption de peine (art. 371) ; la partie civile peut aussi obtenir le remboursement des frais non payés par l'État, art. 375 ; cette condamnation ne peut être prononcée que contre l'auteur de l'infraction.

• même en cas d'acquittement (ou d'exemption de peine), s'il y a *faute distincte de l'accusé*, résultant des faits objet de l'accusation (art. 372 ; v. l'action civile).
La cour d'assises n'est pas tenue de rechercher cette faute, en l'absence de demande de la partie civile, qui doit la prouver.

b) En cas d'acquittement, la cour peut allouer des dommages-intérêts **à l'accusé acquitté**, s'il le demande (art. 371). L'accusé peut demander une indemnité au titre des frais non payés par l'État, à la charge de l'État (mais pouvant être mise à la charge de la partie civile si l'action a été déclenchée par elle) : art. 800-2, R. 249-2 et s.

§ 2 - La procédure par défaut

Elle a remplacé (L. 9 mars 2004) l'ancienne procédure par contumace, qui avait été considérée par la CEDH comme contraire à la Conv. EDH (art. 6, § 3, c). Art. 379-2 à 6 ; cette procédure s'applique aux mineurs âgés de 16 ans au moins (art. 20, al. 10, Ord. 2 févr. 1945).
Art. 379-2. Est jugé par défaut *l'accusé en fuite* (la date de l'audience lui est signifiée : v. art. 270) *ou qui ne se présente pas, sans excuse valable* (sauf s'il est amené par la force, ou expulsé pour avoir troublé l'ordre) ; il en est de même si son absence est constatée au cours des débats et qu'il n'est pas possible de les suspendre jusqu'à son retour. La cour peut aussi renvoyer l'affaire à une session ultérieure, en décernant mandat d'arrêt contre l'accusé.
La procédure par défaut ne s'applique pas au cas où l'accusé refuse de comparaître et qu'il est décidé de passer outre aux débats (art. 320), ni à celui où il est expulsé de la salle en raison de son comportement (art. 322) : art. 379-2, al. 3.

1. La cour examine l'affaire, **sans les jurés, sauf** si sont présents d'autres accusés jugés simultanément, ou si l'absence de l'accusé a été constatée après l'ouverture des débats.

2. *Si un avocat est présent* pour assurer la défense, il est entendu et la procédure se déroule selon les règles ordinaires, sauf celles qui tiennent à la présence de l'accusé.

3. *En l'absence d'avocat*, la cour entend la partie civile ou son avocat, les réquisitions du ministère public, et statue. En cas de condamnation à une peine privative de liberté sans sursis, la cour décerne mandat d'arrêt contre l'accusé.

4. Si l'accusé condamné se constitue prisonnier ou s'il est arrêté avant prescription de la peine, l'arrêt est non avenu, et la cour examine de nouveau l'affaire dans les conditions ordinaires. Le mandat d'arrêt vaut mandat de dépôt jusqu'à la comparution de l'accusé, qui doit intervenir, comme on l'a vu plus haut, en principe dans l'année (v. art. 181).

5. La personne condamnée par défaut **ne peut pas faire appel** (art. 379-5).

6. Ces règles sont applicables aux personnes renvoyées pour délits connexes ; mais la cour peut ordonner la disjonction des procédures : ces personnes sont alors considérées comme renvoyées devant le tribunal correctionnel, pour un jugement par défaut (art. 322).

POUR ALLER PLUS LOIN

EXEMPLES DE SUJETS D'EXAMEN DONNÉS :

Dissertations :

- Les procédures de jugement simplifiées et les droits de la défense
- La motivation des arrêts de cour d'assises

Chapitre 2 › LES VOIES DE RECOURS

› L'essentiel

Les voies de recours sont, comme en procédure civile, le moyen de provoquer un nouvel examen du procès (ou du jugement) par une partie (mais la chambre criminelle ouvre cette possibilité à une personne non partie, sur le fondement de l'art. préliminaire et de l'art. 6, § 1, Conv. EDH, lorsqu'une décision lui fait grief : Crim., 7 oct. 2003, Bull. crim. *n° 181, à propos d'une condamnation civile prononcée contre une compagnie d'assurances).*

• ***Utilité****. Les voies de recours sont une garantie contre les risques d'*erreur *ou d'*injustice *(particulièrement graves en* matière pénale*, où les voies de recours sont donc d'ordre public : on ne peut y renoncer à l'avance, on ne peut que laisser passer les délais de recours sans agir).*

• ***Danger*** possible *: elles entraînent un retard dans la solution des procès.*
On fait, entre les voies de recours, deux distinctions *:*

1. *On distingue les* voies de recours de rétractation *(ex. l'opposition), adressées à la juridiction qui a statué, pour lui demander de revenir sur sa décision, de se rétracter, et les* voies de recours de réformation *(ex. l'appel), adressées à une juridiction supérieure (ou, en matière criminelle, à une autre cour d'assises), pour lui demander de réformer la sentence rendue.*

2. *On distingue les* voies de recours ordinaires *(l'opposition, l'appel), ouvertes à tous, sauf texte contraire, et qui entraînent un nouvel examen de l'affaire, et les* voies de recours extraordinaires *(le pourvoi en cassation, le pourvoi en révision, la demande de réexamen après un arrêt de la CEDH), recevables seulement dans les cas énumérés par la loi, et qui entraînent l'examen de la décision elle-même (mais parfois aussi du fond).*
Aucune voie de recours n'est ouverte contre une simple mesure d'administration judiciaire (Crim., 10 mai 2007, Bull. crim. *n° 122).*
La CEDH considère que « si le droit d'exercer un recours est bien entendu soumis à des conditions légales, les tribunaux doivent, en appliquant des règles de procédure, éviter à la fois un excès de formalisme qui porterait atteinte à l'équité de la procédure, et une souplesse excessive qui aboutirait à supprimer les conditions de procédure établies par les lois »… (CEDH, 26 juill. 2007, Walchli*).*

Section 1 › LES VOIES DE RECOURS ORDINAIRES

Il s'agit de l'opposition et de l'appel.

§ 1 - L'opposition

C'est la voie de recours contre les jugements ou arrêts rendus **par défaut** en matière correctionnelle et de police (art. 487 et s., 544 et 545, C. pr. pén. ; pour l'opposition par le défendeur à un arrêt de la Cour de cassation en l'absence de notification,

v. art. 579). En matière criminelle, si l'accusé ne comparaît pas, s'ouvre la procédure par défaut vue plus haut.

A. Conditions de l'opposition

1. Jugement ou arrêt par défaut

L'opposition suppose un jugement ou un arrêt rendu par défaut (l'aurait-il été à tort : Crim., 12 sept. 2007, *Bull. crim.* n° 204). Il faut *protéger les intérêts* de la personne absente de bonne foi ; mais la loi a beaucoup restreint la notion de défaut, *pour lutter contre l'esprit dilatoire*.

Il y a en effet décision contradictoire, ou selon les cas décision réputée contradictoire, ou décision contradictoire à signifier, donc sans opposition possible puisqu'il n'y a pas défaut, dans les cas suivants :

• Citation régulière (le tribunal peut décerner un mandat d'amener ou d'arrêt, art. 410-1), comparution personnelle ;

• Prévenu présent au début de l'audience (art. 413), mais quittant la salle sans se défendre ou ne se présentant pas à l'audience de renvoi – décision contradictoire à signifier : Crim., 26 avr. 2006, *Bull. crim.* n° 113 ;

• Citation régulière (n'est pas telle celle qui indique une date d'audience erronée : Crim., 19 sept. 2007, *Bull. crim.* n° 218, ou qui n'a pas été délivrée à l'adresse indiquée par le prévenu : Crim., 20 févr. 2007, *Bull. crim.* n° 49) à personne ou connaissance effective de la citation à domicile, à étude d'huissier ou à parquet (seulement si la personne n'a en France ni domicile ni résidence connus : art. 559), et non-comparution sans excuse (art. 410) ; vaut citation à personne la convocation, sur instructions du procureur de la République, par un OPJ ou un APJ, ou, pour un prévenu détenu, par le chef d'établissement (art. 390-1). Le prévenu est jugé par jugement contradictoire à signifier (sauf cas suivant). Si l'avocat est présent pour la défense, il doit être entendu (art. 410 ; cf. CEDH, 23 mai 2000, *Van Pelt*), même s'il n'a pas de mandat de représentation (Crim., 23 oct. 2007, *Bull. crim.* n° 251) et le jugement est alors contradictoire (Crim., 12 déc. 2006, *Bull. crim.* n° 310) ; l'avocat peut présenter des observations orales, mais aussi déposer des conclusions écrites auxquelles la juridiction doit répondre (Crim., 12 déc. 2006, préc.). Si après l'audience, mais avant la reddition de la décision, l'avocat d'un prévenu cité à mairie, non comparant ni représenté à ladite audience sollicite la reprise des débats, la juridiction ne peut opposer un refus qu'à la condition d'indiquer l'urgence particulière qui s'y oppose (Crim., 21 févr. 2007, pourvoi n° 06-85750, visant l'art. préliminaire)

• Demande du prévenu d'être jugé en son absence, si le tribunal n'estime pas la comparution nécessaire (v. la comparution à l'audience ; art. 411, al. 1) : l'avocat est entendu ; si le tribunal estime la comparution nécessaire, il cite de nouveau le prévenu ; si le prévenu est absent à l'audience de renvoi, il peut être jugé contradictoirement si son avocat est entendu (si l'avocat a demandé cette comparution et n'est pas présent, le prévenu, sur renvoi, est jugé par jugement contradictoire à signifier – art. 411, dernier al.).

• De même en cas de citation directe de la partie civile, quelle que soit la durée de la peine encourue, lorsque le prévenu a demandé à être jugé en son absence ; l'avocat du prévenu est entendu (art. 411, al. 1 et 2).

• Absence due à l'état de santé du prévenu, qui pourra être entendu par un juge commis (art. 416).

• Devant le tribunal pour enfants, quand le mineur est dispensé de comparution (art. 13, al. 2, Ord. 2 févr. 1945 : décision réputée contradictoire).

Bref, un jugement ou un arrêt est donc le plus souvent contradictoire ou contradictoire à signifier : il n'est rendu **par défaut** que dans *deux cas* :

• si le prévenu, cité à personne, à domicile, parquet ou étude d'huissier, ne comparaît pas, avec excuse valable (appréciation souveraine de la juridiction) ;

• si le prévenu, non cité à personne, n'a pas eu connaissance de la citation (sauf s'il a demandé à être jugé en son absence) ; mais l'avocat est entendu s'il le demande, et le jugement est alors contradictoire à signifier (art. 412, 487).

Le condamné par défaut qui a *prescrit* sa peine ne peut former opposition (art. 133-5, C. pén.). Le *ministère public* ne peut former opposition, puisque, appartenant à la juridiction, il ne peut faire défaut.

Pour la partie civile : si elle est régulièrement citée, elle est *considérée comme se désistant si elle ne comparaît pas et ne se fait pas représenter* (mais le jugement constatant ce désistement présumé est assimilé à un jugement par défaut et l'opposition est donc possible : art. 425). Dans certains cas, on l'a vu, la partie civile peut ne pas comparaître, en envoyant une LRAR ou une télécopie, ou après demande pendant l'enquête de police (art. 420-1, C. pr. pén.). L'art. 410 (excuse valable) n'est pas applicable à la partie civile.

2. Délai

Art. 491, 492. **10 jours** à compter de la signification du jugement (un mois si le prévenu réside hors de la France métropolitaine), ce jour n'étant pas compté ; le délai expire le dernier jour à minuit (c'est la date de distribution de l'avis de réception de la LR qui compte, non celle de la présentation).

Si le prévenu a eu connaissance de la signification, il doit faire opposition dans les 10 jours. S'il n'en a pas eu connaissance, le délai d'opposition court à compter du jour où il apprend le jugement de condamnation, l'opposition étant recevable jusqu'à expiration du délai de prescription de la peine (décompté à partir de l'expiration du délai d'appel : Crim., 11 févr. 1981, *Bull. crim.* n° 59), à savoir 3 ans pour les peines contraventionnelles, en principe 5 ans pour les peines correctionnelles. Le délai est de 5 jours pour l'opposition à un arrêt de la Cour de cassation ou de la juridiction de renvoi (art. 579, 589).

Contre l'arrêt qui aurait dû être rendu par défaut, le pourvoi en cassation est irrecevable : mais la notification de l'irrecevabilité fait de nouveau courir le délai d'opposition contre l'arrêt attaqué.

Le délai lui-même est *suspensif* de l'exécution (sauf pour certaines décisions, ex. mandat d'arrêt, art. 465, v. l'exécution provisoire).

Pour la partie civile et la personne civilement responsable, l'opposition est possible pour tout jugement par défaut rendu à leur encontre, dans le délai de 10 jours (un mois) à compter de la signification du jugement (art. 493).

3. Forme

L'opposition n'est soumise à aucune condition de forme spéciale. Pour le prévenu en fuite, après plusieurs arrêts en sens contraire, la chambre criminelle juge désormais que l'opposition peut être formée par un mandataire muni d'un pouvoir spécial (ex. Crim., 11 sept. 2007, *Bull. crim.* n° 197), pour se conformer à la jurisprudence de la CEDH en matière d'exercice des voies de recours (ex. CEDH, 29 juill. 1998, *Guérin*, 27 avr. 2004, *Maat* : art. 6, Conv. EDH et le droit d'accès à un tribunal ; mais v. CEDH, 16 mai 2002, *Karatas et Sari*, pour des prévenus en fuite après violation d'un contrôle judiciaire).

L'opposition est portée à la connaissance du ministère public, qui avise la partie civile par lettre recommandée avec AR (art. 490). Si l'opposant est détenu, l'opposition peut être faite par déclaration au chef d'établissement, adressée au ministère public (art. 490-1).

La partie civile, elle, peut toujours être représentée.

B. Effets de l'opposition

1. L'opposition du prévenu anéantit la décision

La décision frappée d'opposition est non avenue, c'est-à-dire anéantie dans toutes ses dispositions, pénales comme civiles (donc aussi la condamnation du civilement responsable). Mais le prévenu peut limiter son opposition aux dispositions civiles du jugement (art. 489, al. 2 ; il ne peut donc la limiter aux seules dispositions touchant l'action publique : Crim., 16 mai 2006, *Bull. crim.* n° 135). L'art. 489 est sans application en cas de relaxe, l'appel étant ouvert au ministère public et à la partie civile (Crim., 25 juin 2008, *Bull. crim.* n° 168).

L'opposition interrompt la prescription de la peine qui court depuis le jugement de condamnation par défaut et constitue le point de départ d'un nouveau délai de prescription de l'action publique (Crim., 20 mai 2003, *Bull. crim.* n° 100).

L'opposition par une partie rend l'appel de celle-ci irrecevable (de même que l'appel d'une partie rend son opposition irrecevable).

2. Suites de l'opposition

a) Absence de comparution

Si l'opposant (ou son avocat : Crim., 2 sept. 2003, *Bull. crim.* n° 149) ne comparaît pas à la date fixée par notification verbale, ou s'il y a nouvelle citation à personne (**itératif défaut**), l'opposition est non avenue (art. 494 ; *« opposition sur opposition ne vaut »*) ; il y a *débouté d'opposition*, qui rend sa valeur à la première décision : le condamné peut seulement utiliser appel et pourvoi en cassation.

Cependant, en cas d'emprisonnement sans sursis, le tribunal peut ordonner le renvoi et faire rechercher l'opposant. Si les recherches sont infructueuses, le tribunal déclare l'opposition non avenue, sans nouveau renvoi ; il en est de même si l'opposant mis en demeure ne comparaît pas (art. 494). Si les circonstances le justifient, il peut, par décision motivée, modifier le jugement, sans aggraver la peine (art. 494-1).

Si l'opposant *n'a pas été averti* et ne comparaît pas, la juridiction doit rendre une nouvelle décision par défaut, *susceptible* à son tour *d'opposition* : c'est un revirement de jurisprudence (ex. Crim., 26 mars 2008, *Bull. crim.* n° 75), abandonnant ici le principe « opposition sur opposition ne vaut ».

b) Comparution

Si l'opposant comparaît (à l'audience à laquelle il a été convoqué, n'aurait-il pas comparu ensuite à l'audience de renvoi : Crim., 16 nov. 2005, *Bull. crim.* n° 298), l'affaire est de nouveau examinée, la juridiction pouvant rendre une décision différente de la première, *dans le sens de l'aggravation ou de l'atténuation*, pour l'action publique comme pour l'action civile.

Il y a toutefois *trois limites* à ce pouvoir : le cas prévu par l'art. 494-1, v. ci-dessus ; le cas du mandat d'arrêt décerné par le tribunal : le mandat continue de produire ses effets, même si la peine est réduite (art. 465, al. 2, al. 4) ; le cas où une provision a été accordée à la victime (art. 464, al. 3).

§ 2 - L'appel

C'est la voie de recours contre un jugement rendu **en premier ressort** (pour l'appel contre les ordonnances du juge d'instruction ou du juge des libertés et de la détention, v. l'instruction). Art. 496 et s. et 546, et 380-1 à 380-15, C. pr. pén.

Pour l'appel contre les décisions du *juge de l'application des peines* et du *tribunal de l'application des peines*, art. 712-11 et s., v. Mémento de *Criminologie et science pénitentiaire*.

A. Conditions de l'appel

Il faut préciser les décisions susceptibles d'appel, le délai et la forme de l'appel.

1. Décisions susceptibles d'appel

a) En matière criminelle

Cet appel (art. 380-1 et s., C. pr. pén.) est porté devant une cour d'assises autre que celle qui a statué (ou, ex. pour un département d'outre-mer, la même, autrement composée, dans laquelle siègent, outre les magistrats, 12 jurés, et qui procède à un « réexamen » de l'affaire) : c'est donc un appel particulier, puisque la cour d'assises saisie de l'appel **réexamine** l'affaire en son entier (l'appel ne peut donc se limiter à la seule peine prononcée : Crim., 2 févr. 2005, *Bull. crim.* n° 39 ; de même, le procureur général ne peut limiter son appel aux seuls chefs d'accusation pour lesquels un acquittement a été prononcé : Crim., 24 juin 2009, *Bull. crim.* n° 135), mais *ne confirme ni n'infirme ni ne réforme la première décision.*

Il peut être formé contre les *arrêts de condamnation* (en ce qui concerne la partie civile, seulement quant aux intérêts civils) ; **contre les décisions d'acquittement**, le pourvoi ne peut être formé que **par le procureur général** (art. 380-2, dern. al. ; ce pourvoi est possible même en cas d'acquittement partiel : Crim., 15 janv. 2003, *Bull. crim.* n° 9, sol. impl.). C'est la chambre criminelle qui désigne cette cour d'assises, dans le mois de l'appel.

En cas d'appel d'une condamnation prononcée par la cour d'assises des mineurs émanant d'un accusé majeur, l'appel est porté devant la cour d'assises de droit commun (Crim., 15 févr. 2001, *Bull. crim.* n° 44).

Aux termes de l'art. 380-2, peuvent appeler : l'accusé, le ministère public ; contre les acquittements, le procureur général (ou ses substituts : ex. Crim., 31 mai 2007, *Bull. crim.* n° 147), et non pas le procureur de la République (ex. Crim., 23 juill. 2003, *Bull. crim.* n° 140) ; pour leurs intérêts civils uniquement, le civilement responsable et la partie civile (mais la partie civile non constituée en 1re instance ne peut se constituer en appel ; en cas d'appel du ministère public, les administrations publiques quand elles exercent l'action publique. Le condamné par défaut ne peut pas faire appel (art. 379-5 ; Crim., 30 janv. 2008, *Bull. crim.* n° 26).

Si la *cour d'assises* n'est pas saisie de l'appel contre la décision sur l'action publique, *l'appel contre le seul jugement sur l'action civile est porté devant la chambre des appels correctionnels* (art. 380-5).

La cour d'assises statue *sans les jurés* dans deux cas (art. 380-1) :

– quand l'accusé, renvoyé pour un délit connexe au crime, est seul appelant (y compris en cas d'appel incident du ministère public : Crim., 7 juill. 2005, *Bull. crim.* n° 204) ;

– quand l'appel du ministère public contre un arrêt de condamnation ou d'acquittement concerne un délit connexe à un crime, en l'absence d'appel contre la condamnation criminelle.

b) En matière correctionnelle

Art. 496 et s. L'appel est toujours ouvert (art. 496) ; on rappellera, selon une solution valant pour toutes les voies de recours, que le fait qu'un prévenu se soustraie à un mandat de justice ne suffit pas à rendre son appel irrecevable (Crim., 24 nov. 1999, *Bull. crim.* n° 199). Mais la *partie civile* et le *civilement responsable* ne peuvent faire appel que pour les intérêts civils (art. 497 ; droit général et absolu, selon la jurisprudence : Crim., 26 oct. 2004, *Bull. crim.* n° 252) ; l'assureur intervenant (même pour la première fois en appel) – de même que l'assureur ni intervenant, ni mis en cause mais condamné en premier ressort : Crim., 7 oct. 2003, *Bull. crim.* n° 181, visant l'art. préliminaire et l'art. 6, § 1, Conv. EDH) peut faire appel sur l'action civile (cet appel produit effet pour l'assuré : art. 509, al. 2, mais, inversement, l'appel de l'assuré n'a pas d'effet sur l'assureur : Crim., 19 juin 1996, *Bull. crim.* n° 262).

L'appel contre un jugement **distinct du jugement sur le fond** (**jugement d'avant dire droit**), statuant sur un incident ou une exception (ex. nommant un expert pour évaluer le préjudice) n'est **en principe recevable qu'après jugement sur le fond**, en même temps que l'appel contre ce jugement (art. 507 : lutte contre les manœuvres dilatoires) ; de même pour les arrêts de la cour d'assises sur des incidents contentieux (art. 316).

Il est par exception immédiatement recevable :

• si le jugement met fin à la procédure (ex. prescription, amnistie, ou jugement ordonnant un renvoi sans fixer de date, ou annulant les actes relatifs à une garde à vue et la procédure de comparution immédiate consécutive en ordonnant la mise en liberté) ; exemple de jugement ne mettant pas fin à la procédure : jugement annulant des pièces et renvoyant le ministère public à se pourvoir ;

• s'il y va de l'intérêt de l'ordre public ou de la bonne administration de la justice (le président de la chambre des appels correctionnels, dans les 8 jours, accepte ou rejette la requête tendant à faire déclarer l'appel immédiatement recevable ; si la requête est admise, la cour statue dans le mois : art. 508). Même s'il n'a pas usé de cette faculté, l'appelant conserve le droit d'exercer l'appel : le recours sera alors examiné en même temps que l'appel contre la décision au fond (Crim., 14 févr. 2006, *Bull. crim.* n° 37).

c) En matière contraventionnelle

Art. 546 et s. L'appel est *moins largement ouvert*. Cependant il est toujours possible dans certaines matières (ex. eaux et forêts, Sécurité sociale : art. 546, al. 4).

Si une *contravention* est unie à un délit par un lien de *connexité*, l'appel est possible pour le tout. Si une infraction est déférée au tribunal de police ou au juge de proximité alors qu'elle constitue un *délit*, la cour d'appel statue au fond (art. 549).

L'appel est jugé par la cour composée du seul *président de la chambre des appels correctionnels*, siégeant à juge unique (art. 547, al. 3 ; la composition collégiale est donc irrégulière : Crim., 14 juin 2006, *Bull. crim.* n° 180). Il est ouvert selon *trois règles*.

1. *Pour le prévenu, le ministère public* (qui, dans les cas ci-dessous, peut faire appel même si le jugement a été rendu conformément à ses réquisitions) – procureur général et procureur de la République –, et les personnes **civilement responsables**, *l'appel est ouvert* en raison de l'amende *encourue*, ou de la peine *prononcée* (art. 546, al. 1) :

• en raison de **l'amende encourue :** *amende du montant prévu pour les contraventions de 5e classe* (1 500 €) ; si l'amende encourue est inférieure, l'appel est donc irrecevable même de la part du ministère public. S'il y a plusieurs contraventions, on additionne les amendes pour déterminer si l'appel est ouvert (ex. Crim., 4 févr. 2009, *Bull. crim.* n° 27 : 2 contraventions de 4e classe).

Dans ce cas, même s'il y a eu relaxe, l'appel est donc possible pour le ministère public (pour la partie civile, v. ci-dessous).

• en raison de la peine **prononcée** :
– Suspension du permis de conduire ;
– Amende supérieure à l'amende des contraventions de 2e classe (150 €).

2. Mais *quelle que soit la peine encourue ou prononcée*, si des *dommages-intérêts* ont été alloués, l'appel est possible pour le prévenu et le civilement responsable (art. 546, al. 2).

3. *Pour la partie civile*, l'appel est possible dans tous les cas, mais seulement quant aux intérêts civils (art. 546, al. 3).

Si un jugement du tribunal de police ou du juge de proximité est *qualifié à tort « en dernier ressort »*, et s'il n'a donc pas été fait appel alors que l'appel était possible, le pourvoi en cassation est irrecevable ; mais il diffère l'ouverture du délai d'appel jusqu'à notification de l'arrêt de la Cour de cassation déclarant le pourvoi irrecevable. Si un jugement du tribunal de police ou du juge de proximité est *qualifié à tort « en premier ressort »* (l'appel en réalité n'était pas possible), le pourvoi en cassation est irrecevable, mais il diffère l'ouverture du délai d'appel jusqu'à notification de l'arrêt cassant l'arrêt d'appel ayant statué sur l'appel. V. le pourvoi en cassation.

Pour les jugements distincts du jugement sur le fond *(jugements d'avant dire droit)*, les règles sont les mêmes qu'en matière correctionnelle (v. ci-dessus).

2. Délai

a) Le délai est en principe de 10 jours

Art. 498 et 498-1 ; pour la cour d'assises, 380-9. Cela sauf force majeure (ex., parfois, hospitalisation). Le délai expire à l'heure de fermeture du greffe. Le jour du point de départ n'est pas compté dans le délai (mais le jour d'expiration est compris dans le délai). Sous réserve de la faculté d'exercer un appel incident (v. b), le **point de départ** est, selon le cas :

• le *prononcé* de la décision contradictoire (art. 498, al. 1 ; même en cas de non-comparution, après ajournement, à l'audience où il doit être statué sur la peine, v. le jugement) ; pour le ministère public, toujours du prononcé de la décision, quelle que soit sa nature ;

• la *signification*, quel qu'en soit le mode (art. 498, al. 2), dans les cas suivants : 1. partie non présente ni représentée au prononcé, après débat contradictoire, si elle ou son représentant n'ont pas été informés du jour du prononcé ; 2. prévenu jugé en son absence, après audition d'un avocat sans mandat ; 3. prévenu qui n'a pas comparu sur nouvelle citation après demande d'être jugé en son absence, son avocat n'ayant pas été présent à l'audience ; 4. cas prévus par les art. 410 et 494-1, sous réserve de l'art. 498-1 ; 5. la jurisprudence y a ajouté le cas d'un jugement signifié à l'étranger, à compter de la remise de l'acte selon la convention internationale applicable.

• la signification à domicile, à étude d'un huissier de justice ou à parquet, pour un jugement contradictoire à signifier non signifié à personne, condamnant à un emprisonnement ferme ou avec sursis partiel (mais si le prévenu n'en a pas eu connaissance, il peut faire appel pour le pénal et le civil jusqu'à prescription de la peine ; le délai d'appel court de la date de la connaissance de la condamnation) : art. 498-1.

• Pour l'appel contre un arrêt de la cour d'assises : le prononcé de l'arrêt, ou, en l'absence d'indication du jour du prononcé, pour la partie non présente ni représentée, sa signification (art. 380-9).
Mais une signification irrégulière ne fait pas courir le délai d'appel (ex. faite à parquet alors que le prévenu est incarcéré en France).

b) Le délai est parfois plus long

• Le délai est de **20 jours** pour l'appel du **procureur général** (art. 505, al. 1, 549 : initialement ce délai était de 2 mois, mais il a été jugé contraire au principe de l'égalité des armes par la CEDH, et par la chambre criminelle, en sorte que le législateur l'a réduit en 2009). Même lorsqu'elle est saisie par ce seul appel, la cour peut prononcer une peine moindre que celle retenue par les premiers juges (art. 505, al. 2).

• L'appel d'une partie ouvre aux autres le droit de faire **appel incident**, sur l'*appel principal* : le délai est prolongé de 5 jours (art. 500, et 380-10 pour la cour d'assises). Il en résulte, ajouté au délai d'appel principal, un délai global de 15 jours à partir du prononcé de l'arrêt, pour toutes les parties admises à interjeter un appel principal (ex. Crim., 6 janv. 2009, *Bull. crim.* n° 2). L'appel du procureur général ouvre également droit à un appel incident, dans ce même délai (art. 505, al. 2).
Le désistement de son appel principal par le prévenu ou la partie civile dans le mois de l'appel entraîne la caducité des appels incidents, y compris celui du ministère public (art. 500-1 ; pour la cour d'assises, art. 380-11), qu'il s'agisse du parquet général ou du parquet de première instance (Crim., 21 juin 2006, *Bull. crim.* n° 191). En cas de désistement, le président rend d'office une ordonnance de non-admission de l'appel, sans recours (art. 505-1), sauf excès de pouvoir (Crim., 25 nov. 2009, *Bull. crim.* n° 196).
La jurisprudence, plus largement, admet que le parquet peut se désister de son appel principal (Crim., 27 juin 2007, *Bull. crim.* n° 176).

• Le délai expirant un samedi, dimanche, jour férié ou chômé, est prorogé jusqu'au 1er jour ouvrable suivant (art. 801).

c) Le délai est parfois plus bref

Ex. 24 heures, pour un jugement statuant sur une demande de mise en liberté ou concernant le contrôle judiciaire ou l'assignation à résidence avec surveillance électronique (art. 501).

En cas d'appel tardif, le président rend d'office une ordonnance de non-admission, sans recours (art. 505-1), – sauf excès de pouvoir : Crim., 2 avr. 2008, *Bull. crim.* n° 92.
Le délai lui-même est *suspensif* de l'exécution de l'arrêt sur l'action publique (sauf le délai d'appel du procureur général, pour l'application de la peine : art. 708, al. 2) : mais pour la cour d'assises, en cas de condamnation à une peine privative de liberté, le mandat de dépôt continue de produire effet (art. 380-4).

3. Formes

La déclaration d'appel est signée au greffe de la juridiction qui a rendu la décision attaquée, par le greffier et par l'appelant ou un avocat (qui n'est pas tenu de fournir un pouvoir spécial) ou un fondé de pouvoir spécial (elle ne peut se faire par lettre ni par télégramme, ni par télécopie, sauf force majeure). Si l'appelant est détenu : déclaration au chef de l'établissement pénitentiaire, qui la transmet au greffe (pour la télécopie, Crim., 4 avr. 2007, *Bull. crim.* n° 107). Art. 502 et 503 (pour la cour d'assises, art. 380-12 et 380-13). Si l'appelant est libre, il doit déclarer son adresse ou celle d'un tiers, et ses changements ; toute citation ou notification à la dernière adresse est réputée faite à personne, et s'il ne comparaît pas sans excuse valable, il est jugé par arrêt contradictoire à signifier (art. 503-1).
Après hésitation, la jurisprudence considère que l'appel formé par un avocat au nom d'une *personne morale* peut ne pas préciser l'organe qui la représente.

B. Effets de l'appel

L'appel produit un effet suspensif, et un effet dévolutif.

1. Effet suspensif

L'appel suspend l'exécution de la décision attaquée (le délai d'appel lui-même est suspensif). Art. 506 ; pour la cour d'assises, art. 380-4.

Principe : il n'y a **pas d'exécution provisoire** (c'est une différence avec la procédure civile) : ex. pour l'amende.

Exceptions : il y aura alors **exécution immédiate** de la décision, l'appel ne produisant pas son effet suspensif ; par ex. :
• pour la *partie civile*, quand le versement provisoire des dommages-intérêts, ou d'une provision, est ordonné ; l'exécution provisoire ordonnée peut être arrêtée par le Premier président en référé (v. art. 515-1 ; pour l'appel en cour d'assises, art. 380-8).

• pour le contrôle judiciaire et l'assignation à résidence avec surveillance électronique en cas de convocation par procès-verbal ou de comparution immédiate (art. 397-3, al. 1 ; v. le jugement), et la détention provisoire en cas de comparution immédiate (art. 397-3, al. 2).

• pour *l'ordonnance d'homologation* de la peine proposée en cas de « plaider coupable » (art. 495-11, al. 2, C. pr. pén.).

• pour le *condamné placé sous mandat de dépôt ou d'arrêt*, mandat que peut délivrer le tribunal correctionnel si la peine prononcée est d'un an d'emprisonnement au moins sans sursis (parfois sans cette condition de durée : art. 465 et 397-4, v. le jugement) ; la cour peut donner mainlevée du mandat.

• pour le prévenu non condamné à l'emprisonnement sans sursis (ex. déclaration de culpabilité avec dispense ou ajournement de peine) ou, en cas de détention provisoire ordonnée par le tribunal, quand l'emprisonnement prononcé est couvert par la détention : malgré l'appel du ministère public, le prévenu doit être remis en liberté (art. 471).

• pour le prévenu déclaré coupable avec ajournement de peine avec mise à l'épreuve (art. 132-63, C. pén.).

• révocation du sursis avec mise à l'épreuve (art. 132-51, C. pén.).

• en cas d'appel d'une décision de cour d'assises, pour le mandat de dépôt à l'encontre de la personne condamnée à une peine privative de liberté (art. 380-4, al. 2).

• pour les *mesures d'instruction ordonnées par la cour d'assises* statuant en premier ressort (art. 374, al. 2).

• pour les *décisions du JAP et du TAP* ; cependant, si l'appel du ministère public est formé dans les 24 heures de la notification, il suspend l'exécution ; l'affaire doit être examinée dans les 2 mois de l'appel du parquet (art. 712-14). V. aussi art. 763-3, al. 2 (suivi socio-judiciaire) ; art. 754, dern. al. (contrainte judiciaire).

• décision du Premier président de la cour d'appel accordant réparation d'une détention provisoire (art. R. 40, C. pr. pén.).

• **peuvent** être déclarées exécutoires par provision, par ex. :
– les *peines alternatives* des art. 131-6 à 131-11 C. pén. (art. 471, al. 4, C. pr. pén.).
– la condamnation avec *sursis avec mise à l'épreuve* (art. 132-41, C. pén.)
– la décision d'ajournement de peine avec injonction (art. 132-68, C. pén.).
– la semi-liberté ou le placement à l'extérieur décidés par la juridiction (art. 132-25, al. 3, C. pén.)
– le placement sous surveillance électronique d'un condamné objet d'un mandat de dépôt ou d'arrêt selon l'article 397-4 C. pr. pén. (art. 132-26-1, al. 2, C. pén.).
– la *cure* des toxicomanes.
– les décisions du *juge des enfants* et du *tribunal pour enfants* (art. 22, al. 1, Ord. 2 févr. 1945).
– les décisions de la *cour d'assises statuant en premier ressort* (art. 374, al. 1) ; v. art. 380-8.

2. Effet dévolutif

Le procès est transmis à la juridiction d'appel. Mais cet effet dévolutif est d'une part limité à plusieurs points de vue, d'autre part, *pour la cour d'appel*, élargi par le droit d'évocation.

a) Limites de l'effet dévolutif

Les pouvoirs de la juridiction d'appel sont déterminés par l'objet du jugement, par les termes de l'appel, et par la qualité de l'appelant.

• Par l'objet du jugement

Les juges ne peuvent tenir compte de faits nouveaux, non soumis aux premiers juges : c'est **l'interdiction des demandes nouvelles** en appel (en application du principe du *double degré de juridiction*) : pour la partie civile, art. 515, al. 3, 380-6, C. pr. pén. (règle qui n'est pas d'ordre public).

Toutefois :
– la partie civile peut demander en appel l'augmentation des dommages-intérêts pour le préjudice souffert *depuis la décision de 1re instance* (même la partie civile non appelante ; pour l'appel contre la décision de la cour d'assises, art. 380-6, al. 2), ou même une augmentation des dommages-intérêts après une *évaluation plus exacte*, ou même des dommages-intérêts *chiffrés pour la première fois en appel*, la partie civile ayant soulevé l'incompétence du tribunal correctionnel, et celui-ci ayant statué par un même jugement sur la compétence et l'action publique ; les proches d'une victime blessée, parties civiles pour leur préjudice moral, peuvent demander en appel réparation du préjudice moral résultant du décès de la victime survenu après la condamnation définitive du prévenu.
– l'interdiction n'empêche pas d'invoquer des **moyens** nouveaux, un fondement juridique différent : n'est pas nouvelle, par exemple, la demande de la partie civile d'être indemnisée selon l'art. 470-1 (en cas d'homicide ou d'atteinte à l'intégrité de la personne par imprudence avec relaxe). Mais les *exceptions préjudicielles* et les moyens de défense tirés de la *nullité* de la procédure antérieure au 1er degré ont dû être soulevés devant le tribunal au seuil des débats (v. les nullités) ;
– l'interdiction n'est pas *d'ordre public* ;
– on notera la possibilité d'*intervenir en appel* pour l'assureur dans certains cas (art. 388-1, 509, 515, v. l'action civile) ; le Fonds de garantie automobile peut intervenir pour la 1re fois en appel (art. L. 421-5, C. assur.), ce que ne peut faire la partie civile ; le Fonds de garantie pour les victimes d'infractions peut même se constituer partie civile pour la 1re fois en appel (art. 706-11).

• Par les termes de l'appel

C'est le sens de la maxime : *tantum devolutum quantum appellatum*. La question se pose quand l'appel est limité à certains chefs. Exemples : l'appel *limité au pénal* n'a pas d'effet au civil, ni sur l'action à fins fiscales ; quand le prévenu limite son appel au pénal, la cour peut relaxer, mais la condamnation aux dommages-intérêts du premier degré est maintenue ; l'appel de l'accusé limité au pénal n'ouvre pas d'appel incident pour la partie civile ; l'appel *limité au civil* rend définitif le jugement sur l'action publique ; mais en cas d'appel du prévenu limité au civil, la constatation d'une faute ayant concouru à la production du dommage s'impose à la juridiction d'appel ; de même la recevabilité de la partie civile.

Sur l'appel de l'administration des Douanes limité au civil, la cour ne doit pas se prononcer sur les sanctions fiscales, l'action tendant à leur prononcé n'étant pas assimilable à l'action civile.

Le principe s'applique aussi à l'appel du ministère public (Crim., 21 sept. 2004, *Bull. crim.* n° 214 : sauf indications contraires, son appel, principal ou incident, saisit la cour de l'intégralité de l'action publique).

• Par la qualité de l'appelant

C'est la **prohibition de la** *reformatio in pejus*. **L'appel ne peut produire que des résultats conformes à l'intérêt de son auteur partie privée agissant seule** *;* et l'appel d'une partie ne peut profiter à une autre partie non appelante, sauf exception légale ou indivisibilité : ex. sur l'appel du ministère public et d'une seule partie civile, la cour ne peut aggraver le sort du prévenu pour une partie civile non appelante. Art. 515, al. 2. Pour la cour d'assises, art. 380-3 et 380-6 ; mais la partie civile non appelante peut exercer les droits devant la cour d'assises d'appel les droits reconnus à la partie civile jusqu'à la clôture des débats (art. 380-6, al. 2 ; ex. intervention, demande ou refus du huis clos).

– *S'il y a appel du prévenu (ou de l'accusé) ou de son assureur,* **seuls :**
la juridiction d'appel ne peut aggraver la condamnation ; elle peut la maintenir, l'atténuer ou la supprimer. Par exemple elle ne peut révoquer le sursis avec mise à l'épreuve accordé par les premiers juges, ni aggraver la peine d'emprisonnement, même en l'assortissant du sursis, même avec mise à l'épreuve (ex. : pas de condamnation à 8 mois dont 4 avec ce sursis après condamnation à 6 mois sans sursis), ni augmenter la réparation allouée à la victime non appelante, ni condamner l'accusé à une réparation civile d'un euro alors que la partie civile, déclarée irrecevable, n'a pas fait appel, ni ajouter une peine complémentaire, même en diminuant la peine principale ; mais on peut substituer, à 18 mois dont un an avec sursis simple, 18 mois dont un an avec sursis avec mise à l'épreuve pendant 3 ans.

– *S'il y a appel de la partie civile, du civilement responsable (ou de leur assureur pour les intérêts civils),* **seuls :**
la juridiction d'appel *ne peut alors connaître* **que des intérêts civils**, car la décision sur l'action publique a acquis l'autorité de la chose jugée (différence avec l'appel contre l'ordonnance de non-lieu, v. l'instruction) ; et par l'effet de la prohibition de la *reformatio in pejus*, elle ne peut supprimer ni diminuer la condamnation aux dommages-intérêts, ni se déclarer incompétente parce que les faits seraient criminels : l'action publique, en effet, n'est plus en cause.
Sur le seul appel de la partie civile, la cour ne peut se prononcer sur la régularité de l'action publique, ex. sur une exception de nullité d'un acte d'instruction.
En cas d'**appel de la partie civile seule après relaxe**, la cour ne peut prononcer de peine : mais elle doit rechercher si les faits constituent une infraction (même si elle est incompétente pour allouer la réparation demandée : Crim., 30 oct. 2007, *Bull. crim.* n° 257), les qualifier, et, s'il y a infraction, elle peut condamner à des dommages-intérêts, malgré la relaxe. On notera que pour l'application des *sanctions fiscales*, mesures mixtes, l'appel de l'administration contre un prévenu oblige les juges à statuer aussi sur l'action publique.

– *S'il y a appel du ministère public* **même seul :**
La cour est saisie de la cause entière quant à l'action publique (art. 515 ; de même pour l'appel en cour d'assises), même s'il s'agit d'un appel incident ; elle est libre de condamner après acquittement, ou, après condamnation, d'aggraver la **peine** prononcée (ou de l'atténuer ou d'acquitter, car le ministère public représente l'intérêt de la société, qui n'exige pas nécessairement une aggravation de la peine : cf. art. 505, al. 2, pour l'appel du procureur général) ; elle n'est pas liée par les termes de l'appel du ministère public (ex. appel *a minima* formé pour faire prononcer une peine plus forte). Mais la cour ne peut alourdir une peine au seul motif que le prévenu nie une culpabilité selon elle évidente, à peine de violer l'art. 2, prot. n° 7, Conv. EDH qui reconnaît à tout condamné le droit de saisir une juridiction supérieure (Crim., 24 janv. 2007, *Bull. crim.* n° 17). Mais l'appel du ministère public est sans effet sur les *intérêts civils* (sauf en cas d'évocation, v. b) : par ex., sur le seul appel du ministère public d'une relaxe, la cour ne peut déclarer recevable une constitution de partie civile.

– S'il y a seulement appel du ministère public, du prévenu et du civilement responsable, la cour ne peut réformer le jugement au profit de la partie civile non appelante et intimée.

Souvent toutes les parties font appel, ce qui donne tout pouvoir à la cour d'appel. Mais l'appel du ministère public et du prévenu ne peut profiter à la partie civile non appelante, et sur les seuls appels au pénal, les parties civiles ne peuvent intervenir en appel.

b) Extension de l'effet dévolutif : l'évocation (pouvoir de la cour d'appel)

Domaine : la procédure suppose une *irrégularité dans la décision des premiers juges* (art. 520). Mais l'énumération de l'art. 520 n'est pas limitative (jurisprudence constante), si bien que la jurisprudence l'a élargi : il peut donc y avoir évocation en cas d' « omission ou de violation des formes prescrites par la loi à peine de nullité », ex. omission du nom des magistrats, décision erronée sur la recevabilité d'une opposition, irrégularité de *l'enquête*, affectant la saisine du tribunal, de l'acte par lequel les premiers juges ont été saisis ; mais aussi en cas de réformation du jugement ayant déclaré à tort une constitution de partie civile irrecevable, ou ayant déclaré à tort la prescription acquise.

La juridiction d'appel, *en infirmant le jugement*, statue alors elle-même **sur le fond**, en évoquant l'affaire (par *exception* à la règle, il n'y a pas évocation en cas d'incompétence, les premiers juges s'étant déclarés à tort *compétents* ; mais l'évocation a lieu si les juges se sont déclarés à tort *incompétents*). L'évocation **est obligatoire** en matière pénale, alors qu'elle est facultative en matière civile (v. Mémento de *Droit judiciaire privé – Procédure civile*). Elle ne joue pas en cas d'appel des décisions de cours d'assises.

Dans le cas d'un appel contre une ordonnance homologuant la peine à l'occasion d'une procédure de comparution sur reconnaissance préalable de culpabilité, la cour évoque (art. 520-1).

L'évocation a donc l'inconvénient de *porter atteinte au double degré de juridiction*, mais l'avantage de rendre la procédure plus rapide, et de ne pas amener les premiers juges à se déjuger. L'évocation n'est pas possible si le prévenu n'a pas été cité devant la juridiction qui a statué (le jugement lui étant donc inopposable).

Effets : en cas d'évocation :

– S'il y a annulation d'un jugement *ayant statué au fond*, la réformation *ne peut pas être défavorable à l'appelant* ; en cas d'appel d'une ordonnance d'homologation de peine dans le « plaider coupable », la cour évoque, sans pouvoir prononcer une peine plus sévère que celle homologuée, sauf s'il y a appel du ministère public (art. 520-1) ;

– Mais s'il y a annulation d'un *jugement incident*, la cour d'appel est *saisie de la cause entière, même sur l'appel d'une seule partie*, ex. partie civile ou ministère public. La cour peut aggraver ou diminuer peine et dommages-intérêts, quelle que soit la qualité de l'appelant : les parties sont alors privées du second degré de juridiction quant au fond.

– Après évocation, la cour ne peut confirmer le jugement annulé.

C. Débats et arrêt

À l'audience de la cour d'appel, l'appel est jugé sur le rapport oral d'un conseiller et le prévenu est interrogé (art. 513 et 460). Le ministère public peut s'opposer à l'audition des témoins cités par le prévenu déjà entendus par le tribunal, la cour tranchant avant débat au fond (art. 513, al. 2) ; cette règle ne vaut pas pour les témoins cités par

la partie civile, pour un appel limité au civil. Le refus de procéder à une audition ne doit pas porter atteinte au *principe de l'égalité des armes* (art. 6, § 1, et § 3, d, Conv. EDH) : ainsi la CEDH a jugé qu'une cour d'appel ne peut pas condamner le prévenu sur le fondement de témoignages qui n'avaient pas empêché les premiers juges de relaxer, si elle n'entend pas ces témoins : mais elle estime que c'est à l'intéressé de rendre vraisemblable que la convocation d'un témoin était nécessaire à la recherche de la vérité et que le refus de l'interroger a porté atteinte aux droits de la défense.
Après indication sommaire des motifs de l'appel par l'appelant, on entend la partie civile, le ministère public, le prévenu et s'il y a lieu le civilement responsable. Mais le prévenu ou son avocat doivent avoir la parole en dernier ; cette règle joue même pour un incident dès lors qu'il n'est pas joint au fond, mais elle ne joue pas si seule la partie civile fait appel d'une relaxe : l'action publique étant éteinte, la partie non condamnée perd la qualité de prévenu, elle n'est qu'intimée.
L'arrêt rendu par la cour d'appel (pour les contraventions, son président siège à juge unique) peut *confirmer* la décision des premiers juges, *infirmer* cette décision, ou l'infirmer sur un point et la confirmer sur un autre (art. 514, 515, 516 et s.). Une nouvelle qualification des faits peut être retenue, si du moins le prévenu a été mis en mesure de se défendre.
La cour d'assises statuant sur appel, elle, on l'a vu, « réexamine » l'affaire.

Section 2 › LES VOIES DE RECOURS EXTRAORDINAIRES

Le pourvoi en cassation est le moyen de corriger les *erreurs de droit* de la décision attaquée, le pourvoi en révision les *erreurs de fait ;* la demande en réexamen après arrêt de la Cour européenne des droits de l'homme permet de rectifier des violations de la Conv. EDH contenues dans la décision critiquée.

§ 1 - Le pourvoi en cassation

Comme en matière civile, le pourvoi en cassation a pour objet d'assurer **l'exacte interprétation de la loi et l'unité de jurisprudence.**
Art. 567 et s., C. pr. pén.
La Cour de cassation juge le **droit**, non le fait : elle juge les jugements, non les procès. Elle doit tenir pour exacts les faits résultant de la décision attaquée : elle n'est *pas un troisième degré de juridiction* (sauf quand la chambre criminelle statue sur un *pourvoi en révision*, v. cette question).
On étudiera le pourvoi de droit commun, puis les pourvois dans l'intérêt de la loi.

A. Le pourvoi de droit commun

Il faut déterminer les conditions du pourvoi, ses effets, la procédure devant la Cour de cassation, et la nature de la décision prise sur le pourvoi.

1. Conditions du pourvoi en cassation

il faut, pour se pourvoir, avoir été *partie à l'instance* (mais pour le témoin assisté, v. l'instruction), et avoir un *intérêt* (ce qui n'est pas le cas, par ex., du prévenu ayant bénéficié d'une décision de relaxe).

Ces conditions concernent les décisions pouvant être attaquées, les causes d'ouverture à cassation, la forme et le délai du pourvoi.

a) Décisions susceptibles de pourvoi en cassation

• Tous les jugements et arrêts rendus en **dernier ressort**, c'est-à-dire *non susceptibles d'appel ni d'opposition*. Ex. le pourvoi est irrecevable si l'opposition, qui était possible, n'a pas été utilisée, ou si l'appel, qui était possible, n'a pas été utilisé.
Comme on l'a vu à propos de l'appel, si un jugement du tribunal de police ou du juge de proximité est *qualifié à tort « en dernier ressort »*, et s'il n'a donc pas été fait appel alors que l'appel était possible, le pourvoi en cassation est irrecevable ; mais il diffère l'ouverture du délai d'appel jusqu'à notification de l'arrêt de la Cour de cassation déclarant le pourvoi irrecevable. Si un jugement du tribunal de police ou du juge de proximité est *qualifié à tort « en premier ressort »* (l'appel en réalité n'était pas possible), le pourvoi en cassation est irrecevable, mais il diffère l'ouverture du délai d'appel jusqu'à notification de l'arrêt cassant l'arrêt d'appel ayant statué sur l'appel.
Le condamné par défaut en cour d'assises ne peut former un pourvoi en cassation, puisque sa condamnation n'est pas irrévocable.

• Contre un jugement *distinct d'un jugement sur le fond* (jugement d'avant dire droit, ex. ordonnant une mesure provisoire), le pourvoi n'est possible qu'*en même temps que le pourvoi contre le jugement sur le fond* (avec les mêmes exceptions que pour l'appel, v. l'appel ; le président de la chambre criminelle accepte ou rejette la requête tendant à faire déclarer le pourvoi immédiatement recevable : art. 571).

• *Le pourvoi n'est pas possible contre l'acquittement prononcé par la cour d'assises* même statuant en appel (sauf dans l'intérêt de la loi, v. plus loin, B, et sauf pour la partie civile quant à ses intérêts civils) : art. 572.

• Si le président de la chambre criminelle constate qu'il a été formé un pourvoi contre une décision non susceptible de recours, il rend une *ordonnance de non-admission* du pourvoi, sans recours (art. 567-1).

• Le pourvoi en cassation contre les arrêts de la **chambre de l'instruction** a été étudié, pour ses cas d'ouverture, avec la chambre de l'instruction.

• En cas de pourvoi en cassation contre une ordonnance du président de la chambre de l'instruction en principe non susceptible de recours (v. l'instruction), le président de la chambre criminelle rend une *ordonnance de non-admission* (mais on a vu que le pourvoi est transmis à la chambre criminelle si une ordonnance contient un excès de pouvoir ou un risque d'excès de pouvoir).

• Le pourvoi en cassation est prévu à l'égard des décisions du président de la chambre de l'application des peines de la cour d'appel et de cette chambre (art. 712-15).

b) Causes d'ouverture

Ces causes sont limitées, puisque le pourvoi en cassation est une voie de recours extraordinaire (art. 591 et s.).

1. Irrégularité de la composition de la juridiction.

2. Incompétence.

3. Excès de pouvoir.

4. Inobservation des formes prescrites à peine de nullité (ex. publicité de l'audience ; en matière criminelle, v. la procédure en cour d'assises). En matière correctionnelle, le prévenu n'est pas recevable à présenter comme moyen de cassation les nullités qu'il n'a pas soulevées devant la cour (sauf la nullité pour incompétence s'il y a eu appel du ministère public) ; de même pour l'accusé devant la cour d'assises : la nullité doit avoir été invoquée avant l'ouverture des débats (avant la composition du jury de jugement ; v. art. 599).

5. Omission de statuer ou décision *ultra petita*.

6. Contrariété de jugements.

7. Défaut, insuffisance, contradiction de motifs (ex. arrêt confirmant toutes les dispositions d'un jugement et modifiant les peines, ou énonçant dans le dispositif un préjudice différent de celui énoncé dans les motifs).

8. Violation des droits de la défense.

9. Application inexacte de la loi (violation de la loi ; les *lois étrangères* sont interprétées souverainement par les juges du fond, sauf dénaturation) : il peut s'agir d'une *fausse interprétation de la loi*, d'une *erreur dans la qualification des faits*, de *l'application d'une peine différente* de celle prévue par la loi.
Mais il y a une **limite** importante à ce cas d'ouverture à cassation : c'est la théorie de la **peine justifiée ;** il n'y a pas cassation si la peine prononcée aurait pu l'être, selon la loi, pour l'infraction commise, même s'il y a erreur dans la citation du texte de loi (art. 598, C. pr. pén.).
Cette notion a été étendue par la jurisprudence, par réaction contre les pourvois trop nombreux : il n'y aura pas cassation lorsque la peine infligée ne dépasse pas celle fixée par le texte qui aurait dû être appliqué :

• en cas d'*erreur sur la qualification* (ex. escroquerie au lieu d'abus de confiance ; faux document administratif au lieu de faux certificat ; relaxe pour agression sexuelle dans un cas de harcèlement sexuel) ;

• en cas d'*erreur sur la nature de la participation* (ex. en tant que coauteur ou complice), si cette erreur est sans conséquence sur la peine.
Mais la théorie est inapplicable en cas d'erreur, par ex. sur la qualité de récidiviste, ou sur une règle d'ordre public relative à l'organisation ou à la compétence des juridictions pénales, ex. en cas de condamnation pour contravention de 1re classe pour des faits constituant une contravention de 5e classe.

c) Délai

Sauf force majeure (ex. parfois l'hospitalisation ; n'est pas force majeure le fait d'habiter à 50 km de la cour d'appel), le pourvoi doit être formé dans les **5 jours** : art. 568 (3 jours pour les infractions de presse : art. 59, L. 29 juill. 1881 ; si une telle infraction est en concours avec une autre de droit commun, chaque délai obéit à sa règle propre ; de même 3 jours en matière de mandat d'arrêt européen : art. 695-31 et 568-1), même pour le pourvoi admis immédiatement contre un jugement ne mettant pas fin à la procédure. Un obstacle de droit peut suspendre le délai. Le délai expire à l'heure de fermeture du greffe.
Le délai est *franc* : le pourvoi peut être formé le jour de son point de départ, pendant les 5 jours suivants, et lendemain du dernier jour – ce qui fait donc 7 jours,

plus éventuellement la prorogation indiquée ci-après, et en dehors même de la force majeure (exception en matière de *presse* : le délai de 3 jours expire le 3e jour après le jour de la décision).
Le délai expirant un samedi, dimanche, jour férié ou chômé, est prorogé jusqu'au 1er jour ouvrable suivant (art. 801).
Le point de départ de ce délai est :
• le prononcé de la sentence contradictoire rendue en dernier ressort ;

• le jour où l'opposition n'est plus recevable, pour les décisions par défaut (pour le prévenu) et l'expiration du délai de 10 jours suivant la signification (pour le ministère public) ;

• la signification dans plusieurs cas (art. 568) : après débat contradictoire, partie non présente ou représentée au prononcé de l'arrêt, si elle n'a pas été informée de ce jour ; prévenu ayant été jugé en son absence après défense par un avocat sans mandat ; prévenu régulièrement cité n'ayant pas comparu sans excuse valable, après citation à personne ou connaissance de la citation à domicile, à étude d'un huissier de justice ou à parquet ; prévenu n'ayant pas répondu à une nouvelle citation, avec renvoi, l'avocat étant alors absent ; prévenu jugé par itératif défaut ; de même pour le condamné à un emprisonnement ferme ou avec sursis partiel.
Pour la CEDH, il faut tenir compte du délai d'acheminement du courrier, même si le requérant n'a pas demandé de relevé de forclusion.
Le délai lui-même est *suspensif.*

d) Formes
• **Déclaration écrite** et signée au greffe de la juridiction qui a rendu la décision attaquée (art. 576 ; si le condamné est incarcéré, déclaration au chef d'établissement, transmise à ce greffe : art. 577), sauf force majeure. Ne seraient valables ni une lettre, même recommandée, ni un télégramme, ni un télex. Le pourvoi au nom d'une *personne morale* n'a pas à préciser l'organe qui la représente (Crim., 22 oct. 1998, 2 arrêts, *Bull. crim.* n° 275).
La déclaration doit être signée par le demandeur, ou un avoué près la juridiction qui a statué, ou un *fondé de pouvoir spécial,* et pas seulement général (ex. : « faire toutes suites nécessaires ») ; il a été jugé que le demandeur ne peut autoriser son avocat à se faire substituer par un confrère n'appartenant pas à la même SCP, même en cas de contrat de collaboration ; le pouvoir spécial peut être transmis par télécopie, puisque celle-ci comporte la signature, mais pas par télex, faute de remplir cette condition. On ne peut donner pouvoir à l'avocat pour former un pourvoi contre une décision non encore rendue.
En matière criminelle, toutefois, l'avocat de l'accusé peut former un pourvoi contre l'arrêt criminel ou civil sans pouvoir spécial.
On a vu que le condamné en fuite ne peut pas être privé du droit de former un recours (pour le pourvoi en cassation, Crim., 30 juin 1999, *Bull. crim.* n° 167).

• **Notification du pourvoi** au ministère public et aux parties, dans les 3 jours (art. 578).

• **Mémoire personnel**, contenant les *moyens de cassation, facultatif* ; le mémoire est toutefois *obligatoire* en cas de *pourvoi contre un arrêt de chambre de l'instruction* : art. 567-2. Le mémoire est *déposé* (art. 584 à 585-1) :

– *soit au greffe de la juridiction* qui a rendu la décision attaquée, et non directement à la Cour de cassation (art. 584), dans les 10 jours (délai non franc) de la déclaration de pourvoi ; le mémoire doit être signé par le demandeur (pour les personnes morales, il est signé par le représentant), sauf impossibilité médicale, et non par son avocat, même muni d'un pouvoir spécial.
– *soit, après le délai de 10 jours, au greffe de la Cour de cassation.* Le *demandeur condamné pénalement* par la décision attaquée (il n'y a pas *condamnation* pénale en cas de dispense de peine) peut transmettre lui-même (pas l'avocat qui l'a représenté devant les juges du fond) son mémoire (les autres parties ne peuvent le faire que par un avocat à la Cour de cassation : art. 585) ; son mémoire doit parvenir à ce greffe *un mois au plus tard* après la date du pourvoi, *sauf dérogation* par le président de la chambre criminelle (art. 585-1).
En cas de pourvoi contre un *arrêt de la chambre de l'instruction*, le mémoire doit être déposé dans le mois de la réception du dossier, sauf prolongation de 8 jours par le président de la chambre criminelle (art. 567-2, al. 2).
Le mémoire personnel contient les *moyens de cassation* (art. 584) ; il peut être déclaré irrecevable pour obscurité et imprécision. La Cour peut ordonner la suppression d'un passage injurieux (art. 41, al. 4, L. 1881 ; ex. le dossier « conduit à s'interroger sur l'état mental » de la personne, pouvant être « hystérique ou nymphomane »).
Le *ministère public* n'est pas soumis aux art. 584 et 585 ; mais il doit produire son mémoire dans un délai raisonnable, afin de respecter les principes du procès équitable, de l'équilibre des droits des parties et du délai raisonnable de jugement des affaires pénales : tel est le cas de celui parvenu 34 jours après la formation du pourvoi (Crim., 10 oct. 2006, *Bull. crim.* n° 246 : référence à l'art. préliminaire et à l'art. 6, Conv. EDH), mais pas de celui arrivé 9 mois après.

2. Effets du pourvoi en cassation

Le pourvoi en cassation produit un effet suspensif et un effet dévolutif.

a) Effet suspensif

Art. 569. Le pourvoi suspend l'exécution de la sentence (le délai lui-même est suspensif). Ex. : en cas de déclaration de culpabilité avec ajournement de peine, le pourvoi suspend l'exécution de l'arrêt ; la cour d'appel ne peut donc se prononcer sur la peine avant l'arrêt de la Cour de cassation.
Les **exceptions** à la règle sont les mêmes que pour l'appel (v. l'appel) ; pour les *mineurs,* le pourvoi n'a d'effet suspensif que pour les condamnations pénales : les autres mesures concernant les mineurs sont d'application immédiate (art. 24, dern. al., Ord. 2 févr. 1945). L'effet suspensif ne concerne pas le pourvoi contre les décisions du JAP et du TAP (art. 712-15), ni l'exécution des *condamnations civiles* (art. 569).

b) Effet dévolutif

La chambre criminelle est saisie, mais seulement pour les questions de droit. Et l'effet dévolutif est limité par la qualité du demandeur (v. l'appel) : il y a interdiction, en principe, de la *reformatio in pejus*. Toutefois, en toute matière, dans l'intérêt de l'*ordre public* ou d'une *bonne administration de la justice*, la chambre criminelle peut ordonner que l'annulation qu'elle prononce aura effet à l'égard de parties à la procédure qui ne se sont pas pourvues (art. 612-1, v. plus loin la cassation avec renvoi) ; mais le condamné qui ne s'est pas pourvu et au profit duquel l'annulation a été étendue ne peut être condamné à une peine supérieure à celle prononcée par la décision annulée (art. 612-1, al 2).

3. Procédure

• Après mise en état par le greffier, le dossier est adressé au procureur général près la Cour de cassation qui le transmet au greffe de la chambre criminelle ; le président désigne un *conseiller* pour faire le rapport (art. 587). Si un ou plusieurs avocats se sont constitués (dans le mois qui suit la date du pourvoi, sauf dérogation accordée par le président de la chambre criminelle : art. 585-1, al. 2), le conseiller rapporteur fixe un délai pour qu'ils déposent leurs *mémoires* au greffe de la chambre criminelle (art. 588) ; des mémoires additionnels sont possibles jusqu'au dépôt de son rapport par le conseiller (art. 590).
Les mémoires contiennent les *moyens de cassation* et visent les textes qui auraient été violés (art. 590). Ils font état de *moyens de droit*, et non de fait ou mélangés de droit et de fait ; ils ne doivent pas faire état de *moyens nouveaux*, non soumis aux juges du fond, sauf s'il s'agit de moyens d'ordre public (ex. incompétence, prescription de l'action publique).

• Lorsque le président estime que la solution paraît s'imposer, la chambre criminelle en **formation restreinte** (3 magistrats) statue. Elle *peut* renvoyer à la chambre en formation plénière à la demande d'une partie, et *doit* renvoyer à cette chambre à la demande d'un magistrat de la formation restreinte.
La formation restreinte déclare *non admis* les pourvois *irrecevables ou non fondés sur un moyen sérieux de cassation* (art. 567-1-1).

• Seule la partie civile est obligée de recourir au ministère d'un avocat à la Cour de cassation.

• Le monopole de la prise de parole des avocats au Conseil d'État et à la Cour de cassation est jugé légitime par la CEDH, compte tenu du rôle particulier de la Cour de cassation. La chambre criminelle peut d'ailleurs décider la comparution personnelle des parties. En outre, les audiences étant publiques (art. 601), les parties peuvent entendre les conclusions de l'avocat général et doivent avoir la possibilité d'y répondre par une note en délibéré.

• Un rapport est fait par un conseiller. À la suite de plusieurs arrêts de la CEDH (v. not. CEDH, 31 mars 1998, *Reinhardt et Slimane-Kaïd*), désireuse d'imposer le respect du *principe de l'égalité des armes*, la communication de ce rapport et du projet d'arrêt n'est plus réservée au seul parquet général ; par ailleurs, les parties, y compris celles qui ne sont pas représentées, sont désormais informées du sens des conclusions de l'avocat général.

• À l'audience, on entend la lecture du rapport, les avocats, puis les conclusions du ministère public (art. 602) ; devant la chambre criminelle, l'avocat général, comme on vient de le dire, ne soutient pas l'accusation, mais veille à l'exacte application de la loi pénale.

4. Décision

En cas de pourvoi contre un arrêt de la chambre de l'instruction sur la *détention provisoire* (mais non pour le contrôle judiciaire), ou de *renvoi en cour d'assises*, la décision doit intervenir dans les 3 mois de la réception du dossier. En cas de pourvoi déclaré immédiatement recevable contre une décision distincte d'une décision sur le fond, la chambre criminelle doit statuer dans les 2 mois (art. 604).

À la suite de plusieurs arrêts de la CEDH (CEDH, 30 oct. 1991, *Borgers*), l'avocat général n'assiste plus au délibéré (il ne prenait pas la parole, ni ne participait au vote) ; la solution ne tient pas compte de ce qu'à la chambre criminelle, le ministère public n'exerce pas l'action publique et ne requiert pas de peine.

Les arrêts de la Cour de cassation sont de plusieurs sortes (art. 605 et s.).

a) Arrêt d'irrecevabilité ou de déchéance, si les conditions légales ne sont pas remplies (pour l'opposition par le défendeur, v. art. 579 et 589).

b) Arrêt de non-lieu à statuer si, depuis la condamnation, le pourvoi est devenu sans objet (ex. extinction de l'action publique par une amnistie).

c) Arrêt de rejet si le pourvoi n'est pas fondé. La partie dont la demande en cassation a été rejetée ne peut plus se pourvoir contre la même décision, sous quelque prétexte et par quelque moyen que ce soit (art. 618). L'arrêt condamne en principe l'auteur de l'infraction (et lui seul : pas la partie civile, par exemple, même en cas de relaxe du prévenu) à payer à la partie civile (et à elle seule : pas à l'assureur par exemple) une somme au titre des frais non payés par l'État (art. 618-1).

d) Arrêt de cassation si le pourvoi est accueilli.

La cassation *par retranchement* d'une peine prononcée à tort n'entraîne pas nécessairement cassation des autres dispositions de l'arrêt : la chambre criminelle *abandonne* la théorie de *l'indivisibilité* entre la déclaration de culpabilité et la peine.

Il peut y avoir cassation avec renvoi, ou sans renvoi.

• **Cassation avec renvoi**, pour un nouveau jugement, devant une nouvelle juridiction, *de même nature que celle qui a rendu la décision attaquée* (art. 609 ; sauf évidemment en cas de cassation pour incompétence ; sauf aussi en cas de cassation d'un arrêt de cour d'assises annulé seulement quant aux intérêts civils : renvoi devant une cour d'appel, art. 610) ; la juridiction de renvoi peut être la même que celle qui a statué, composée d'autres magistrats – et dans ce cas aucun des premiers juges ne doit siéger, mais le ministère public peut être le même.

La juridiction de renvoi ne peut statuer qu'à l'égard de la personne qui s'est pourvue, sauf dans l'intérêt de l'ordre public ou d'une bonne administration de la justice : l'annulation est alors étendue aux parties qui ne se sont pas pourvues (art. 612-1) ; mais cette extension ne permet pas à la juridiction de renvoi d'aggraver la peine de l'accusé ne s'étant pas pourvu (art. 612-1, al. 2). De même, en cas de cassation d'une décision ayant annulé les poursuites, la juridiction de renvoi doit statuer sur l'action civile et sur l'action publique, même si seul le ministère public s'est pourvu en cassation (Crim., 19 sept. 2007, *Bull. crim.* n° 214).

La juridiction de renvoi a les mêmes pouvoirs que la juridiction dont la décision a été cassée à l'égard des parties qui se sont pourvues. Après relaxe et sur le seul pourvoi de la partie civile, la juridiction de renvoi ne peut prononcer une peine. Mais si la décision cassée a été rendue *en appel*, joue l'interdiction de la *reformatio in pejus*, sauf s'il y a eu appel du ministère public.

Si la décision cassée a été rendue en premier et dernier ressort, la juridiction de renvoi a tout pouvoir : elle peut par exemple aggraver le sort de l'accusé, même seul à s'être pourvu.

Si la décision de la juridiction de renvoi ne statue pas dans le même sens que la chambre criminelle, un nouveau pourvoi est possible :
– Si le pourvoi est fondé sur des *moyens différents*, il est soumis de nouveau à la chambre criminelle.
– Sil est fondé sur les *mêmes moyens*, il est soumis à l'**assemblée plénière**, qui rejette ou casse. S'il y a renvoi, la juridiction doit se conformer à la décision de l'assemblée plénière sur les points de droit jugés par celle-ci.
Le renvoi devant l'assemblée plénière peut d'ailleurs avoir lieu dès avant (ex. avant ouverture des débats), lorsque l'affaire pose une *question de principe*.

• **Cassation sans renvoi**, si le renvoi est inutile :
– parce qu'il n'y a rien à juger (ex. : action publique éteinte par amnistie, prescription) ;
– parce qu'il suffit de retrancher une peine complémentaire prononcée à tort ;
– si les faits souverainement appréciés par les juges du fond permettent d'appliquer la règle de droit appropriée (art. L. 411-3, COJ), par ex. le maximum de la peine que les juges du fond avaient dépassé.
– la cassation peut être prononcée pour partie avec renvoi, pour partie sans renvoi.

B. Les pourvois dans l'intérêt de la loi

1. Les pourvois réservés

a) Le pourvoi du procureur général près la Cour de cassation (art. 621, C. pr. pén.)
Le procureur de la République est donc sans qualité pour se pourvoir.
Ce pourvoi peut être formé, *sans condition de délai* (même oralement à l'audience), de la propre initiative du procureur, *pour assurer le respect des principes* : il est donc possible *même contre une décision ayant l'autorité de la chose jugée*. Ce pourvoi peut être formé même si les parties n'ont pas fait de pourvoi ou si leur pourvoi a été rejeté ou déclaré irrecevable, ou même, avec moyen différent, après cassation sur le pourvoi d'une partie.
Ce pourvoi ne peut ni nuire aux parties, ni leur profiter (ex. contre un arrêt d'acquittement de la cour d'assises).

b) Le pourvoi du procureur général près la cour d'appel (art. 597)
Ce pourvoi est formé contre l'arrêt d'acquittement en cour d'assises (v. les conditions du pourvoi de droit commun). Il est soumis au *délai ordinaire*.

2. Le pourvoi sur l'ordre du garde des Sceaux

Ce pourvoi est formé par le procureur général près la Cour de cassation sur l'ordre du garde des Sceaux (art. 620 ; le procureur de la République est donc sans qualité pour se pourvoir).

• Ce pourvoi n'est soumis à *aucune condition de délai* (ex. pourvoi formé 22 mois après la décision attaquée).

• *Son domaine est plus large* que celui des pourvois réservés : il peut être formé :
– *même contre une décision ayant l'autorité de la chose jugée* ;
– même contre les décisions rendues en premier ressort ;
– même contre les motifs du jugement ;
– même contre des actes judiciaires autres que des jugements.

• *Ses effets sont plus profonds* : ce pourvoi ne peut nuire à la partie civile, ni au condamné (ex. un sursis avec mise à l'épreuve illégalement accordé – pour un emprisonnement de plus de 5 ans – est cependant maintenu), mais il peut lui profiter ; ex. cour d'assises ayant prononcé une peine supérieure à celle encourue : il y a révision, mais la cassation ne peut remettre en cause les décisions favorables à l'accusé (cf. en procédure civile : v. Mémento de *Droit judiciaire privé – Procédure civile*).

§ 2 - Le pourvoi en révision

C'est la voie de recours destinée à **réparer les erreurs judiciaires** (les *erreurs de fait*). Art. 622 et s.

On observera qu'à la différence des autres voies de recours (sauf, on l'a vu, les pourvois en cassation dans l'intérêt de la loi, et la demande en réexamen après arrêt de la CEDH, v. § 3), le pourvoi en révision s'exerce **contre une décision ayant l'autorité de la chose jugée.**

A. Conditions du pourvoi en révision

Ces conditions concernent les décisions susceptibles de recours en révision, les causes d'ouverture, et les personnes pouvant former ce recours.

1. Décisions susceptibles de recours en révision

Le recours en révision est ouvert *seulement contre les décisions non susceptibles d'autres voies de recours*.

a) Le recours n'est ouvert :

• Que contre les *sentences de condamnation* (ou de *dispense de peine*, ou d'*ajournement de peine*, ou d'*exemption de peine* car ces sentences comportent déclaration de culpabilité, ou même des sentences de condamnation civile sans condamnation pénale, sur recours sur les seuls intérêts civils, après relaxe ainsi devenue définitive : Crim., 27 avr. 1989, *Bull. crim.* n° 172) ; mais il n'est **pas ouvert contre un acquittement prononcé à tort.**

• Que contre les *sentences criminelles ou correctionnelles*, **non contre les sentences contraventionnelles** (ex. après retrait de points du permis à la suite d'un excès de vitesse, alors que le panneau d'agglomération avait disparu), sauf si la contravention est indivisible avec un crime ou un délit lui-même soumis à révision.

• Il n'est pas ouvert contre les condamnations à des dommages-intérêts pour abus de constitution de partie civile.

b) Le recours est ouvert :

• même si la sentence de condamnation a cessé de s'exécuter (ex. grâce) ;

• même en cas d'amnistie (ce qui est plus curieux, puisque c'est une exception à l'effet rétroactif de l'amnistie, v. Mémento de *Droit pénal général)* ;

• même après la *mort du condamné*, au profit de la mémoire de celui-ci.

• contre les décisions concernant les mineurs même s'il s'agit de mesures éducatives.

2. Causes d'ouverture

Des quatre cas légaux (art. 622), le plus fréquemment invoqué est le quatrième.

a) **Après condamnation pour homicide :** des pièces sont produites, propres à faire naître des indices suffisants sur l'existence de la prétendue victime (on rappellera qu'une condamnation pour meurtre est possible en droit français même si le cadavre de la victime n'est pas retrouvé).

b) **Contrariété de jugements.** Décisions inconciliables, ex. : on sait qu'une infraction a été commise par un seul coupable, or, deux décisions différentes condamnent deux personnes ; ou bien on sait qu'une infraction a été commise par deux coupables seulement, alors qu'un troisième a été condamné.

c) **Après condamnation à la suite d'un témoignage,** il y a condamnation ultérieure du témoin pour faux témoignage (il y aura alors renvoi si d'autres témoignages subsistent).

d) Fait nouveau ou élément inconnu de la juridiction au jour du procès, **de nature à faire naître un doute sur la culpabilité du condamné**.
Constituent des faits nouveaux, par exemple : la rétractation d'un témoin, l'aveu d'un tiers reconnaissant être coupable (ex. Crim., 29 juin 2009, *Bull. crim.* comm. rév. n° 2), la preuve d'un alibi, l'hospitalisation lointaine, au moment des faits, de la personne condamnée par défaut, la connaissance postérieure de l'altération, au moment des faits, des facultés mentales du condamné, ou du témoin unique ; pour une personne condamnée comme complice, la relaxe de l'auteur principal au motif que l'infraction n'était pas caractérisée, la relaxe de l'auteur de l'infraction d'origine, pour la condamnation du receleur ; l'erreur dans la création d'une obligation alimentaire en matière d'abandon de famille ; la relaxe d'un étranger pour séjour irrégulier, pour la condamnation pour aide au séjour ; la découverte postérieure du véritable auteur de l'infraction, ou d'autres meurtres commis par un tiers dans des circonstances analogues, la condamnation de l'auteur de viols après condamnation pour dénonciation calomnieuse de ces infractions.
Mais il faut un doute sur la culpabilité : ce n'est pas le cas de nouvelles déclarations d'un témoin, dont la déposition initiale n'était pas la principale charge, d'une simple rumeur, ni, après condamnation pour abandon de famille, d'une décision civile ne statuant que pour l'avenir ou même avec effet rétroactif comme pour l'annulation d'une reconnaissance d'enfant naturel, ni d'expertises ne contredisant pas les constatations des juges, ni des déclarations tardives de la partie civile, ni, après condamnation pour complicité et recel, de la relaxe d'une personne pour l'infraction d'origine, qui a pu être commise par une autre personne, ni de l'annulation d'actes administratifs, ni du retrait par l'autorité administrative d'un acte ayant fondé les poursuites. Et si un doute suffit, encore faut-il qu'il y ait doute.
Pour qu'il y ait fait nouveau :

• Il suffit de l'*interprétation nouvelle* d'un fait déjà connu (ex. à la suite d'une découverte scientifique, cf. affaire *Danval* : la présence d'arsenic dans le corps peut provenir d'une cause naturelle, comme une maladie) ;

• Il suffit que le fait nouveau ait été *inconnu des premiers juges*, même s'il n'est pas postérieur à la condamnation (ex. : nullité du contrat d'engagement militaire et condamnation pour désertion ; autre décision de la même juridiction, postérieure à la condamnation, critiquant les motifs de celle-ci). Mais si le fait était connu de premiers juges, il n'est pas « nouveau ».

Une loi de 1946 a organisé la révision des condamnations prononcées pour *outrages aux bonnes mœurs* (ancienne terminologie) *par la voie du livre*, 20 ans après la condamnation définitive. On a parlé de la « réhabilitation » de Baudelaire, condamné pour la publication des *Fleurs du mal* : en réalité, ce n'est *pas une révision due à une erreur judiciaire*, car les magistrats qui ont condamné l'on fait à juste titre, en raison des mœurs de leur époque ; mais *ce n'est pas non plus une réhabilitation*, la conduite du coupable ne jouant ici aucun rôle. Le pourvoi est formé par la Société des gens de lettres, d'office ou à la requête du condamné, ou, après décès, d'un parent.

3. Personnes pouvant former le recours

(en dehors du cas particulier ci-dessus).

Peuvent former un recours en révision (art. 623) :

- le ministre de la justice ;
- le condamné ou son représentant légal ;
- après décès ou absence déclarée du condamné : le conjoint, les enfants (mais non le petit-fils), les parents, les légataires universels ou à titre universel, les personnes ayant reçu du condamné une mission expresse. Mais si ces personnes ne reprennent pas la demande, il n'y a pas lieu de statuer sur celle-ci.

4. Procédure

La demande est adressée à la **commission de révision** (cinq magistrats de la Cour de cassation), qui se livre à toutes recherches utiles, et *s'il y a lieu*, saisit la *chambre criminelle*, qui statue comme **cour de révision.** Les décisions de la commission de révision sont sans recours (art. 623).

B. Effets du pourvoi en révision

La commission saisie d'une demande de révision et la cour de révision saisie peuvent, à tout moment, ordonner la suspension de l'exécution de la condamnation (art. 624). Elles peuvent alors décider d'assortir cette suspension de l'obligation de respecter tout ou partie des conditions d'une libération conditionnelle, y compris, le cas échéant, celles résultant d'un placement sous surveillance électronique mobile, cela pendant une durée d'un an, qui peut être prolongée, pour la même durée, par la commission ou la cour de révision. En cas de violation par le condamné de ces obligations et interdictions, le JAP peut saisir la commission ou la cour de révision pour qu'elle mette fin à la suspension. Le JAP peut décerner un mandat d'amener ou d'arrêt et ordonner l'incarcération provisoire du condamné ; la commission ou la cour doit alors se prononcer dans un délai d'un mois. Si elle ne met pas fin à la suspension de l'exécution de la condamnation, la commission ou la cour de révision peut modifier les obligations et interdictions auxquelles le condamné est soumis. Lorsque l'affaire est en état, la cour de révision l'examine et statue, par arrêt motivé, non susceptible de recours, après une audience publique (art. 625).

La chambre criminelle est ici **juge du fait** (elle procède à une enquête sur le fond).

C. Décision de la cour de révision

Si le recours n'est pas justifié, la cour rend une décision de rejet. Si le recours est justifié, elle annule la décision erronée, et la révision produit des effets qu'il faut préciser.

a) Annulation

L'annulation peut être décidée (art. 625) :

• soit **avec renvoi** devant une juridiction de même ordre et degré, mais autre que celle qui a statué, avec de nouveaux débats ;

• soit **sans renvoi** :

– si de nouveaux débats sont *impossibles* (art. 625, al. 3 et 4) : ex. décès ou démence du condamné, amnistie ou prescription ; il y a également annulation sans renvoi s'il est impossible de procéder à de nouveaux débats pour une raison survenant *après l'annulation avec renvoi* (ex. démence survenant après le renvoi, mais avant les nouveaux débats, comme dans l'affaire *Durand*) : la chambre criminelle statue alors en fait ;

– si l'annulation ne laisse rien subsister qui puisse être qualifié crime ou délit (en jurisprudence : dès qu'il est certain que le condamné n'était pas coupable même si l'infraction a pu être commise par d'autres : affaire *Dreyfus*, 1906).

b) Effets de la révision prononcée

La révision est prononcée, selon qu'il y a ou non renvoi, par la juridiction de renvoi, ou par la cour de révision.

• La décision erronée est *annulée rétroactivement* : sont anéantis les effets passés de la condamnation, avec des limites tenant aux droits acquis par les tiers (ex. divorce définitif) ; la fiche du casier judiciaire est supprimée ; en matière de diffamation, on n'est pas admis à démontrer la vérité des faits ayant donné lieu à une condamnation effacée par révision (art. 35, L. 29 juill. 1881) ;

• Le condamné a droit à la *réparation* intégrale (à la charge de l'État) du préjudice matériel et moral que lui a causé la condamnation (art. 626). Mais aucune réparation n'est due si la personne a été condamnée pour des faits dont elle s'est librement et volontairement accusée ou laissé accuser à tort pour faire échapper l'auteur des faits aux poursuites.

V. la procédure à propos de la réparation après détention provisoire.

Si le condamné le requiert, la décision de révision peut être publiée (art. 626, al. 6 ; au *JO*, et dans cinq journaux, et affichage dans trois communes).

La réparation peut aussi être allouée, sur demande du condamné, par la décision d'où résulte l'innocence ; devant la cour d'assises, par la cour sans les jurés (art. 626, al. 4).

Toute personne justifiant du préjudice que lui a causé la condamnation peut demander réparation (art. 626, al. 2).

La réparation est à la charge de l'État, qui a un recours contre les responsables de la condamnation erronée, ex. le faux témoin dont le mensonge a été la cause de la condamnation (art. 626, al. 5).

§ 3 - La demande en réexamen après arrêt de la Cour européenne des droits de l'homme

Art. 626-1 à 626-7, C. pr. pén. Plusieurs des règles prévues évoquent celles du pourvoi en révision ; mais ici il n'y a pas nécessairement erreur judiciaire de fait : la décision est critiquée pour avoir violé la Convention européenne des droits de l'homme.

A. Domaine de la demande en réexamen

Art. 626-1. Le réexamen d'une décision pénale définitive peut être demandé par toute personne *reconnue coupable* :

• s'il résulte d'un arrêt de la CEDH que la décision a été prononcée **en violation des dispositions de la Conv. EDH ;** la violation doit être constatée, ex. : contestation sérieuse de l'impartialité de la juridiction, violation des droits de la défense, privation d'un défenseur, d'un recours, communication au seul avocat général du rapport du conseiller, absence de communication au condamné des conclusions de l'avocat général, durée excessive des débats d'assises, prévenu n'ayant pas eu de possibilités suffisantes de contester les accusations de la victime.

• à la condition que cette violation entraîne pour le condamné, par sa nature et sa gravité, des conséquences dommageables auxquelles la « satisfaction équivalente » accordée par la Cour EDH (art. 41 de la convention) ne pourrait mettre un terme. Il faut un lien de causalité entre la condamnation et la violation de la convention, ce qui implique une appréciation parfois difficile.

On notera que le réexamen :

– est prévu pour toute infraction (donc même pour des contraventions) ;

– mais n'est prévu que pour les décisions de culpabilité (déclarations de culpabilité ou condamnations), **non pour les acquittements** ;

– n'est prévu que pour l'examen d'une décision pénale, non pour la décision sur l'action civile.

B. Personnes pouvant demander le réexamen

– le ministre de la justice ;

– le procureur général près la Cour de cassation ;

– le condamné, ou, en cas d'incapacité, son représentant ;

– les ayants droit du condamné en cas de décès de celui-ci.

La partie civile est donc sans qualité ; mais elle peut intervenir devant la juridiction chargée du réexamen « pour soutenir l'action publique » (Crim., 7 déc. 2005, *Bull. crim.* n° 329) et, en application de l'art. préliminaire, elle peut présenter des observations, orales ou écrites, devant la commission (Comm. réex., 16 oct. 2003, *Bull. crim.* comm. réex. n° 1).

C. Procédure

a) La demande en réexamen est adressée à une commission de 7 magistrats de la Cour de cassation (2 de la chambre criminelle, dont un préside la commission, un pour chacune des autres chambres). Le ministère public est exercé par le parquet général de la Cour de cassation (art. 626-3).

b) La demande doit être formée dans l'année de la décision de la CEDH (art. 626-3).

c) Le requérant peut être représenté par un avocat au Conseil d'État et à la Cour de cassation, ou par un avocat régulièrement inscrit à un barreau (art. 626-6).

d) La commission recueille, en audience publique, les observations orales ou écrites du requérant ou de son avocat, des parties civiles qui en font la demande (C. réex., 2003, préc.) et celles du ministère public (art. 626-3).

e) À tout moment, la commission peut suspendre l'exécution de la condamnation. Elle peut alors décider d'assortir cette suspension de l'obligation de respecter tout ou partie des conditions d'une libération conditionnelle, y compris, le cas échéant, celles résultant d'un placement sous surveillance électronique mobile, cela pendant une durée d'un an, qui peut être prolongée par elle, pour la même durée. En cas de violation par le condamné de ces obligations et interdictions, le JAP peut saisir la commission pour qu'elle mette fin à la suspension. Le JAP peut décerner un mandat d'amener ou d'arrêt et ordonner l'incarcération provisoire du condamné ; la commission doit alors se prononcer dans un délai d'un mois. Si elle ne met pas fin à la suspension de l'exécution de la condamnation, la commission peut modifier les obligations et interdictions auxquelles le condamné est soumis (art. 626-5).

D. Décision

La décision de la commission est sans recours (art. 626-3).

La commission ne peut annuler la décision pénale. Si elle estime la demande justifiée :

• en principe la commission renvoie devant une juridiction de même ordre et de même degré que celle dont la décision a violé la convention, sauf si de nouveaux débats sont impossibles (ex. amnistie, décès), auquel cas la commission statue (art. 626-4 et 625, al. 3 et 4, cf. le pourvoi en révision) ; après renvoi, la décision rendue peut faire l'objet des recours prévus ; en cas de renvoi devant une cour d'assises, celle-ci dispose, comme en cas de renvoi après cassation, de la plénitude de juridiction, si bien qu'elle peut aggraver le sort de l'accusé (Crim., 7 déc. 2005, *Bull. crim.* n° 329).

• mais si le réexamen du pourvoi formé par le condamné dans des conditions conformes à la convention peut remédier à la violation constatée (ex. pourvoi ayant été déclaré irrecevable pour des raisons condamnées par la CEDH) : la commission renvoie l'affaire devant la Cour de cassation, qui statue en assemblée plénière, dans l'état du pourvoi initial (les moyens ultérieurs sont irrecevables, sauf en cas de loi nouvelle plus douce).

Dans ces cas, la personne qui exécutait une peine privative de liberté demeure détenue, la décision de la juridiction (C. cass. en ass. plén. ou juridiction du fond) devant intervenir dans l'année ; le détenu est considéré comme placée en détention provisoire (art. 626-5, al. 2). Lorsque la décision soumise au réexamen est cassée, elle perd son caractère définitif (Crim., 20 sept. 2006, *Bull. crim.* n° 231).

Si le condamné est reconnu innocent, s'appliquent à l'indemnisation les mêmes règles que celles de la révision (art. 626-7).

Chapitre 3 › L'AUTORITÉ DE LA CHOSE JUGÉE

› L'essentiel

Une décision a force de chose jugée lorsqu'elle ne peut plus être attaquée par une voie de recours *(sauf, éventuellement, on l'a vu, le pourvoi en révision, les pourvois dans l'intérêt de la loi, et la demande en réexamen après arrêt de la CEDH).*

L'autorité de la chose jugée a deux conséquences :

– une conséquence ***positive :*** *la décision est présumée être l'expression de la vérité (*res judicata pro veritate habetur*). Une décision irrévocable doit être exécutée, même si elle viole la loi, sauf pourvoi sur l'ordre du garde des Sceaux ;*

– une conséquence ***négative :*** *le procès ne peut être renouvelé à l'encontre de la même personne pour les mêmes faits (*bis de eadem re ne sit actio, non bis in idem*).*

La chose jugée peut être de source diverse :

1. Dans les rapports du disciplinaire et du pénal

• *Les décisions des juridictions disciplinaires n'ont pas d'autorité au pénal ;*

• *La chose jugée au pénal* n'a autorité sur le disciplinaire *que pour ce qui a été nécessairement jugé quant à l'existence du fait incriminé, sa qualification, la culpabilité ou l'innocence de la personne ; après une relaxe du chef d'abus de confiance au pénal pour défaut d'intention frauduleuse, il peut y avoir sanction disciplinaire pour manquement à la probité.*

2. *Les décisions de la* Cour européenne des droits de l'homme *n'ont aucune incidence directe sur les décisions nationales (mais pour les condamnés, v. plus haut la demande en réexamen).*

3. *L'autorité des décisions du* Conseil constitutionnel *s'attache au dispositif et aux motifs qui en sont le soutien, mais seulement pour le texte soumis à l'examen du Conseil.*

4. *La* chose jugée au criminel

• *L'autorité de la chose jugée au criminel* sur le criminel *sera étudiée dans la section 1 (pour l'autorité des décisions de juridictions étrangères, v. Mémento de* Droit pénal général*).*

• *La possibilité d'une action civile parallèle soulève la question de l'autorité du criminel sur* le civil, *étudiée dans la section 2. On observera que, dans l'autre sens,* le civil n'a pas d'autorité au criminel *(sauf pour la solution donnée aux questions préjudicielles, ou en cas de contentieux spécial, ex. Sécurité sociale ; pour avoir cette autorité, la décision civile doit être irrévocable).*

Section 1 › L'AUTORITÉ DE LA CHOSE JUGÉE AU CRIMINEL SUR LE CRIMINEL

L'autorité des décisions des juridictions d'instruction est dans plusieurs cas plus limitée que celle des décisions de jugement.

§ 1 - Décisions des juridictions d'instruction

A. Ordonnance de non-lieu ou arrêt de non-lieu

Il faut ici distinguer selon que la décision est motivée en fait ou en droit.

1. Décision motivée en fait

C'est le cas des décisions de non-lieu fondées sur l'insuffisance des charges. Après non-lieu, la personne mise en examen ou nommément visée dans une plainte avec constitution de partie civile ne peut plus être recherchée à l'occasion du même fait (ex. Crim., 31 mars 1998, *Bull. crim.* n° 122).

• Mais cette autorité de la décision est provisoire. Il peut en effet y avoir **réouverture de l'information sur charges nouvelles** (art. 188) : *seul le ministère public* peut la demander, on l'a vu, non la victime, qui ne subit aucun préjudice, la décision de non-lieu n'ayant pas autorité au civil. Mais en cas de réouverture de l'instruction, la constitution de partie civile reprend tous ses effets (Crim., 23 juin 2009, *Bull. crim.* n° 127).

• Les personnes non mises en examen, ni nommément visée dans une constitution de partie civile peuvent être recherchées, sans que des charges nouvelles soient nécessaires, sur le fondement de l'art. 80 (ex. Crim., 4 déc. 2007, *Bull. crim.* n° 299).

• Après non-lieu, la victime peut user de la *citation directe*, mais seulement contre une personne qui n'a été ni *mise en examen*, ni *entendue comme témoin assisté*, ni *nommément désignée dans les réquisitions du ministère public ou dans la plainte avec constitution de partie civile* (Crim., 12 nov. 2008, *Bull. crim.* n° 227, à propos de personnes dont la mise en examen avaient pourtant été réclamée par les parties civiles et donc nommément mises en cause par elle ; comp. Crim., 2 déc. 2008, *Bull. crim.* n° 243, excluant la citation directe de personnes ayant fait l'objet de mises en cause explicites dans les plaintes et demandes d'acte, et entendues comme témoins ou comme témoins assistés).

• Un non-lieu s'oppose (sauf réouverture de l'information sur charges nouvelles) à une nouvelle poursuite à raison des mêmes faits, sous quelque qualification pénale que ce soit ; mais il n'empêche évidemment pas une nouvelle instruction pour des *faits différents* : l'autorité de la chose jugée suppose, entre les deux poursuites, *l'identité de cause, d'objet et de parties.*
À la différence du non-lieu, en cas de *classement sans suite* du parquet, de nouvelles poursuites sont possibles, même en l'absence de charges nouvelles.

2. Décision motivée en droit

C'est le cas par exemple d'un non-lieu fondé sur l'amnistie ou la prescription.

• *En principe de nouvelles poursuites sont impossibles.*

• *Exception* : de nouvelles poursuites sont possibles si la décision se fonde uniquement sur la *situation actuelle*. Exemple : 3 ans après le vol que l'on croyait être correctionnel (d'où prescription et non-lieu), on découvre une cause d'aggravation qui le rend criminel (la prescription étant donc de 10 ans).

B. Ordonnance de renvoi ou arrêt de renvoi

L'autorité de la décision est limitée à son objet, qui est de saisir la juridiction de jugement.

La décision n'a aucune influence sur le bien-fondé de la mise en examen, sur la matérialité des faits, la qualification (ex. quand un juge d'instruction rend une ordonnance requalifiant un crime en délit), la culpabilité, la compétence (sauf en cour d'assises : la cour ne peut en effet se déclarer incompétente lorsque la décision de renvoi n'est plus susceptible de voies de recours). On ne peut donc se faire un grief des motifs de la décision de renvoi comme portant atteinte à la présomption d'innocence.

C. Autres ordonnances ou arrêts

• L'ordonnance par laquelle une juridiction d'instruction statue sur la recevabilité d'une partie civile n'a pas autorité de la chose jugée devant les juridictions de jugement (ex. Crim., 17 févr. 2004, *Bull. crim.* n° 41).

• De même, aucune autorité de chose jugée ne s'attache à la décision par laquelle une juridiction d'instruction déclare l'action publique non prescrite (Crim., 19 mars 2008, *Bull. crim.* n° 73).

• Les décisions d'avant dire droit de la chambre de l'instruction n'ont pas autorité de la chose jugée (Crim., 28 avr. 2009, *Bull. crim.* n° 77 : chambre de l'instruction déléguant un juge d'instruction pour procéder à une mise en examen, laquelle, à l'issue du supplément d'information, peut ne pas être effectuée).

§ 2 - Décisions des juridictions de jugement

A. Signification du principe de l'autorité de la chose jugée au criminel

On ne peut poursuivre une deuxième fois à raison du même fait la personne qui a fait l'objet d'une décision sur le fond d'une juridiction de jugement.

On ne confondra pas ce problème avec :

• La possibilité de présenter des requêtes plusieurs fois, ex. pour l'exclusion d'une condamnation du casier judiciaire.

• La possibilité, après certaines condamnations définitives, on l'a vu, de prononcer un sursis avec travail d'intérêt général ou une peine de jours-amende (v. le jugement).

• La possibilité de procéder, on l'a vu, à des *rectifications d'erreurs matérielles* (purement matérielles, ex. erreur de calcul) dans les décisions (v. cette question ; art. 710, C. pr. pén. : les dispositions du Code de procédure civile sont inapplicables ; pour la cour d'assises, compétence de la chambre de l'instruction). La rectification *ne doit pas porter atteinte à la chose jugée*, ex. en corrigeant une omission de statuer ; pour la cour d'assises : condamnation à 20 ans de réclusion, alors que la feuille des questions portait la réclusion à perpétuité.

Le principe de l'autorité au criminel des décisions de jugement est une **règle d'ordre public**, pouvant être opposée en tout état de cause. Elle vaut même si la chose jugée l'a été à tort, même par l'effet d'une erreur de droit.

B. Conditions d'application du principe de l'autorité de la chose jugée au criminel

Pour que la deuxième poursuite soit impossible, il faut qu'il y ait, entre elle et la première, **3 identités** (comp. la procédure civile : v. Mémento de *Droit judiciaire privé – Procédure civile*).

1. L'identité d'objet

Le problème est simple en matière pénale, puisque l'objet est la peine encourue.

2. L'identité de parties

C'est le principe de la **relativité de la chose jugée** ; une décision ne concerne que la partie jugée, non d'autres personnes. Une décision n'est donc pas opposable à celui qui n'y a pas été partie, car chaque autre personne doit pouvoir se défendre ; inversement, une personne ne peut pas invoquer à son profit une décision à laquelle elle n'a pas été partie : le receleur ne peut pas se prévaloir de la chose jugée à propos de l'auteur de l'infraction principale ; la relaxe profitant à une personne morale n'interdit pas de poursuivre son dirigeant pour les mêmes faits (Crim., 26 oct. 2004, *Bull. crim.* n° 254).

3. L'identité de cause

C'est-à-dire du fait délictueux qui a motivé la poursuite (*bis de eadem re ne sit actio*). Il faut ici distinguer deux sortes de décisions.

a) Décisions de condamnation, de dispense de peine ou d'exemption de peine

Toutes ces décisions impliquent une déclaration de culpabilité.

Une poursuite nouvelle ne peut intervenir qu'en se fondant sur des éléments non relevés dans la première poursuite. Exemples :

• *On peut poursuivre* pour meurtre (homicide *intentionnel*) après une condamnation pour homicide *par imprudence* : Crim., 1954 (arrêt *Thibaut*), 1983 (arrêt *Laurent*) ;

• Au contraire *on ne peut pas exercer une deuxième poursuite* pour homicide par imprudence après condamnation pour atteinte à l'intégrité de la personne par imprudence, puis mort de la victime (Crim., 1959, arrêt *Meyer*) ; après condamnation pour un important trafic de stupéfiants, on ne peut engager une deuxième poursuite pour un même fait de trafic déjà visé par la condamnation.

• Après condamnation pour publicité trompeuse, on ne peut poursuivre pour des allégations identiques contenues dans le même message, diffusées simultanément.

b) Décisions d'acquittement ou de relaxe

On ne peut poursuivre une deuxième fois **à raison des mêmes faits** (mais on peut, pour des *faits différents*, par ex. abus de biens sociaux, poursuivre après relaxe du chef d'abus de confiance).

Le problème est de savoir s'il faut entendre, par « faits », les faits « juridiques » (c'est-à-dire la qualification), ou les faits « matériels ».

Exemple : peut-on, acquitté du chef de *meurtre*, être poursuivi pour *homicide par imprudence* sur la même victime (ce qui serait une sorte de correctionnalisation *a posteriori*) ? En cas d'acquittement par la cour d'assises – en l'absence de texte, il demeure un problème pour les autres juridictions ; mais après relaxe pour harcèlement sexuel, il a été jugé qu'il n'est pas possible de reprendre les poursuites pour agression sexuelle –, l'article 368 du C. pr. pén. interdit une deuxième poursuite fondée sur les mêmes faits, *même sous une qualification différente* (ex. une poursuite pour homicide par imprudence après acquittement pour meurtre, v. Crim., 1956, arrêt *Chevalot*). Devant la cour d'assises statuant comme *juridiction de renvoi*, on ne peut revenir sur les chefs d'acquittement, sauf si les faits ayant donné lieu à réponses négatives sont connexes ou indivisibles avec des faits objet d'autres questions.

Toutefois, en cour d'assises, les *questions subsidiaires* (v. les questions en cour d'assises) permettent le cas échéant, on l'a vu, de retenir une qualification autre que celle visée par l'arrêt de renvoi (ex. question sur l'homicide par imprudence, pour le cas où la réponse à la question sur le meurtre serait négative).

Section 2 › L'AUTORITÉ DE LA CHOSE JUGÉE AU CRIMINEL SUR LE CIVIL

« Le criminel emporte le civil » (ch. mixte, 10 oct. 2008, *Bull. ch. mixte* n° 2, consacrant « le principe de l'autorité de la chose jugée au pénal sur le civil ») : le juge civil, saisi de l'action civile, doit tenir pour vrai ce qui a été jugé par la juridiction répressive (c'est la raison d'être de la règle « le criminel tient le civil en état », v. l'action civile).

Nature de la règle : l'exception de chose jugée, ici, selon la jurisprudence, n'est **pas d'ordre public** (mais il a été jugé qu'il en va différemment, et le juge peut relever d'office l'exception, si, au cours d'une instance, il est statué sur les suites d'une précédente décision passée en force de chose jugée).

Domaine de la règle : ce domaine a été restreint, surtout depuis l'abandon en 2000 de l'unité des fautes pénales et civiles (la relaxe au pénal n'interdit plus au juge civil de relever une faute civile d'imprudence : art. 4-1). Il faut préciser ce domaine, quant à *l'objet* de l'autorité de la chose jugée, et quant aux *décisions* source de cette autorité.

§ 1 - Objet de l'autorité de la chose jugée

• La règle s'applique à *toutes les actions nées de l'infraction*, même si elles ne sont pas des actions civiles au sens strict (« actions à fins civiles », ex. action en divorce pour violences).

• La règle s'applique à *toutes les personnes parties* au procès civil, même si elles ne sont pas intervenues devant le tribunal répressif : autorité absolue engendrant effet *erga omnes* (Ch. mixte, 10 oct. 2008, préc.). La solution est parfois contestée comme contraire au principe de contradictoire : comment opposer une décision à quelqu'un qui, non partie, n'a pu présenter ses arguments ? (rappr. Ass. plén., 12 juill. 2000, *Bull. ass. plén.* n° 6 : la décision sur l'action publique de la Cour de justice de la République – qui ne peut connaître de constitutions de partie civile – n'est pas opposable à des victimes qui n'ont pas été parties à l'instance).

§ 2 - Source de l'autorité de la chose jugée

A. Cette autorité ne s'attache

• *Ni aux décisions des juridictions d'instruction* (décisions provisoires), même motivées en droit (ex. non-lieu dans une poursuite pour abus de confiance, fondé sur l'absence de l'obligation visée par l'art. 314-1, C. pén.) ; la décision sur la recevabilité de la constitution de partie civile ne porte que sur l'exercice des droits de la partie civile au cours de l'instruction : elle n'a pas l'autorité de la chose jugée quant à l'action civile devant la juridiction de jugement ;

• *Ni à l'ordonnance pénale,* car la partie civile n'est pas présente à la procédure (v. l'ordonnance pénale, en matière de contraventions et pour certains délits).

• *Ni aux décisions prises au titre d'une procédure alternative aux poursuites* : rappel à la loi (Soc., 21 mai 2008, *Bull. civ.* V n° 107), ordonnance de validation d'une composition pénale (Soc., 13 janv. 2009, *Bull. civ.* V n° 1).

B. L'autorité de la chose jugée s'attache aux décisions des juridictions de jugement

1. Conditions de principe

Il faut :
– un jugement *à caractère pénal,* et non, par ex., une décision du tribunal répressif sur les intérêts civils, qui n'a qu'un caractère civil, ou un élément étranger à l'incrimination ;
– une *chose jugée principalement,* et non accessoirement ; seule s'impose au juge civil la constatation constituant le soutien *nécessaire* de la décision pénale ;
– une *chose jugée expressément* (et non à titre d'hypothèse) ;
– une chose jugée *définitivement* : on sait que sur l'appel de la partie civile après relaxe définitive faute d'appel du ministère public, la cour d'appel peut accorder réparation à la partie civile.

2. Application

a) Décisions de condamnation, d'exemption de peine, de dispense de peine ou d'ajournement de peine
L'affirmation d'une faute ayant concouru à la réalisation du dommage s'impose au juge civil, comme, évidemment, au juge pénal statuant sur l'action civile (le juge, au civil, ne peut déclarer que la faute n'a pas été génératrice de l'accident). Si un vol par salarié a été établi par la juridiction pénale, même sur le seul appel d'une relaxe par la partie civile, il n'y a pas licenciement abusif de la part de l'employeur. Mais la condamnation pénale pour infraction intentionnelle (destruction par incendie) n'impose pas au juge civil de reconnaître cette faute comme faute intentionnelle non assurable, si le juge pénal n'a pas jugé que l'auteur de la faute avait « délibérément recherché les conséquences dommageables ». Et la juridiction pénale qui a statué définitivement sur la réparation du préjudice corporel peut connaître d'une demande fondée sur *l'aggravation du dommage*.

b) Décisions d'acquittement ou de relaxe
Il faut, devant la juridiction civile, distinguer selon la raison de la décision, et, devant la juridiction pénale, réserver les cas où, malgré l'acquittement ou la relaxe, cette juridiction peut elle-même accorder réparation à la victime.

• Pouvoirs de la *juridiction civile*
La décision de la juridiction pénale d'acquittement ou de relaxe fondée sur *l'inexistence de l'infraction* s'oppose à l'octroi d'une réparation par la juridiction civile (ou à un licenciement fondé sur l'infraction objet de la relaxe).

Au contraire :

1. La relaxe fondée sur le *défaut d'intention* (ex. dans l'abus de confiance) n'empêche pas l'octroi de dommages-intérêts s'il y a eu faute de négligence (par ex. dans la gestion) : la décision civile, en effet, ne contredit pas alors la décision pénale (cf., pour l'acquittement par la cour d'assises, art. 372, v. ci-dessous).

2. Pour la relaxe du chef d'**infraction non intentionnelle** (ex. *homicide ou atteinte à l'intégrité de la personne par imprudence*, ex. accidents de circulation), *se reporter à la question traitée à propos de l'extinction de l'action civile* : la loi a renoncé sur ce point au principe d'unité de la faute civile et de la faute pénale non intentionnelle, consacrant la dualité des fautes (art. 4-1, C. pr. pén.), et permettant au juge civil, à certaines conditions, d'accorder réparation sur plusieurs fondements, ex. *faute civile d'imprudence ou de négligence*, art. 1384 ; mais si le dommage a été causé indirectement, et en l'absence de la faute qualifiée exigée par le texte, donc avec relaxe, v. ce qui a été dit à ce sujet à propos de l'extinction de l'action civile : le juge civil n'est plus tenu par la chose jugée au pénal, mais, pour condamner à réparation l'auteur d'une faute ordinaire, il devra élargir sa conception de la causalité, causalité par hypothèse ici indirecte.

3. L'acquittement ou la relaxe fondés sur un *trouble mental* n'empêchent pas la réparation (art. 414-3, C. civ.).

• Pouvoirs de la *juridiction pénale*

1. Devant la **cour d'assises** : après acquittement (ou exemption de peine), la cour peut accorder réparation à la victime, en cas de **faute distincte** de la part de l'accusé (art. 372). Il s'agit d'une faute résultant des faits objet de l'accusation, mais distincte de celle qui est exclue par l'acquittement (v. l'action civile, et la procédure en cour d'assises).

2. En cas de **relaxe pour des infractions non intentionnelles** (art. 470-1), v. la question traitée à propos de *l'extinction de l'action civile* : à certaines conditions, le tribunal correctionnel ou le tribunal de police (ou dans certains cas le juge de proximité) peut statuer en application des règles du droit civil.

Titre 5

LES PREUVES EN MATIÈRE PÉNALE

À tous les stades de la procédure se pose le problème de la preuve de l'existence de l'infraction et de la participation de la personne poursuivie à cette infraction : pendant les enquêtes de police, lors de l'instruction préparatoire, et lors de la phase de jugement. On doit donc exposer les principes généraux qui gouvernent la preuve en matière pénale, notamment *la présomption d'innocence*, et les différents moyens de preuve admis : aveu, témoignage, écrit, expertise, présomptions et indices.

Sauf exceptions, l'appréciation de la portée d'une preuve relève du **principe de l'intime conviction.**

Chapitre 1 › LES PRINCIPES GÉNÉRAUX

› L'essentiel

Il faut énoncer les règles qui, en matière pénale, concernent la charge de la preuve, et préciser quels sont, en matière de preuve, les pouvoirs du juge.

Section 1 › LA CHARGE DE LA PREUVE

La question est dominée par le principe de la présomption d'innocence ; on verra ensuite quelles sont les conséquences de ce principe sur la charge de la preuve.

§ 1 - La présomption d'innocence

Il faut préciser ce principe avec ses limites, puis définir les droits de la personne à ce sujet.

A. Le principe et ses limites

1. Principe

La personne suspectée ou poursuive est présumée innocente jusqu'à la reconnaissance définitive de sa culpabilité (cf. art. préliminaire III, C. pr. pén. ; art. 6, § 2, Conv. EDH).

Ce principe est *renforcé par diverses règles*. On a vu, dans l'instruction, les règles protectrices de la personne mise en examen, et les règles permettant de contester la constitution de partie civile. Il est nécessaire aussi de protéger les personnes contre les abus d'un certain genre d'information, notamment dans la presse, tout en ne portant pas atteinte à la *liberté d'information* (le législateur a renoncé à interdire la publication du nom des personnes poursuivies). *Sont des délits* (art. 35 *ter*, L. 29 juill. 1881) :

– *la diffusion avant condamnation, sans l'accord de l'intéressé*, de l'image d'une personne identifiée ou identifiable, mise en cause à l'occasion d'une poursuite pénale, et faisant apparaître que cette personne est menottée ou entravée, ou qu'elle est placée en détention provisoire (la poursuite n'a lieu que sur plainte de l'intéressé : art. 48, 7°, L. 29 juill. 1881) ;

– le fait de réaliser, publier ou commenter un *sondage d'opinion* (ou de publier des indications permettant d'y avoir accès) sur la culpabilité d'une personne mise en cause, ou sur la peine pouvant être prononcée.

2. Limites

a) La présomption, toutefois, en dehors de la preuve *stricto sensu*, n'empêche pas, dès avant jugement, certaines mesures comme, on l'a vu, la garde à vue, le contrôle judiciaire, la détention provisoire, certaines fermetures d'établissement (parfois même par l'administration), ni certains termes employés par des experts psychiatres dans leurs rapports d'expertise : c'est qu'être présumé innocent, n'est pas être innocent. On remarquera aussi que même la personne simplement accusée ou sous mandat de dépôt ou d'arrêt ne peut pas être juré (art. 256, 3°, C. pr. pén.) ; la carte de séjour temporaire peut être retirée à l'étranger « passible » de poursuites pénales sur le fondement de certains textes (art. L. 313-5, C. entrée et séjour des étrangers) ; les aides publiques à l'emploi peuvent être refusées à celui contre lequel a été dressé un procès-verbal de travail illégal (art. L. 8272-1, C. trav.).

b) Malgré la présomption, le port des *menottes* ou des entraves est prévu. Mais ne peut y être soumis que celui qui est dangereux pour autrui ou pour lui-même, ou susceptible de prendre la fuite ; et il faut prendre de mesures pour éviter la photo ou l'enregistrement audiovisuel de la personne (art. 803, C. pr. pén., Circ., 1994 ; sur le délit de l'art. 35 *ter*, L. 1881, v. ci-dessus).

c) L'atteinte à la présomption d'innocence (et au droit à l'oubli) qui peut éventuellement résulter de l'enregistrement des débats d'un procès est légitimé par la loi qui l'autorise (Crim., 17 févr. 2009, *Bull. crim.* n° 40).

B. Les droits de la personne

La personne dispose de plusieurs possibilités d'action, immédiatement ou d'une manière différée.

1. Une possibilité immédiate

« Chacun a droit au respect de la présomption d'innocence » (art. 9-1, C. civ.). Quand, *avant condamnation*, une personne est présentée publiquement (ex. dans la presse) comme coupable de faits objet d'une enquête ou d'une instruction, le *juge civil, même en référé*, peut, en dehors de la réparation du préjudice, prescrire toutes mesures telles que l'insertion d'une *rectification* ou la diffusion d'un *communiqué*, pour faire cesser l'atteinte à la présomption d'innocence ; cela se fait aux frais de la personne (physique ou morale) responsable de cette atteinte. La liberté de la presse permet de divulguer le nom d'une personne majeure mise en examen, sans préjuger de sa culpabilité, ou de nommer des « suspects » si l'écrit ne manifeste pas un préjugé tenant pour acquise la culpabilité.

Quand ont été ordonnées en référé des mesures limitant l'information, le Premier président de la cour d'appel, en cas d'appel, peut, en référé, arrêter l'exécution provisoire si celle-ci risque d'entraîner des conséquences manifestement excessives (art. 64, L. 29 juill. 1881).

Selon la jurisprudence, la protection de l'art. 9-1 ne cesse qu'avec la condamnation *irrévocable*.

L'action se prescrit par 3 mois à compter de l'acte de publicité (L. 29 juill. 1881, art. 65-1), avec la nécessité d'accomplir tous les trois mois un acte de procédure manifestant à l'adversaire son intention de poursuivre l'instance (Ass. plén., 21 déc. 2006, *Bull. ass. plén.* n° 15). Pour le cas où l'imputation porte sur une infraction, v. plus loin.

2. Des possibilités différées

a) Droit de réponse après décision de justice

La personne désignée dans un écrit périodique à l'occasion de poursuites, et mise hors de cause par une décision de *non-lieu, relaxe ou acquittement*, peut exiger

l'insertion de sa réponse ; elle dispose d'un délai de 3 mois décompté à partir du jour de la publication ou, si elle l'a laissé passé, d'un délai de 3 mois à compter du non-lieu (après délais de recours), ou de la décision définitive de relaxe ou d'acquittement (L. 29 juill. 1881, art. 13), même émanant d'une juridiction étrangère. Le refus d'insérer est puni d'une amende correctionnelle.
Le délai pour exercer le droit de réponse *en matière audiovisuelle* (3 mois) court à nouveau après la décision de non-lieu, ou la décision définitive de relaxe ou d'acquittement mettant la personne hors de cause (L. 29 juill. 1982, art. 6) ; ici, le refus n'est pas pénalement sanctionné.

b) Demande de publication en cas de non-lieu

En cas de *non-lieu*, on l'a vu, le juge d'instruction ou la chambre de l'instruction *peut*, sur demande du bénéficiaire, ou, avec son accord, d'office ou à la demande du ministère public, ordonner la *publication* intégrale ou partielle de la décision, ou l'insertion d'un communiqué informant des motifs et du dispositif de l'ordonnance ou de l'arrêt, dans les journaux ou services audiovisuels (art. 177-1 et 212-1, C. pr. pén.). Une telle publicité se justifie par le caractère non public de l'instruction, et notamment du non-lieu.

c) Cas où l'imputation constitue une diffamation et porte sur une infraction

Dans ce cas, le délai de prescription de la loi sur la presse (3 mois) est rouvert, ou court à nouveau, à partir de la décision définitive ne mettant pas en cause la personne (L. 29 juill. 1881, art. 65-2). Pour des infractions à la loi sur la presse *de nature raciale* (provocation à la haine raciale, contestation des crimes contre l'humanité, diffamation et injure raciales), le délai de prescription est d'*un an* (art. 65-3).

§ 2 - Les conséquences du principe de la présomption d'innocence sur la charge de la preuve

1. Le demandeur (accusation, partie civile) **doit faire la preuve** de *l'existence matérielle* de l'infraction et de la *participation* à l'infraction de la personne poursuivie (imputabilité, culpabilité). Par exemple, ce n'est pas au prévenu d'escroquerie de prouver sa bonne foi.
S'appliquent à la charge de la preuve les mêmes principes qu'en droit civil :
• *actori incumbit probatio* : la preuve incombe au demandeur ;
• *reus in excipiendo fit actor* : la personne poursuivie doit faire la preuve de ses moyens de défense ; mais ici, la juridiction répressive doit l'aider dans cette tâche (preuve à charge et à décharge).
En réalité, la répartition du fardeau de la preuve n'est *pas aussi tranchée*. Exemple : pour l'élément moral de l'infraction, logiquement, l'absence de trouble mental, nécessaire à l'existence de l'élément moral (= imputabilité) doit être prouvée par l'accusation, mais la défense, en invoquant le trouble psychique comme cause de non-responsabilité, sera amenée à en établir la preuve.
Parfois, la charge de la preuve est renversée ; ex. art. L. 121-2, C. route, pour le *stationnement* des véhicules et l'acquittement des péages : est responsable pécuniairement le titulaire du certificat d'immatriculation (sauf preuve de la force majeure ou fourniture de renseignements permettant d'identifier l'auteur) ; v. aussi art. L. 121-3 (mais ce n'est pas une responsabilité pénale véritable) ; v. aussi l'art. 529-10, pour l'amende forfaitaire.

De telles présomptions ne sont pas contraires à la Conv. EDH, dès lors du moins que la preuve contraire est possible et qu'il n'en résulte pas une atteinte disproportionnée à la présomption d'innocence (ex. Cons. const. 10 juin 2009, 2009-580 DC, censurant une disposition en matière de contrefaçon, à propos des sanctions prévues à l'encontre d'un abonné à l'internet, L. 19 mai 2009 ; CEDH, 7 oct. 1988, *Salabiaku* : si les présomptions de culpabilité sont possibles c'est à la condition qu'elles prennent « en compte la gravité de l'enjeu et préservent les droits de la défense » ; à propos de l'art. L. 121-2, C. route, v. Crim., 6 nov. 1991, *Bull. crim.* n° 397).

2. En cas d'insuffisance de preuve, le doute profite à l'accusé ou au prévenu (*in dubio pro reo*). Exemples : en cour d'assises, les bulletins blancs ou nuls sont comptés favorables à l'accusé ; la révision pour erreur judiciaire peut intervenir pour fait nouveau de nature à faire naître un doute sur la culpabilité, après condamnation (v. le recours en révision).

Section 2 › LES POUVOIRS DU JUGE

§ 1 - Les pouvoirs du juge dans la recherche des preuves

Le juge pénal joue un **rôle actif**, à la différence du juge civil. Il doit utiliser tous les moyens d'investigations que la loi lui fournit. Mais la CEDH (25 févr. 1993, *Funke*), en application du principe *du droit de se taire et de ne pas contribuer à sa propre « incrimination »* (comprendre, en langue française, condamnation), a décidé que, malgré les règles nationales, et même en matière douanière, l'administration ne pouvait contraindre la personne à produire elle-même des documents à l'administration.

§ 2 - Les pouvoirs du juge dans l'appréciation des preuves

A. Principe

Le principe est la liberté de la preuve (**intime conviction**), par opposition au système des *preuves légales*, admis dans l'ancien droit (ex. *testis unus, testis nullus*) ; art. 427, C. pr. pén. Exemple : le principe de l'intime conviction est la règle même pour l'appréciation des analyses déterminant le taux d'alcoolémie des conducteurs. V. aussi les pouvoirs du juge dans l'appréciation des rapports d'expert.

B. Exceptions

Il existe quelques survivances du système des preuves légales. Exemples :

• *la force probante de certains procès-verbaux* (v. les procès-verbaux, notamment pour l'exigence de constatation personnelle) : lorsque les procès-verbaux et rapports de la police judiciaire font foi jusqu'à preuve contraire (pour certains délits, ex. ruraux, et pour les contraventions), la preuve contraire ne peut être en principe rapportée, on l'a vu, que par écrit ou par témoins (art. 431, 537) ; pas de relaxe possible au seul bénéfice du doute ; mais le juge peut recourir à l'expertise. La charge de la preuve contraire incombe au prévenu (ex. dysfonctionnement d'un horodateur) ;

• *l'impossibilité de condamner sur le seul fondement* des déclarations d'OPJ ayant procédé à une *infiltration sous une identité d'emprunt* (art. 706-87), des « *repentis* » (art. 132-78, al. 4, C. pén.), des *témoins protégés* (art. 706-62, C. pr. pén.) ;
• *les questions de droit civil soumises aux preuves légales*, ex. contrat (mais ici, c'est la nature du fait à prouver qui détermine le mode de preuve).

C. Limites constantes

1. Obligation de motiver

Le juge doit motiver ses décisions (à la cour d'assises, on l'a vu, les réponses aux questions tiennent lieu de motivation).

2. Légalité et loyauté de la preuve

La preuve acquise illégalement doit être rejetée des débats (ex. Crim., 4 juin 2008, *Bull. crim.* n° 141). Ex. : perquisition illégale, preuve obtenue frauduleusement (ex. interception illégale de communication téléphonique, v. l'instruction) ; cinémomètre non vérifié selon les règles ; bandes informatiques soustraites par des personnes ayant agi à l'instigation de l'administration ; personne entendue « sous hypnose », même consentie. Cependant, la chambre criminelle décide qu'une *partie privée peut produire des moyens de preuve obtenus de façon déloyale, voire illicite (par la commission d'une infraction) :* ce moyen de preuve ne serait pas un acte de procédure et ne pourrait donc être annulé, si bien qu'il appartient au juge, selon elle, d'en apprécier la valeur, après l'avoir soumise à la discussion des parties (ex. Crim., 27 janv. 2010, *Bull. crim.* n° 16). Un acte *annulé* en revanche ne peut servir de preuve.
En outre, la nécessité de sa propre défense peut légitimer l'administration d'une preuve obtenue de façon déloyale ou illicite (ex. Crim., 31 janv. 2007, *Bull. crim.* n° 27). Ce raisonnement a été entériné au bénéfice des journalistes, lorsque, poursuivis pour diffamation, il leur est désormais reconnu le droit de produire des pièces provenant d'une infraction (violation du secret de l'instruction par ex.), sans pouvoir être poursuivis pour recel de choses (art. 35, dern. al., L. 29 juill. 1881, créé L. 4 janv. 2010).
Un problème se pose à propos de la « **provocation policière** » : on distingue les actes tendant en réalité à susciter l'infraction, qui exonèrent le prévenu de sa responsabilité (ex. en matière de trafic d'influence, de stupéfiants, de pédophilie), et les actes tendant seulement à établir la preuve de l'infraction, qui laissent subsister cette responsabilité.
Le législateur a ratifié cette distinction entre la provocation à l'infraction (illicite) et la provocation à la preuve (licite) dans différents textes particuliers (ex. art. 706-32 : trafic de stupéfiants ; C. douanes, art. 67 *bis* ; pour les opérations de surveillance et infiltration par la police judiciaire en matière de *criminalité et délinquance organisées*, v. ces questions étudiées dans l'enquête de police). De même, le législateur autorise les enquêteurs à participer sous un pseudonyme à des échanges électroniques et à extraire, acquérir et conserver ainsi des données sur les auteurs possibles de ces infractions, à l'exclusion de toute provocation à leur commission (ex. traite d'êtres humains, proxénétisme et prostitution de mineurs ou de personnes vulnérables : art. 706-35-1 ; infractions sexuelles dirigées contre des mineurs : art. 706-47-3 ; lutte contre les paris et jeux d'argent ou de hasard en ligne illicites : L. 12 mai 2010, art. 59).

3. Discussion contradictoire

La discussion contradictoire, et le respect des *droits de la défense* doivent être assurés : par exemple, le juge ne peut fonder sa décision sur les documents non publiés ni soumis à la libre discussion des parties. Mais la loi n'exige pas que les pièces soient communiquées à l'adversaire avant l'audience, ni au ministère public.

Chapitre 2 › LES DIFFÉRENTS MOYENS DE PREUVE

> **› L'essentiel**
> *Tout au long des poursuites pénales, qu'il s'agisse des enquêtes de police, de l'instruction préparatoire, ou de la phase de jugement, divers modes de preuve sont prévus : l'aveu, le témoignage, l'écrit, l'expertise et les présomptions et indices.*

Section 1 › L'AVEU

§ 1 - Force probante de l'aveu

• L'aveu a été longtemps considéré comme la « **reine des preuves** » (ainsi dans l'ancien droit, où l'on allait donc, pour l'obtenir, jusqu'à recourir à la torture ou question) ; c'est depuis longtemps et encore à l'heure actuelle la conception de la règle anglo-saxonne selon laquelle l'accusé peut plaider coupable (seule se pose alors la question de la peine) ou non coupable ; v. aujourd'hui en droit français dans certains cas la reconnaissance préalable de culpabilité (le « plaider coupable » : v. cette question) ; rappr. la composition pénale, v. cette question.

• De nos jours, en raison des progrès de la médecine mentale, on éprouve quelque *défiance à l'égard* de l'aveu : celui-ci, en effet, peut être motivé par la vanité, la crainte, l'affection, etc. ; il en résulte deux règles :

1) La *libre appréciation du juge*, qui peut condamner sans aveu, ou acquitter avec aveu ; dans la procédure sur reconnaissance préalable de culpabilité, comme on l'a vu, si la personne n'accepte pas la peine proposée, le procès-verbal ne peut être transmis à la juridiction, et on ne peut pas faire état des déclarations faites et des documents remis dans la procédure (art. 495-14, al. 2).

2) La *divisibilité de l'aveu*. C'est une différence avec le droit civil, où l'aveu est indivisible, comme il l'est, en droit pénal, pour la preuve d'un contrat civil dont la violation constitue une infraction, par exemple un abus de confiance : on ne peut diviser l'aveu concernant l'existence du contrat.

§ 2 - Obtention de l'aveu

L'aveu s'obtient par l'**interrogatoire**,

• qui peut utiliser les différents facteurs d'aveu (besoin de détente, de logique, satisfaction d'orgueil) ;

• mais qui doit demeurer dans les limites de la *légalité* (il faut condamner les brutalités et les procédés attentatoires à la dignité de la personne humaine). Un interrogatoire, cependant, s'il s'adresse à une personne qui nie, n'a aucune utilité s'il ne consiste qu'à poser une question pour enregistrer une réponse négative sur la culpabilité : les limites, nécessaires, sont difficiles à tracer ;

• et qui, du point de vue de ses objectifs, doit tendre à obtenir, plus qu'une réponse par oui ou non, pouvant être ensuite rétractée, des « *aveux circonstanciés* », comportant des précisions de fait (ex. l'horaire d'un voyage) qu'il ne sera pas possible de nier ensuite.

Section 2 › LE TÉMOIGNAGE

C'est la preuve la plus fréquemment utilisée en matière pénale. Elle s'obtient par l'**enquête** ou **audition des témoins** (art. 101 et s., 324 et s., 435 et s., C. pr. pén.).
On étudiera le statut du témoin, et la valeur du témoignage.

§ 1 - Le témoin

A. Qui peut être témoin

Quatre sortes de conditions sont exigées.

1. Il faut avoir eu *directement connaissance* du fait à prouver (la preuve par *ouï-dire* ne vaut que comme présomption). Mais un historien peut témoigner sur des faits historiques dont il n'a pas eu personnellement connaissance (Ass. plén., 11 juin 2004, *Bull. ass. plén.* n° 1).

2. Il faut *être capable* de témoigner ; il existe deux sortes d'incapacités :

• *incapacités absolues* : personnes de moins de 16 ans, au moment de la déposition ; elles peuvent cependant être entendues à titre de *simple renseignement ;*

• *incapacités relatives* (pour un procès déterminé) : mais **ces incapacités ne concernent que la phase de jugement**, non la phase de l'instruction.
Les personnes dont il s'agit sont dites témoins « *reprochables* » (on l'a vu à propos de la procédure en cour d'assises) : elles peuvent être *empêchées de déposer sous serment, à la requête du ministère public ou d'une partie*. Mais l'audition sous serment de ces personnes n'entraîne pas nullité si ni le ministère public ni aucune partie ne s'opposent à la prestation de serment (art. 336).
Ces incapacités sont fondées sur la parenté ou l'alliance avec le prévenu (art. 335, 448, 536), ou sur le fait que le témoin a été dénonciateur de l'infraction poursuivie (art. 337, 451, 536).
Ces personnes peuvent cependant *être entendues à titre de simple renseignement*. Mais on ne doit pas entendre, même à l'instruction, les descendants des époux pour une procédure de divorce ou de séparation de corps, même par le recours à une procédure pénale : il s'agit là, selon la chambre criminelle, d'une « règle fondamentale » (v. Introduction). Après divorce, il y a toujours interdiction d'entendre sous serment l'ex-conjoint (art. 335, 448), mais pas la sœur de celui-ci ; un concubinage même stable n'équivaut pas au mariage.

3. Il faut *ne pas être indigne*.
Ex. : il ne faut pas avoir subi certaines condamnations. Cependant, ces personnes peuvent être entendues à titre de simple renseignement.
Les personnes entendues à titre de simple renseignement ne prêtent pas serment : elles ne peuvent donc pas être poursuivies pour faux témoignage, alors que leurs

déclarations peuvent avoir une influence égale à celle d'un témoignage (en raison du principe de l'intime conviction).

4. Il faut *ne pas être dans un cas d'incompatibilité.*

Ex. : ne peuvent témoigner dans le procès un juge de jugement, le greffier, le prévenu ou l'accusé (un accusé ne peut témoigner à l'égard d'un coaccusé que si les affaires ont été disjointes ; peut témoigner un coaccusé antérieurement acquitté), la partie civile (mais le conjoint de la partie civile peut témoigner), les fonctionnaires parties poursuivantes dans certains domaines. La mère, partie civile en tant qu'administrateur légal de la victime, ne sera entendue qu'à titre de simple renseignement, sans serment, alors que le père de la victime mineure, non entendu comme représentant légal, doit prêter serment. Mais une personne entendue comme témoin peut ensuite se constituer partie civile.

B. Obligations du témoin

Il faut distinguer la phase des enquêtes de police, et le témoignage lors de la procédure d'instruction et de jugement.

1. Enquêtes de police

– *enquête préliminaire* : la personne convoquée est tenue de comparaître : l'OPJ peut, avec l'autorisation préalable du procureur de la République, contraindre par la force publique la personne qui n'a pas répondu à la convocation, ou dont on peut craindre qu'elle n'y réponde pas (art. 78 ; v. les enquêtes de police) ;

– *enquête de flagrance* : toute personne pouvant fournir des renseignements peut être entendue. Ces personnes sont tenues de comparaître (sinon, même règle que ci-dessus : art. 62) ; mais elles ne sont pas tenues de déposer.

Le témoin peut relire le procès-verbal et demander des modifications.

2. Instruction et jugement

Les témoins sont **cités**, par huissier ou agent de la force publique. À l'*instruction*, le juge peut les citer ou les convoquer par lettre (art. 101) : ils peuvent aussi comparaître volontairement.

Les obligations du témoin sont *sanctionnées* (sauf excuse ; amende de 3 750 € : art. 326, 438, 536, C. pr. pén. pour le jugement, art. 434-15-1, C. pén. pour l'instruction).

a) Règles générales

Le témoin a l'obligation de comparaître, de prêter serment et de déposer. Si le témoin *ne comparaît pas ou refuse de comparaître,* il peut être contraint par la force publique, sauf excuse légitime devant la juridiction de jugement (art. 109, 439). Pour les personnes atteintes de surdité, v. art. 102, al. 3, 345 et 408.

• Obligation de comparaître

La juridiction peut recourir à la force publique (art. 109, 326, 439). Il existe cependant des **dispenses de comparution** :

– pour certaines personnes (ex. : des règles spéciales sont prévues pour les membres du gouvernement : il faut une autorisation du conseil des ministres donnée par décret ; elles ne s'appliquent pas si ces personnes sont entendues comme témoins assistés : v. art. 652, C. pr. pén.) ;

– en cas d'*excuse légitime*. L'absence d'audition contradictoire peut être justifiée, dans le respect des droits de la défense, par le risque d'intimidation, de pressions ou de représailles. Pour la CEDH, à propos des *témoignages anonymes*, la déclaration d'un témoin peut le cas échéant n'être pas faite à l'audience ; mais la défense doit pouvoir contester le témoignage, et donc avoir à son sujet les informations suffisantes ; mais une condamnation ne peut se fonder uniquement, ni même dans une mesure déterminante, sur des déclarations anonymes : v. *infra* C). Pour les témoins protégés, v. ci-dessous. Sur les conditions de l'injonction de comparaître délivrée à un journaliste, v. TPI pour l'ex-Yougoslavie, 2002.

• **Obligation de prêter serment**

– *Instruction, tribunal de police, juge de proximité, tribunal correctionnel* : « Jurez de dire toute la vérité, rien que la vérité » (à l'instruction, le défaut de serment n'est pas sanctionné par la nullité, en l'absence d'atteinte aux droits de la défense.

– *Cour d'assises* : « Jurez de parler sans haine et sans crainte, de dire toute la vérité, rien que la vérité » – ou termes équivalents : v. des exemples à propos de la procédure en cour d'assises. Pour les témoins reprochables, v. cette procédure.

• **Obligation de déposer**

Le serment comporte une obligation de *sincérité*.

– La déposition doit être *orale* (pas de notes écrites, sauf dans les affaires compliquées) ; en cour d'assises, on l'a vu, le président peut autoriser le témoin à s'aider de documents (art. 331).

– La déposition doit être *spontanée* (mais pour les questions pouvant être posées aux témoins à l'audience, v. ce qui a été dit dans les caractères généraux de la procédure de jugement, à propos de la contradiction : art. 312, 442-1, avec la remarque sur l'interrogatoire croisé et la *cross-examination* anglo-saxonne).

– Les dépositions doivent être *séparées* les unes des autres (mais les confrontations sont possibles) ; pour l'audition, v. b).

– La déposition doit concerner les faits reprochés.

– Mais l'obligation de déposer s'applique sous réserve des obligations du secret professionnel et de la faculté, pour tout journaliste entendu comme témoin sur des informations recueillies dans l'exercice de son activité, de ne pas en révéler l'origine – secret des sources (art. 326, 437, mod. L. 4 janv. 2010).

Le témoin, pour sa déposition qui contient par exemple des propos diffamatoires, bénéficie d'un *fait justificatif* (l'obligation de dire la vérité), pour ses paroles relatives aux faits concernant l'enquête.

b) Règles particulières à l'instruction

Renvoi. Se reporter à l'étude de l'instruction (témoin assisté, mise en examen), pour les personnes :

– *qu'on ne peut entendre comme témoin* ;

– *qu'on ne peut entendre que comme témoin assisté ;*

– *qu'on peut entendre comme témoin assisté*.

• Les témoins sont entendus soit séparément et hors la présence des parties, soit lors de confrontations entre eux ou avec l'une ou l'autre des parties (art. 102, al. 2).

• il y a obligation, pour la personne qui a déclaré publiquement connaître les auteurs d'un crime ou d'un délit, de répondre aux questions du magistrat instructeur : art. 434-12, C. pén.

• Le journaliste entendu comme témoin sur des informations recueillies dans son activité a le droit de ne pas en révéler l'origine (art. 109, al. 2, C. pr. pén.).
Le témoin peut relire le procès-verbal et demander des modifications.

C. Protection du témoin

L'audition d'un témoin peut mettre gravement en danger cette personne ou ses proches (en dehors de l'intérêt qu'il peut y avoir par ex. à recourir à l'infiltration d'agents, v. cette question). C'est pourquoi la loi a prévu, en 2001, d'introduire des mesures de protection (art. 706-57 à 706-63, R. 53-22 et s.) dans les affaires concernant un *crime ou un délit puni de 3 ans d'emprisonnement au moins*, en tenant compte de la jurisprudence de la CEDH. La cour européenne, en effet, ne récuse pas par principe l'anonymat du témoin (CEDH, 26 mars 1996, *Doorson*) et exclut seulement qu'une condamnation puisse se fonder uniquement ou dans une mesure déterminante sur des déclarations anonymes (même arrêt).

Outre la possibilité, pour les personnes contre lesquelles il n'y a aucune raison plausible de soupçonner qu'elles ont commis ou tenté de commettre une infraction, de déclarer comme domicile l'adresse du commissariat ou de la gendarmerie (art. 706-57 ; rappr. pour les OPJ et APJ affectés à des services de lutte contre le terrorisme, art. 706-24 : identification par leur numéro d'immatriculation administrative, y compris lorsqu'ils témoignent), le JLD, sur requête du procureur de la République ou du juge d'instruction, peut autoriser que les déclarations de cette personne soient recueillies sans que son identité apparaisse dans le dossier – dossier distinct – (art. 706-58) ; cette décision est sans recours, sauf pour la personne mise en examen (art. 706-60, al. 2). On dit témoins sous adresse déclarée, ou témoins sous X, pour le témoignage anonyme. La révélation de l'identité ou de l'adresse du témoin protégé est un délit (art. 706-59, al. 2).

La loi prévoit plusieurs limites ou précautions à propos de ces témoins « anonymes ». La mesure ne peut pas être prise si la connaissance de l'identité est indispensable à l'exercice des droits de la défense ; la personne mise en examen peut contester le recours à cette procédure (le président de la chambre de l'instruction statue sans recours : art. 706-60 ; ce recours exclut une requête en nullité sur le fondement de l'art. 173 : Crim., 15 févr. 2006, *Bull. crim.* n° 44) ; devant la juridiction de jugement, la personne poursuivie peut demander à être confrontée avec le témoin protégé, par un dispositif d'audition à distance, la voix du témoin étant rendue non identifiable (art. 706-61) ; aucune condamnation ne peut être prononcée sur le seul fondement des déclarations d'un témoin protégé (art. 706-62).

D. « Droit au témoin »

La Conv. EDH pose le *droit d'interroger ou de faire interroger les témoins à charge et d'obtenir la convocation l'interrogation des témoins à décharge dans les mêmes conditions que les témoins à charge* (art. 6, § 3, d) : le refus de procéder à une audition ne doit pas porter atteinte au *principe de l'égalité des armes* (art. 6, § 1, et § 3, d, Conv. EDH). En conséquence, la cour européenne affirme qu'il faut que la personne poursuivie ait une occasion adéquate et suffisante de contester un témoignage à charge et d'en interroger l'auteur, au moment de la déposition ou plus tard (CEDH, 15 juin 1992, *Lüdi*), sauf si la condamnation ne s'est pas appuyée sur les

déclarations de ce témoin. Mais elle considère que c'est par principe aux juges nationaux de juger de l'utilité d'une offre de preuve par témoins (CEDH, 26 avr. 1991, *Asch*) et que l'art. 6 n'exige pas la convocation et l'interrogation systématiques de tout témoin à décharge, si par ailleurs le principe de l'égalité des armes est respecté (CEDH, 8 juin 1976, *Engel et autres*). Ainsi, elle admet qu'il peut être nécessaire, pour les juridictions de jugement, d'avoir recours à des dépositions faites pendant l'instruction : si l'accusé a pu les contester, au moment où elles ont été faites ou plus tard, leur utilisation ne contrevient pas en soi à l'article 6 §§ 1 et 3 d). Cependant, lorsqu'une condamnation se fonde, uniquement ou dans une mesure déterminante, sur des dépositions faites par une personne que l'accusé n'a pu interroger ou faire interroger ni au stade de l'instruction ni pendant les débats, les droits de la défense sont alors restreints de manière incompatible avec les garanties de l'article 6 (CEDH, 20 sept. 1993, *Saïdi*). En conséquence de ces règles, elle juge que seules des circonstances exceptionnelles peuvent la conduire à conclure à l'incompatibilité avec l'article 6 du refus d'entendre un témoin (CEDH, 7 juill. 1989, *Bricmont*) ; ainsi elle a conclu à la violation de l'art. 6 dans une affaire où une cour d'appel avait condamné le prévenu sur le fondement des témoignages qui n'avaient pas empêché les premiers juges de relaxer, sans prendre la peine d'entendre ces témoins... (CEDH, 18 mai 2004, *Destrehem*). C'est à l'intéressé de rendre vraisemblable que la convocation d'un témoin était nécessaire à la recherche de la vérité et que le refus de l'interroger a porté atteinte aux droits de la défense (CEDH, 13 avr. 2006, *Vaturi*).
En application de ces directives, la chambre criminelle a donc jugé que l'accusé a le droit d'interroger ou de faire interroger les témoins à charge avec lesquels il n'a pas été confronté, et d'obtenir la convocation et l'interrogatoire des témoins à décharge, *sauf impossibilité* (ex. témoin sans domicile connu, *risque d'intimidation*, de pression ou de représailles, ou *témoin déjà confronté* avec l'accusé, et dont l'audition est inutile, ou autres éléments de preuve suffisants). Elle a jugé qu'une cour d'appel peut rejeter une demande d'audition si l'on n'a pas usé de ce droit au premier degré, ou si la cour s'estime suffisamment informée (ex. demande d'audition de 6 témoins). Un refus doit être motivé. La demande d'audition doit par ailleurs respecter les formes de l'art. 459 (Ass. plén., 2 déc. 2005, *Bull. ass. plén.* n° 3).
Le président de la cour d'assises peut, à titre de renseignement, donner lecture des déclarations du témoin à l'instruction, si l'audition n'est pas nécessaire à la manifestation de la vérité (cf. CEDH, 19 déc. 1990, *Delta*, sur la possibilité d'utiliser au stade du jugement des dépositions faites lors de l'instruction).

§ 2 - La valeur du témoignage

Le témoignage présente *deux dangers* pour la justice :

A. Le témoignage peut être sciemment mensonger

La loi réprime le **faux témoignage**, devant une juridiction ou un OPJ agissant sur commission rogatoire, avec exemption de peine si le témoin se rétracte spontanément avant la décision mettant fin à la procédure d'instruction ou de jugement (art. 434-13, C. pén. ; v. Mémento de *Droit pénal spécial*).

B. Le témoignage peut être erroné

C'est le cas du témoin de bonne foi, mais qui se souvient mal, qui se trompe : la loi ne pouvant préciser ces cas, le juge dispose d'un pouvoir d'appréciation (cf. Péguy : « Les convictions sont plus dangereuses que les mensonges »).

La *critique psychologique* du témoignage est nécessaire, car le témoignage présente des dangers, et peut être la cause d'erreurs fréquentes, alors qu'il est d'un emploi constant en matière pénale. La question se pose souvent à propos de la reconnaissance des personnes elles-mêmes (cf. les « parades d'identification »), ou sur photo ou portrait-robot.

Section 3 › LA PREUVE PAR ÉCRIT

Elle est relativement rare en matière pénale. *Cependant* :

- L'écrit peut parfois constituer le **corps du délit** (ex. : faux documentaire, menaces par écrit).
- Les **procès-verbaux** de la police judiciaire ont une force probante déjà étudiée (v. la police judiciaire).
- Les **lettres missives** peuvent servir de preuve. Le juge peut procéder à la saisie des correspondances, sauf les limites tenant au secret professionnel (ex. lettre adressée à l'avocat). La saisie peut se faire lors d'une perquisition dans un domicile ou dans les bureaux de la Poste (art. 97, C. pr. pén.).
- La **preuve du contrat**, nécessaire dans la poursuite de certains délits, doit se faire selon les règles civiles, exigeant parfois un écrit : ex. pour l'abus de confiance, quand il faut prouver l'existence et la nature du contrat dont on prétend qu'il a été violé.
- Des opérations peuvent être effectuées pour obtenir la version en clair d'*informations chiffrées* (art. 230-1 et s.).

Section 4 › L'EXPERTISE

C'est l'utilisation des *connaissances techniques* d'un spécialiste pour aider à la solution du procès pénal (ex. expertise mentale, comptable, toxicologique, chimique). V. l'instruction, pour cette phase de la procédure.

L'expertise est parfois présentée comme la *justice pénale de demain* (*hier* régnait le système des preuves légales : *aujourd'hui* domine le principe de l'intime conviction ; *demain* doit s'imposer la preuve scientifique). S'est posé le problème de la *narco-analyse* : peut-on permettre à l'expert de soumettre la personne mise en examen à la narco-analyse, et de faire état des révélations ainsi obtenues ? Le procédé présente des dangers : son caractère scientifique incertain, le péril qu'il peut comporter pour la personne humaine, le déclin qu'il peut impliquer de la notion de justice considérée comme fonction morale. Se pose toujours le problème des détecteurs de mensonge.

L'expertise envisagée ici, destinée à établir des preuves, doit être distinguée des expertises médicales destinées à étudier la personnalité du condamné, par exemple après certaines infractions, en vue d'une injonction de soins (art. 131-36-4, al. 2, C. pén,

763-3, al. 3, C. pr. pén. ; 763-4 pour une injonction de soins à exécuter après une peine privative de liberté ; rappr. l'« examen » prescrit pour le placement sous surveillance électronique mobile, art. 763-10, C. pr. pén.), en vue d'une rétention de sûreté (art. 706-53-14) ou d'une surveillance judiciaire (art. 723-31, 723-31-1) ou encore avant décision sur une mesure de faveur (ex. art. 712-21, C. pr. pén.).
L'importance de l'expertise, les raisons de son développement, ainsi que la notion d'expertise, ont été examinées dans l'étude de l'instruction. On rappellera ici brièvement les principes de l'expertise, développés à propos de l'instruction.

• L'expertise n'est **pas contradictoire** juridiquement : il peut y avoir contradiction scientifique, s'il y a plusieurs experts, mais il n'y a pas l'expert de l'accusation et celui de la défense ; les opérations d'expertise n'ont pas à être contradictoires, mais le rapport d'expertise doit pouvoir être discuté contradictoirement. Toutefois, au stade de l'instruction, on l'a vu, les parties peuvent demander que soit adjoint à l'expert, un ou plusieurs experts de leur choix (art. 161-1).
Il y a des cas dans lesquels l'expertise est toujours contradictoire : ex. en matière de fraudes (C. consom., art. L. 215-9) ; il en est de même pour l'expertise concernant les *intérêts civils* lorsqu'il a été statué sur l'action publique, et que le juge pénal ordonne une expertise sur les seuls intérêts civils (cette expertise obéit aux règles de la procédure civile : art. 10, al 2, C. pr. pén. ; ex. l'expert doit donc convoquer les parties).

• L'expert doit remplir sa mission en liaison avec le juge ayant ordonné l'expertise.

• Il rédige son **rapport**, qu'il doit déposer dans le **délai fixé** par la décision, sauf prorogation (à défaut, on l'a vu dans l'instruction, il peut être remplacé). Les parties peuvent demander un *complément d'expertise* ou une *contre-expertise* (pour l'appel, à l'instruction, v. l'instruction).

• L'expert expose à l'audience, s'il y a lieu, le résultat de ses opérations.

• Le **juge n'est pas lié** par les conclusions de l'expert (en raison du principe de l'*intime conviction*), ex. après expertise psychiatrique.

Section 5 › LES PRÉSOMPTIONS ET INDICES

Ce sont les conséquences que la loi ou le magistrat tirent d'un fait connu à un fait inconnu (C. civ., art. 1349). On distingue donc les présomptions légales et les présomptions judiciaires ou indices.

§ 1 - Présomptions légales

Elles sont *en principe susceptibles de preuve contraire* : ex. présomption d'innocence, présomption de légitime défense (art. 122-6, C. pén., v. Mémento de *Droit pénal général*) ; présomption de recel, art. 321-6, C. pén. ; présomption de responsabilité du titulaire du certificat d'immatriculation d'un véhicule (v. chap. 1), en cas de stationnement gênant ou payant (art. L. 121-2, C. route) ; pour la reproduction d'une imputation diffamatoire, art. 35 *bis*, L. 29 juill. 1881.

Ces présomptions, on l'a vu, ne sont pas en contradiction avec la Conv. EDH, la *preuve contraire* étant possible, et les *droits de la défense* assurés (ex. Cons. const. 10 juin 2009, 2009-580 DC : *« à titre exceptionnel, de telles présomptions peuvent être établies, notamment en matière contraventionnelle, dès lors qu'elles ne revêtent pas de caractère irréfragable, qu'est assuré le respect des droits de la défense et que les faits induisent raisonnablement la vraisemblance de l'imputabilité »* ; CEDH, 7 oct. 1988, *Salabiaku* : si les présomptions de culpabilité sont possibles c'est à la condition qu'elles prennent *« en compte la gravité de l'enjeu et préservent les droits de la défense »).*

§ 2 - Présomptions judiciaires ou indices

Ces présomptions sont laissées à la libre appréciation du juge.

Il s'agit de tous les faits dont on peut induire l'existence ou l'absence de l'infraction, la culpabilité ou l'innocence de la personne soupçonnée : empreintes digitales (v. le fichier automatisé des empreintes digitales, décr. 8 avr. 1987), identification génétique (v. le fichier ci-dessous), traces diverses, enregistrements magnétiques, bande vidéo (surveillance bancaire) d'origine non contestée.

Sont centralisées dans un *fichier national informatisé des empreintes génétiques* (FNAEG ; art. 706-54 à 56, R. 53-9 à R. 53-21, C. pr. pén.) :

– les empreintes génétiques issues des traces biologiques (ADN) ;

– les empreintes génétiques des personnes condamnées pour l'une des infractions visées à l'art. 706-55, C. pr. pén. (pour les condamnations étrangères, v. art. 706-56-1) ;

– celles des personnes à l'encontre desquelles il existe des indices graves ou concordants rendant vraisemblable qu'elles aient commis l'une de ces infractions.

Les infractions dont il s'agit sont énumérées par l'art. 706-55, C. pr. pén. (ex. : certaines infractions sexuelles, meurtre, violences, trafic de stupéfiants, vol, extorsion, terrorisme, recel).

– S'il existe une ou plusieurs raisons plausibles de soupçonner qu'une personne a commis un crime ou un délit, l'OPJ peut faire procéder au rapprochement de l'empreinte de cette personne avec les données du fichier. Sur les prélèvements et examens biologiques, v. l'enquête préliminaire.

V. aussi le Fichier judiciaire national automatisé des auteurs d'infractions sexuelles ou violentes (FJNAAISV, art. 706-53-1 et s., R. 53-8-1 et s., C. pr. pén. ; décr. 30 mai 2005).

V. aussi le Service technique de recherche judiciaire et de documentation de la gendarmerie nationale.

La découverte et l'interprétation de ces indices sont liées au développement de l'**expertise** (police scientifique).

Ces indices jouent un rôle de plus en plus important, ce qui s'explique par les techniques avancées des laboratoires. On a dit que les indices étaient des « témoins muets qui ne mentent pas » ; il y a certes, des indices truqués : mais les progrès techniques rendent assez illusoire le crime parfait ; et la criminalistique est, en même temps qu'une arme pour la répression, un puissant moyen de prévention.

INDEX ALPHABÉTIQUE

A – B

E

F – G

H – I

J

L

M

N

O

P

Q – R

S

T

U – V

TABLE DES MATIÈRES

MÉMENTOS DALLOZ

Série droit privé

Criminologie et science pénitentiaire, J. Larguier

Droit des assurances, H. Groutel, C. J. Berr

Droit bancaire, F. Dekeuwer-Défossez, S. Moreil

Droit civil général, P. Bihr

Droit civil. Les biens, P. Courbe

Droit civil. Les contrats spéciaux, B. Bourdelois

Droit civil. Les obligations, G. Légier

Droit civil. Les personnes, la famille, les incapacités, P. Courbe

Droit civil. Régimes matrimoniaux, libéralités, successions, F. Lucet, B. Vareille

Droit civil. Sûretés, publicité foncière, V. Brémond, M.-N. Jobard-Bachellier

Droit commercial. Notions générales, J.-P. Le Gall, C. Ruellan

Droit du commerce international, H. Kenfack

Droit de la construction, R. Saint-Alary, C. Saint-Alary-Houin

Droit des entreprises en difficulté, P.-M. Le Corre

Droit fiscal des entreprises commerciales, J.-P. Le Gall

Droit international privé, J. Derruppé, J.-P. Laborde

Droit pénal des affaires, G. Giudicelli-Delage

Droit pénal général, J. Larguier, P. Conte, P. Maistre du Chambon

Droit pénal spécial, J. Larguier, P. Conte, A.-M. Larguier

Droit de la propriété industrielle, J. Schmidt-Szalewski

Droit rural, J. Audier

Droit de la sécurité sociale, J.-J. Dupeyroux, X. Prétot

Droit des sociétés, A. Constantin

Droit du travail. Volume I. Rapports collectifs, J.-M. Verdier, A. Cœuret, M.-A. Souriac

Droit du travail. Volume II. Rapports individuels, J.-M. Verdier, A. Cœuret, M.-A. Souriac

Grands systèmes de droit étrangers, M. Fromont

Institutions juridictionnelles, J.-J. Taisne

Introduction générale au droit, P. Courbe

Procédure civile. Droit judiciaire privé, J. Larguier, P. Conte, C. Blanchard

Procédure pénale, J. Larguier, P. Conte

Propriété littéraire et artistique, P. Sirinelli

Série droit public – science politique

Administration de l'État, F. Chauvin

Administration régionale, départementale et municipale, J. Moreau

Contentieux administratif, G. Peiser

Droit administratif des biens, G. Peiser

Droit administratif général, G. Peiser

Droit constitutionnel et institutions politiques, J. P. Jacqué

Droit des contrats publics, F. Lichère

Droit européen, J.-C. Gautron

Droit fiscal, C. de Lauzainghein, M.-H. Stauble-de Lauzainghein

Droit de la fonction publique, G. Peiser

Droit international public, D. Ruzié, G. Teboul

Droit public, L. Dubouis, G. Peiser

Droit public économique, D. Linotte, A. Graboy-Grobesco

Droit de la santé publique, D. Truchet

Droit de l'Union européenne et politiques communes, P. Le Mire

Droit de l'urbanisme, J. Morand-Deviller

Finances locales, R. Muzellec

Finances publiques, J. Buisson

Histoire du droit, J. Hilaire

Histoire des idées politiques de l'Antiquité à la fin du XVIIIe siècle, D. G. Lavroff

Histoire des idées politiques depuis le XIXe siècle, D. G. Lavroff

Histoire des institutions publiques de la France, P. Villard

Institutions internationales, J. Charpentier

Introduction à la science politique, J. Baudouin

Libertés publiques et droits de l'homme, A. Pouille

Relations internationales, M. Gounelle

708441 - (I) - (4,2) - OSB -Prem 60g NC (JoE)

Achevé d'imprimer sur les presses de
Snel
Z.I. des Hauts-Sarts - Zone 3
Rue Fond des Fourches 21 – B-4041 Vottem (Herstal)
Tél +32(0)4 344 65 60 - Fax +32(0)4 286 99 61
septembre 2010 – 51895

Dépôt légal : octobre 2010

Imprimé en Belgique